AI시대 교실수업

AI시대 교실수업

교실수업에서 교사와 학습자는 AI를 어떻게 활용할 것인가

김진석 지음

한국문화사

서문

　교실수업은 교사와 학습자가 주체가 되어 학습목표를 달성하기 위해 상호작용하는 일련의 과정이다. 교실수업에서 교사와 학습자는 상호작용을 통해 무엇을 가르치고, 어떻게 가르치고, 어떻게 평가할 것인가를 지속적이고 역동적으로 현행화한다. 그래서, 교사와 학습자, 학습자와 학습자, 학습자와 콘텐츠, 학습자와 테크놀로지 간 상호작용을 다차원적으로 설계·구현해야 한다.

　AI시대 학습자들은 개별성과 특유성뿐만 아니라 비선형성, 다양성, 글로벌 연결성, 학제간성 등의 특성을 갖고 있어서 자기 주도적으로 문제를 탐구하고 교사, 동료, 콘텐츠, 테크놀로지 등과 상호작용하면서 창의적으로 문제를 해결하거나 과제를 완수하는 수업활동을 요구하고 있다. 이런 측면에서, 교사는 교실수업에 적합하게 구축된 AI시스템 및 도구(AIED)를 활용하여 프로젝트 중심 수업, 문제 중심 수업, 주제 중심 수업, 과제 중심 수업, 포트폴리오 중심 수업 등을 설계·구현할 필요가 있다. 교실수업에서 교사는 내용·교수-학습 방법·평가·테크놀로지 지식뿐만 아니라 학습자의 인지·정의·심동적 수준을 확인한 후, 그 분석 결과를 고려하여 수업을 설계·실행·평가·성찰하는 전문성을 갖추어야 한다. 학습자 중심 교육과정에서 교사는 학습자들에게 수업에 구현할 수 있는 다양한 방안들을 마련하여 안내하고 도움을 주며, 학습자들은 학습 목표로 설정한 주제나 문제에 대해 탐구·사고하고 개인별·짝별·모둠별 소통·협력하여 과제를 완수하거나 문제를 해결한 후, 자기평가나 상호평가를 통해 성찰하는 교실활동을 수행해 나간다. 교실수업의 주체자인 교사와 학습자들 간 상호작용이 그 어느 때보다 강조되는 이유다.

이 책은 3개의 부와 9개의 장으로 구성되어 있다. 우선, 1부 'AI시대 교실수업 개관'은 1장 'AI시대 교육 패러다임', 2장 'AI시대 실러버스', 3장 'AI시대 교실수업: 동기유발, 기억, 그리고 표현'으로 구성된다.

1장에서는 미래를 이끌 학습자상을 어떻게 설정할 것인가, 학습자가 반드시 함양해야 할 핵심역량은 무엇인가, 그런 역량을 신장하기 위해 교육의 방향을 어떻게 설정할 것인가, AI튜터링 시스템 및 도구를 사용하여 수업을 어떻게 설계하고 구현할 것인가에 대해 살펴보았다. 학습자들이 자기 주도적으로 역량을 함양할 수 있도록 전문성을 갖춘 교사가 AIED를 활용하여 학습자들의 니즈를 분석하며, 개별 맞춤식 수업이 될 수 있도록 수업을 설계·구현할 필요가 있다. 이를 위해, 교육과정을 유연하게 운영하고 학습 환경과 수업에서 장벽이 없으며 모든 학생이 수월하게 접근할 수 있는 AIED활용의 학습 환경 및 수업 설계가 되게끔 학교 내·외의 정책적 지원이 마련되어야 한다. 2장에서는 학습자들이 핵심역량을 함양하기 위해, 가르칠 만한 내용, 가르쳐야 할 내용, 가르칠 필요가 있는 내용뿐만 아니라 어떻게 실러버스를 구성할 것에 대해 살펴보았다. 교실수업에서는 학습자들 간 짝별·모둠별 토론·협력을 통해 실생활에 실천하는 다면적 교육과정을 내실있게 실행할 필요가 있다. 이에, 초학문적 실러버스, 간학문적 실러버스, 다학문적 실러버스 등을 고려하여 21세기 학습자들이 반드시 학습해야 할 핵심개념과 내용을 선정하고 조직하는 방향을 제시하였다. 3장에서는 학습자들이 주어진 과제를 완수하거나 문제를 해결하도록 동기를 부여하고, 이해 가능한 입력

(comprehensible input) 정보를 계열화·조직화하여 장기 기억하도록 하며, 자기의 관점의식을 갖고 그 정보를 창의적으로 표현할 수 있도록 이해 가능한 출력(comprehensible input)을 극대화하거나 다른 영역으로 전이하는 일련의 과정을 논의하였다.

2부 '교실수업 설계'는 4장 '교실수업: 설계와 수업모형', 5장 '주제·과제 중심 수업 설계', 6장 '상호작용이 활발한 교실수업 설계'로 구성된다.

4장에서는 수업 설계 시, 교사의 역할, 빅 아이디어 기반 단원 및 차시 수업 설계의 방안, 교수-학습의 조건 및 모형에 대해 살펴보았다. AIED를 활용하여 교실활동을 설계·구현하면, 학습자들은 끊임없이 반복적으로 같은 자료를 활용할 수 있고, 문자와 음향 입력을 AI를 통해 제공받아 연습할 수 있으며, 새로운 정보를 학습할 수 있고, 흥미로운 대화 상대자와 의사소통을 하고 싶은 동기를 유발할 수도 있다. 교실수업에서 인공지능 튜터링 시스템(Intelligent Tutoring System), 대화형 튜터링 시스템(Dialogue-Based Tutoring System), 인공지능 컴퓨터 보조 언어 학습(Intelligent Computer Assisted Language Learning), 탐구학습시스템(Exploratory Learning Environments)뿐만 아니라 챗봇, 스크래치, 앤트리, VR, AR, 티처블 머신, Auto Draw, Quick Draw, Kahoot!, 챗 GPT, Dall-e 등과 같은 AIED 도구를 활용하여 효과적인 수업을 설계·구현하는 방안을 고찰하였다. 5장에서는 주제와 과제의 개념을 살펴본 후 초학문적 주제, 간학문적 주제, 다학문적 주제, 과제 중심 수업을 설계하고 실행하는 방안에 대해 살펴보았다. 6장에서는 교실상호작용능력을 짚어보고, 상호작용의 자질을 바탕으로 교사와 학생 간, 학생들 간 상호작용을 분석하는 방법에 대해 살펴보았다. 교사는 학습자가 학습목표를 효과적으로 달성할 수 있도록 학습자들의 교실상호작용 능력을 분석·확인한 후, 학습자들 간 상호작용이 효과적이고 적절하게 일어나도록 수업을 설계·구현·성찰할 필요가 있음을 논의하였다.

3부 '교수·학습 방법 및 평가'는 7장 '문제·질문 중심 교실수업', 8장 'AI디지털 스토리텔링 및 극화활동', 9장 '학생의 성장을 돕는 과정평가'로 구성된다.

7장에서는 학생들이 더욱 심도있고 확산적인 사고능력을 갖도록 질문과 창의성, 질문의 유형, 질문 전략 및 질문 형성 테크닉(Question Formulation Technique)으로 나누어 살펴보았다. 질문은 무엇이 문제이고 무엇이 문제의 핵심인지를 찾게 하는 것으로, 수렴적 질문(display question) 중심의 질의응답뿐만 아니라 학습자들이 질문을 생성하고 창의적으로 해답을 찾아나가는 확산적 질문(referential question)이 가능하고, 그에 대한 해결방안을 탐구하여 발표할 수 있는 공간도 폭 넓게 마련되어야 함을 논의하였다. 8장에서는 학습자들의 디지털 스토리텔링 알고리즘의 활성화에 대해 살펴본 후, 디지털 스토리텔링의 특성과 효과를 바탕으로 글로벌 디지털 시민성을 함양하는 방안을 살펴보았다. 9장에서는 학습을 위한 평가(assessment for learning)를 살펴보고, 근접발달 영역과 역동적 평가 간 관련성, 형성평가와 수행평가의 설계와 실행 방안을 제시하였다. 과정평가 시, 테크놀로지를 활용하면 교실수업활동 연계 평가를 체계적이고 효과적으로 실시할 수 있다. 학생과 상호작용이 가능한 로봇인 RALL(Robot Assisted Language Learning)을 보조교사로 사용하면, 기본적인 정보뿐만 아니라 학습자들 간 소통과 협력을 활발하게 하는 데에 도움을 받을 수 있어서 학습자들이 수업에 보다 능동적으로 참여할 수 있을 것이다. 로봇은 개인별, 모둠별, 짝별 활동 시, 교사 대신 정보를 학습자에게 빠르게 제공할 수도 있기 때문에, 교사와 학생 간, 학생들 간 상호작용을 활성화하는 데에 한계가 있는 우리나라와 같은 다인수 학급에서 효과적으로 교수-학습을 구현할 수 있으며, 수업과 연계한 평가를 실시하는 데에 도움이 될 수도 있다.

교사는 교실수업에서 학생들 간 상호작용이 효과적이고 내실있게 일어나도록 하기 위해, 상호작용의 요인들을 고려하여 교실활동이나 과제를 체계적으로 설계해야 한다. 이를 위해, 핵심 개념을 중심으로 포스트잇과 체크 포인트를 각 장에 제시하였다. 또한, 교실수업 개관, 교실 수업 설계, 교수-학습 방법 및 평가에서 살펴 본 이론적 측면들을 효과적으로 적용할 수 있는 방안이나 예시들을 부록에 제시하였다.

이 책을 완성할 수 있도록 도움을 주신 한국문화사 김진수 사장님, 조정흠 부장님, 유동근 대리님께 감사의 뜻을 표한다. 여러 가지 부족한 책이지만 독자들이 이 책을 통해 조금이나마 도움을 얻을 수 있다면 큰 기쁨이다.

2025년 봄
저자 김진석 씀

차례

서문 · 5

1부	AI시대 교실수업 개관	13

제1장 AI시대 교육 패러다임 · 15
   1. AI시대 학습자의 휴먼 알고리즘 · 16
   2. AI시대 학습자상 · 23
   3. AI시대 학습자의 특성과 변혁적 교육 · 29
   4. AI상호작용 시스템 구축 및 실행 · 38

제2장 AI시대 실러버스 · 55
   1. AI시대 실러버스 구성의 방향 · 56
   2. 초·간학문적 실러버스와 융합: 개념과 내용 · 63
   3. 빅 아이디어: 핵심 개념과 내용 선정 및 조직 · 71
   4. 학습내용 적정화 · 83

제3장 AI시대 교실수업: 동기유발, 기억, 그리고 표현 · 91
   1. 정보처리 과정: 입력과 처리, 그리고 출력 · 92
   2. 동기화와 이해 가능한 입력 · 96
   3. 장기기억화 · 102
   4. 표현기와 이해 가능한 출력 · 108

| 2부 | 교실수업 설계 | 121 |

제4장 교실수업: 설계와 수업모형   123
    1. 수업설계: 교사의 역할   124
    2. 빅 아이디어 기반 단원 설계   137
    3. 차시별 수업 설계   144
    4. 교수-학습 모형   149

제5장 주제·과제 중심 수업 설계   167
    1. 주제와 과제   168
    2. 주제 중심 학습   174
    3. 과제 중심 학습   187

제6장 상호작용이 활발한 교실수업 설계   197
    1. 상호작용능력   198
    2. 교실상호작용능력의 요인   204
    3. 교사와 학생 간 상호작용의 양상   210
    4. 교실상호작용 체크리스트   216

| 3부 | 교수-학습 방법 및 평가 | 225 |

제7장 문제·질문 중심 교실수업 227
    1. 문제·질문 중심 수업모형 228
    2. 질문의 유형 232
    3. 질문과 창의성 239
    4. 질문 전략과 질문 형성 테크닉 243

제8장 AI디지털 스토리텔링 및 극화활동 251
    1. 스토리텔링 알고리즘 252
    2. AI디지털 스토리텔링의 특성 및 효과 255
    3. AI디지털 스토리텔링 기반 글로벌 디지털 시민성 262
    4. AI디지털 스토리텔링과 극화활동 276

제9장 학생의 성장을 돕는 과정평가 285
    1. 학습을 위한 평가 286
    2. 근접발달영역과 역동적 평가 295
    3. 교실수업에서의 형성평가 311
    4. 교실수업에서의 수행평가 316

참고문헌 · 334
부록 · 384
찾아보기 · 512

1부
AI 시대 교실수업 개관

제1장
AI시대 교육 패러다임

AI는 우리의 생활방식이나 사고방식에 근본적인 변화를 주고 있다.
— Christian 외(2016)

생각하기
1. AI시대에 학습자들이 반드시 함양해야 할 핵심역량은 무엇인가?
2. 교실수업에서 교사와 학습자는 AI를 어떻게 활용할 것인가?
3. AI가 학습자에게 미치는 긍정적 영향과 부정적 영향은 무엇일까?

　우리는 인공지능(artificial intelligence: AI)의 기하급수적인 발달로 현실 세계와 가상 세계를 넘나들면서 정체성의 혼란을 겪고 있으며, 가짜뉴스나 딥 페이크(deep fake), 딥 보이스(deep voice) 등으로 진실과 거짓이 혼재되어 나타나는 사회적 이슈와 윤리적 규범의 모호함 속에 살아가고 있다. AI시대를 살아가고 있는 우리는 언제 어디서나 다양한 매체를 통해 얻은 지식을 바탕으로 깊이 있게 사유하며 통찰하는 능력을 갖고 창의적으로 과제를 완수하거나 주요 이슈 및 문제를 해결할 수 있는 역량을 함양해야 한다. 이장에서는 미래를 이끌 학습자상을 어떻게 설정할 것인가, 학습자가 반드시 함양해야 할 핵심역량은 무엇인가, 그런 역량을 신장하기 위해 교육의 방향을 어떻게 설정할 것인가, AI튜터링 시스템 및 도구를 사용하여 수업을 어떻게 설계하고 구현할 것인가에 대해 살펴보고자 한다.

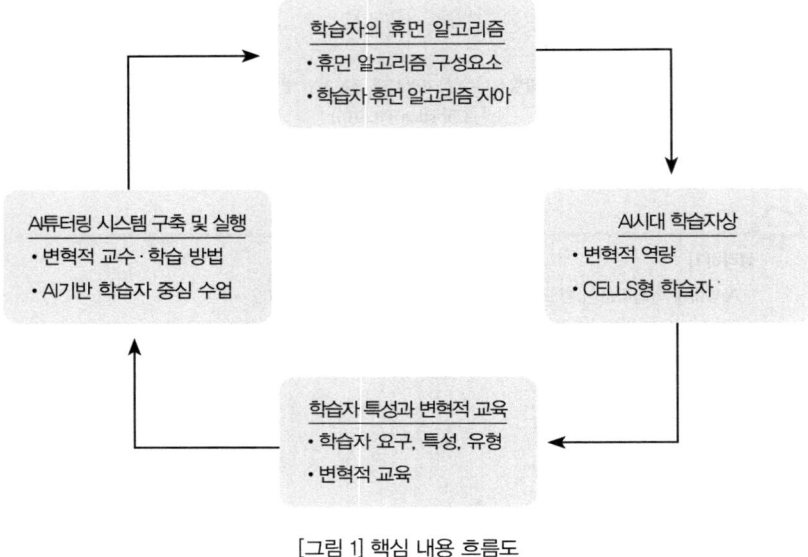

[그림 1] 핵심 내용 흐름도

1. AI시대 학습자의 휴먼 알고리즘

　최근, 기하급수적으로 성장하고 있는 AI는 우리의 정체성을 형성하는 데 영향을 주고, 탈 중심화된 시·공간 속에서 우리의 의견, 느낌, 생각을 표현하는 방식이나 글로벌·로컬의 공동체와 공존하면서 살아가는 우리의 생활 방식에 새로운 노멀(normal)을 만들고 있다. 이제, 컴퓨터나 휴대폰 등으로 실시간 업데이트된 빅 데이터 기반 정보를 탐색하고, 그 정보를 활용하여 과제를 완수하거나 문제를 해결하기 위해 의사결정을 하는 모습이 일상이 되고 있다. 우리가 갖고 있는 인지 개념이 당면한 문제를 푸는 수단이라고 본다면, AI는 살아가는 방법이나 생각하는 방식에 근본적인 변화를 주고 있다고 할 수 있다(Christian 외, 2016).

> AI는 우리가 살아가는 방식에 새로운 노멀을 만든다.

AI는 "컴퓨터나 기계가 문제를 해결하기 위해 인간이 사용하는 인지나 의사결정의 과정을 모방하는 일련의 소프트웨어 기술 혹은 알고리즘"(Murphy, 2019, 2)이다. 교실수업에서는 AI를 "학습자들이 소통하고 협력하여 문제를 해결하거나 과제를 완수할 수 있도록 하기 위해 인간의 인지과정과 유사하게 설계된 소프트웨어 기술 및 알고리즘"(김진석 외, 2021: 14)으로 개념화할 수 있다.

알고리즘은 AI에 국한된 것일까? 알고리즘은 인류 문명의 시작부터 구축되어 왔던 것은 아닐까? 실제, 석기 시대 이후로 망칫돌 끝으로 순서에 의거하여 부싯돌 조각의 끝을 예리하게 떼어내어 석기를 만드는 기술(Christian 외, 2016)부터 복잡한 문제를 빠르게 해결하는 양자 컴퓨팅 앱에 이르기까지 지속적으로 성장해 온 알고리즘은 인류 기술의 일부였다. 이런 측면에서, 알고리즘을 컴퓨터나 기계에 국한하여 협의로 볼 것이 아니라, 일상생활이나 전문 분야의 특정한 문제를 해결하기 위해 필요로 하는 명령이나 규칙들의 집합이라고 할 수 있다.

이제, 알고리즘을 AI를 정의하는 협의의 개념이라기보다는 어떤 문제를 해결하는 데 쓰이는 일련의 단계를 뜻하는 광의의 개념으로 보고, 우리가 일상생활에서 어떤 알고리즘을 갖고 살아가는지를 살펴보자. 우리가 음식이나 옷을 만들 때, 여러 방법이나 과정이 있다. 송편이나 유과를 만드는 일련의 절차, 빵을 만들거나 스웨터를 짜는 방법도 알고리즘을 따르는 것이다. 이러한 과정은 컴퓨터보다 훨씬 더 이전에 광범위하게 사용된 것이다(Christian 외, 2016).

> 우리가 음식을 만들거나 지하철을 탈 때 알고리즘을 따른다.

　교실수업에서 학습자들은 어떤 알고리즘을 갖고 있을까? 동료들과 토론하는 방식이나 가설을 세워 탐구문제를 해결하는 절차 등의 미시적 알고리즘부터 국가 단위나 지역 단위에서 설정한 교육의 과정 및 절차 등의 거시적 알고리즘까지 폭 넓게 인식하고 학습하는 나름대로의 알고리즘을 구축하고 있지 않을까? 일반적으로, 학습자들은 정해진 시간표에 따라 정해진 교실상황이나 시공간의 상황(situation) 맥락 속에서 학습목표를 달성하기 위해 과제를 완수하거나 문제를 해결할 수 있는 다양한 안들 중 최적의 방안을 선택(choice)하여 결과나 성과(outcome)를 창출하고, 그 결과를 동료들과 공유하고 성찰(reflection)한 후 다른 상황이나 영역에 전이하고 확산(expansion)하는 일련의 SCORE알고리즘을 갖고 있다고 할 수 있다. 물론, 학습자들의 유형이나 성향에 따라 다양한 선택이 있을 수 있고 그에 따른 결과 역시 다양하다.

> 학생들은 수업시간에 자기 주도적 SCORE알고리즘을 활성화해야 한다.

　학습자들은 자신만의 관점을 갖고 쟁점이나 사건을 인지하고 그것을 해결하는 잠재 능력을 갖고 있고 창의성을 발현할 수 있다. 교실수업에서 학습자들은 자신 만의 주관성(subjectivity)을 갖고 문제를 해결하거나 과제를 창의적으로 완수하는 문제해결능력을 갖고 있다. 이런 측면에서, 교사는 학습자가 다음과 같은 자신만의 독립적 관점의식(perspective consciousness)의 시각(Merryfield & White, 1996: 178; 남호엽, 2016: 113)을 함양할 수 있도록 해야 한다.

- 특정한 쟁점 혹은 사안에 대한 다중적 관점들을 인지하고, 검토하고, 평가하고 이해하는 능력
- 자신의 신념, 경험 그리고 가치들에 기초하여 서로 다른 방식으로 쟁점 혹은 사건들을 지각하는 능력
- 다중적인 관점의 지식으로 복잡성과 갈등을 이해하는 능력

이러한 독립적 관점의식에서, 학습자들이 어떤 문제를 해결하거나 과제를 완수하도록 하기 위해 다음과 같은 알고리즘의 구성요소(김진석 외, 2024)를 바탕으로 자기만의 알고리즘을 구축할 필요가 있다.

- A(abstraction): 학습자들은 과제나 문제 등을 해결하기 위해 필요한 핵심요소를 파악하고 복잡한 현상을 단순화함
- L(leverage): 학습한 지식을 다른 지식 자원과 결합하여 새로운 문제나 과제를 해결하는 데에 사용하는 역량이나 수단
- G(genre): 빅 데이터를 바탕으로 원하는 결과를 도출하기 위해 일정하게 반복하여 관습적으로 사용하는 말 또는 글
- O(organization): 학습자들이 가장 적절하고 효과적인 시퀀스(순서와 절차)를 구조화함
- R(recognition): 학습자들은 학습의 목표, 과제 및 문제 인식, 과제를 완수하거나 문제를 해결하기 위한 상호작용의 과정 및 방식, 산출물 등을 지각하고 이해함

- I(instrumentality): 학습자들 간 상호작용 시, 의사소통을 위해 사용하는 다양한 수단(예, 언어, 말, 글, 문자. 이메일 등)
- T(transfer): 학습한 특정 개념이나 내용을 다른 영역, 교과, 상황에 적용하여 과제를 완수하거나 문제를 해결함
- H(hook): 학습자들이 새로운 현상, 개념, 내용 등에 호기심을 갖고 흥미를 유발함
- M(methods): 주어진 문제를 해결하거나 과제를 완수하기 위한 일련의 절차 및 방법을 갖고 있음

학습자들은 데이터를 기반으로 자신만의 알고리즘을 활용하여 표현한다. 학습자들은 빅 데이터 기반 미디어 플랫폼을 통해 문제를 파악하고 단순화하여 해결할 뿐만 아니라 학습한 지식을 다른 지식 자원과 결합하고 전이하며, 일정하게 반복적으로 사용하는 일련의 과정 속에서 자기만의 알고리즘적 자아를 성장시킬 수 있다고 할 수 있다.

최근, 넷플릭스, 구글, 아마존, 애플, 페이스북, 유튜브, 트위터, 인스타그램, 인터넷운영체계(OS), 장치로서 컴퓨터와 모바일, 검색 사이트 및 SNS 네트워크, 콘텐츠 유통 채널 등은 가시적·비가시적 미디어 플랫폼으로 알고리즘적 자아(algorithmic self)를 갖도록 한다(이동연, 2020). 이러한 알고리즘적 자아가 발전하면서 학습자들은 휴대폰이나 미디어 매체의 관점에 매몰되어 비판적 사고능력이나 판단의 능력이 저하되는 위험성이 나타날 수도 있다.

이에, 학습자들은 자기 주도적으로 판단하고 행동하고 보장받는 주체자(agency)로 과제를 완수하거나 문제를 해결하는 데에 수동적이거나 소극적이지 않고 능동적이고 적극적으로 참여하며, 빅 데이터 기반 알고

리즘을 참고하여 자기만의 휴먼 알고리즘적 자아(algorithmic self)[1](김진석 외, 2024)를 구축하는 것이 중요하다. AI시대에 학습자들은 언제 어디서나 플랫폼을 활용하여 사회 공동체에서 자신의 의견이나 느낌을 상호 주관적으로 표현하는 디지털 프로슈머(prosumer)의 능력을 갖추어야하기 때문이다. 따라서, 학습자들은 분열된 디지털 자아로 공중 분해되는 자아(Dormehl, 2014)가 아니라 AI알고리즘을 활용하여 자신만의 휴먼 알고리즘을 구축하고 성장·확장해야 한다.

> 학습자는 자기만의 휴먼 알고리즘을 개발하고 확장해야 한다.

더욱이, 오픈 AI에서 제공하는 챗GPT, 중국 AI 스타트업 딥시크(deep seek) 등과 같은 도구들은 거짓된 정보를 그럴듯하게 생성·전달하는 할루시네이션(hallucination)에 대한 책임감이나 죄책감을 갖지 못하고 있다(김진석 외, 2024). 진실성을 구분할 수 없을 만큼 정교한 가짜뉴스나 딥페이크(deep fake), 딥 보이스(deep voice) 등에 대한 죄의식이 전혀 없으며, 질문하는 상대방을 존중하거나 배려하는 것 없이 정보를 전달하고 있다. 이런 측면에서, 혼돈과 속도의 AI시대에는 한나 아렌트(1989: 25)의 주장과 같이, 사유를 통해 자신이 누구인지, 무엇을 왜 하고 있는지, 세상이 무엇으로 구성되고 흘러가는지를 인식하고 비판하는 능력을 함

---

1   기술문화 연구자 도멜(Dormehl)이 말하는 '알고리즘적 자아(algorithmic self)'는 문화 주체에 대한 과학적 분석을 강조하는 것이 아니라, 기술 문화적 권력의 자장 안에서 점점 가분체로 형해화되어 분열된 디지털 자아로 공중 분해되는 우리 자신을 상징한다. 즉, "완전히 디지털적인, 그래서 측정할 수 있는 평면으로 이동한 정체성"이 알고리즘적 자아인 셈이고, 우리 대부분이 동시대 테크노(기업)권력의 분석대상이 자원료로 취급될 처지에 있음을 뜻한다(도멜, 루크,「만물의공식」, 노승영(역), 반니, 2014).

양해야 한다. 더 나아가, 학습자들은 인식과 비판에 머물지 않고 실생활에 맞닥뜨리는 과제를 창의적으로 완수하고 실천하는 능력을 갖추어야 한다(김진석, 2025).

따라서, AI시대 학습자상을 정립하고 학습자 유형을 고려하여 학습자 중심 교실수업이 내실있게 구현될 필요가 있다. AIED(AI in education) 시스템과 도구들의 도움을 받아 학습자에 적합한 개별 맞춤식 교육과정에 따른 자기 주도적 수업이 가능하기 때문이다. 그래서, AI시대에는 학습자들이 유연한 사고로 여러 교과들을 융합하고, 소통·협력하여 창의적으로 과제를 완수하거나 문제를 해결하고, 한 영역의 지식을 다른 영역으로 전이하거나 실생활에 적용할 수 있으며, 자기 주도적으로 학습활동 및 태도를 성찰하면서 꿈을 실현하는 메타인지 능력을 함양할 수 있도록 교실수업이 실행되어야 한다(구체적인 내용은 1장 2절 참고). 이를 위해, AI시스템 및 도구들을 활용하여 학습자의 역량을 진단하고, 학습자의 요구와 시대적·사회적 요구를 반영하여 교육과정을 개발(구체적인 내용은 2장 참고)하며, 그에 따른 교실수업을 설계·구현할 필요가 있다(구체적인 내용은 4장 참고). 더욱이, 교실수업에서는 다음과 같은 3P-3H의 학습자 중심 교수-학습을 설계·구현할 필요가 있다.

- 프로젝트 중심 수업(project-based learning)
- 포트폴리오 중심 수업(portfolio-based learning)
- 문제·질문 중심 수업(problem-based learning)
- 주제 중심 수업(theme-based learning)
- 과제 중심 수업(task-based learning)
- 테크놀로지 중심 수업(technology-based learning)

위 3P-3H의 학습자 중심 교수-학습 방법은 교실수업에서 학습자들이 자신만의 독립적 관점의식(perspective consciousness)의 시각을 갖고 자기 주도적으로 과제를 완수하거나 창의적으로 과제를 해결할 수 있는 능력을 함양할 수 있을 것이다(3P-3H에 대한 구체적인 내용은 1장 4절, 3장~9장 참고). 3P-3H는 교사와 학습자 간 상호작용을 바탕으로 하고 있다. 교사는 학생의 니즈를 분석할 뿐만 아니라 능력 및 학습 태도를 고려하여 설정한 문제나 쟁점을 확인(identifying)하고 그 문제나 쟁점의 해결 방안을 마련하도록 교실활동 및 절차를 설계(designing)하며, 모둠별·싹별 토의·토론 등을 통해 결과물을 창출하도록 수업을 실행(executing)한 후 그 성과를 공유하고 평가(assessing)할 뿐만 아니라 자신의 수업 전반을 성찰(reflecting)하는 IDEAR기반 수업을 설계하고 운영하면, 학생들은 그 단계에 따라 문제나 쟁점을 해결하기 위해 조사하고(surveying), 사유하고(thinking), 행동하고(acting), 성찰(reflecting)하는 STAR기반 수업활동에 능동적으로 참여하고 자기 주도적으로 과제를 완수하거나 문제를 해결한다. 이러한 교사와 학생 간 상호작용을 통해 학습자들은 핵심역량을 함양할 수 있을 것이다(구체적인 설명은 4장 참조).

2. AI시대 학습자상

미디어 플랫폼들은 학습자들을 구루(guru)가 되게 하고, 놀이를 엔터테인먼트가 되게 한다[2]. 학습자들은 가상현실인 놀이를 통해 상호작용하면서 새로운 정보를 이해(gamification)하고 내재화하며, 개념이나 내용

---

2 하트 & 네그리, 『제국』, 윤수종 역, 이학사, 2001

의 의미를 연결·확장한다(김진석 외, 2024). 여기서, 의미는 단편적인 지식이 아니라 상징적 의미, 경험적 의미, 심미적 의미, 개인적 의미, 윤리적 의미, 통합적 의미를 갖기 때문에 창의성의 원천이 될 수 있을 것이다(Holmes 외, 2019: 38)[3].

그러면, AI시대에 어떤 학습자를 기를 것인가? 국가 구분 없이 교육과정 이수의 인정이 가능한 국제 바칼로레아(International Baccalaureate: IB)는 AI시대에 학습자의 창의적 문제해결능력, 비판적 사고능력, 글로벌 시민 역량 등을 함양하는데 효과적인 프로그램을 구축하였다. 최근, 국내에서 많이 연구되고 실행하려고 시도하고 있는 IB의 학습자상은 '탐구하는 사람, 지식이 풍부한 사람, 사유하는 사람, 소통하는 사람, 원칙을 지키는 사람, 열린 마음을 지닌 사람, 배려하는 사람, 도전하는 사람, 균형 잡힌 사람, 성찰하는 사람'으로 다음과 같이 설정되어 있다.

- 탐구하는 사람: 학문에 대한 호기심과 열의를 갖고 탐구·연구하는 능력
- 지식이 풍부한 사람: 개념적 이해를 통한 성장을 지향하고 다양한 학문적 지식 탐구
- 사유하는 사람: 비판적·창의적 사고력으로 문제를 분석하고 합리적·윤리적 의사결정으로 책임감있게 행동
- 소통하는 사람: 다른 사람의 의견을 경청하고 창의적이고 자신감 있게 상호주체적으로 표현하고 협력
- 원칙을 지키는 사람: 공정과 정의를 바탕으로 인간의 존엄성과 권리를 존중하며 성실하고 정직하게 행동

---

3 Holmes 외(2019: 38)에서는 단편적 지식의 반대되는 개념으로 의미를 강조하면서 의미를 상징적 의미, 경험적 의미, 심미적 의미, 개인적 의미, 윤리적 의미, 통합적 의미로 세분화한다.

- 열린 마음을 지닌 사람: 비판적 사고로 우리의 문화와 역사를 바라보고, 타인의 다양한 가치관과 전통을 경험·평가·수용·통합
- 배려하는 사람: 서로 공감·격려·존중하면서 타인의 삶과 지역사회에 봉사하고 기여
- 도전하는 사람: 철저한 계획과 의사결정으로 불확실성에 도전하고, 독립적이면서도 협력하여 새로운 아이디어와 혁신적 전략을 모색하여 위기를 슬기롭게 대처
- 균형 잡힌 사람: 자신뿐만 아니라 타인의 행복을 위해 지적·물리적·정서적 균형을 잡고, 타인이나 세상 간 상호 의존성을 인지하고 삶을 영위
- 성찰하는 사람: 세상과 자기 생각 및 경험에 대해 깊이있게 생각하고, 개인의 학습과 성장에 도움이 되도록 자신의 강점·약점·기회·위협 요인 이해

IB학습자상은 IB교육과정의 프레임워크에서 중심에 놓여서 '우리는 누구인가(who we are), 우리가 속한 시·공간(where we are in place and time), 우리 자신을 표현하는 방법(how we express ourselves), 세계가 작동하는 방식(how the world works), 우리 자신을 구성하는 방식(how we are organize ourselves), 지구 공유와 공존(sharing the planet)'의 6개 초학문주제와 '언어, 수학, 사회, 과학, 예술, 인성·사회성·체육'의 6개 교과 간 연결하고 있다.

또한, OECD(2018)에 의하면, 학습자들은 새로운 가치를 창출하고, 긴장과 딜레마를 조정하며, 책임감을 갖춘 변혁적 역량(transformative competencies)을 함양하는 사람으로 설정하고 있다(p. 63). 구체적으로, 변혁적 역량의 의미는 다음과 같다(p. 5).

- 새로운 가치 창출하기: 목적성, 호기심, 열린 마음, 비판적사고, 창의성, 협력, 민첩성, 위기대처능력, 적응력
- 긴장과 딜레마 조정하기: 인지적 유연성, 관점 수용 능력, 공감, 존중, 창의성, 문제해결능력, 갈등해결능력, 회복력, 복잡성과 모호성에 대한 포용력, 책임감
- 책임감 갖기: 내적통제력, 성실, 연민, 존중, 비판적사고, 자기인식, 자기관리, 반성적 사고, 신뢰성

변혁적 역량은 학습자들이 사회를 변화시키고 더 나은 삶을 위해 필요한 지식, 기능, 태도 및 가치다(OECD, 2019: 62). OECD의 변혁적 역량들(2019: 63-65) 중 '새로운 가치 창출하기'는 '교양있고 책임감 있게 실천함으로써 혁신적으로 행동하는 능력'을, '긴장과 딜레마 조정하기'는 '경쟁, 모순, 양립하지 않는 요구들을 조화롭게 하는 능력'을, '책임감 갖기'는 '자신의 경험과 개인적·사회적 목표, 배운 것, 옳고 그름의 관점에서 자신의 행동을 성찰하고 평가할 수 있는 능력'을 의미한다(이수정 외, 2021: 43-44).

우리나라 교육과정에서의 인간상은 자기 주도적이고 창의적이며, 교양 있고 배려와 협력을 실천하는 사람으로 설정하고 있다. 교육과정이 추구하는 인간상을 구현하기 위해, 교과 교육과 창의적 체험활동을 포함한 학교 교육 전 과정을 통해 중점적으로 기르고자 하는 핵심역량으로 자기관리 역량, 지식정보처리 역량, 창의적 사고 역량, 심미적 감성 역량, 협력적 소통 역량, 공동체 역량 등이 있다.

IB, OECD, 우리나라 교육과정 등에서 설정한 학습자상을 바탕으로, 학습자상을 '여러 교과들을 심도있게 이해하고 융합할 수 있는 인간

(Homo Convergence), 문화적 배경이 다른 사람들과 공감하는 인간(Homo Empathicus), 자신의 생각을 상대방에게 적절하고 효과적으로 표현하는 인간(Homo Loquens), AI시대에서 놀이를 통해 새로운 정보를 이해(gamification)하고 내재화하며, 개념이나 내용의 의미를 연결하는 인간(Homo Ludens), 보다 공정하고 정의로우며 평화로운 세상을 꿈꾸는 인간(Homo Somnians)'으로 설정할 수 있다. 이를 다음과 같이 Homo CELLS형 학습자로 구도화할 수 있다(김진석, 2020c).

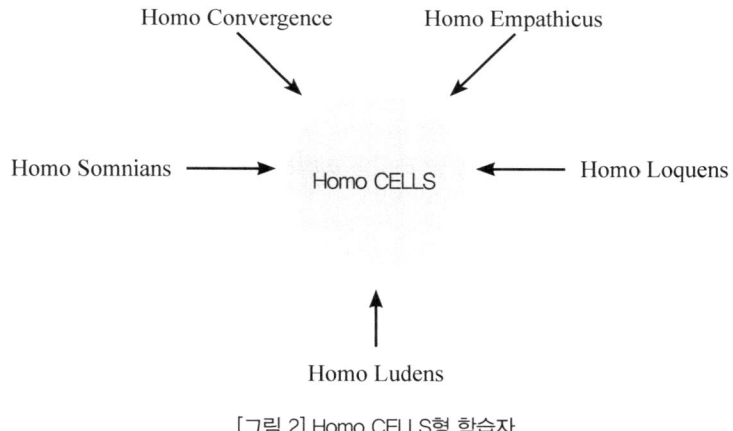

[그림 2] Homo CELLS형 학습자

교사는 Homo CELLS형 학습자가 자신의 잠재능력을 발현하여 더욱 성장하고 확장해 나가도록 도움을 주어야 한다. 학습자가 스키마를 구축하고 동료들과 소통·협력·공감하면서 수업목표를 달성할 수 있도록 하기 위해서는 전문성을 갖춘 교사의 안내가 동반되어야 한다.

📎 학습자는 게이미피케이션(gamification)을 통해 창의적 사고능력을 함양한다.

그렇다면, 21세기 CELLS형 학습자는 어떤 능력을 갖추어야 하는가? 구체적으로 제시하면 다음과 같다(김진석, 2020c; 김진석, 2022).

- 여러 교과들을 폭 넓게 이해[4]하고 유연한 사고로 융합하는 능력
- 소통하고 협력하여 창의적으로 과제를 완수하거나 문제를 해결하는 능력
- 개념이나 내용의 의미를 위계적·비위계적으로 깊이있게 연결하고 사고하는 능력[5]
- 한 영역의 지식을 다른 영역으로 전이하거나 실생활에 적용할 수 있는 실행력[6]
- 다문화 사회에서 다양한 사람들과 글로벌 이슈에 대해 소통하고 협력하는 글로벌 이해·공감·실천 능력
- 자기 주도적으로 학습활동 및 태도를 성찰하면서 꿈을 실현하는 메타인지 능력

위의 능력들은 IB, OECD, 우리나라 교육과정에서의 창의력, 문제해결 능력, 의사소통 능력, 협업능력, 정보처리 능력, 대인관계 능력, 자기관리 능력, 시민의식, 국제사회문화 이해 등의 핵심역량들과 연결될 수 있다. 이는 OECD 교육 2030(2018: 3)의 환경적 도전, 경제적 도전, 사회적 도전 등과도 대응될 수 있다.

---

[4] 이해를 구체적으로 설명(explanation), 해석(interpretation), 적용(application), 관점 가지기(perspective), 공감(empathy), 자기지식(self-knowledge)으로 세분한다(Wiggins & McTighe, 2005; 김진석, 2018c).

[5] 개념 간 연결에는 사고나무의 가지(계통), 위계적 체계, 수직적 구조의 이원적 방식과 달리, 리좀(rhysome)적 방식은 나무의 뿌리(연동), 비위계적 체계, 수평적 구조 등을 말한다.

[6] 실행력에서는 지행(knowing & doing) 간 균형과 조화를 통한 전이(transfer) 능력을 말한다(Holmes 외, 2019: 26).

> 성장하고 확장하는 CELLS와 같이 학습자의 역량을 성장시키고 확장하게 해야 한다.

3. AI시대 학습자의 특성과 변혁적 교육

   교육은 21세기 학습자의 요구와 특성을 반영해야 한다. 21세기 학습자들은 역동적이고 탈 중심적이며, 다변화되어 가고 있는 사회에서 살아가고 있다(Lankshear와 Knobel, 2011). 그들에게는 다양성, 유연성, 비선형성 등을 중심으로 삶을 영위하는 경향성이 나타나고 있다(김진석, 2019). 그래서, 그들을 위한 교육의 새로운 패러다임을 구축할 필요가 있다.

   학습자들은 자유롭게 활동하고 표현하는 개별성을 갖고 있기 때문에 그들의 요구를 확인하고 받아들이는 유연한 학습자 중심의 교육을 설계하고 내실있게 구현해야 한다(Kilbane과 Milman, 2014: 15-17). 또한, 학습자들은 사회적 규준과 다른 신체적, 인지적, 정서적, 행동적 특성을 갖고 있는 경우가 많이 나타나고 있기 때문에, 그들에게 동등한 학습 기회를 제공하는 것을 고려해야 할 시점이다(김진석, 2022).

   이러한 개별성과 특유성에 더하여 다양성, 글로벌 연결성, 학제간성(interdisciplinarity)의 특성도 갖고 있다. AI시대의 이전에는 한 영역에서 깊이 있는 지식만을 쌓는 I자형 인간을 요구했다면, AI시대에는 한 영역에서 폭 넓게 지식을 쌓는 T자형 인간으로, 더 나아가 몇 가지 영역에서 심도있게 이해하는 M자형(Spohrer, 2013) 인간으로 성장할 것을 요구하고 있다. 이런 측면에서, 앞 절에서 여러 교과들을 심도있게 이해하고 융합할 수 있는 인간(Homo Convergence)을 강조한 바와 같이, 21세기 학습자들은 몇 가지 영역에서 폭 넓고 유연하게 정보를 이해하고 통찰할 수 있는 인간으로 성장할 필요가 있다.

> 학습자는 다양한 정보를 폭 넓고 유연하게 이해하고 통찰할 수 있어야 한다.

학습자의 학습유형(learning styles)은 교실수업을 효과적으로 운영하는 데에 중요한 열쇠다. 수업을 계획할 때, 어떤 입력이 학습목표를 달성하는 데에 좀 더 좋은 방법인지를 판단하는 근거가 되기 때문이다. AI는 학습자를 위한 개별 맞춤식 수업을 가능하게 한다. 교사는 AIED(AI in education)를 활용하여 학습자의 유형을 세밀하게 분류하고 그 유형에 적합한 수업활동을 추천하며, 학습 목표의 달성 여부를 평가하고 피드백이나 스캐폴딩하여 개별 맞춤식 수업을 구현할 수 있다.

일반적으로, 학습유형을 시각적 유형과 청각적 유형으로 구분한다(Brown, 2000, p. 122). 시각적 자료를 선호하는 학습자들은 도표, 그림, 그래픽 정보 등을 읽거나 탐구하기를 좋아하고, 청각적 자료를 선호하는 학습자들은 강의나 청각의 학습 자료들을 듣고 싶어 한다. 대부분의 학습자들은 다소의 차이는 있지만 시각과 청각의 입력 자료를 모두 활용한다.

그러나, 문화적 배경이 다른 나라들 간에는 다소 차이가 있을 수 있다. 성인 화자들을 대상으로 설문조사를 실시한 Reid(1987)의 연구 결과에 의하면, 우리나라 학습자들은 미국의 화자들보다 시각적 자료를 현저하게 선호하고, 일본의 학습자들은 중국이나 아랍의 학생들보다 청각 자료를 매우 더 적게 귀 기울이는 경향이 있다(Brown, 2000, p. 122). 성인 학습자의 학습유형을 다소 더 세분하면, 구체적인 것을 선호하는 학습자(concrete learner)는 게임, 그림, 영화, 비디오, 카세트 등으로 학습하고, 짝별 대화와 소풍가는 것을 좋아한다. 분석적인 것을 선호하는 학습자(analytic learner)는 자신의 오류 발견, 연구문제 탐구, 신문읽기 활동 등을 좋아한다. 의사소통하는 활동을 선호하는 학습자(communicative learner)는 대화 경청하기, 친구와 의사소통하기, 방송 시청하기, 실생활에서의 개념 학습하기 등을 좋아한다. 교사 주도 수업을 선호하는 학습자(authority-oriented learner)는 교사가 모든 것을 설명하는 수업을 좋아하고, 읽기를 통해 학습하는 것을 좋아하는 경향이 있다(Willing, 1985).

학습 유형의 분류는 학습자의 특성을 제대로 반영할 필요가 있다. 초·중등학습자들의 특성은 성인 학습자들과는 다소 다른 면이 있기 때문이다. 일반적으로 상상력이 풍부하고 창의적이며 토의·토론을 좋아하는 학습자들을 하나의 시각적, 청각적, 촉각적 학습유형으로 구분하는 것은 한계가 있다고 할 수 있다. 그래서, 다양성, 유연성, 비선형성, 개별성을 반영하여 학습유형을 분류할 필요가 있다. Gardner(1993)의 다중이론에 의하면, 학습자별 유형을 논리-수학 지능(logical-mathematical intelligence), 언어 지능(linguistic intelligence), 음악 지능(musical intelligence), 공간 지능(spatial intelligence), 신체-운동 감각 지능(bodily-kinesthetic intelligence), 대인관계 지능(interpersonal intelligence), 내적 능력 활용 지능(intrapersonal intelligence) 등으로 다음과 같이 분류하고 그에 따른 학습활동을 제시한다.

〈표 1〉 학습자별 선호하는 학습활동

학습자	학습활동	
	Armstrong(2009)	Christison(1997)
논리-수학 지능	• 문제해결 • 비판적 사고 • 과학실험 • 수 게임	• 이야기 문제해결 • 논리적 문제 및 수수께끼 • 과학적 발표 • 계산
언어 지능	• 단어게임 • 일지쓰기 • 스토리텔링 • 강의 • 토의	• 단어게임 • 일지쓰기 • 스토리텔링 • 강의 • 집단 토의/암기 • 학생들 연설 • 학급 신문 만들기
음악 지능	• 랩으로 노래하기 • 음악듣기	• 노래하기 • 음악듣기 • 생음악 공연(피아노, 기타)
공간 지능	• 개념지도(mind map) • 미술활동 • 상상게임 • 시각화	• 개념지도(mind map) • 학생그림 • 상상적인 이야기하기 • 시각화 • 시각인식활동 • 차트, 지도, 도표
신체-운동 감각 지능	• 드라마 (제스처 등 극적인 표현) • 손놀림 학습 • 촉각활동 • 춤	• 무언극(흉내 내기 연극) • 손으로 하는 활동 (hands-on activities) • 현장여행 • 창작적 율동/역할극

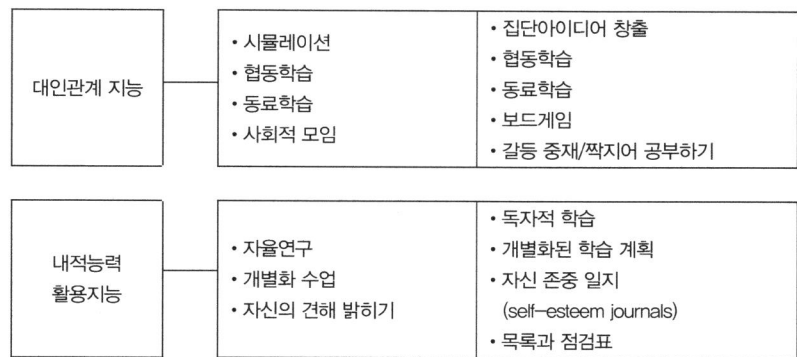

위와 같이 학습자별 학습활동은 시각적, 청각적, 촉각적 학습자의 유형보다 좀 더 세분한 것이지만, 대부분의 학습자는 여러 유형에 걸쳐 있기(Armstrong, 2009) 때문에 2개 이상의 유형으로 분석되고 설계될 필요가 있다.

교실수업 적용([부록 1] 예시)

- 시각적, 청각적, 촉각적 학습유형별 활동
  - 시각적 학습자에 적합한 교실활동
  - 청각적 학습자에 적합한 교실활동
  - 촉각적 학습자에 적합한 교실활동
- 다중지능별 학습활동
  - 언어적 학습자에 적합한 교실활동
  - 논리-수학적 학습자에 적합한 교실활동
  - 공간적 학습자에 적합한 교실활동
  - 신체-운동적 학습자에 적합한 교실활동
  - 음악적 학습자에 적합한 교실활동
  - 대인 관계적 학습자에 적합한 교실활동
  - 자기 성찰적 학습자에 적합한 교실활동
  - 자연 탐구적 학습자에 적합한 교실활동

학습 유형을 고려하여 수업활동을 설계하고 구현하였다고 할지라도 개별 학습자들 간 차이로 인한 학습 결손을 최소화하기 위해서는 학습자에게 밀접하게 영향을 주는 수업의 요인들을 고려해야 한다. Levine(2002: 13)은 그러한 요인들을 다음과 같이 제안한다.

- 주의집중(attention)
- 기억(memory)
- 언어(language)
- 시공간 순서(spatial & sequential ordering)
- 심동적 기능(motor function)
- 고차적 사고능력(higher order thinking)
- 대인관계능력(social thinking)

수업시간에 수업활동에 주목하여 민감하게 반응하는 에너지를 갖고, 새로운 개념이나 내용을 단기기억, 작업기억, 장기기억하고, 시공간 우선순위를 절차와 순서를 정해 언어적·비언어적으로 표현하며, 다중모드의 의미양식으로 고차적 사고로 표현하고, 언어적·비언어적으로 교사와 학생 간, 학생들 간 상호작용하는 능력은 개인별로 차이가 있을 수 있다. 교사는 이러한 요인들로 인해 효과적인 수업이 되지 않아 학습 결손으로 이어지지 않도록 그 요인들을 확인하고 명료화해야 한다(Jones, 2012: 36).

이러한 개별 학습자에게 영향을 주는 요인과 특성에 적합한 수준별 맞춤형 교육이 제대로 실행되기 위해서는 변혁적 교육이 요구된다. 수업활동을 통해, 학습자들은 비판적 사고, 창의성, 협력, 위기대처능력, 문제

해결능력, 갈등해결능력 등을 함양하고, 자기인식, 자기관리, 반성적 사고 등을 함양해야 하기 때문이다. 유네스코 아시아태평양 국제이해교육원(2014: 21)에 의하면, 변혁적 교육은 다음과 같다.

- 학습자가 실생활 속의 문제들을 비판적으로 분석하고, 창의적이며 혁신적인 방법으로 해결방안을 찾도록 함
- 학습자가 주류 담론의 가설과 세계관, 권력관계를 비판적으로 고찰하고, 체제에서 소외된 사람들이나 집단을 고려하도록 도움
- 차이와 다양성을 존중함
- 희망하는 변화를 가져오기 위한 행동에 참여할 것을 강조함
- 지역사회의 교육환경이 외부에 있거나 좀 더 넓은 사회범위에 속하는 사람들을 포함한 다양한 이해관계자들을 참여시킴

변혁적 교육은 관점의식의 시각을 갖고 탈 중심화한 접근으로 문화적 배경이 다른 사람들과 협력하여 글로벌 이슈를 창의적으로 해결하는 방식이다. 그러나, 학습자가 갖고 있는 특수성(예, 개인의 권리, 자기계발 등)을 존중하면서 보편성(예, 공동 및 집단 정체성, 관심사, 참여, 의무 등)을 증진(유네스코 아시아태평양 국제이해교육원, 2014: 19)하는 방법은 쉽지 않다.

변혁적 교육은 무엇보다도 21세기 학습자가 함양해야 할 역량을 갖추기 위해 무엇을 할 수 있는 지에 초점을 맞추어야한다. 이를 위한 방법들 중 하나는 1장에서 제시한 프로젝트 중심 학습(project-based learning: PBL)이다. PBL은 학습자의 핵심역량을 함양할 수 있고 모둠원들과 토의·토론을 통해 세계에 기여하는 방안을 찾을 수 있기 때문이다(이에 대한 구체적인 방법은 1장 4절, 7장, 9장 참조). 실제, 교실수업에서 프로젝트

는 적극적인 학습 환경을 조성하여 지식의 허점을 탐구하고 사람들에게 자신감을 심어주며, 타자와 소통하거나 협력할 수 있는 능력을 함양하게 한다(유네스코, 2009).

교사는 언제 어디서나 정보를 얻을 수 있는 유비쿼터스 환경에서 성장하고 있는 학습자들이 AI도구나 시스템을 활용하여 새로운 가치와 규준을 창출하고, 창의성, 비판적 사고능력, 의사소통능력, 융합 능력, 컴퓨터적 사고능력 등을 함양할 수 있는 수업을 설계·구현해야 한다(김진석, 2022). 이런 측면에서, 학습자들이 능동적으로 수업에 참여하여 문제를 해결하거나 과제를 효과적으로 완수할 수 있도록 교육의 새로운 패러다임을 구축해야 할 시점에 놓여 있다.

AI 및 에듀테크[7]의 발달로 학습자에게 개별화된 맞춤식 수업을 제공할 수 있는 방안들이 마련되고 있다. 교사는 대면·비대면 수업의 효과성을 높이기 위해, 다양한 방식의 테크놀로지 기반 동시성(synchronous)과 비동시성(asynchronous)수업을 실시하고, 창의·융합 능력을 함양하는 미래교육 생태계를 구축하고 있다(김진석 외, 2021). 교육부 또한 AI 시대에 살아갈 학생들이 정보지능기술을 활용하는 가운데 비판적 사고력, 정보 판별력, 공감·소통능력 등을 길러 문제를 해결할 수 있도록 AI를 학교 교육에 적극 도입하기로 하였다(교육부, 2020a,b). 한국교육과정평가원(2020)에서도 AI 및 에듀테크의 활용에 대한 이해를 높이고, 학교 교육환경을 구축하기 위해 교수·학습 통합 플랫폼을 개발하는 것이 중요하다는 것을 강조하고 있다.

---

7 에듀테크는 AIED 도구들(예, 챗봇, AR/VR, 자연언어처리, 등)과 AIED(AI in education) 적용(예, ITS, DBTS, 탐구학습시스템, 언어학습 앱, AI 협력학습, 자동서술형평가, AI 평가도구, AI 보조교사 등)을 포함하고 있다(김진석, 장은숙, 고은옥, 이순화, 전재호, 고은수, 박상아, 변혜진, 성나연, 안진숭, 윤소영, 이은지, 이은학, 임태훈, 정자연, 정지영, 2021).

> AI는 학습자들의 요구와 유형에 맞는 개별화된 맞춤식 수업 활동을 제공할 수 있다.

따라서, 교육 전문가나 이해 당사자들(stake holders)은 AIED와 관련하여 개발된 테크놀로지를 활용하여 학습자들의 핵심역량을 함양하는데 구체적이고 내실있는 방안을 마련해야 한다. AI시대 초·중등 학습자들을 위한 교육의 내용체계, 교수·학습, 평가 방안을 더욱 체계적으로 구축할 필요가 있다. 미래를 이끌어 갈 학습자들은 AI 및 에듀테크를 활용하여 개념을 이해·평가하고, 그들을 활용해 문제나 과제를 탐구·분석·추론·종합하여 적절하고 효과적으로 표현하며, 언제 어디서나 그들과 소통·협력하여 창의적으로 과제를 완수하거나 문제를 해결하는 역량들을 함양"(김진석외, 2021: 18)해야 한다(구체적인 내용은 3~9장 참조).

변혁적 교육 체크 포인트

- 학습자가 능동적 주체로서 자기 주도적으로 학습할 수 있도록 수준별·개별화의 수업 활동이 가능한가?
- 학습자가 교육의 주체가 되어 수업 활동에 능동적으로 참여하게 하는 참여 지향적·실천 지향적 교육이 가능한가?
- 문제·질문·쟁점 중심의 수업을 통해 창의적이고 혁신적인 방법으로 문제를 해결할 수 있는 능력을 함양하고 있는가?
- 학습자들 간 짝별·모둠별 토론·협력을 통해 실생활에 실천하는 다면적 교육과정을 실행하고 있는가?
- 학습자의 메타 인지적 실천과 성찰을 통해 더욱 성장하도록 하는 교수–학습 활동을 구현하고 있는가?

4. AI 상호작용 시스템 구축 및 실행

　AI시스템 및 도구들을 활용하여 수업을 어떻게 구현할 수 있을까? 어떻게 수업을 설계할 수 있을까? 변혁적 역량을 함양하기 위해서는 학생들이 자기 주도적으로 학습할 수 있는 학습자 중심 수업을 고려해야 한다. 시스템을 구축할 때, 앞에서 말한 3P-3T 중심 수업을 고려해야 한다.

　첫째, 프로젝트 중심 수업은 학습자들이 수업시간에 주어진 실세계와 관련된 진정성 있는 문제들을 공동으로 협력하여 해결해야하는 학습(Bender, 2012)으로 학습자들이 스스로 주제와 관련된 정보를 수집하고 분석하여 결과물을 창의적으로 산출하고 발표하는 활동을 통해 문제 해결능력, 의사소통, 협력, 정보와 AI리터러시, 자기 주도적 학습, 리더십, 책임감 등의 역량을 함양할 수 있다(김진석, 2015). 그래서, 프로젝트 학습 방법은 동료 학습자들에게 궁극적으로 결과물을 보여주거나 발표를 하고 공유하는 매우 복잡한 과정도 포함된다고 할 수 있다(김진석, 2018c).

　둘째, 포트폴리오 중심 수업은 학습자가 교사와 협의(negotiation)하여 학습목표에 적합한 기준을 설정하고, 그 기준을 고려하여 교실수업에서 일정기간 활동한 결과물을 모아 둔다. 그 활동이나 결과물들을 지속적이고 체계적으로 모아 둔 개인별 활동 자료집 또는 작품집을 평가한다(Fisher와 King, 1995; O'Malley와 Valdez Pierce, 1996; North Carolina State Dept. of Public Instruction, 1999) (구체적인 설명은 9장 참고).

　셋째, 문제 중심 학습은 학습자들이 문제를 능동적으로 탐구하고 스스로 해결하는 활동을 실행하게 한다. 실제성있는 문제는 학습동기를 유발하고 해결해야 할 목표나 방향을 명료하게 설정해 주기 때문이다. 문제 중심 학습은 '① 문제 제시하기, ② 문제 해결의 계획 개발하기, ③ 계획 구현하기, ④ 평가하기' 등의 단계로 구현한다(구체적인 설명은 7장 참고).

넷째, 주제 중심 수업은 여러 교과들에 공통적으로 다루는 주제들 중 하나의 주제를 중심으로 응집시켜 망으로 연결하기 때문에, 풍부한 주제가 교육과정 내용과 학문으로 망 지어 질 수 있고, 학습자들의 사고기능, 사회적 기능, 다중지능, 기술공학, 학습기능 등을 실로 꿴 듯이 연결시킬 수 있다(김진석 외, 2021a) (구체적인 설명은 5장 참고).

다섯째, 과제 중심 수업은 학습자 중심 접근방법의 이론적 원리라 할 수 있는 차별화와 상호 의존적인 학습자의 개념을 반영하고 있는 교수요목을 기반으로 하고 있다. 과제 중심 수업은 수업의 내용, 교수·학습 방법, 평가 등에 대해 학습자들 간 의견의 일치를 보는 것을 목표로 하는 절차적 협상(procedural negotiation)을 통해 구현될 수 있다(Ellis, 2003). 과제(task)란 학습자들이 문제를 해결하기 위해 목표언어를 사용하여 의미협상(negotiation of meaning)을 하는 일련의 과정(Candlin과 Murphy, 1987)으로, 비교하기, 문제 해결하기, 경험 말하기, 창의적 과제 등이 구현될 수 있다(구체적인 설명은 5장 참고).

교실수업 적용([부록 2] 예시)

- 과제 중심 수업의 특징
- 과제 중심 수업의 활동
- 과제 중심 수업 설계

무엇보다도, 프로젝트 중심 수업에서는 교사가 교수-학습을 계획하고 다양한 스캐폴딩 전략을 활용하여 안내를 하면, 학생들은 주도적으

로 학습 활동에 참여하여 발표, 토의, 토론 등의 학습 활동을 하며, 또한, 학습자 스스로 동료평가나 자기평가를 통해 자신의 활동을 반성하고 수정하는 일련의 절차로 진행한다(Bender, 2012). 교실수업에서 프로젝트의 효과적 수행과 관련된 주요한 특징들을 제시하면 다음과 같다(Trilling와 Fadel, 2009; 김진석, 2018c).

- 프로젝트의 결과물은 교육과정 및 학습의 목표와 밀접하게 관련되어 수행됨
- 질문과 문제를 통해 학습자들이 화제의 중심개념이나 원리들을 깨닫도록 함
- 학습자의 탐구나 연구는 지식을 구축하는 과정을 포함함
- 학습자는 대부분의 지식들을 설계하고 주도적으로 학습함
- 프로젝트는 학습자들이 호기심을 갖는 실제적이고, 실질적인 세계의 문제나 질문들을 기반으로 함

위의 특징들을 반영하는 수업을 실행하기 위해서는 교사는 다음과 같이 4단계를 수행해야 한다(Trilling와 Fadel, 2009).

- 1단계: 질문, 문제, 도전 등을 명료하게 제시(define)
- 2단계: 과제가 제대로 실행될 수 있도록 자료를 모으고 워크시트 등을 준비하고 계획(plan)
- 3단계: 학습자들이 교사와 상호작용하면서 학습 활동을 수행하고, 그 결과들을 기록(do)
- 4단계: 프로젝트의 결과를 제시하고 검토(review)

위의 단계에서는 학습자들은 설정된 학습목표를 달성하기 위해 자료를

탐구하고 사고하면서 계획한 후, 교사나 동료들과 소통·협력하여 결과물을 창출할 뿐만 아니라 그 결과를 공유하고 성찰하는 일련의 과정들을 순차적으로 수행해야 한다(프로젝트 수업에 대한 구체적인 계획과 실행은 4장, 프로젝트 평가는 9장 참조).

또한, 프로젝트 수업을 효과적으로 구현하기 위해 테크놀로지를 활용하는 것이다. 학습자들은 학교급별로 인지·심동·정의적 측면에서 다소 차이가 있지만, AI 및 에듀테크를 비판적으로 이해·평가할 수 있는 역량이 있고, 그들을 활용해 문제나 과제를 탐구·분석·추론·종합하여 적절하고 효과적으로 표현하는 역량을 갖추며, 언제 어디서나 그들을 활용하여 교사와 학생들 간, 학생들 간 소통·협력하여 창의적으로 과제를 완수하거나 문제를 해결하는 역량이 있기 때문이다(김진석 외, 2021).

이에, 교사는 교실수업에서 AI도구 및 시스템을 활용하여 학생들과 효과적으로 상호작용할 수 있도록 수업을 설계·구현할 필요가 있다. 한국학술정보원(2024)에서는 학습자의 요구와 수준에 맞는 내용을 선정하고 수업을 효과적으로 디자인하여 개별 맞춤식 수업을 구현할 수 있도록 AIDT(AI Digital Textbook)의 프레임을 다음과 같이 제시하고 있다.

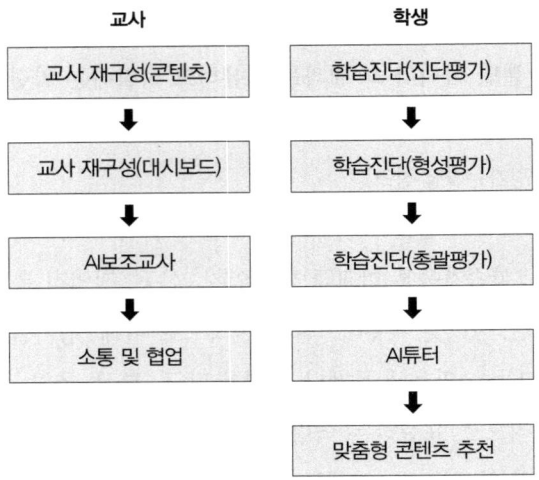

[그림 3] AIDT: 교사와 학생 간 상호작용

위의 그림에서와 같이, 교사는 AIDT의 AI튜터를 활용하여 학습 전 학생의 기초학습 수준, 사전 지식 및 생각, 학습 곤란의 원인 등을 진단하고 부족한 부분을 파악하여 향후 학생 맞춤형 학습의 방향을 설정하고, 학습 과정 중에서 학습 이해도, 학습 진행 상황 진단 등 교수학습 과정에서 다각적인 정보를 확인하기 위한 평가를 실시하며, 학습 종료 후 학습목표의 달성 여부와 학습 성과 등을 측정하는 평가를 시행하고 학습 콘텐츠나 문항을 추천한다. 개별 학생 맞춤형 보충, 반복, 심화 등 적절한 학습 경로나 추가 콘텐츠를 추천하고, 평가 후 결과에 따라 유사 문항을 제공한다. AI튜터는 AI를 이용해 학생의 학습 상태를 분석하여 취약한 부분의 원인을 찾아 이를 개선할 수 있는 전략을 조언해 주는 서비스다. AI튜터는 질의응답, 추가 학습자료 제공, 학습 전략 제안, 학습 진도 모니터링, 피드백 및 성취 평가, 오답노트 등을 제공한다.

교실수업은 교사와 학생 간, 학생들 간, 교사·학생과 AI간 상호작용의 과정이다. 교사는 AI시스템 및 도구를 활용하여 지원자(assistor), 촉진자(facilitator), 매개자(mediator), 스캐폴더(scaffolder), 상담자(counsellor)로 학습자의 인지적·정의적·심동적 수준에 적합한 내용이나 활동을 제공하고, 부족한 부분을 점검하거나 스캐폴딩을 체계적으로 구현한다(구체적인 설명은 9장 참고). 학생은 모둠별, 짝별 소통하고 협력하여 과제를 완수하거나 문제를 해결한 후 결과물을 공유하고 성찰한다. 또한, 학습 목표를 제대로 달성할 수 있도록 학습 중 서로 피드백이나 스캐폴딩하며 점검하고 수정하도록 한다.

> 교실 수업은 교사와 학생 간, 학생들 간, 교사·학생과 AI간 상호작용의 과정이다.

이를 위해, AI튜터링 시스템(intelligent tutoring system: ITS)의 시스템의 하나로 테크놀로지를 활용한 교실 상호작용 시스템(classroom interaction system through technology: CIST)을 구축할 수 있다(김진석, 2020a, b, c). CIST의 각 층위는 학습자가 발화하기 이전에 개념을 형성하는 '내재 층위(underlying tier: UT)', 과제를 완수하거나 문제를 해결하기 위해 소통하고 협력하여 과제물을 창출하는 '수행 층위(performing tier: PT)', 제대로 수행하였는지를 점검하고 수정하도록 피드백이나 스캐폴딩을 하는 '점검 및 지원 층위(checking & assisting tier: CAT)' 등으로 다음과 같이 구축될 수 있다(김진석, 2019a, b, c; 2020a, b, c, d).

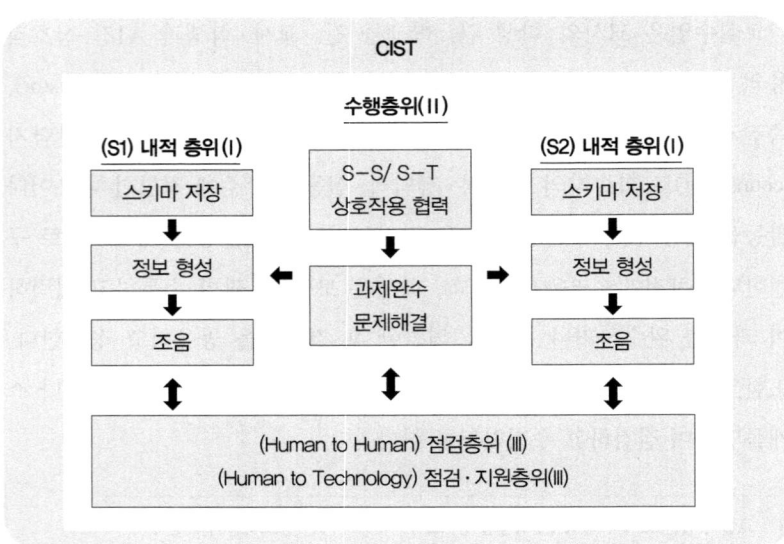

[그림 4] 테크놀로지를 활용한 교실 상호작용 시스템(CIST)

- 내재층위: 학습자가 과제를 완수하거나 문제를 해결하기 위해 개념을 형성하거나 아이디어를 모으는 층위
- 수행층위: 과제를 완수하거나 문제를 해결하기 위해 소통하고 협력하여 결과물을 창출하는 층위
- 점검지원층위: 과제나 활동을 제대로 수행하였는지를 점검하고 수정하도록 피드백, 스캐폴딩 및 모니터링하는 층위

위 CIST는 교실수업에서 교사와 학습자, 학습자 간, 교사·학생과 AI간 상호작용을 한다는 가정 하에 구축된 것이다. 점검지원층위는 메타인지의 지식에 상응하는 지식 점검 로그(knowledge checking log), 참가자들 간의 상호작용을 활성화하는 기능점검로그(skill checking log), 튜터링 모

델과 유사한 지원로그(assisting log)로 구성되고, 아울러 테크놀로지 지원 학습 키트(technology-assisted learning kit: TALK)[8]를 갖추고 있다(김진석 외, 2021). 학습자들이 교사나 동료들의 점검(관찰평가 또는 상호평가)을 통한 인간과 인간 간 상호작용(human to human: HH)도 있을 수 있지만, 인간과 테크놀로지 간 상호작용(human to technology: HT)도 있을 수 있다(김진석, 2020a, b, c).

HT의 경우, 인공지능 설계자는 테크놀로지가 교실수업에서 지원자(assistor), 촉진자(facilitator), 매개자(mediator), 스캐폴더(scaffolder), 상담자(counsellor) 등의 역할을 하여 대화자의 역량을 함양할 수 있도록 시스템을 구조화해야 한다(김진석 외, 2021). 대화자들은 AI기반 플랫폼을 활용하여 자신의 인지적·정의적·심동적 수준에 적합한 내용이나 활동을 제공받고, 부족한 부분을 점검 받아 도움을 받거나 스캐폴딩(이에 대한 구체적인 교수-학습 방법 및 평가는 9장 참고)을 받을 수 있을 것이다(김진석 외, 2021).

CIST는 Murphy(2019)가 제안한 ITS의 특성을 담고 있다. CIST는 ITS의 특성인 '개별화 학습, 자기 주도적 학습, 개별 학습자의 지식 상태, 학습자의 지식과 이해에 대한 지속적인 평가와 모니터링, 그리고 과제 수행 시 학습자의 수행과 연관된 자동화된 피드백'(Murphy, 2019: 4) 등을 고려하여 구축된 시스템이다.

먼저, 내재층위 UT는 Krathwohl(2002)의 사실적, 개념적, 메타 인지

---

8 TALK에는 챗봇, 엔트리, 스크래치, 증강현실(augment reality: AR), 가상현실(virtual reality: VR), Teachable Machine, Musia, HumOn, Google Doodles Music, Auto Draw, Quick Draw, Nvidia GauGAN, Kahoot! Kamibot, Arkinator, Arduino, Padlet, ACMI, Capzles, ComicMaster, SlideStory, Grammarly 등의 다양한 AIED도구들을 내장하고 있다.

적 지식과 밀접하게 관련(김진석 외, 2021)[9]되고, Murphy(2019)의 영역 모델(domain model)[10]과 유사하다. UT에서는 학습자가 전경 및 배경 정보를 내부화하고, 스키마를 분류하고 체계화하는 능력을 가지며, 학습자는 상황을 고려하여 다른 사람과 교류하고 협력하는 기술과 관련된 지식을 가지고 있다. 다음 그림과 같이, 학습자들은 정보 형성의 어려움을 챗봇의 도움을 받아 정립해 나갈 수 있다(김진석 외 2020).

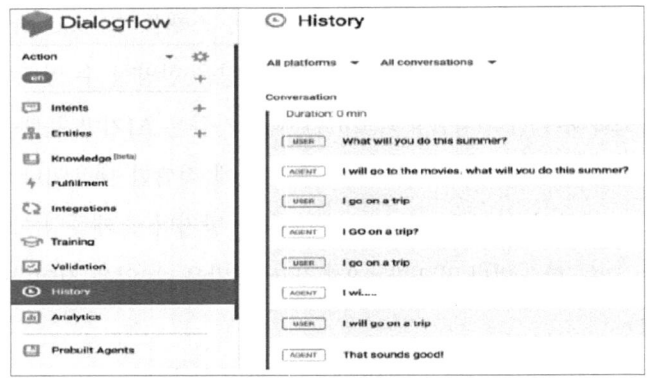

[그림 5] 정보 형성(Formulator) 단계 API 히스토리

---

9 Bloom의 분류법을 개정한 Krathwohl은 선언적 지식(declarative knowledge)을 사실적과 개념적 지식으로 확장시키고, 메타 인지적 지식(meta-cognitive knowledge)을 지식의 유형에 추가했다(김진석 외, 2021).
  - 사실적 지식: 학생들이 문제를 해결하거나 과제를 완수하기 위해 알아야 하는 사실이나 기본적 요소들에 대한 지식
  - 개념적 지식: 기본 요소들이 함께 기능할 수 있도록 하는 더 큰 구조 내에서 그 요소들 간의 패턴과 상호 관계들에 대한 지식
  - 메타 인지적 지식: 학습자 자신의 인지에 대한 인식이나 지식뿐만 아니라 일반적 인지에 대한 지식

10 영역모델에서는 학습해야 할 모든 개념과 기술, 그리고 이들의 상호 관련성을 포함하고 있다(Murphy, 2019: 4).

위와 같이 챗봇은 학습자가 성공적인 상호작용을 통해 학습자-학습자 간 상호작용 또는 학습자-교사 간 상호작용을 도울 수 있다.

또한, 교사는 수업을 실시하기 전에 개념과 기술에 초점을 맞춘 학습자의 역량을 분석하고, 학습 목표를 달성할 수 있도록 하는 실러버스를 설계하고, CIST 점검 계층의 도움을 받아 학습자 수준에 맞는 교재를 개발할 수 있다(김진석 외, 2021). 글로벌 디지털 시민의식에 초점을 맞춘 수업을 구현하고 있는 교사는 CIST의 도움을 받아 학습자의 글로벌 시민의식에 대한 지식을 확인하고, 개인의 사회적 상호 작용, 보편적 핵심 가치에 대한 이해, 특정 글로벌 이슈의 이해 및 해결 등을 할 수 있도록 하기 위해, 학습자의 사실적, 개념적, 메타 인지적 지식 등을 고려한 학습 계획을 구체적으로 수립할 수 있다.

수행층위인 PT는 Krathwohl(2002)의 절차적 지식과 유사하게 학생들 간 상호 작용 및 협업을 통해 과제를 완료 하거나 문제를 해결하는 활동을 한다(김진석 외, 2021). 교사는 학생들이 AI도구를 활용해 교실 활동에서 서로 소통하고 협업하도록 수업을 구현할 수 있다. 지구온난화와 관련한 수업에서 학습자가 다음과 같이 챗봇을 활용하여 상호작용할 수 있을 것이다(전재호, 2021).

```
USER    We should save the earth
AGENT   Sounds good. what can you do for the Earth? Can you tell me some?
USER    We should save the Earth.
AGENT   Sounds good. what can you do for the Earth? Can you tell me some?
USER    How about using the stairs?
AGENT   That's a good idea. To save energy, what else can you do?
USER    I dont know
AGENT   No matched intent
USER    We should turn off the light.
AGENT   Oh, that's good. Let's talk about other ways to save the Earth.
```

[그림 6] 챗봇과 학습자 상호작용 전사 자료

위와 같이 챗봇과 상호작용하는 활동을 통해 학습자의 호기심과 동기유발을 불러일으키고, 챗봇의 도움을 받아 과제를 완수하거나 문제를 해결할 수 있을 것이다.

무엇보다도, PT단계에서는 학생들이 교사와 지능형 에이전트의 도움을 통해 동료들과 상호작용과 협업을 통해 과제를 완수하는 것이 중요하다. 교사는 수업을 구현할 때, 비고츠키[11]의 근접발달영역(zone of proximal development: ZPD)[12]을 고려하여 학습자의 상호작용 능력 및 의사소통 능력을 향상시키기 위해 스캐폴딩 및 모니터링해야 한다. 인공지

---

11 학습에 있어 맥락과 상호작용을 중요시하는 비고츠키의 구성주의에 입각한 접근은 아이들이 리터러시를 습득하고 발달시키는 과정에서 어떠한 문화적, 사회적 환경에 맥락화되어 있는가에 초점을 맞춘다(장은영, 2020: 71-72).
12 교실상황의 스캐폴딩이나 모니터링은 학생들의 근접발달영역(zone of proximal development: ZPD)과 밀접한 관계가 있다. 교사는 과제를 완수하거나 문제를 해결해 나가는 교실 활동에서, 학습자의 독립적인 문제해결 능력에서 나타나는 실질적인 발달수준과 또래와의 협력을 통해 문제를 해결하는 능력에서의 수준 간 간극인 ZPD를 바탕으로, 학습자를 위해 스캐폴딩이나 모니터링을 해야 하기 때문이다(김진석, 2013).

능 앱이나 도구들을 포함한 AI시스템은 무한한 사례를 제공할 수 있으며, 학습에 어려움을 겪고 있거나 기술을 익히지 못한 학습자에게 지식과 기술을 제대로 통합할 수 있도록 할 수 있다(OECD, 2018: 12).

CIST기반 수업에서는 학습자 중심 교수-학습 및 평가 활동이 설계되어야 한다. 교실수업에 활용되는 AI기반 시스템이나 도구들은 학습자들이 핵심역량을 함양할 수 있도록 지원해 주는 역할을 하는 AI보조교사이어야 한다. 수업시간에 AI가 주도하는 수업이 아니라 학습자가 중심이 되는 수업이 되기 위해서는 학습자들이 참여하여 자신의 의견이나 판단으로 내용을 수정하거나 문제를 해결하는 방안을 탐구하도록 하는 활동들이 구현되어야 한다. 사물을 분류하는 활동을 하는 경우, 티처블머신(teachable machine)의 분류기준을 수동적으로 수용하고 그 결과물을 발표하거나 공유할 것이 아니라, 학습자들이 먼저 분류 기준을 언플러그(unplug)활동으로 모둠별·짝별로 설정한 후, 티처블머신을 활용하여 그 기준을 다음과 같이 확인하거나 검토하는 활동이 되어야 한다.

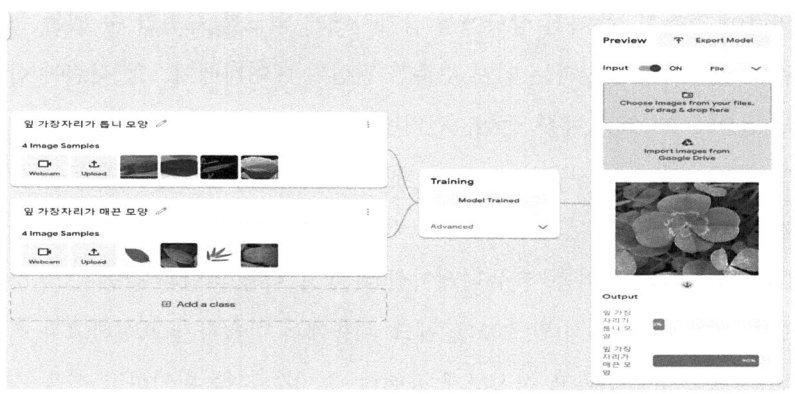

[그림 7] 잎 가장자리가 매끈한 모양과 잎 가장자리가 톱니 모양

위와 같이, 티처블머신(teachable machine)을 활용한 '잎의 생김새에 따라 식물을 분류하기'와 같은 활동을 구현하도록 함으로써 학습자들이 과제를 해결하는 능력을 함양할 수 있다(박상아, 2021). 이러한 일련의 활동은 학습자들의 인지능력과 사고능력을 함양할 수 있을 것이다.

더욱이, 점검 및 지원층위인 CAT은 Krathwool(2002)의 메타인지 지식에 상응하는 지식 점검 로그(Knowledge Checking Log), 참가자 간의 상호작용을 활성화하기 위한 필수 전제조건인 기능점검로그(Skill Checking Log), Murphy의 튜터링 모델과 유사한 지원 로그(Assisting Log)로 구성된다(김진석 외, 2021). CAT은 동전의 양면처럼 학습자의 UT와 PT를 점검하고 지원하는 계층이다. 예를 들어, 지식 점검 로그는 학습자의 정의적, 인지적, 심리 운동적 수준과 관련된 학생들의 축적된 지식을 점검하고, 학생들의 표현 능력도 점검한다.

AI 시스템은 "학습자에 대한 정보를 저장하며, 학습자가 얻은 지식이 정확한지 여부에 대해 피드백을 제공할 수 있다."(OECD, 2018: 12). 이를 위해, CAT은 학습자가 효과적이고 적절하게 의사를 표현할 수 있는 역량이 있는지, 주어진 상황에서 참가자에게 의도를 표현할 수 있는 능력이 있는지를 판단하는 인지 수준과 관련된 데이터베이스를 갖춰야 한다(김진석, 2019d). 예를 들어, 인터넷과 다양한 관련 테크놀로지는 다양한 언어에 걸쳐 사용할 수 있는 개인화된 데이터 중심 언어활동을 설계하기 위해 점점 더 많은 수의 코퍼스를 만들었다(Kessler, 2018: 213). CAT에는 학습자 이름, 커뮤니케이션 및 상호 작용 역량과 같은 개인 정보가 포함된다(김진석 외, 2021). 체크 계층에서 학습자가 표현하고자 하는 정보를 효과적이고 적절하게 표현할 수 있는지를 확인하고 싶을 경우, AIED시스템 및 도구를 활용할 수 있도록 지원체계를 구축할 필요가 있다 Grarmmarly가 제공하는 자동교정의 기능을 다음과 같이 활용할 수 있다.

[그림 8] 문장 단위 자동교정 프로그램 사용 모습

Grammarly 프로그램을 활용한 문장 단위의 영어 표현을 점검하면서 자신의 문법적 능력을 점검할 수 있다. 아울러, 학습자들은 정확한 표현을 학습하기 위해, 기계적 연습, 유의미한 연습, 의사소통적 연습 등을 통해 학습해야할 문법적 표현을 연습하도록 수업을 구현할 필요가 있다. 또한, 조음단계에서는 교사는 학습자의 부정확한 발음에 피드백을 할 수 있도록 다음과 같이 챗봇을 설계하고 구현할 수 있다(김진석 외, 2020).

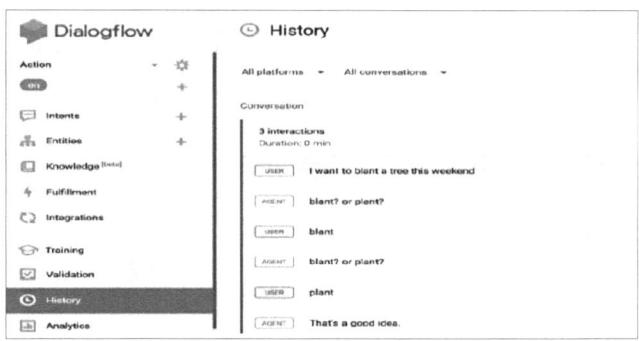

[그림 9] 조음(Articulator) 단계 API 히스토리

위와 같이, CAT 계층에는 학습자를 추적하고, 모니터링하고, 스캐폴딩하는 활동들을 포함한다(전재호, 2021). 교실 안팎에서 디지털 자료와 환경의 사용, 학습자의 행동, 수행을 관찰, 모니터링 및 추적 등을 통해 개인 및 전체 학생들의 수행 상황에 대해 점점 더 넓은 범위에서 가치 있는 데이터를 모을 수 있다(Kessler, 2018: 214).

무엇보다도, 기능 점검 로그는 커뮤니케이션, 창의성, 협업 및 비판적 사고 능력을 점검한다(김진석 외, 2020). CAT 계층은 학습자가 자신의 의도를 정확하고 적절하게 표현했는지 여부를 점검한다. 그 결과에 대해 챗봇 등의 AIED는 근접발달영역 내에서 학습자와 비계 학습자의 성과를 모니터링할 수 있다. 필요한 경우, 스캐폴딩 로그는 학습자들이 서로 촉진자가 되어 학습을 스캐폴딩하고 모니터링하여 서로 간 지식과 역량을 신장하는 데에 도움을 줄 수 있다.

AI상호작용 시스템 설계 시 체크 포인트

- 학생의 기초학습 수준, 사전 지식 및 생각, 학습 곤란의 원인 등을 분석하여 학습자 유형별 맞춤형 학습의 방향을 제대로 설정하고 있는가?
- 학습 과정 중 학습자들이 학습목표를 달성할 수 있도록 교사는 피드백, 스캐폴딩, 모니터링 등의 상호작용이 가능한가?
- 학습 과정 중, 학습 이해도, 학습 진행 상황 진단 등 교수학습 과정에서 다각적인 정보를 확인하기 위해 형성평가, 수행평가, 역동적 평가 등의 학습을 위한 평가를 실시하고 있는가?
- 학습 종료 후 학습 목표의 달성 여부와 학습 성과 등을 측정하는 평가를 시행하는 기능이 있는가?
- 개별 학생 맞춤형 보충, 반복, 심화 등 적절한 학습 경로나 추가 콘텐츠를 추천하고, 평가 후 결과에 따라 유사 문항을 제공하고 있는가?
- AI튜터는 AI를 이용해 학생의 학습 상태를 분석하여 취약한 부분의 원인을 찾아 이를 개선할 수 있는 전략을 조언하고 있는가?
- AI튜터는 질의응답, 추가 학습자료 제공, 학습 전략 제안, 학습 진도 모니터링, 피드백 및 성취 평가, 오답노트 등을 제공하고 있는가?

위 CIST기반으로 서울교육대학교는 교육부의 '교원양성대학 원격교육 역량강화'사업에 선정되어 수도권·강원·제주 거점센터로서 ABLE(AI Blended Learning Ecosystem)시스템을 구축(김진석 외, 2020)하여 예비교원의 미래교육 역량을 강화하고 있다. ABLE은 초·중등학습자의 니즈와 학습능력을 분석하고, 그 결과를 바탕으로 수업을 설계하고 구현하는 방법을 탐구하며, 학습목표를 달성하였는지를 측정하여 교수-학습 방법을 개선하는 시스템이다.

> 교사는 AI를 활용하여 학습자들이 자기 주도적으로 과제를 완수할 수 있도록 지원한다.

학습자들이 자기 주도적으로 역량을 함양할 수 있도록 전문성을 갖춘 교사가 수업을 설계하고 구현해야 한다. 무엇보다도, AIED를 활용하여 학습자들의 니즈를 분석하고 개별 맞춤식 수업이 될 수 있도록 아키텍처를 제대로 구축하고 내실있게 실행해야 한다. 이를 위해, 교육과정을 유연하게 운영하며, 학습 환경과 수업에서 장벽이 없고 모든 학생이 수월하게 접근할 수 있는 AIED활용의 학습 환경 및 수업 설계가 되도록 학교 내·외 정책적 지원이 마련될 필요가 있다.

핵심개념
- 알고리즘과 알고리즘 자아
- 게이미피케이션과 호모루덴스
- 국제바칼로레아의 학습자상과 개념
- 변혁적 역량과 변혁적 교육
- 관점의식과 비판적 사고능력
- 학습자의 특성과 학습 유형
- AI 튜터링 시스템
- 테크놀로지를 활용한 교실 상호작용 시스템

제1장 연습문제

1. 학습자들은 자기 주도적으로 판단하고 행동하고 보장받는 주체자(agency)로 빅데이터 기반 알고리즘을 참고하여 자기만의 알고리즘적 자아(algorithmic self)를 구축해야 한다. AI시대에 학습자들이 자기만의 알고리즘적 자아를 구축할 수 있는 아키텍처를 설계하시오.

2. 우리나라 교육과정이 추구하는 인간상을 구현하기 위해, 교과 교육과 창의적 체험활동을 포함한 학교 교육 전 과정을 통해 중점적으로 기르고자 하는 핵심역량으로 자기관리 역량, 지식정보처리 역량, 창의적 사고 역량, 심미적 감성 역량, 협력적 소통 역량, 공동체 역량을 설정하고 있다. 21세기 학습자들이 갖추어야할 인간상을 제시하고, 그에 적합하게 반드시 신장해야할 역량을 설정하시오.

3. 학습자들의 특성에 적합한 수준별 맞춤형 교육이 제대로 실행되기 위해서는 변혁적 교육이 요구된다. 수업활동을 통해, 교사는 학습자의 핵심역량을 함양하기 위해 어떻게 수업을 설계하고 구현해야 할지를 변혁적 교육의 측면에서 예시하시오.

4. 수업시간에 AI가 주도하는 수업이 아니라 교사와 학습자가 주체가 되는 수업이 되기 위해서는 학습자들이 참여하여 자신의 의견이나 판단으로 내용을 수정하거나 문제를 해결하는 방안을 탐구하도록 하는 활동들이 구현되어야 한다. AIED를 활용하여 학습자들이 주도하는 수업을 구현하는 과정을 제시하시오.

제2장

AI시대 실러버스

실러버스에 담을 내용뿐만 아니라 실러버스의 디자인 또한 중요하다.
- Nation 외 (2010)

생각하기
1. 학습자들이 자기 주도적으로 학습할 수 있도록 실러버스를 어떻게 구축할까?
2. 학습자들이 반드시 학습해야할 개념이나 내용은 무엇인가?
3. 학습자 중심 수업이 되기 위해 실러버스를 어떻게 디자인할 것인가?

교실수업에서 시대적·사회적으로 요구하고 있는 '창의력, 비판적 사고능력, 문제해결 능력, 리터러시, 의사소통 능력, 대인관계 능력, 정보처리 능력, 컴퓨터적 사고능력, 자기관리 능력, 기초학습 능력, 공동체 역량, 국제사회문화 이해 역량' 등이 강조된다. 이러한 역량들을 반영하여 국가 수준에서는 교육과정을 개정하였고, 학습자들이 교실 수업활동을 통해 그 역량들을 제대로 함양할 수 있도록 하고 있다. 그럼에도, 학교 수준에서는 학습자들이 핵심역량을 함양할 수 있도록 핵심 개념과 내용을 고려하여 학습자들의 수준에 적합한 창의성 중심의 프로젝트나 활동들을 디자인하고, 그 활동들을 제대로 완수하거나 문제를 해결할 수 있도록 내실있게 모니터링하고 스캐폴딩하지 못하고 있다. 이 장에서는 학습자들이 핵심역량을 함양하기 위해, 가르칠 만한 내용, 가르쳐야 할 내용, 가르칠 필요가 있는 내용뿐만 아니라 어떻게 실러버스를 구성할 것에 대해 살펴보고자 한다.

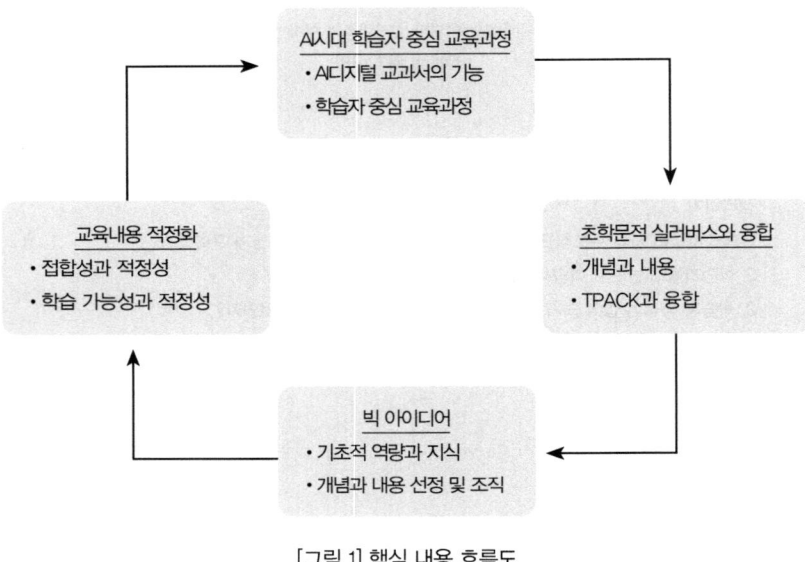

[그림 1] 핵심 내용 흐름도

1. AI시대 실러버스 구성의 방향

실러버스는 학습자들에게 가르칠 구체적인 내용을 담고 있는 그릇이다. 학습자들이 핵심역량을 함양하기 위해, 가르칠 만한 내용, 가르쳐야 할 내용, 가르칠 필요가 있는 내용을 설정하기 전에 학습자의 니즈가 무엇인지를 분석해야 한다. 니즈에는 학습자들이 필수적으로 해야 하는 것(necessities), 결여되어 있는 것(lacks), 학습하고 싶은 것(wants)으로 나누어 분석해야 한다(Nation 외, 2010).

국가단위의 교육과정에서는 설문지, 면담, 수업관찰, 평가(국가수준 학업성취도, 대학수학능력시험) 등을 통해 학생들의 요구에 대한 기초자료를 수집한다. 학교단위의 교육과정에서는 사실적인 정보(학생의 언어 능력, 나이, 가정환경, 사전 학습 경험 등)나 학생의 주관적인 요구(원하는 수업의 난이도 정도, 좋아하는 교수 형태 및 학습 형태 등) 등을 파악할 수 있다(김진석, 2016). 향후, 빅 데이터를 기반으로 정제된 데이터를 활용해 학습자들의 니즈를 사실적인 정보와 주관적인 요구로 수월하게 분석하여 학습자 중심 교육과정을 실행할 수 있을 것이다.

> **학습자 중심 교육과정의 특성(Brown 외, 2015)**
> - 학습자의 니즈와 목표에 초점
> - 교실에서의 학습자들 간 개인별 차이 분석 · 이해
> - 학습자의 유형과 선호도를 고려한 교육과정 운영
> - 교실수업에서 두려움이 없고 방어적이지 않는 분위기 제공
> - 학습자들을 모니터링하고 피드백 주는 교실운영(예, 모둠활동)

AI는 빅데이터를 정제하여 학습자들의 사실적 정보와 주관적 요구를 분석할 수 있다.

AI튜터링 시스템을 기반으로 교실수업을 구현하게 되면, 학습자들의 이력을 저장하고 분석하여 학습자 중심의 개인 맞춤식 교육과정을 실행할 수 있을 것이다. AI를 포함한 정보기술을 활용하여 다양한 학습자료 및 학습지원 기능 등을 탑재한 AIDT는 다음과 같은 기능으로 학생 개인의 능력과 수준에 맞는 다양한 맞춤형 학습 기회를 지원할 수 있도록 설계되어 있다(한국교육학술정보원, 2024).

학습진단	진단평가, 형성평가, 총괄평가
AI튜터	질의응답, 추가학습자료 제공, 학습 전략 제안, 학습 진도 모니터링, 피드백 및 성취평가, 오답노트
맞춤형 콘텐츠 추천	• 학습 콘텐츠 추천: 개별 학생 맞춤형 보충/반복/심화 등 적절한 학습경로나 추가 콘텐츠 추천 • 문항 추천: 평가 후 결과에 따라 유사문항 혹은 처방 문항 제시

[그림 2] AIDT의 기능

학습자를 진단평가, 형성평가, 총괄평가 등으로 진단하고, 그 결과를 바탕으로 질의응답, 추가학습자료 제공, 학습 전략 제안, 학습 진도 모니터링, 피드백 및 성취평가, 오답노트 등의 튜터링을 하면서 맞춤형 콘텐츠를 추천하는 시스템이다.

학습자들에게 동기부여를 하고 수업활동에 능동적으로 참여하도록 하며, 핵심역량을 내실있게 함양할 수 있도록 유연한 아키텍처(architecture)를 지향하는 학습자 중심 교육과정은 개별 맞춤식 수업을 실행하여 학습자들이 자기 주도적 학습을 할 수 있도록 내실있게 실행되어야 한다. 예를 들어, AI가 주도하는 수렴적 질문(display question) 중심의 질의응답뿐만 아니라 학습자들이 질문을 생성하고 창의적으로 해답을 찾아나가는 확산적 질문(referential question)이 가능하고, 그에 대한 해결방안을 탐구하여 발표할 수 있는 공간도 폭 넓게 마련해야 한다(질문 중심 활동의 구체적 내용은 7장 참조). 이는 1장에서 살펴 본 학습자들의 SCORE알고리즘을 활성화하여 자기만의 알고리즘을 구축하도록 하는 것이다. 학습자들이 새로운 현상, 개념, 내용 등에 호기심과 흥미를 가지면서 과제나 문제 등을 해결하기 위해 필요한 핵심요소를 파악하고 복잡한 현상을 단순화하며, 학습한 지식을 다른 지식 자원과 결합하여 새로운 문제나 과제를 해결하는 데에 사용하는 역량을 가지고, 빅 데이터를 바탕으로 원하는 결과를 도출하기 위해 일정하게 반복하여 관습적으로 표현하며, 가장 적절하고 효과적인 시퀀스(순서와 절차)를 구조화하고, 학습의 목표, 과제 및 문제 인식, 과제를 완수하거나 문제를 해결하기 위한 상호작용의 과정 및 방식, 산출물 등을 지각하고 이해하며, 동료들과 상호작용 시, 의사소통을 위해 다양한 수단(예, 언어, 말, 글, 문자. 이메일 등)을 사용하고, 학습한 특정 개념이나 내용을 다른 영역, 교과, 상황에 적용하여 과제를 완수하거나 문제를 해결하며, 주어진 문제를 창의적으로 해결하거나 과제를 완수하는 자기만의 알고리즘을 구축할 수 있을 것이다.

이에, AI를 활용하여 교사와 학습자 간 상호작용 시, 교사 주도의 수업에서 학습자 주도의 수업으로 구현할 필요가 있다. Erbe, Ban, & Castaneda(2009: 74)에 의하면, AI도구들을 사용하는 역할의 측면에서 다음의 연속체를 바탕으로 학습자와 교사를 구분하고 있다(김진석 외, 2021).

AI for Teaching ←							→ AI for Learning
Teacher-only use (technology as a tool)	Teacher-only use (managing)	Teacher helper (instructing)	Teacher-made resources for students	Student-only use	Student helper (facilitating)	Student helper (practicing)	Student helper (generating)	Student-made resources (creating)

[그림 3] AI도구 사용 관련 교사와 학생 간 연속체

위 연속체는 교사만 AI도구의 사용 환경(예, 스마트 보드, TV 등), 교사만 AI도구를 운영하는 가상의 학습 환경 (Nicent, Ning, 등), 교사가 발표도

구를 지도하는 학습 환경(PPT, Internet, etc), 교사가 연습자료나 웹페이지 등 학생용 학습 자료를 제작하는 환경(google pages, etc), 학생만 사용하는 학습 환경, 학생들의 학습을 촉진하는 온라인 퀴즈, 연습, 게임, 비디오 등과 같은 학습 환경, 듣기와 쓰기 도구 등을 활용하여 능동적으로 연습하는 학습 환경(k7.net, writeboard.com, etc), 학생들이 웹페이지나 포트폴리오 구축과 같은 학습 자료를 생성하는 학습 환경, 오디오, 비디오 팝 캐스팅, 블로깅, 영화 제작 등과 같이 학생이 학습 자료를 제작하는 환경 (Erbe, Ban, & Castaneda, 2009; Kim, 2019d)등으로 세분될 수 있다. 이 연속체에서와 같이, 학습자들이 AI를 활용하여 자기 주도적으로 주어진 과제를 완수하거나 문제를 해결하는 역량을 함양하도록 수업을 설계하고 구현해야 한다.

> 학습자는 AI를 활용하여 자기 주도적으로 과제를 완수하거나 문제를 해결할 수 있다.

따라서, AI기반 학습자 중심 교육과정에서는 학습자들이 자기 주도적 수업을 할 수 있도록 교사의 전문성과 학습자의 니즈 간 상호작용이 활발하게 일어나야 한다. 이를 구체적으로 살펴보면 다음과 같다. 첫째, AI를 활용하여 학습자의 필요와 요구를 알아보기 위한 자료의 수집과 이들 자료를 바탕으로 학생들을 해당 집단에 배치하는 것이다. 여기에는 학생의 인지능력, 나이, 가정환경, 사전 학습 경험 등 사실적인 정보 외에 원하는 수업의 난이도 정도, 좋아하는 교수 형태, 좋아하는 학습 형태 등과 같은 학생의 주관적인 요구가 포함된다(Nunan, 1988; 배두본, 1997; 김영태, 1997; 김진석, 2016).

둘째는 내용 선정의 단계로 AI의 데이터를 통해 분석한 학습자들의 경험이나 니즈를 바탕으로 내용을 선정하고 수업이 진행됨에 따라 학생들의 주관적인 니즈(원하는 교수법, 교수-학습 활동, 수업의 수준 등)를 반영하고 필요한 경우 학습자와 협의하여 내용을 수정·보완한다.

셋째는 교사와 학생 사이의 갈등이 가장 클 수 있는 단계로 학습 활동과 교재가 여기에 포함된다. 질의응답, 추가학습자료 제공, 학습 전략 제안, 학습 진도 모니터링, 피드백 및 성취평가, 오답노트 등을 수행하는 AIDT의 튜터링 시스템을 활용하여 교사와 학생이 토의와 협의를 통해 갈등을 해결한다. 여기에서 전문성을 갖춘 교사는 학생이 원하는 모든 것을 제공하는 것이 아니라 교사와 학생 모두 원한다고 믿는 것을 찾으려고 노력해야 한다.

넷째는 학습자 중심 교육과정 모델의 마지막 단계로 평가다. AIDT의 기능에는 학습 진단(진단평가, 형성평가, 총괄평가 등), 학습 과정(학습 진도 모니터링, 피드백 및 성취평가)을 통해 학습자를 진단한다. 이는 학습을 위한 평가인 과정평가 보다는 학습 결과에 대한 평가인 총괄평가에 더 많은 비중을 두고 있다. 교사와 학생 간 상호작용에 초점을 두고 있는 교실 수업활동 연계 역동적 평가, 형성평가, 수행평가 등이 제대로 진행되어 내실있는 학습을 위한 평가가 이루어지도록 과정평가에 무게 중심을 두어야 한다(역동적 평가, 형성평가, 수행평가에 대한 구체적 계획과 실행은 9장 참조).

학습자 중심 교육과정에서 학습자들이 수업 중의 과제(task)를 선정하는 것부터 교재, 과목, 교육과정에 이르기까지 교사와 협의하여 의사결정을 하는 것은 쉽지 않다. 교사는 학생들의 인지적, 정의적, 심동적 수준을 분석하고 반드시 학습해야 할 내용이 무엇인지, 결여된 부분은 무엇인지, 원하는 것이 무엇인지를 조사하고 탐구한 후, 그에 적합한 여러

안(option)들을 마련하여 제시하면, 학생들은 그것을 바탕으로 주도적 학습활동을 할 수 있을 것이다. 이러한 상호작용이 일어나도록 하기 위해서는 수업을 운영하는 교사의 전문성이 더욱 요구된다. 그래서, 학습자 중심 교육과정은 다음과 같이 교사의 전문성과 학습자의 니즈 간 지속적인 협의가 요구된다.

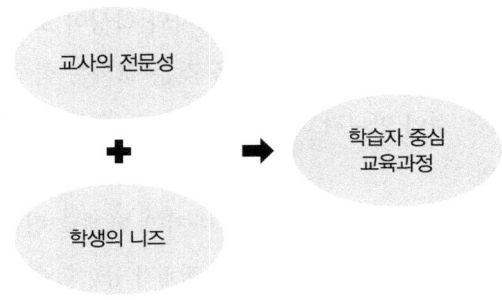

[그림 4] 교사의 전문성과 학습자의 니즈 간 지속적인 협의 과정

학습자 중심 교육과정에서 강조한 교사와 학생 간 협상의 중요성에 초점을 둔 협상된 실러버스(negotiated syllabus)에서도 학습자에게 선택권을 부여함으로써 학습동기 및 자신감을 고취시키고 학습의 질을 고양시킨다(Nation외, 2010). 그러나, 학생들은 학습자 중심 교육과정이나 협상된 실러버스를 구현하는데 어려움이 있다. 학습자들은 여러 교실 활동에서 나타날 수 있는 한계를 제대로 인식하지 못하고, 교사와 협상하는 훈련을 받지 못하였고, 학습자들이 원하는 것이 학습자들의 니즈(반드시 필요한 것, 원하는 것, 결여된 것)의 일부이고, 학습자들의 니즈는 모두 동의할 수 없을 만큼 너무 다양하고, 문화적 차이로 인해 교사와 학생 간 협상이

소극적으로 이루어지고, 교사와 협상하는데 자신감이 결여되어 있으며, 교사가 수업을 통제하는 것이 부족하기 때문에 협상은 학생들의 태도에 부정적 영향을 줄 수 있다(Nation 외, 2010). 무엇보다도, 교과서가 있는 경우, 내용을 선정하거나 교재 및 교수-학습 활동을 교사와 학습자 간 협의를 통해 선정하는 것은 매우 제한적이라 할 수 있다.

그럼에도, AI를 활용하여 학습자 중심의 교육과정을 수월하게 실행할 수 있는 여건이 만들어졌다. AI는 학습자들의 니즈를 분석하여 그에 맞는 개별 맞춤식 수업을 가능하게 하기 때문이다. AI는 학습자가 프로젝트 수업에서 내용, 과정, 탐구 방법, 산출물의 유형 등을 교사와 협의하여 결정하는 소극적 적용 방식부터 학습 내용과 방식을 미리 정하지 않고 교사와 협의하여 결정하는 적극적 적용방식까지 학습자 중심 교육과정을 실행할 수 있는 다양한 가능성을 부여하고 있다.

2. 초 · 간학문적 실러버스와 융합: 개념과 내용

혁신적 교육이 되기 위해서는 1장에서 살펴본 바와 같이 학습자들 간 모둠별·짝별 토론·협력을 통해 실생활에 실천하는 다면적 교육과정이 실행되어야 한다. 이는 최근 초학문적 교육과정, 간학문적 교육과정, 다학문적 교육과정, 융합 등이 강조되고 있는 이유다.

교육과정의 통합(curriculum integration), 또는 통합 교육과정의 의미는 다양한 방식으로 정의될 수 있지만, 서로 다른 교과(subject matters)가 점진적으로 더 큰 관련성으로 일련의 연속체를 이루고 있다고 볼 수 있다 (Jacobs, 1989; Forgarty, 1991). 연속체는 다음과 같이 구도화될 수 있다 (김진석 외, 2020a).

[그림 5] 통합의 연속체

위 그림과 같이, 초학문적 교육과정은 통합의 정도성이 가장 높고, 융합은 가장 낮게 도식될 수 있다(Erickson, 1995). 초학문적 교육과정은 간학문적 또는 다학문적 교육과정보다 다소 더 높은 통합의 정도성을 보이며, 실생활의 맥락으로 시작되는 경향이 있다(김진석 외, 2021a). 간학문적 실러버스는 교과들 간 공통의 주제나 쟁점을 넘어서 어느 정도 상호 관련되어 있고, 질문, 공통의 개념적 초점, 교차되는 학문적 표준 등에 의하여 서로 묶일 수 있다(김진석 외, 2021a). 그래서, 간학문적 실러버스는 폭넓은 관점에서 전체 내용을 하나의 테마를 중심으로 결집시켜 다양한 요소들이 망으로 연결될 수 있다(김진석 외, 2021a). 다학문적 교육과정은 같은 기간 동안 가르쳐지는 테마 혹은 쟁점을 통하여 연결되지만, 독립된 수업에서 가르쳐지고 학생들은 서로 다른 교과영역을 나타내는 학습 세트를 통하여 번갈아 가며 학습할 수 있다. 마지막으로, 융합은 주제들이 여러 교과 영역으로 융합되는 것으로, 환경문제, 사회적 책임, 사회적 행동을 지니나 영어와 같은 단일한 코스 속으로 융합된다고 할 수 있다(김진석 외, 2021a) (구체적인 내용과 사례는 5장의 '주제 중심 통합 수업 설계' 참조).

Forgarty(1991)에 의하면, 교육과정 상의 일련의 연속체를 구체적으로 열 가지의 모델[1]을 제시한다. 이들 중, 거미줄로 엮어진 망원경의 접근(webbed telescope approach)과 실로 꿰어진 확대경의 접근(threaded magnifying glasses approach)을 살펴보면, 전자는 폭넓은 관점에서 전체 내용을 하나의 주제를 중심으로 응집시켜, 다양한 요소들을 망으로 연결하기 때문에, 풍부한 테마가 교육과정 내용과 학문으로 망 지어 질수 있고, 후자는 다양한 교과를 통해 사고기능, 사회적 기능, 다중지능, 기술공학, 학습기능 등을 실로 꿴 듯이 연결시킬 수 있다(김진석 외, 2021a).

이 장에서는 초학문적 실러버스와 융합에 대해 구체적으로 살펴보고자 한다. 먼저, 초학문적 실러버스는 실생활의 진정성(authenticity)있는 주제를 내용으로 다루면서, 학습자들의 동기유발과 '흥미를 중심으로 개발된다'(Beane, 1993). 다시 말해서, 학습자들은 환경문제, 돈을 벌고 관리하는 일, 미래 테크놀로지, 세상을 평화롭게 만드는 방법, 편견, 폭력 등과 같이 개인의 성장이나 사회 문제들과 관련된 그들의 실질적인 문제들을 기반으로 하여 학습자 자신의 교육과정을 만든다고 할 수 있다(Brown, 2006).

> 초학문적 실러버스는 실생활의 진정성있는 주제를 내용으로 담고 있다.

1장에서 살펴 본 IB는 초학문 주제를 중심으로 한 통합적 접근이다. IB학습자상을 바탕으로 초학문 주제는 세계인들이 공통적으로 경험하

---

[1] Forgarty(1991)의 일련의 연속체로 제시하고 있는 열 가지의 모델은 'fragmented periscope approach, connected opera glasses approach, nested 3-D glasses approach, sequenced eye glasses approach, shared binoculars approach, webbed telescope approach, threaded magnifying glasses approach, integrated kaleidoscope approach, immersed microscope approach, networked prism approach'이다.

거나 공감할 수 있는 주제, 이슈 등과 연관되는 것으로 설정되었으며, PYP(primary years programme)의 프레임워크 안에 해당 국가의 교육과정, 지역 및 학교의 요구와 필요 등을 학교 교육과정 내 탐구 프로그램으로 통합되도록 하고 있다. 초학문주제는 IB 프레임워크 안에 교육내용, 학생의 삶, 지역과 학교의 요구 등을 교육과정으로 통합하기 위한 중추적 역할을 한다. 학생들이 PYP 탐구 단원의 핵심 개념과 중심 아이디어를 탐색하는 것은 각 주제의 맥락 안에서 이루어지기 때문에 초학문주제가 학생 탐구의 시작점으로 기능하기도 한다(임유나, 2022).

초학문 주제 자체가 전 세계적인 이슈, 사회적 문제 등과 밀접하게 관련된다는 점에서 사회, 과학 교과는 초학문 주제를 중심으로 한 탐구 프로그램(Programme of Inquiry: POI)과 탐구 단원(Unit of Inquiry: UOI)을 계획하는 데 중요하다(임유나, 2022). 교과의 학습은 모든 초학문주제와 관련되고 맥락적 학습을 만들어 줄 수 있기 때문에 초학문 주제 안에서 학습되도록 하는 것이 가장 적합하며(IBO, 2018h, 2018i), POI 개발 가이드라인 문서(IBO, 2012a)에서는 사회와 과학과의 내용이 POI에 포함되고 있는가를 하나의 검토 기준으로 제시하기도 하였다. 또한, 실제, IB 학교 사례를 보면, 사회나 과학 교과가 POI 내용 구성의 중심이 되는 양상을 확인할 수 있다(김영민 외, 2021). 이렇게, 초학문 주제 중심 통합을 이끄는 역할을 하는 사회와 과학의 교육내용 프레임워크는 POI 개발을 기반으로 사용될 수 있는 형태의 프레임워크를 제시하고 있다.

또한, 통합의 정도성이 가장 낮은 융합은 교과 간 수업이 연계되어 실행된다. 예를 들어, AIED는 특정 교과와 연계되어 학습자의 컴퓨터적 사고 능력(computational thinking)도 함께 신장하는 것으로, 1장에서 살펴 본 문제 중심 학습(problem-based learning: PBL), 프로젝트 중심 학습(project-based learning: PBL), 포트폴리오 중심 학습(portfolio-based learning: PBL), 과제 중심 학습(task-based learning: TBL) 등에서 쉽게 구현될 수 있다. 이러한 학습들은 구성주의의 학습 원칙을 제대로 반영한 것으로, 교사는 지식 전달자에서 수업활동 설계자, 촉진자, 모둠 운영자, 평가자 등의 역할을 하며, 학생들은 자기 주도적으로 학습하고, 모둠원들 간 서로 소통하고 협력하여 문제를 해결하거나 과제를 완수할 수 있는 활동을 한다(김진석 외, 2021).

AI플랫폼을 활용하여 초중등 학습자들의 컴퓨터적 사고 능력뿐만 아니라 비판적 사고능력, 창의성, 문제해결능력 등을 함양할 수 있다. AI플랫폼에 내장된 스크래치나 엔트리를 활용하여 역할극이나 디지털 스토리텔링을 구현할 경우, 학생들이 언플러그(unplug)활동으로 모둠별·짝별로 스크립트나 콘티를 짠 후 코딩을 하여 동료들과 상호작용하도록 구현하면 창의적 사고뿐만 아니라 컴퓨터적 사고 능력도 신장될 수 있을 것이다. 이러한 활동에서, 다음과 같은 일련의 컴퓨터적 사고 과정을 고려(최숙영, 2015)하여 수업을 설계할 수 있다

- 1단계(자료수집): 해결해야 할 문제와 관련된 자료 수집하는 과정
- 2단계(자료분석): 자료를 이해하고 그 특징을 찾는 과정
- 3단계(자료표현): 자료를 다양한 형태로 정리하는 과정
- 4단계(문제분해): 문제를 해결가능한 수준의 작은 단위로 나누는 과정
- 5단계(추상화): 문제해결을 위해 필요한 핵심요소를 파악하고 복잡함을 단순화하는 과정
- 6단계(알고리즘 및 절차): 문제를 해결하거나 어떤 목표를 달성하기 위해 수행되는 순서를 기술하는 과정

- 7단계(디버깅/시뮬레이션): 프로그램의 오류 검사와 실행 결과 확인 및 수정하는 과정
- 8단계(평가): 개발된 프로그램의 성능 평가 및 개선 부분에 대해 논의하는 과정
- 9단계(일반화): 알고리즘의 적용 분야에 대해 논의하는 과정

위에 제시한 9단계별 활동들을 참고하여, AI앱 및 도구를 활용하여 교실수업을 설계하고 구현할 필요가 있다.

> **교실수업 적용([부록 3] 참고)**
> · 탐구하기와 컴퓨터적 사고(자료 수집 및 분석)
> · 생각하기와 컴퓨터적 사고(자료 표현)
> · 실행하기와 컴퓨터적 사고(추상화, 알고리즘)
> · 성찰하기와 컴퓨터적 사고(평가, 일반화)

📎 AI는 학습자들의 컴퓨터적 사고능력뿐만 아니라 창의성도 함양할 수 있도록 실행해야 한다.

AI플랫폼을 활용한 교실수업은 내용 지식과 평가 지식은 밀접하게 관련된다. 교사는 AI플랫폼을 활용하여 무엇을 가르치고, 어떻게 가르치고, 어떻게 평가할 것인가를 항상 고려하여 수업을 설계하고 구현해야하기 때문이다. 이런 측면에서, Mishra & Koehler(2006)가 강조하는 TPACK(Technological Pedagogical Content Knowledge)은 테크놀로지와 내용교수지식(Pedagogical Content Knowledge: PCK)을 통합한 총체적 지식이다.

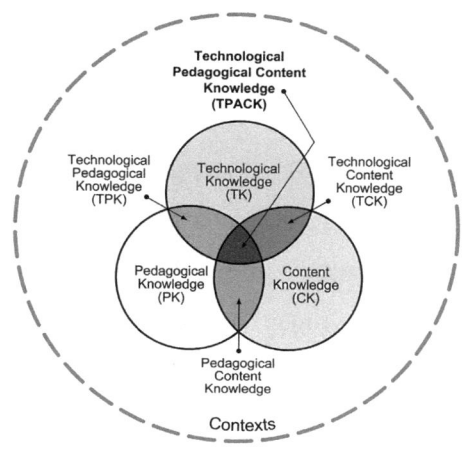

[그림 6] TPACK의 구성요소(Mishra & Koehler, 2006)

TPACK은 첨단교육환경 구축을 통한 21세기형 교수-학습 모형을 실현하는 경험을 제공하고, 교육과정에 PCK와 TPACK이론을 반영하여 21세기의 교사에게 필요한 역량을 증진하게 한다. TPACK과 PCK에서의 교수법적 지식에는 교육과정, 교수-학습 방법, 교실 운영, 평가 절차 및 결과에 대한 평가 등이 있다. 그러나, 평가가 일부분 포함되어 있지만, 교사가 갖추어야할 평가의 중요성을 간과했다고 할 수 있다(김진석 외, 2021). 교사는 학습자들의 역량을 분석하고, 그 역량의 신장 여부를 진단·성찰하기 위해서는 평가 리터러시(assessment literacy)를 함양해야 하기 때문이다.

교사의 평가 리터러시[2](김진석 외, 2019b)는 학습자들이 무엇을 알고 있고 무엇을 할 수 있을지, 평가를 어떻게 설계할지, 적절한 평가도구를

---

2 Webb (2002)는 평가 리터러시를 "학습자들이 무엇을 알고 무엇을 할 수 있는지를 평가하며, 그 결과를 해석하여 학습능력과 프로그램의 효과성을 제고하는 데 활용하는 방법"으로 정의한다(p. 1).

어떻게 개발할지, 평가를 어떻게 시행할지, 평가의 결과를 어떻게 분석하고 해석할지, 아울러 그 결과를 반영하여 어떻게 학습자들의 학습 및 프로그램의 효과성을 제고할지에 대한 전문적 지식이다. 여기서 말하는 평가(assessment)는 학습자에 대한 다양한 정보를 수집·해석하기 위해 하나의 정보나 자료만 평가하는 것이 아니라 여러 다양한 방법을 동원하여 종합적으로 평가하는 것이어서 총평으로 칭하기도 한다(김진석, 2016b). 교실수업에서 총평은 단순히 정답이나 맞음(correctness) 이상의 의미를 가지는 것으로, 일종의 가치(value)를 부여하는 것이라 할 수 있다(McMillan, 2014). 이는 중간고사, 기말고사, 학업성취도 평가 등을 통해 누적적 지식이나 기능의 변화에 일차적인 관심이 있는 평가(evaluation)와는 구분된다. 이 책에서는 수업 활동 중 나타나는 학습자의 다양한 정보를 수집·해석·판단하는 총평을 평가로 칭하면서 살펴보고자 한다.

평가 리터러시의 측면에서, Mishra & Koehler (2006)의 TPACK을 고려하여 다음 그림과 같이 TCAT(Technology, Content, Assessment, & Teaching-learning) 지식을 구성할 필요가 있다(김진석, 2021).

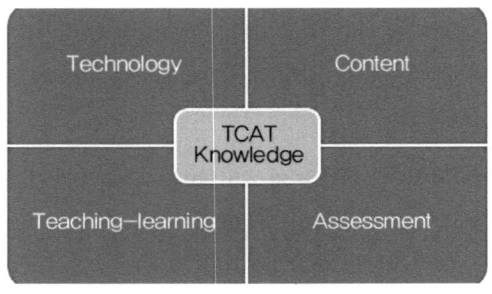

[그림 7] TCAT

위에서 제시한 TCAT 지식은 1) 테크놀로지 지식, 2) 내용 지식, 3) 평가 지식, 4) 교수-학습 지식이 서로 상호작용한다. 교사는 TCAT 지식을 함양하여 학습자들이 영역(또는 교과)을 이해할 수 있도록 효과적으로 가르쳐야 한다. 무엇보다 최근 AI의 발달로 더욱 강조되고 있는 테크놀로지는 교과 교육의 내용, 교수-학습 방법, 평가 등과 통합하여 효과적으로 수업을 설계하고 구현할 수 있도록 하고 있다. 예를 들어, 교사가 AI 앱이나 도구들을 여러 교과 교육의 내용, 교수-학습 방법, 평가 등과 통합하여 수업을 구현한다면, 학습자들의 핵심 역량을 내실있게 신장할 수 있을 것이다(구체적인 내용은 9장 참고).

> 교실수업의 내용, 교수·학습, 평가는 3두 마차와 같이 밀접하게 연관되어 현행화된다.

3. 빅 아이디어: 핵심 개념과 내용 선정 및 조직

초중등 교육과정의 실러버스는 미래를 이끌어갈 학습자들이 반드시 체득해야할 핵심개념과 내용이 담겨져야 한다. 21세기 교실수업에서는 교사가 실제성있는 주제로 프로젝트 중심의 수업을 설계·구현·평가하고, 개념 중심의 수업을 실시하여 학습자들이 모둠별·짝별로 소통하고 협력하여 문제를 자기 주도적으로 해결하며, 개인별 맞춤식 학습을 통해 핵심역량을 함양(Drake, 2012: 10)하는 것이라 할 수 있다. 따라서, 시대적·사회적 요구와 학습자의 니즈를 고려하여 교과의 핵심역량을 설정[3]하

---

3   교육과정의 총론의 핵심역량과 교과역량을 구분하는 우리나라의 경우와 그렇지 않은 경우도 있다. 전자는 독일의 헤센 주와 캐나다 B.C. 주이고, 후자의 경우에는 총론의 핵심역량만 제시하고 교과역량은 별도로 제시하지 않은 호주나 핀란드다.

고, 그 핵심역량에 적합한 핵심개념과 필수내용을 구축할 필요가 있다.

먼저, 학습자상에 적합한 교육과정의 목표를 달성할 수 있도록 다음과 같은 기초적 역량과 지식을 고려해야 한다(Holmes 외, 2019, p.12-13).

- 기초 역량: 필요 시, 관련된 정보를 효과적으로 활성화할 수 있는 동기유발과 능력
    - (a) 기능: 창의성, 비판적 사고능력, 의사소통, 협력의 효과적인 적용방법
    - (b) 성격: 마음가짐, 호기심, 용기, 회복 탄력성, 윤리, 리더십으로 세상에 참여하고 행동하는 방법
    - (c) 메타학습: 성찰하고 적응하는 방법(예, 메타인지, 성장 사고)
- 기초 지식: 더 학습할 시기에 구축되어야 하거나 학습된 것을 실세계에 적용할 경우의 견고한 지식
    - (a) 핵심 개념: 학습자가 연결하고 의미를 만들어 궁극적으로 전이할 수 있도록 하기 위해 반드시 이해해야 하는 가장 중요한 개념
    - (b) 필수 내용: 학습자가 개념을 내재화하여 평생 정보에 입각한 현명한 결정을 내릴 수 있도록 하기 위해 반드시 학습해야 하는 가장 중요한 내용 지식

기초역량 중 메타학습은 21세기 교육에서 고려되어야 할 지식(알고 이해하는 것-학제간 융합, 전통적(예, 수학), 현대적(예, 기업가 정신), 주제(예, 글로벌 리터러시)), 기능(알고 있는 것을 활용하는 방식-창의성, 비판적 사고, 의사소통, 협업), 성격(세상에 참여하고 행동하는 방식-마음 챙김, 호기심, 용기,

회복 탄력성, 윤리, 리더십)을 반영한 방법이다(Fadel & Thrilling, 2015, p. 43).

21세기 학습자들이 반드시 학습해야 할 핵심개념과 내용은 무엇일까? 핵심개념과 내용은 유사한 개념들이 실(thread)처럼 서로 묶이기도 하고 하나의 개념이 상위의 개념으로 다른 하위의 개념을 불러오기도 한다. 개념은 지식을 상호 연결하는 연결자(linking operators) (IBO, 2018d)다. IBO(2018d)에 의하면, 다음의 '형태, 기능, 원인, 변화, 연결, 관점, 책임'으로 핵심 개념을 설정한다[4].

- 형태(어떠한 형태를 띠고 있는가?)

  모두는 관찰, 식별, 묘사 및 분류될 수 있는 것으로, 인식 가능한 특징을 가진 형태를 띠고 있음
- 기능(어떻게 작동하는가?)

  모든 것은 목적, 역할, 관찰될 수 있는 행동 양식이 있음
- 원인(왜 그런 것인가?)

  일어나는 모든 사건들 간에는 인과관계가 있고, 행동에는 결과가 수반됨
- 변화(어떻게 변하는가?)

  한 상태에서 다른 상태로의 이동 과정인 변화는 보편적이고 필연적임

---

[4] IB PYP의 핵심 요소 중 하나는 '개념'이다. IB PYP 철학에서는 안내된 탐구가 학습의 의미와 이해를 촉진하고 학생들이 핵심적이고 중요한 아이디어에 도전하고 관여할 수 있게 하는 강력한 학습 방식이라는 것이 강조된다. 이러한 방향에 따라 PYP에서는 교과별 내용지식이 아닌 개념이 이끄는 교육과정(concept-driven curriculum)을 설계하는 것이 탐구 중심 학습을 지원하는 방안이 될 것으로 본다(IBO, 2018d). PYP에서는 개념기반 교육과정 설계를 위한 프레임워크를 제공하는데, 학습자의 유목적적이고 구조적인 탐구를 지원하는 역할을 하는 것이 바로 '핵심 개념'이다. 여기서 '개념'은 특정 교과나 영역을 넘어서는 보편적이고 추상적이며 시대 초월적인 속성을 지닌다는 점에서 그간 교과가 제시해 온 낱낱의 내용지식과 구별할 필요가 있다(Erickson, Lanning & French, 2017).

- 연결(다른 것들과 어떻게 연결되어 있는가?)

  개별 요소의 행동들이 다른 요소들에 영향을 미치는 상호작용 시스템의 세계에서 살고 있음
- 관점(어떤 관점을 가지고 있는가?)

  지식은 관점에 따라 구성되고, 관점은 개인, 집단, 문화, 또는 교과의 특징에 따라 달라질 수 있음. 서로 다른 관점은 다른 해석, 이해, 발견으로 이어짐
- 책임(우리의 의무는 무엇인가?)

  사람들은 각자의 이해, 신념, 가치관을 바탕으로 선택을 하고, 그 결과에 따른 행동은 차이로 이어짐

이들은 특정 교과에 국한되는 것이 아니라 교과 간, 교과 밖으로의 관련성을 가지는 거시적 개념으로, 구조화된 탐구나 안내된 탐구를 통해 학습하여 심층적인 이해를 형성해야 할 대상이 된다(임유나 외, 2018). 즉, 개념에 기반한 접근은 학문적 학습과 초학문적 학습, 교육적·지리적 맥락을 넘나드는 학습을 가능하게 한다(임유나, 2022). IB는 학생들이 개념에 기반한 탐구 과정을 통해 깊이 있는 학문적 이해와 이를 복잡한 아이디어와 연결할 수 있는 역량을 함양할 수 있다(IBO, 2018d).

> 개념은 지식을 상호 연결하는 연결자다.

McTighe와 Wiggins(2004)에 의하면, 교육내용 선정 시, 학습자들이 영속적으로 이해해야 하는 주요 아이디어와 핵심과제로 빅 아이디어를 제시한다. 빅 아이디어는 비슷한 개념들끼리 묶여진 상위 개념이라고 할

수 있다(김경자, 온정덕, 2014). 그들은 백워드 설계 모형[5]에서 교육내용의 우선순위(Wiggins & McTighe, 2004)를 다음과 같이 구도화 하였다(김진석, 2018: 53).

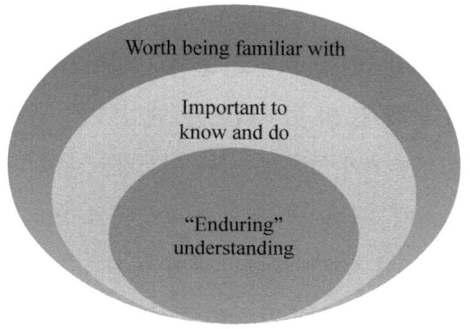

[그림 8] 교육내용의 우선순위(Wiggins와 McTighe, 2005)

위 그림에서와 같이, 가장 작은 원은 그 다음의 원들을 포함하는 "영속적 이해 혹은 빅 아이디어 또는 일반화"의 개념으로, 우선순위가 높은 것이다. 이는 다른 내용에 비해 깊이가 있으나 그 양은 적기 때문에 가장 효율적인 교육내용으로 선정될 수 있다. 일반화는 빅 아이디어들을 명제화한 진술문으로서 학습자들이 사실을 잊어버린 후에도 마음에 남아있는 영속적인 이해의 한 형태이다(김경자, 온정덕, 2014). 예컨대, 교육과정의 성취기준을 바탕으로 기준을 자세히 밝히는 과정을 거쳐 주요 아이디어를 선정한다(이진숙, 2015).

그 다음의 원은 알고 있어야하고 이해해야하는 중요한 내용으로, 가장 밖에 있는 원은 친숙할 가치가 있는 내용으로 선정될 수 있다. 사실, 교

---

[5] 백워드 설계 모형은 '수업 활동 계획'의 단계 이전에 '평가계획'이 제시되어 있다는 점에서 전통적 방식의 평가 단계와는 구분된다(김진석, 2018).

과별 특성에 의해 어떤 교과는 수학 과목과 같이 빅 아이디어(예, '함수' 단원의 빅 아이디어로 "주변의 다양한 상황과 현상을 두 대상 사이의 함수 관계로 해석하고 미지의 경우에 대하여 합리적 추론을 할 수 있다")를 명시적으로 제시(진경애 외, 2017)하는 데에 한계가 있다.

빅 아이디어는 핵심역량을 토대로 소재와 성취기준을 반영하여 정립될 수 있다. 다시 말해서, 빅 아이디어는 '핵심역량, 범교과적인 주제(환경문제, 인구 문제, 빈부 격차, 고령화, 인권, 양성평등, 문화 다양성 등)나 교육과정에서 제시한 소재, 성취기준 등으로 구성될 수 있다(김진석, 2018c).

빅 아이디어 설정 시, 학습자들이 지역, 국가, 세계 공동체의 문제를 해결하기 위해 위에서 제시한 기초적 지식과 역량을 활용하여 구성원들과 소통하고 협력하면서 그들의 개념과 의견을 논리적이고 합리적으로 표현할 수 능력을 갖출 수 있도록 빅 아이디어를 설정해야 한다. 빅 아이디어는 범위가 넓고 추상적이며, 영속적이고 보편적이기 때문이다(Erickson, 2017). 따라서, 교과, 과목, 단원 등 다양한 수준에서 학습 내용의 깊이와 폭을 보여주는 틀을 제공하는 것으로 적용의 사례는 다음과 같다(이수정 외, 2019).

〈표 1〉 빅 아이디어의 의미 적용 사례(이수정 외, 2019)

빅 아이디어의 의미	적용 국가 또는 교육과정	교과 적용 예시
① 교과 간 연계·통합을 위해 활용될 수 있는 주제 또는 개념	IB교육과정	공간, 시간, 원인과 결과 등
② 교과 고유의 중요한 내용을 관통하는 교육 내용 선정 및 조직의 원리	캐나다 B. C.주 싱가포르 등	역사과의 경우 '역사적 중요성', '증거', '연속과 변화', '원인과 결과', '역사적 관점 갖기', '역사의 윤리적 차원' 등

| ③ 단편적 지식이나 기능이 아닌 상위적인 의미에서 교과의 핵심적인 교육 내용 | 우리나라 2015개정 교육과정 (핵심개념, 일반화된 지식, 내용 요소 등)과 2022개정 교육과정(핵심 아이디어) | 역사과의 경우 '선사시대와 고조선의 등장', '삼국의 성장과 통일', '통일 신라와 발해' |

가장 포괄적인 ①의 빅 아이디어는 교과의 범위를 넘어서 학교 교육의 방향을, ②의 빅 아이디어는 교과/과목별로 교육 방향을, ③의 빅 아이디어는 교과/과목 내 영역의 교육내용을 명료화하는 것을 목적으로 한다. 위 세 가지 경우들 중, ②에 해당되는 캐나다 B. C.주 교과 교육과정의 빅 아이디어, 교과 역량, 교육내용은 다음과 같다.

〈표 2〉 캐나다 B. C.주 교과별 빅 아이디어, 교과 역량, 교육 내용의 영역 구성

교과	빅 아이디어	교과 역량	교육 내용
과학	• 생물 • 화학 • 물리 • 지구/공간	• 질문하기/예측하기 • 계획하기/실행하기 • 데이터와 정보 처리하기/분석하기 • 평가하기 • 적용하기/혁신하기 • 의사소통하기	• 생물 • 화학 • 물리 • 지구/공간

기술	• 디자인
	• 기능
	• 테크놀로지
		• 응용 디자인
		  − 맥락이해하기
		  − 정의하기
		  − 아이디어 구상하기
		  − 프로토타입 찾기
		  − 테스팅하기
		  − 만들기
		  − 공유하기
		• 응용 기능
		• 응용 테크놀로지
			• 컴퓨터 사고
			• 컴퓨터와 의사소통
			• 디바이스
			• 디지털 리터러시
			• 드래프팅
			• 기업과 마케팅
			• 음식 연구
			• 미디어 예술
			• 메타워크
			• 테크놀로지
			• 로보틱스

위의 표는 캐나다 B. C.주 과학과 기술 교육과정을 빅 아이디어, 교과역량, 교육내용별로 제시한 것이다.

무엇보다도, 시대적·사회적 요구에 적합한 빅 아이디어를 반영하여 교과별 핵심 주제를 선정해야 한다. 최근 발견되었거나 진일보된 개념, 주제, 내용을 실러버스에 담아야 한다. 예를 들어, UN에서 제안한 지속가능한 발전 목표(sustainable development goals: SDGs), Holmes외(2019)의 시대적·사회적 요구(테크놀로지의 발전, 급격한 기후 환경 변화, 글로벌 사람 및 조직 패턴 양상, 사회적 불안전성 요인, 새로운 업적 및 성과), UNESCO(2014)의 글로벌 시민 교육을 위한 핵심역량, OECD(2019)의 학습 나침반 2030 7가지 요소 등을 반영하여 내용 체계를 구축할 필요가 있다.

특히, OECD(2019)의 핵심적 기초, 변혁적 역량, 학생주체성 및 상호 주체성, 지식, 기능, 태도와 가치, 기대-행동-성찰 사이클 등 7가지 요소를 반영하여 빅 아이디어 및 내용을 정립할 필요가 있다(김진석, 2022). 학습 나침반은 교육과정의 목표, 내용 체계, 교수-학습 및 평가 방법을 정립하는데 중요한 방향을 제시하고 있기 때문이다. 이에, 내용 체계 및 교수-학습 방법 정립 시, 학습자들이 목표를 설정하고 변화를 위해 책임있게 행동하는 능력과 함께 지식, 기능뿐만 아니라 태도와 가치도 발달시키도록 해야 한다.

빅 아이디어는 21세기 학습자들이 기존의 지식을 바탕으로 새로운 정보를 수집, 분석, 추론, 종합하고, 그들을 실생활의 상황에 전이하여 새로운 지식을 창출할 수 있도록 한다(김진석 외, 2021). 예를 들어, 사회과(정치영역)의 학년군별 핵심주제를 설정한다면(이수정 외 2021: 199), 3-4학년군은 민주주의, 권리, 참여, 헌법, 다양성과 평등을, 5-6학년군은 민주주의, 기본권, 의무, 헌법과 법, 공공의 선, 개인의 이익, 다양성과 평등을, 7-9학년군은 민주주의, 헌법, 국가 정치 체제, 정치 참여, 국제 기구 등이 고려될 수 있다. 또한, 교과 간 통합수업으로 프로젝트를 설계할 때는 '교과 간의 연계·통합을 위해 활용될 수 있는 범교과 학습의 주제를 선정'(이수정 외, 2021: 77)할 필요가 있다.

교육내용을 선정하는 것이 중요하지만 조직하는 것 또한 중요하다. 선정된 내용들은 동 학년에서의 횡적 조직과 학교급·학년간의 계열적 조직으로 재조직되어야 한다(김진석, 2016). 이 때 고려되는 것은 스코프(scope), 종적·횡적 연계성이다. 종적 연계성은 교육 내용을 가르치는 순서를 말한다. 일반적으로 내용을 계열화하기 위해 자주 사용하는 방법은 단순에서 복잡으로의 방법(simple to complex), 연대순 방법(chronology), 학습에 대한 사회적 요구 방법(need), 논리적 선행 요건 방법(prerequisite learning), 전체에서 부분으로의 방법(whole to part) 등이 있다(Richards, 2001; 김진석, 2016).

- 단순에서 복잡으로의 방법
  이 방법은 쉽고 간단한 내용이 어렵고 복잡한 내용보다 먼저 오도록 순서 짓는 것을 말한다.
- 연대순 방법
  이 방법은 실제 세계에서 일어나는 순서에 따라 순서 짓는 것을 말한다.
- 학습에 대한 사회적 요구 방법
  이 방법은 교실 밖에서 학생에게 가장 우선적으로 요구할 수 있는 개연성이 있는 것부터 순서 짓는 것을 말한다.
- 논리적 선행 요건 방법

이 방법은 학습과정에서 다음 단계의 학습을 하기 위해 반드시 선수학습이 되어야 하는 것을 말한다.

- 전체에서 부분으로의 방법

  이 방법은 부분들을 제대로 이해하기 위해서는 전체에 대한 이해가 필수적인 경우가 있음을 말한다. 어떤 자료를 처음 접할 때는 개개 항목들을 분석하기 전에 전체의 구조에 초점을 둘 필요가 있다.

> 교육내용을 선정하는 것 뿐만 아니라 조직하는 것도 중요하다.

문화다양성 교육의 경우, 문화다양성의 내용을 인지(cognitive) 영역, 정의(affective) 영역, 행동(behavioral) 영역으로 세분하여 구성할 수 있다. 먼저, 인지 영역은 개인적 및 사회적 상호작용, 보편적 핵심 가치에 대한 이해, 특정한 글로벌 이슈에 대한 이해와 해결, 효과적이고 적절한 의사소통 등과 관련되는 요소들로, 세계의 체계와 구조, 문화지식(가치, 양식), 언어와 세상 지식으로 나누어 다음과 같이 학년군별로 설정할 수 있다(김진석, 2022; 김진석 외, 2024).

- 초등
  - 공동체 개념과 조직 방식
  - 글로벌 이슈와 거버넌스
  - 다양한 가치와 규준 인식
  - 다양한 견해와 편견 인식
  - 다양한 의사소통 방식 인식
  - 비언어적 의사소통 방식 인식

- 중·고등
  - 세계시민성과 거버넌스 탐구
  - 글로벌 이슈 참여와 대응 방식
  - 다양한 문화 간 차이 분석 및 정체성 탐구
  - 다양한 문화의 차이·가치 탐구
  - 문화 간 의사소통과 상호작용
  - 효과적 문화 간 의사소통 방식

정의 영역은 글로벌 정의, 평등, 참여와 포용, 지속가능한 발전 등에 기여(commitment)하고, 사회의 변화에 호기심을 느끼면서 긍정적으로 수용하려는 개방성(openness)을 가지고, 인권이나 평화에 가치를 두고 다양성을 존중(respect)하며, 자신과 문화적 배경이 다른 화자들의 정체성 및 자존감에 공감(empathy)하는 요소들로, 자기 효능감/공동체 기여, 타문화에 대한 개방성, 다양성 존중과 공감으로 나누어 다음과 같이 설정할 수 있다(김진석, 2022; 김진석 외, 2024).

- 초등
  - 도움 제공 및 협력적 태도
  - 협력, 조정, 화해 방식
  - 타문화의 다양한 관점 이해
  - 타문화의 가치 및 규준 인정
  - 타인과 자신에 대한 존중
  - 문화 간 차이에 대한 존중
- 중·고등

- 글로벌 이슈·과제에 적극적 대응
- 타문화 간 공존을 위해 기여
- 문화 간 보편성과 특수성 수용
- 다양한 문화의 차이·가치 수용
- 타문화의 다양한 관점 존중
- 다양한 정체성 존중과 공감

학습자들이 문화적 배경이 다른 사람들의 가치, 규준, 신념, 생활방식에 대해 내부·외부적으로 흥미를 가지는 것으로, 다양성에서는 사람 사이 유사점과 차이점의 시각, 우리 생활에 서로 다른 문화, 가치, 신념들의 공헌, 편견의 본질과 해결 방안, 다양성 이슈들의 이해 등(Oxfam, 2006: 5)을 포함할 수 있다(김진석, 2022).

행동 영역은 구성요소인 태도, 지식, 기능 등을 바탕으로 글로벌 이슈를 적극적으로 해결하려는 학습자의 적극적 행동이 실질적으로 나타나는 것으로, 언어적 행동, 비언어적 행동, 참여와 실천으로 나누어 다음과 같이 설정할 수 있다(김진석, 2022; 김진석 외, 2024).

- 초등
  - 타인과 소통 방식
  - 소통과 의미협상 방식
  - 타문화의 비언어적 방식 발견
  - 비언어적 방식 탐구와 이해
  - 대화와 토론에 참여
  - 지역사회 기반 활동에 참여

- 중·고등
    - 효과적인 문화 간 의사소통 방식
    - 글로벌 이슈 관련 소통과 협력
    - 비언어적 방식 체험·체득
    - 효과적인 비언어적 방식 탐구
    - 지역사회의 발전을 위한 행동
    - 글로벌 이슈에 효과적인 참여

학습자들은 자신의 사고나 관점을 문화적 배경이 다른 사람들에게 제대로 표현하기 위해서는 다양한 문화적 배경을 가진 사람들의 의사소통 방식을 인식하는 것이 필요하다(김진석, 2022). 위의 내용들 중 의사소통 스타일은 문화에 따라서 다르게 나타날 수 있다. 맥락 의존도가 낮은 저맥락 문화에서는 집단보다는 개인을 중시하기 때문에 대인관계가 단편적이고 단기적이어서 취약한 반면에, 고맥락 문화권에서는 대인보다는 집단을 중시하기 때문에 사회적 통합과 조화를 중시한다(김진석, 2015).

4. 학습내용 적정화

교과는 각 교과별 특성에 맞는 가장 필수적인 내용을 선정해야 한다. 초학문적·간학문적 주제 중심 통합수업이나 교과 간 융합수업이 제대로 되기 위해서는 교과별 빅 아이디어, 교과 역량, 교육 내용의 영역에 따른 학습이 계획되고 구현되어야 하기 때문이다. 교과별 특성은 다음과 같다(이돈희, 2004: 14).

- 수학, 과학과 같이 지식의 체계가 정연하고 지식(대상) 자체 속에 경험적 원리가 내축되어 대상 우세적 교육내용의 교과
- 역사, 지리, 사회과와 같이 지식과 정보의 내용이 많지만 그것에 대한 사고, 조직, 응용, 평가, 비판, 조작의 능력이 절실히 요청되는 경험 우세적 교육내용의 교과
- 문학, 미술, 음악, 체육, 실과 등과 같이 학습한 결과로 획득된 어떤 수행적 능력을 중시하는 목표 우세적 교육내용의 교과

교과별로 학습 내용을 선정한 후, 그 내용이 적정한지를 공청회, 현장 적합성 검토, 전문가 협의회 등을 통해 집중 작업을 수행해야 한다. 적합성에 기반을 둔 교육내용의 적정화는 다음과 같다(이의갑 외, 2004).

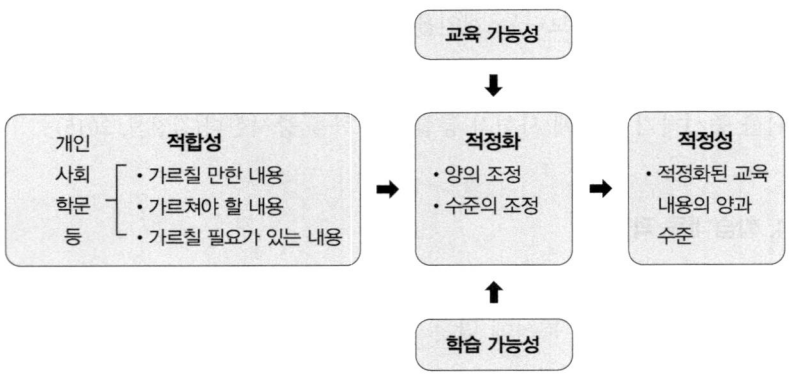

[그림 9] 적합성에 기반을 둔 교육내용 적정화

위의 그림에서와 같이, 교육내용의 양과 수준을 조정하는 적정화는 교육내용의 적합성을 기반으로 이루어지고 있다(김진석, 2018). 또한, 양과 수

준을 조정하는 적정화와 이미 적정화된 교육 내용의 양과 수준을 말하는 적정성을 구분하고 있다. 교육내용의 적정화는 적합성을 지닌 교육 내용이 교육 가능성과 학습 가능성에 비추어 적정성을 갖추어 가는 동적 과정으로 표현할 수 있다. 적정화 과정에서는 교육내용의 적합성과 교육 가능성 및 학습 가능성에 따른 변화 상황 등을 고려하여 교육내용을 지속적으로 검토, 평가, 보완해 나가면서 양과 수준을 조정한다(김진석, 2018c). 한편, 교육내용의 적정성은 적정화된 특정 성과물로서 양과 수준이 조정된 정적 개념으로 표현할 수 있다. 그러나, 위 그림에서의 적합성은 내용 선정의 층위에서 논의할 수 있고, 아울러 적정화와 적정성의 구분은 교육 내용의 양과 수준을 결정하는 시퀀스 개념으로 수렴할 수 있다(김진석, 2018c).

> 적정화는 교육내용의 양과 수준을 조정한다.

교육내용의 적정화에 대해 다루는 거의 모든 연구는 교육내용 및 적정화의 의미를 비롯하여 적정화 과정·절차에 이르기까지 그 복잡성과 난해함을 지적하고 있다(김진석, 2018c). 왜냐하면, 적정화는 교육과정 구성에서 수업에 이르기까지 다양하게 이루어질 수 있는 것이기 때문이다. 이러한 이유에서 적정화를 단계로 구분하여 다루고 있다. 예컨대, 적정화가 이루어지는 시점을 교육과정과 교과서, 수업내용으로 구분한다든지, 총론과 각론으로 구분한다든지 하고 있다(김재춘, 2000; 소경희, 2004).

국가 교육과정 개발·실행과정상에서는 적정화 단계를 다음 그림과 같이 구분한다(이의갑 외, 2004).

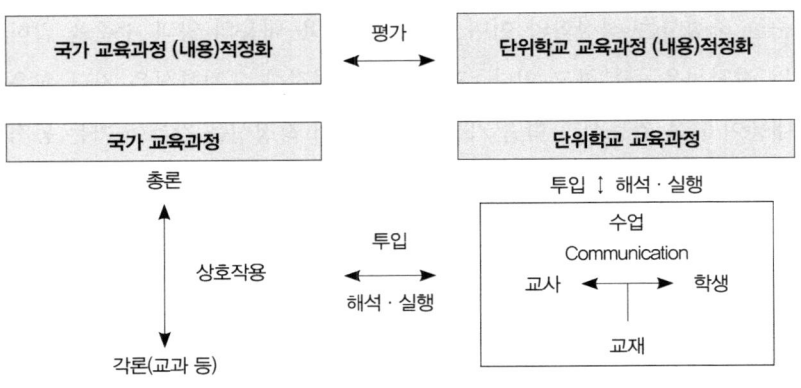

[그림 10] 교육내용 적정화에 있어서 교육과정 · 교과서 · 수업

국가 교육과정 개발·개정 시와 각 학교의 교육과정 편성 시에 교육내용의 적정화가 이루어지게 된다. 국가 교육과정 개발·개정 시의 적정화는 전국의 각 학교에서 전개될 수 있는 전국적·일반적·공통적 교육과정을 창출하기 위해 이루어지는 것이기 때문에 전국 모든 학교의 현실에 적합한 교육내용 적정화라고 말하기 어려우며 또한, 사실상 이것은 불가능한 일이다(김진석, 2018c). 단위 학교 교육과정에서의 적정화는 각 학교가 교육과정 편성·운영 시에 학교가 처한 현실을 기반으로 도모해야 하는 것이다. 다만 국가 교육과정 개발·개정 시의 교육내용 적정화는 각 학교의 교육과정 편성·운영 성과에 나타난 적정화 실태를 평가·피드백을 통해 고려해야 한다.

적합성을 고려하여 내용을 선정하고, 선정된 내용을 스코프와 종적·횡적 연계성을 바탕으로 잘 조직하였다고 할지라도 수업을 구현하는데 최적의 입력을 하지 않는다면 효과적인 수업이 이루어지기 어렵다고 할 수 있다(이의갑 외, 2004). 따라서, 최적의 인적요인, 물적 요인, 재정요인, 교사연수 요인 등을 고려하여 투입하는 최적 입력 조건 투입 층위를 고려해야 한다(김진석, 2018c). 이 층위는 내용 선정 층위와 내용 조직 층위를 아우르는 것으로 내용이 제대로 선정되지 않았거나 조직되지 않았다면 피드백을 주어 다시 수정·보완하는 과정을 거친다. 최적의 입력 조건 설정 층위는 단위 학교 교육과정에서 구현되는 것으로 고려할 수 있는 기준을 구체적으로 제시하면 다음과 같다(이의갑 외, 2004; 김진석, 2018c; Nation, 2010; Richards, 2014).

- 인적 요인
    - 국가 교육과정을 이해하고 수행역량을 갖춘 교사
    - 적정화된 교육내용을 학습할 수 있는 학생 조직
- 물적 요인
    - 학교의 시설·설비
    - 적정화된 내용을 조직한 교재·교구
    - 필요 자료
- 재정 요인
- 시간 요인
- 현직 교사교육 요인

위에서와 같이 교육과정의 내용을 선정할 때는 단위 학교의 인적 요인, 물적 요인, 재정 요인, 시간 요인, 현직 교사교육 요인 등을 고려해야 한다. 필수 불가결한 교육과정의 내용일지라도 최적의 입력 조건들을 고려해 볼 때 구현하는 데에 한계가 있다면 교육과정이 내실 있게 운영되지 못할 수도 있다는 측면에서 적정성을 검토하는 것은 중요하다.

교실수업 적용([부록 4] 예시)
- 개인적·사회적 요구 - 교육과정의 부합성 - 언어 기능 간 형평성 및 균형성 - 영어 교과의 특성

핵심개념
- 교사 주도 수업과 학습자 주도 수업
- AI도구 사용 관련 교사와 학생 간 연속체
- 국제바칼로레아 초등프로그램(PYP)
- TPACK(Technological Pedagogical Content Knowledge)
- 내용교수지식(Pedagogical Content Knowledge: PCK)
- 종적·횡적 연계성
- 적합성, 적정화 과정·절차
- 교육 가능성과 학습 가능성

제2장 연습문제

1. 학습자들에게 동기부여를 하고 수업활동에 능동적으로 참여하도록 하며, 핵심 역량을 내실있게 함양할 수 있도록 유연한 아키텍처(architecture)로 구축된 플랫폼을 활용하여 학습자 중심 교육과정이 실행되어야 한다. 이를 위해, 중학교 학습자를 위한 사회교과의 아키텍처를 구축하고, 각 요소들에 대해 설명하시오.

2. 초학문적 주제나 간학문적 주제에 대한 연구가 활발하다. 학제 간 통합의 정도성으로 교육과정을 다음과 같이 제시할 수 있다(Erickson, 1995).

    - 초학문적(transdisciplinary) > 간학문적(interdisciplinary) > 다학문적 > (multidisciplinary) > 융합(fusion)

   초학문적 교육과정은 통합의 정도성이 가장 높고, 융합은 가장 낮게 도식될 수 있다. 초학문적 주제나 간학문적 주제 간 특징을 제시하시오.

3. 교육내용을 선정하는 것이 중요하지만 조직하는 것 또한 중요하다. 선정된 내용들은 동 학년에서의 횡적 조직과 학교급·학년간의 계열적 조직으로 재조직되어야 한다. 이 때 고려되는 것은 스코프(scope), 종적·횡적 연계성이다. 스코프(scope), 종적·횡적 연계성으로 문화다양성의 내용을 조직하시오.

4. 교과별로 학습 내용을 선정한 후, 그 내용이 적정한지를 공청회, 현장 적합성 검토, 전문가 협의회 등을 통해 집중 작업을 수행해야 한다. 적합성에 기반을 둔 교육내용의 적정화를 교육 가능성과 학습 가능성의 측면에서 설명하시오.

제3장

AI시대 교실수업: 동기유발, 기억, 그리고 표현

정보망 잇기(chunking)는 새로운 정보를 장기기억으로 이동시킨다.
— Connell(2005)

생각하기
1. 일련의 정보처리 과정은 교실수업의 학습과정과 유사한가?
2. 학습동기를 유발하기 위한 이해 가능한 입력의 전략은 무엇인가?
3. 다른 영역에 적용하거나 전이하기 위한 이해 가능한 출력의 전략은 무엇인가?

    교실수업에서는 학습목표를 명료하게 제시해야 한다. 핵심역량과 성취기준을 담고 있는 학습목표는 학습자들이 어떤 내용을 어떻게 학습하고 어떻게 평가하는지를 안내하는 로드맵이기 때문이다. 학습목표를 달성하기 위해 학습자들의 인지수준, 니즈, 흥미, 학습 유형 등을 고려하여 수업활동이나 과제를 설계해야 한다. 동기유발이 되지 않는 활동은 능동적이고 활발한 수업 참여를 기대하기 어렵기 때문이다. 이 장에서는 학습자들이 주어진 과제를 완수하거나 문제를 해결하도록 동기를 부여하고, 이해 가능한 입력(comprehensible input) 정보를 계열화·조직화하여 장기기억하며, 자기의 관점의식을 갖고 그 정보를 창의적으로 표현하는 이해 가능한 출력(comprehensible input)을 극대화하거나 다른 영역으로 전이하는 일련의 과정을 살펴보고자 한다.

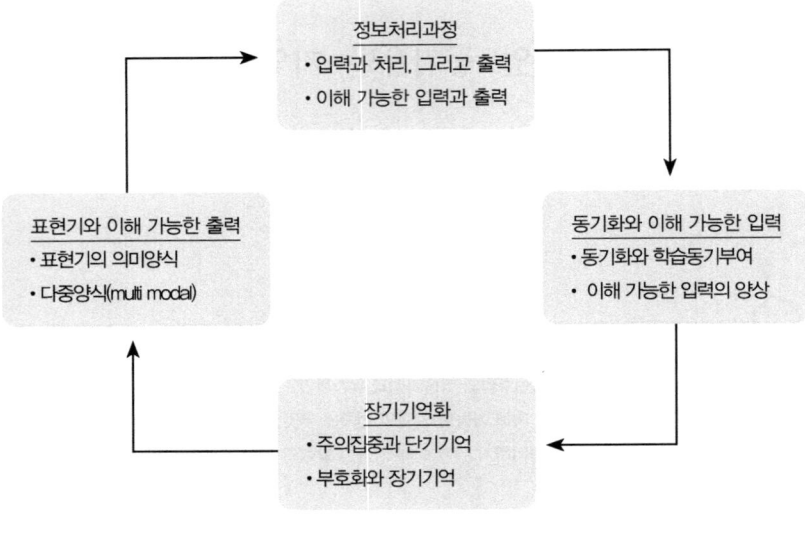

[그림 1] 핵심 내용 흐름도

1. 정보처리 과정: 입력과 처리, 그리고 출력

교실수업에서 교사와 학생 간, 학생들 간 상호작용은 정보처리의 과정과 유사하다. 교사가 새로운 개념이나 내용을 학습의 실러버스로 설계하고 구현하면, 학생들은 그 개념이나 내용을 계열화하고 조직화하여 장기기억한 후, 새로운 상황에 적용하거나 유사한 영역으로 전이한다. 이는 1장에서 제시한 테크놀로지를 활용한 교실 상호작용 시스템(classroom interaction system through technology)에서와 같이 학습자가 새로운 정보를 저장하고, 그 정보를 바탕으로 자신의 의견이나 느낌을 상대방에게 표현하는 일련의 상호작용이 일어나는 과정으로 볼 수 있다.

이러한 학습 과정을 다음 그림과 같은 정보처리 모형으로 제시할 수 있다(Connell, 2005; 정종진 외, 2008).

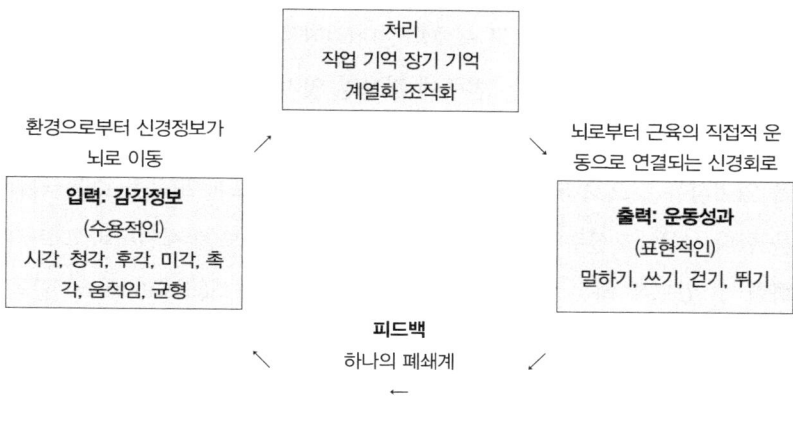

[그림 2] 정보처리 모형

정보처리이론은 컴퓨터의 '입력(input)-출력(output)' 모형을 고려하여 만든 것이다. 입력은 컴퓨터의 키보드나 마우스에, 처리 장치는 모뎀이나 중앙처리장치에, 출력은 컴퓨터의 화면이나 프린터에 해당된다. 컴퓨터는 센서들을 이용하여 세상을 인지하는 과정을 거친다. 그래서, 컴퓨터는 언어의 소리뿐만 아니라 어휘, 문법, 사용 패턴 등을 알아야 한다(Touretsky, 2019: 9702). 센서를 통해 인지하는 Sophia, Alexa, Siri 등과 같은 지능형 에이전트들은 음성을 인지하는 능력이 있다(김진석 외, 2021). 또한, 컴퓨터는 대상이나 얼굴을 인식하거나 장면을 이해하는 비전을 갖추고 있다. 컴퓨터의 다른 형태로는 음악을 인식하거나 데이터를 해석하는 경우도 있다.

사람들은 시각, 청각, 후각, 미각, 촉각, 움직임 등을 통해 정보를 수집하면, 그 정보가 뇌로 이동되게 된다. 다시, 그 정보는 작업 기억

(working memory)을 통해 계열화된다. 이 때, 인지하지 못한 내용은 소멸된다. 또한, 더 심도있게 처리할 필요가 있는 정보는 조직화되어 장기기억(long-term memory)으로 부호화된다(김진석, 2023). 학습자는 새로운 정보를 이미 저장하고 있는 범주에 정보망 잇기(chunking)를 하여 스키마를 확장한다. 이는 별개의 정보를 연결하여 하나의 큰 것을 만드는 과정을 의미하는 것으로 뇌가 새로운 고속망을 형성하도록 도움을 주는 역할을 한다. 이는 교실수업에서 학습자들이 새로운 정보를 계열화하고 조직화할 수 있도록 하는 사고기능들 중 하나인 분류하기(classification) 활동을 강조하는 이유다.

> 새로운 정보는 기존의 범주와 정보망 잇기를 통해 스키마를 확장한다.

더욱이, 새롭게 입력된 정보가 처리되면 그것을 바탕으로 행동하면서 새로운 감각정보를 창출하게 된다. 교사는 학습자들이 개념이나 내용을 이해하고 기억하는 것에 초점을 두는 수업에서 머물지 않고 그 개념이나 내용을 활용하여 새로운 상황의 과제를 완수하거나 창의적으로 문제를 해결하는 데 적용하는 능력을 갖추도록 해야 한다. 교실수업에서 학생들은 이야기를 들으면서 정보를 받아들이고(수용기, receptive stage), 이미 알고 있는 이야기의 내용을 자신들이 겪은 경험과 관련지으면서 마음 속에서 조직화하고(처리기, processing stage), 결국, 스토리텔링, 극화활동 등을 통해 새로운 정보를 활용하여 표현(표현기, expressive stage)하는 일련의 과정들 속에서 사고능력이나 창의적 문제해결능력을 함양할 수 있다.

21세기 학습자들은 자신의 의견이나 관점을 창의적으로 말하거나 쓰는 표현기에 초점을 둘 필요가 있다. 학습자들은 언제 어디서나 얻고자 하는 정보를 얻을 수 있는 유비쿼터스 환경에 놓여 있고, 알게 된 정보들을 자기 주도적으로 활용하여 상호 주관적으로 표현하는 프로슈머들로 성장하고 있기 때문이다. 또한, 표현기에서 학습자들은 수용기와 처리기에서 학습한 지식을 바탕으로 자신의 감정, 생각, 의도 등을 창의적으로 표현하는 일련의 과정을 통해 새로운 개념이나 내용을 체득하기 때문이다.

교실수업에서 개념이나 내용을 이해하고 그것을 장기 기억하는 것은 학습목표를 달성하는 데 필수적이다. 이러한 이해 가능한 입력(comprehensible input)이 많을수록 이해 가능한 출력(comprehensible output)도 많아진다. 이해 가능한 출력을 향상시키기 위한 전략들 중 하나는 수업활동 중 교사가 학습자가 사용하고 있는 상호작용 교수-학습 자료를 수정하는 것이다(Walsh, 2011: 7-9). 가장 현저하게 사용하는 자료는 수업의 활동이나 단원의 시작과 끝을 알려주는 전이 표지(transition marker)의 사용이다. 더욱이, 교사는 학습자들의 발화를 수정하기 위해 의미를 명료하게 하고, 점검하고, 확장하기 위해 확인점검, 이해점검, 반복, 명료화 요구, 재형성, 발화 완료, 되돌림(backtracking) 등의 전략을 사용할 수도 있다. 이러한 전략들은 학습자들의 사고능력과 창의력을 심도있게 함양하는 데에 도움을 줄 수 있다. 의미를 명료하게 하거나 의미를 협상하는 일련의 과정을 통해, 교사는 학습자들의 의도를 더 완전하고 더 분명하게 표현하도록 하는 데에 도움(Walsh, 2011: 7-11)을 주기 때문이다.

> 이해 가능한 입력이 많을 수록 이해 가능한 출력이 많아진다.

2. 동기화와 이해 가능한 입력

동기유발은 심리학을 기저로 하고 있다. 실제, 심리학에 대한 관심은 문명만큼이나 오래되었다(Ang 외, 2015). 기원전 5세기에 Herodotus는 모든 인간이 민족 중심주의적 심리를 갖고 있다고 지적하기도 하고, 19세기 Darwin은 진화론을 발표하면서 다른 문화의 심리학에 대해 과학적으로 탐구하였으며, 심리학의 아버지라고 칭하는 Wilhelm Wundt는 10권의 Volkerpsychologie에서 인류학자, 언어학자, 역사학자가 연구한 결과들을 비교하고 요약하여 발표하였다(김진석, 2022).

동기 심리학은 신체와 두뇌 및 정신적 과정이 동기에 미치는 영향이 무엇인지, 물질적 인센티브나 정신적 표상 등이 개개인들에게 어떻게 동기부여를 하는지에 대한 연구다. 일반적으로, 동기이론에서는 동기가 무엇인지를 설명하거나 동기가 일어나는 과정을 기술한다. 전자는 Maslow(1954)의 5단계 욕구 이론, McClelland(1953)의 성취동기이론, Alderfer(1969)의 존재-관계-성장(Existence, Relatedness, Growth: ERG)이론, Herzberg의 동기-위생이론 등이 있고, 후자에는 Adams의 공정성 이론, Locke의 목표설정이론, Vroom(1964)의 기대 이론, Skinner의 강화이론 등이 있다(김진석, 2022).

다양한 연구들 중, Vroom(1964)의 기대 이론은 개인이 노력을 했을 때 성과로 이어진다는 믿음(expectancy: E), 특정 수준의 성과가 바람직한 보상으로 이어진다는 믿음(instrumentality: I), 그리고 성공의 결과나 특정 보상에 가치를 부여하는 정도(valence: V)를 평가함으로써 어떤 행동을 추구하도록 동기화하는 것이다(김진석, 2022). 동기부여의 힘을 'M = E×I×V'로 계산하며, 이중 하나라도 '0'이 되면 동기부여는 '0'이 된다.

Vroom(1964)의 기대 이론을 좀 더 발전시킨 Eccles와 Wigfield(2002)의 동기 기대-가치(expectancy-value) 이론에 의하면, 특정 과제에 관한 방향 및 에너지의 양은 성공적 과제 수행에 대한 기대와 그 수행과 관련된 가치를 포함한다(김진석, 2022).

교실수업에서 학습자들에게 과제 수행에 대한 기대와 가치를 부여하는 방법들 중 하나는 문제나 쟁점을 제기하거나 가설을 설정하는 것이다. 학생들은 그 문제나 쟁점에 호기심을 갖고 몰입하는 동기가 생긴다. 동기화는 학습자에게 학습에 흥미와 관심을 갖도록 하는 정의적 영역으로, 학습자에게 즐거움과 감동을 주고 아울러 학습하고자 하는 도전의식을 부여함으로써 교실수업에 학습자들의 참여(engagement)가 제대로 이루어지도록 한다(김진석, 2023). AIED도구들 중 학습에 게임을 더하는 게이미피케이션 앱은 학습자들에게 학습동기를 유발하게 한다. "여러 가지 식물을 조사하여 잎의 생김새에 따라 분류할 수 있다"는 학습목표를 달성하기 위해, '다음 꽃 검색, 플랜트 스냅' 등의 앱을 활용해 식물 이름 조사하기(우리 학교의 운동장, 화단을 돌아다니며 여러 가지 식물의 생김새 관찰하기, 이미지 인식 AI 도구를 활용해 여러 가지 식물의 이름 조사하기)활동으로 동기부여를 할 수 있을 것이다(김진석 외, 2021). 학생들은 우리 주변의 다양한 꽃, 식물의 이름을 검색하며 흥미를 갖고, 여러 가지 모양의 잎 사진을 수집하는 활동에 몰입할 수 있을 것이다(박상아, 2021).

[그림 3] 다음 꽃 검색 프로그램 (Daum. Kakao corp.)

또한, 음악수업에서 학습목표("이야기의 장면이나 상황을 음악으로 표현해 봅시다.")를 달성하기 위해, 구글 두들스 뮤직이나 크롬 뮤직 랩의 송 메이커로 동기부여를 할 수 있을 것이다(정자연, 2021).

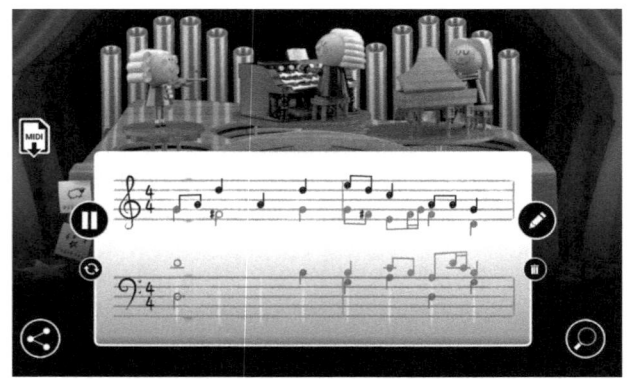

[그림 4] 구글 두들스 뮤직[1]으로 인공지능과 함께 만든 음악

---

1 악보에 멜로디를 클릭하여 입력하면 바흐가 작곡한 스타일로 화음을 넣어 작곡하는 AI도구로, 길이 조절이 힘들고 장르 제한이 있음

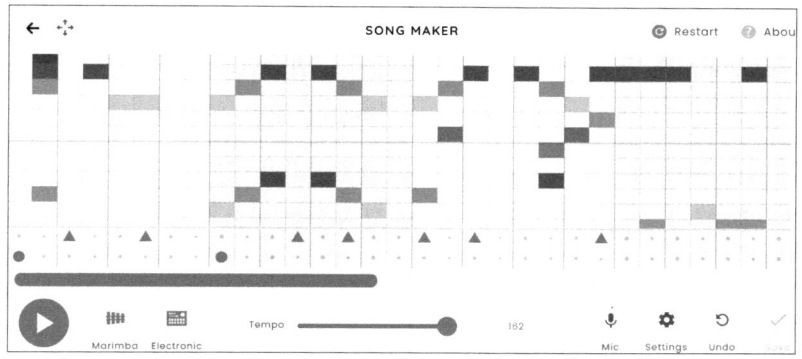

*한 학생이 먼저 멜로디를 넣은 곡

[그림 5] 크롬 뮤직 랩[2]의 송 메이커로 학생들이 작곡한 음악

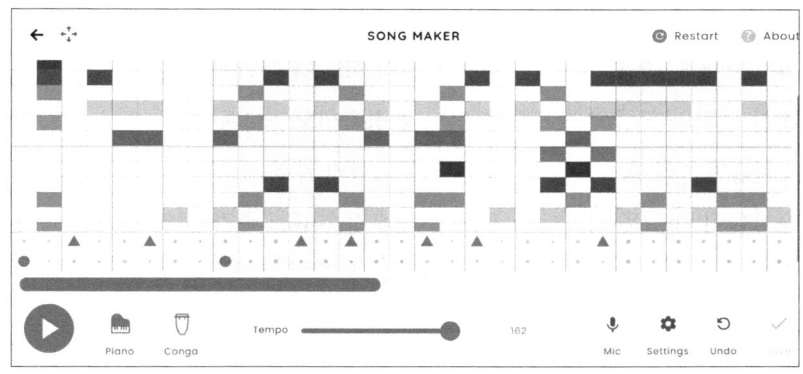

[그림 6] 다른 학생이 화음을 넣고 악기를 바꿔 편곡해본 곡

위와 같이, AI도구를 활용하여 게임, 퍼즐, 경쟁, 상상하기, 자신에 대해 말하기 등과 같은 정신적 참여(mental engagement)와 소리 내어 읽기

---

2   음악을 시각화하는데 있어서 효과적인 AI도구로, 직관적으로 작곡하고 여러 악기를 넣기 편리함

(reading aloud), 글쓰기, 그림 그리기, 반복 등과 같은 신체적 참여(actual engagement)를 반영한 활동을 수업시간에 구현하면 학습자들의 수업 몰입도가 증가된다(Halliwell, 1992). 수업활동에 적합한 AIED도구를 활용하여 교사는 학생들에게 학습 동기를 유발시키고 수업 참여(engagement)를 극대화할 수 있도록 수업을 설계하고 구현할 필요가 있다.

> AI도구는 학습동기를 부여하고 수업 참여도를 높인다.

학습 활동에 참여도가 제고되고 학습의 동기(motivation)가 유발되면 문제를 해결하거나 과제를 완수하기 위해 실질적인 모둠별 토의·토론이 이루어지고, 문제에 대해 심도있게 이해(in-depth understanding)하게 된다(Assinder, 1991). 무엇보다도, 자신의 학습에 대한 책임감이나 학생 상호간 신뢰와 존중의 태도뿐만 아니라 정확성도 증가된다.

학습자들의 학습부여는 정보처리 모형의 수용기라고 할 수 있다. 학습자들이 새로운 정보를 청각, 시각, 후각, 미각, 촉각 등의 감각을 통해 수용하면서 그 정보에 집중(attention)하게 된다. 교사의 음성이나 표정, 화이트보드에 글을 쓰는 모양, 친구와 모둠활동이나 짝 활동 시 발화되는 음성, 몸짓, 표정, 교실 벽에 걸려있는 시계의 모양이나 소리, 심지어는 교실 밖에서 들려오는 새소리나 바람소리, 어딘가에서 풍겨나는 향기 등의 정보가 뇌로 전달되면서 학습동기가 유발된다(김진석, 2023).

물론, 교실수업에서 동기화는 모든 수업활동에서 고려되어야 한다. 교사와 학생 간, 학생들 간 상호작용은 라포를 형성하여 입력, 출력, 피드백 등에서 학습 동기를 부여하기 때문이다. 학습자들이 상호작용을 기반으로 이해 가능한 입력(comprehensible input)이나 이해 가능한 출력(comprehensible output)을 할 수 있고, 또한, 긍정적 피드백(positive feedback)을 받아서 능동적으로 수업 활동에 참여할 기회가 증대될 수 있다.

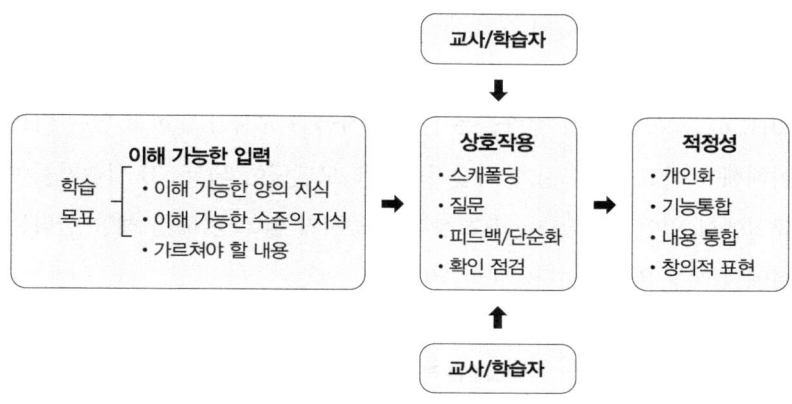

[그림 7] 상호작용 기반 이해 가능한 입력과 출력

교사는 학생들이 이해 가능한 양과 수준의 지식을 입력하기 위해 입력 가능한 자료의 양이나 질을 조정하기도 하고, 필요한 경우에는 스캐폴딩, 질문, 피드백, 단순화 한다. 물론 학생들이 제대로 이해하지 못할 경우에는 교사가 했던 말을 반복하여 발화하거나 피드백한다. 또한, 질문을 통해 교사가 대화의 주제를 설정·재설정하고 순서교대(turn-taking)를 결정하여 상호작용의 패턴을 통제하고, 학생들은 교사가 제시하는 단서를 통해 응답한다(Walsh, 2011).

> 긍정적 피드백은 학습자들을 수업 활동에 능동적으로 참여하게 한다.

교사는 상호작용의 과정에서 학습자들의 지식이나 인지능력에 적합한 입력의 양과 수준을 결정하여 상호작용할 필요가 있다. 교사와 학생들 간 상호작용에서 가장 중요한 특징들 중 하나는 학습자들의 발화를 교사가 수정하는 전략을 취한다는 것이다. 전형적으로 교사의 발화는 더 느리고, 더 의도적이고, 더 많은 휴지(pause)나 강조가 있다. 또한, 많은 제스처와 얼굴 표정들을 사용하여 학습자들에게 의도를 표현한다(Walsh, 2011: 6). 교사의 수정 전략들은 1) 학습자들이 교사가 말하고 있는 바를 이해해야 하고, 2) 교사가 학습자들에게 모델링이 되고, 3) 학습자들이 교실에서 일어나고 있는 학습 상황을 놓치지 않고 이해를 해야 한다는 점에서 매우 의도적이다(Walsh, 2011: 6).

교실수업 적용([부록 5] 예시)
- 이해 가능한 입력
- 자연식 교수법과 이해 가능한 입력
- AIED활용을 통한 동기화

---

3. 장기기억화

장기기억화는 배운 내용들 중 더 심도있게 처리할 필요가 있는 정보를 조직화하여 장기기억(long-term memory)으로 부호화하는 과정을 말한다 (김진석, 2016a: 64-66). 다시 말해서, 장기기억화는 수업 시간에 새롭게 입력된 정보를 기존의 지식의 틀인 스키마에 연결하기 위해 다양한 기억 전략들을 활용하여 조직화함으로써 장기기억으로 부호화하는 과정이다. 여기서, 장기기억은 처리기의 장기기억 개념과 동일하다. 일반적으로, 활성화 과정에서 감각기억, 단기기억, 장기기억이 일어나는 경우가 대부분이므로 활성화와 장기기억화가 맞물려 처리된다고 볼 수 있다.

처리기에서는 일단 뇌가 관련된 자극을 선택하면, 뇌는 정보를 조직한 후, 계열화(순서화)하고 그것을 회상 가능하도록 만들어야 한다(Kephart, 1971). 좀 더 구체적으로 제시하면 다음 그림과 같다(김진석, 2023).

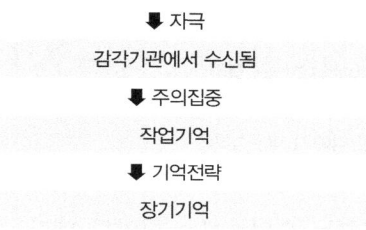

[그림 8] 처리기의 순서

위의 그림에서와 같이, 정보가 들어오면, 주의집중을 하여 어떤 주어진 시간에 정보를 가지고 있는 작업기억을 거치게 된다. 나아가, 작업기억의 정보를 여러 기법을 통해 장기기억으로 부호화 한다. 새로운 정보가 체득되기 위해서는 그 정보가 장기기억으로 이동되고 동화되어야 한다(Connell, 2005). 따라서, 교사는 새로운 정보들이 장기기억으로 이동될 수 있도록 정보망 잇기(chunking)등과 같은 기억 전략(연상법, 체계적 조직, 수열 기억 게임, 단어 연상 게임 등)들을 사용할 필요가 있다.

입력된 어떤 정보가 자극과 흥분을 전달하는 신경계의 단위인 뉴런(neuron)을 자극함으로써 기존의 스키마가 활성화되고, 나아가 뉴런(neuron)의 축색돌기 말단과 다음 뉴런의 수상돌기 사이의 연접 부위인 시냅스(synapse)를 활성화 시킨다(김진석, 2023). 입력된 정보는 시냅스를 활성화시켜 더 넓고 더 심도 있는 스키마로 확장된다. 교실수업에서 교사가 학생들의 니즈와 수준을 고려하여 선정한 짧은 이야기로 스토리텔링한 후, 학습자들에게 다른 맥락이나 관점에서 이야기를 만들어 보도록 한다면 그들은 자신의 경험과 스키마를 활용하여 더 의미 있고 심도 있는 스토리를 창안할 수 있을 것이다.

> **교실수업 적용([부록 6] 예시)**
> - 이야기 사고 패턴(thought pattern) 찾기
> - 장기기억화와 이야기 관점 및 역할 바꾸기
> - AI디지털 앱을 활용한 이야기 재구성하기

스키마를 활성화하는 요인들에는 다양한 맥락(context), 심도있는 복잡성(depth complexity), 범주(category), 반복되는 패턴(repeatable pattern) 등이 있다(Jones, 2012: 99). 또한, 동기(motivation), 전이(transfer), 성과(outcome) 등이 스키마를 활성화할 수 있다. 이를 다음 그림과 같이 구도화할 수 있다.

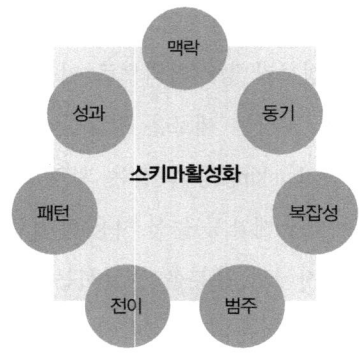

[그림 9] 스키마 활성화

맥락에는 언어 맥락뿐만 아니라 상황 맥락과 사회·문화 맥락[3]이 있다(김진석, 2024). 맥락을 바꾸면 입력된 스키마가 활성화되고, 그 스키마는 다른 스키마와의 연결을 강화한다. 또한, 학습자들은 학습 목표에 따른 교실활동에 흥미를 갖고 능동적으로 참여하려는 학습동기가 유발되면 기존의 스키마를 활성화하여 과제를 완수하거나 문제를 해결할 수 있을 것이다. 이런 성과는 새로이 입력된 스키마와 결합하여 다른 상황에 전이하면서 또 다른 성과로 이어질 것이다. 더욱이, 맥락이 바뀌면, 사고의 반복되는 패턴은 스키마를 이어주기 때문에 개념이나 내용을 기억하는 것에 그치지 않고 다른 영역으로 전이하는 것을 용이하게 한다(Jones, 2012: 99). 사고의 반복되는 패턴은 다양한 맥락에 적용될 때 기억이 되고, 그 패턴은 다른 상황에 쉽게 전이되기 때문이다. 범주화 또한 학습한 것을 기억하게 하고 과제를 수행할 수 있도록 하는 상황을 만들어 주는 방법이라 할 수 있다.

이런 과정 속에서 기억이 새롭게 형성되기도 하고, 기억이 업데이트되기도 한다. 어떤 특정 순간에 활성화되는 지식과 연관되는 단기기억은 미해결된 잔상(afterimage)으로 약 2초간 지속되는 반향 기억(echoic memory)의 단계가 일어난 이후에 약 20초간 지속되는 해결된 기억의 단계가 이어진다(Cowan, 1997). 다음의 그림에서와 같이 10~20초간 지속되는 단기기억의 단계는 활성화된 기억의 단계다(김진석, 2023).

---

[3] 표현된 어떤 부분들을 해석하는데 제약을 주는 언어 맥락과 달리, 상황 맥락은 대화 참여자의 정체성, 의사소통의 목적, 물리적 시간이나 장소, 매체 등의 요소에 의해 대화 참여자들 간 의도를 해석하고, 사회·문화 맥락은 공동체의 가치, 규준, 신념, 사회적 관습 등을 고려하여 대화 참여자들의 메시지를 이해하고 해석한다.

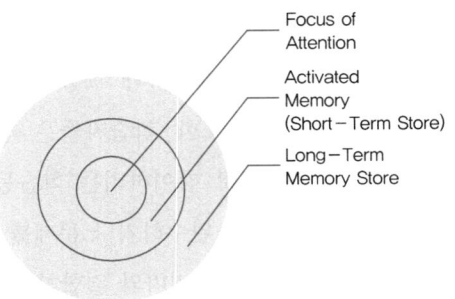

[그림 10] 주의집중과 기억

위의 그림에서와 같이, 학습자들의 주의 집중(focus of attention)은 활성화된 단기기억(activated memory)의 부분이다. 또한, 20분간 지속되더라도 단기기억은 장기기억의 한 부분에 불과하다. 이는 시냅스가 단기적이 아니라 장기적으로 활성화될 때 장기기억이 일어나기 때문이다. 스키마 활성화와 장기기억화는 동기유발이 된 개념과 내용을 바탕으로 데이터 모으기, 데이터 분석하기, 라벨 붙이기, 차이 설명하기, 목록화하기, 패턴 찾기, 일반화하기 등의 활동이 계획될 수 있다(김진석, 2023).

> 장기 기억화는 정보를 조직화하고 부호화하는 과정이다.

AIED도구나 시스템을 활용한 수업활동은 개념이나 내용을 효과적으로 기억할 수 있도록 한다. 게임 형식, 협업 등을 통해 개념이나 내용을 학습하면 흥미를 유발하고 학습 효과를 극대화할 수 있다(홍선호, 오지윤, 2025). 낚시 게임, 눈 던지기, 깃발 뺏기 등의 게임을 제공하는 GIMKIT, 실시간 형 또는 과제형으로 게임을 설정할 수 있는 BLOOKET, 행맨, 룰렛 등 다양한 게임 템플릿을 제공하는 Wordwall

등은 새로운 개념 및 내용을 장기 기억하도록 한다.

학습자들은 새로운 개념이나 내용을 효과적으로 기억하도록 하기 위해, 학습한 그 개념 및 내용을 수동적 방법보다는 능동적 방법으로 기억하도록 하는 것이다. 이는 개념이나 내용을 단지 기억하는 것에 그치지 않고 다른 개념이나 내용과 연결하고 다른 영역에 전이·확장할 수 있는 교실활동을 요구한다.

학습자들은 자신의 생각을 표현하기 전에 사고하기(thinking)를 마련하여 장기기억된 개념이나 내용을 구축하도록 할 필요가 있다. 학습자들은 장기 기억된 개념이나 내용을 활용하여 자신의 의도나 생각을 표현하기 전에 문제를 해결하거나 과제를 완수하는 데 교량 역할을 하는 정보 형성화(formulation)의 활동이 있어야 하기 때문이다. 형성화는 대화 참가자들 간 상호작용에서 자기 설명적이고 정보적이며 설명할 수 있는 사건임을 보여준다(Deppermann, 2011). 형성화에서는 순차적 구성과 정확한 언어 설계(linguistic design)가 강조된다. 대화 참여자들은 상호주관성을 갖고 의미를 설명하거나 환문한다. 상대방이 발화한 의미를 설명하기 위한 것이 아니라 자신이 주관적으로 해석하고 인식한 후 자신의 관점을 계획하고 표현하는 것이다(김진석, 2024). 그래서, 형성화는 선택적이고 관점적이며, 우발적이지만 구성적이고 풍부한 추론이 가능하다(Heritage & Watson 1979; Drew, 2003; Antaki, 2008).

학습자는 형성화에서 의미구조, 통사구조, 음운구조를 구축한 후 교실 맥락에 적절하고 효과적으로 동료들에게 표현해야 한다. 이에 대해서는 다음 절에서 살펴보고자 한다.

4. 표현기와 이해 가능한 출력

교실수업에서는 교사와 학습자 간, 학습자 간 상호작용을 통해 새로운 정보가 계열화·조직화되어 장기 기억되고, 그 정보를 바탕으로 창의적으로 표현하는 일련의 정보 처리 과정이 일어난다. 이러한 과정은 학습자들이 장기 기억한 정보를 개인화하고 다른 영역에 전이하면서 창의적으로 표현하도록 한다. 따라서, 교실수업에서는 교사와 학생 간, 또는 학습자들 간 상호작용을 통해 이해 가능한 출력을 극대화해야 한다.

AI시대 개개인들은 자신의 의견을 상호 주관적으로 표현하는 창의적 사고와 결과물을 창출하는 능력을 갖출 필요가 있다. Metiri Group (2003)에 의하면, 미래 세대들은 AI 디지털 시대의 리터러시, 발명적 사고, 효과적 의사소통 능력, 높은 생산성 등을 갖추어야 한다고 주장한다(https://www.cwasd.k12.wi.us/highschl/newsfile1062_1.pdf; Greenstein, 2012). AI 디지털 시대의 리터러시에는 기초적 리터러시(언어적·수학적 리터러시)뿐만 아니라 과학적, 경제적, 테크놀로지 리터러시, 비주얼 리터러시, 정보 리터러시, 다문화 리터러시, 글로벌 리터러시 등을 포함한다. 발명적 사고는 적응 능력, 자기 주도성, 호기심, 창의성, 위험 감수성, 고차원 사고, 합당한 추론 등을 아우른다. 효과적 의사소통은 협력, 대인 간 기능, 개인의 책무성, 사회적·시민적 책임감, 상호작용의 의사소통을 강조한다(김진석, 2019). 높은 생산성은 우선순위를 정하고 계획할 뿐만 아니라 실세계 도구들을 사용하고, 관련한 양질의 결과물을 창출하는 능력을 의미한다.

무엇보다도, 21세기 학습자들은 이해에 머물지 않고 창의적으로 표현하며, 실생활에 실천하는 리터러시를 통해 깊이있게 사유하고, 지식의 심도(depth of knowledge: DOK)를 기초적 이해의 수준을 넘어서 분석이나 탐구의 수준으로 DOK(김진석, 2025)를 더욱 확장해야 한다. 앞에서 말한 기초적 리터러시와 다중 리터러시를 좀 더 세분하면, 읽기와 쓰기에 초점을 둔 기초·기능 리터러시(functional literacy)에서 다문화 리터러시, 미디어 리터러시, 디지털 리터러시, 데이터 리터러시, 인공지능 리터러시 등으로 다양화되었고, 법 리터러시 등과 같은 특수 목적의 리터러시로 다음 그림과 같이 더욱 확장·심화되고 있다(김진석, 2019a:5-6).

기초·기능적 리터러시	사회·문화적 리터러시	다중적 리터러시
- 읽기/쓰기 - 의사소통	- 맥락 - 문화	- 다중양식 - 의미창출

[그림 11] 리터러시의 확장·심화(김진석, 2019a)

전통적 리터러시는 읽기·쓰기의 기능을 말하는 것으로 텍스트를 읽거나 일기를 쓰는 것과 같은 협의의 리터러시다(Cameron, 2001:124). 이러한 기능 리터러시는 문어와 구어를 포괄하는 의사소통(Hymes, 1972:269; Richards & Rodgers, 2008:244)으로 확장되었다. 이후, 상황·맥락적 의사소통과 사회·문화적 측면을 고려한 사회·문화적 리터러시로, 더 나아가 다중양식의 다중 리터러시로 더욱 확장되었다(김진석, 2025).

학습자들이 기존의 지식을 바탕으로 새로운 정보를 수집, 분석, 추론, 종합하고, 그들을 실생활의 상황에 전이하여 새로운 지식을 창출(김진석 외, 2021:13)하며, 깊이 있는 사유를 통한 비판적 사고능력과 판단력으로 과제를 창의적으로 완수하거나 문제를 해결할 수 있도록 리터러시를 다음과 같이 점진적이고 누적적으로 함양할 필요가 있다.

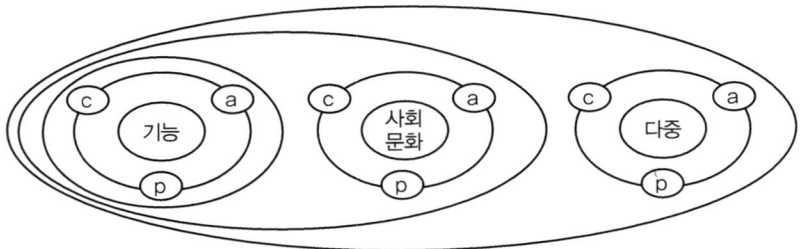

[그림 12] 리터러시의 흐름(김진석, 2025)

위의 그림과 같이, 리터러시들은 분리되어 있는 것이 아니라 기능 리터러시에서 다중 리터러시로 점진적이고 누적적으로 확장·심화되어 가고 있다고 할 수 있다. 개개인은 윤리적 책임의식이나 심미적 감성 역량을 포함한 리터러시를 통해 AI에서 결여되어 있거나 간과되어 있는 인지적(cognitive), 정의적(affective), 심동적 영역(psychomotor)인 'cap'의 관점에서 리터러시의 이론과 방향을 체계적으로 탐구하며, 의미들을 심도있게 사유하고 표현·실천할 필요가 있다(김진석, 2025).

교실수업 적용([부록 7] 예시)
- 기초적 리터러시의 이해와 실제 - 다문화 리터러시의 이해와 실제 - AI디지털 리터러시의 이해와 실제 - 위험 리터러시의 이해와 실제

다중 리터러시의 다양한 기호양식은 표현기의 이해 가능한 출력을 창의적으로 표현하도록 하는 매개체다. 개개인들은 자신의 감정이나 의견을 명료하게 전달하면서 다중 모드를 통해 의미 개념을 이해하고 표현(Cope & Kalantzis, 2000:26)하기 때문이다. 의미양식(mode of meaning)은

다음과 같다(Cope & Kalantzis, 2000:26).

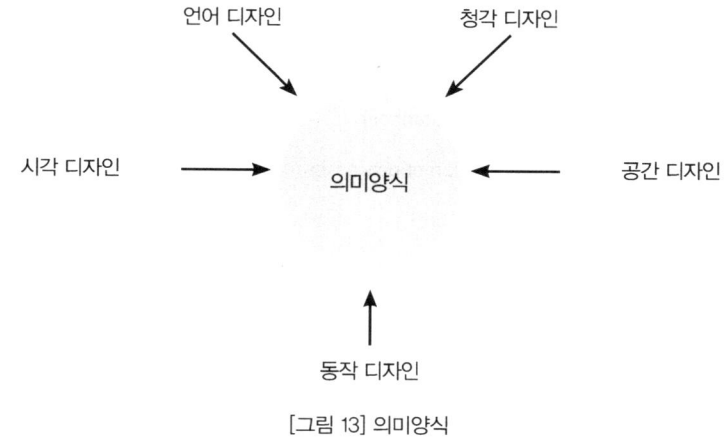

[그림 13] 의미양식

의미양식에는 단어, 은유 등의 언어 디자인, 음악, 음향 등의 청각 디자인, 건축적 의미, 생태계의 지리적 의미 등의 공간 디자인, 동작, 제스처 등의 동작 디자인, 색, 원근 등의 시각 디자인이 있다. 뉴런던학파의 아이디어는 언어를 중심으로 논의되었던 전통적 리터러시에 대해 언어 외적 형식에 동등한 가치를 부여하였다는 점과 다섯 가지 의미양식을 디자인(design)하여 생성되는 의미작용(redesign)에 주목함으로써 리터러시의 지평을 넓히는데 기여하였다는 의의가 있다(김창아, 2020:165). 다섯 가지 디자인(design)은 Kress(2000: 338)가 개념화한 것으로 인간 주체의 흥미와 의도를 반영하여 어떤 요소를 어떤 양식으로 표현하여 소통할 것인가를 선택하는 창조적 행위를 나타낸다. 예를 들어, 의미양식 중 하나인 언어 디자인의 기본은 다음과 같이 텍스트성과 관련된다(Cope & Kalentzis, 2000:27).

- 언어 디자인의 요소(Elements of linguistic design)
- 전달(delivery)
- 양상(modality)
- 이행성(transitivity)
- 어휘와 은유(vocabulary & metaphor)
- 과정의 명사화(nominalization of processes)
- 정보구조(information structure)
- 응집성의 미시적 관계(local coherence relations)
- 응집성의 거시적 관계(global coherence relations)

언어 디자인은 위와 같이 여러 요소들을 고려한 것으로 언어 기호를 통해 재구성하여 의미를 생성한다(김진석 외, 2024). 언어 이외의 다양한 기호체계를 통해 개인 내적 개념을 외적으로 새롭게 표현하여 인지적으로 명료화한다.

리터러시는 이해와 해석을 담당하는 뇌의 베르니케(Wenicke)영역뿐만 아니라 표현을 담당하는 브로카(Broca)영역을 활성화 시킨다. 표현기는 실제로 측정할 수 있는 유일한 정보 처리의 한 부분으로, '뇌가 근육으로부터 보내서 움직임을 야기하게 하는 신경적 자극의 한 패턴(Kephart, 1971)'이다. 움직임에는 전신 운동과 미세운동이 있다. 전신운동은 유아기 때부터 시작되는 앉기, 기기, 걷기 등에서부터 시간이 지나면서 자전거 타기, 스키 타기, 수영 등을 포함하고, 미세운동은 눈과 손의 협응(예, 퍼즐 조립하기, 바느질하기, 글쓰기, 그림 그리기 등)과 성대의 통합(예, 허밍, 웃기, 한 단어 말하기, 한 문장 말하기, 소리 지르기, 노래하기 등)을 포함한다(김진석, 2023).

표현기는 앞에서 살펴 본 다양한 기호양식(multi modal)을 매개로 표현한다(김진석, 2023). 이는 교실수업에서 개별화를 가능하게 한다. 개별화는 장기 기억된 정보를 뇌로부터 근육의 직접적 운동으로 연결되는 신경회로를 통해 자신의 지각 속도, 인지속도, 발음 속도 등에 맞게 적절하게 표현할 수 있는 능력의 단계이기 때문이다. 개별화를 통해 학습자는 주어진 상황이나 화제에 적합한 언어를 자신의 언어로 표현한다. 따라서 개별화에서는 학습자에게 가능한 제약을 최소화하여 매우 실제성 있는 정보를 표현할 수 있는 기회를 제공해야 한다. 여기에 해당하는 활동으로는 실제와 유사한 상황에서 대화를 주고받는 역할극(여행사 직원과 고객 간의 정보 교환), 광고 디자인(학생들이 카피 문구를 쓴 후 실제 녹음작업을 하는 활동), 토론, 묘사하고 그리기(한 학생이 그림을 묘사한 것을 듣고 다른 학생이 그림을 그리는 활동), 이야기 쓰기, 시 쓰기, 모둠별 글쓰기, 문제해결하기 등을 할 수 있다(Harmer, 2003).

교실수업활동 중, 토론(debate)[4]은 수업시간에 모둠별로 학습자들 간 상호작용이 활발하게 일어나는 표현기의 활동이라고 할 수 있다. 토론 시, 모둠별 수업 활동은 다음과 같은 이점이 있다.

모둠별 수업활동의 이점(Brown 외, 2015)
- 모둠별 수업은 학습자들의 표현력을 신장한다.
- 동기를 유발하고 참여도를 높여 정의적 여과를 낮추어 준다.
- 학습자들의 책무성을 갖게 하고 자율성을 신장한다.
- 학습자들의 학습 유형 등을 고려하여 수업을 운영하게 한다.

4　토론은 토의와 다소 구분된다. 토의는 대화 참석자들 간 협동적으로 상호작용하면서 최선의 해결책이나 합의를 도출(이정옥, 2008)하는 것을 목적으로 두기 때문이다. 따라서, 토론은 찬성과 반대의 대립 양상을 보이지만, 상대방을 설득하는 토의와 구분하여 설명될 필요가 있다.

하나의 논제를 바탕으로 찬성과 반대의 대립(이정옥, 2008)하는 것으로, 자신의 주장을 상대방에게 설득하여 입증하기 위해 양자 간 뿐만 아니라 다자간 논쟁도 포함된다(강치원, 2013). 토론[5]의 특징을 토의와 비교하면서 정리하면 다음과 같다(정문성, 2013).

- 토론에는 논제가 있음
- 토론에는 서로의 주장이 달라야 함
- 논증과 실증이 전개되어야 함
- 말하는 과정과 듣는 과정이 있어야 함
- 논제는 참여한 사람들이 공통적으로 토론할 필요가 있는 주제여야 함

위의 토론과 달리, 토의는 주장이 동일해도 가능하다. 모둠별, 짝별 활동 시, 관점의식을 갖고 상호 주관적으로 정보와 의견을 교환하며, 서로의 생각을 확인하고 협력하여 최선의 합의점을 도출해 낸다.

교실수업 적용([부록 8] 예시)

- 모둠별 토론
- 모둠별 발표 및 쓰기
- 상호평가

AIED도구를 활용하여 학습자들의 창의적 표현 능력을 신장할 수 있

---

[5] 전성수, 양동일(2014)은 친구와 토론하는 활동이 효과적인 학습 방법이라고 주장한다. 미국 훈련 연구소(national training laboratories)에서의 연구 결과에 따르면, 학습한지 24시간이 지난 후 강의 설명식 수업에서 학습한 것은 5%정도 보존된 반면에, 그룹 토론에서는 50%정도 남아있음을 규명했다. 따라서 교육에 있어서 학습할 내용을 듣고 외우는 형태에서 벗어나 친구와 토론하고 직접 체험하며, 질문과 토론을 통해 친구를 가르치는 형태로 바뀌어야 한다.

다. 예를 들어, 체육 교과에서 장기 기억된 안전 지식과 관련된 개념을 바탕으로 창의적으로 표현하는 활동을 구현할 수 있다. '프로그래밍 도구를 사용하여 안전 경보음 프로그램을 만들 수 있다'는 학습목표를 달성할 수 있도록 수업을 구현할 경우, 교사는 학생들이 변수를 이용하여 속도를 측정(속도 변수를 설정하고 오른쪽 화살표를 눌렀을 때 속도가 점점 빨라지려면 어떻게 해야 할지 아이디어 갖기)하며, 소리의 블록을 활용하여 제한 속도를 넘었을 때 안전 경보음을 울리도록 하는 프로그램을 구상하도록 한다(김진석 외, 2021). 학습자들은 '안전 경보음 프로그램 만들기'를 다음과 같이 만들어 발표하고 공유한다(이은지, 2021).

배경
(도로)
	시작하기 버튼을 클릭했을 때
	자신▼ 의 복제본 만들기
	x: 0 y: 0 위치로 이동하기
	계속 반복하기
	  x 좌표를 속도▼ 값 x -1 만큼 바꾸기
	  만일 도로.jpg 의 x 좌푯값▼ < -400 (이)라면
	    x: 470 y: 0 위치로 이동하기

안전
경보음
	시작하기 버튼을 클릭했을 때
	계속 반복하기
	  만일 속도▼ 값 > 25 (이)라면
	    소리 호루라기2▼ 1 초 재생하기
	  아니면
	    모든 소리 멈추기

[그림 14] 안전 경보음 프로그램

학습자들은 전동킥보드를 이용한 안전 수칙을 학습한 후, 이를 활용하여 엔트리 블록 코딩으로 안전 경보음 프로그램을 제작하고 성찰할 수 있다 (김진석 외, 2021). 주어진 과제를 수행하는 과정에서 학생들은 필요에 따라 AI를 활용하는 컴퓨팅 사고능력을 기를 수 있다. 또한, 문제를 창의적으로 해결하는 과정에서 소통·협력하며 의사소통 역량, 창의력, 문제해결 능력을 함양할 수 있을 것이다.

또한, 교실수업에서 학습자들이 상상하여 그림을 그리고 묘사(picture description)하는 활동을 구현할 경우, DALL.E, 미드저니, 퀵 드로우, 오토 드로우 등을 이용하면 수업 참여도가 높아지고 창의적 표현들을 내실 있게 할 수 있을 것이다(김진석, 2023). 교사가 칠판에 그림을 그린 후 한 학생을 지목하여 그림에 대하여 설명하고, 학생은 설명에 따라서 그림을 그리는 활동을 시범적으로 보여줄 경우에도 DALL.E를 이용하여 그림을 다음과 같이 다양하게 제시할 수 있을 것이다.

[그림 15] DALL.E를 활용한 연못(1)　　[그림 16] DALL.E를 활용한 분수대(2)

위의 그림은 'There's a tree on the left. Two boys are playing football near the tree. On the right there's a pond. There's a boat on the pond. A child is flying a kite above the pond.'을 입력하여 생성된 그림이다. 위의 [그림 15]를 참고하여 학습자들이 'There's a fountain in the middle. Two boys and one girl are walking near the fountain. On the left there's a tree. There's a bird in the sky. A child is flying a kite above the tree.'라고 표현하고 싶다면 [그림 16]과 같은 그림들이 생성될 것이다.

학습자들이 영어로 표현하기 어려운 경우, 구상하는 그림을 한글로 입력하도록 한 후, 네이버 번역기나 구글 번역기를 이용하여 영어로 말하거나 쓰도록 하는 활동을 구현할 수도 있다(김진석, 2024). 짝 활동으로 자신의 그림을 묘사하면 동료는 들은 정보만으로 그림을 그리도록 한 후 서로 그림을 비교하는 활동을 구현하면 학습자들의 의사소통능력과 창의력을 신장할 수 있을 것이다.

교실수업 적용([부록 9] 예시)
− 다양한 기호양식과 이해 가능한 출력
− 개별화와 개인화
− 그림 그리고 묘사(picture description)

핵심개념
- 이해 가능한 입력(comprehensible input)
- 이해 가능한 출력(comprehensible output)
- 긍정적 피드백(positive feedback)
- 주의 집중(focus of attention)
- 활성화된 단기기억(activated memory)
- 정보망 잇기(chunking)와 의미양식(mode of meaning)
- 기초적 리터러시와 다중 리터러시(multiple literacy)
- 언어 디자인의 요소(Elements of linguistic design)
- 다양한 기호 양식(multi-modal)

제3장 연습문제

1. 교실수업에서 개념이나 내용을 이해하고 그것을 장기 기억하게 하는 것은 학습목표를 달성하는 데 필수적이다. 이러한 이해 가능한 입력(comprehensible input)이 많을수록 이해 가능한 출력(comprehensible output)도 많아진다. 학습자들의 이해 가능한 입력과 출력을 향상시키기 위한 전략을 예시하고 설명하시오.

2. AI도구를 활용하여 게임, 퍼즐, 경쟁, 상상하기, 자신에 대해 말하기 등과 같은 정신적 참여(mental engagement)와 그림 그리기 등과 같은 신체적 참여(actual engagement)를 반영한 활동을 수업시간에 구현하면 학습자들의 수업 몰입도가 증가된다. 학생들에게 학습 동기를 유발시키고 수업 참여(engagement)를 극대화할 수 있도록 수업을 설계하시오.

3. 학습자들이 새로운 정보를 청각, 시각, 후각, 미각, 촉각 등의 감각을 통해 수용하면서 그 정보에 집중(attention)하게 된다. 교사의 음성이나 표정, 친구와 모둠활동이나 짝 활동 시 발화되는 음성, 몸짓, 표정, 심지어는 교실 밖에서 들려오는 새소리나 바람소리 등의 정보가 뇌로 전달되면서 학습동기가 유발된다. 교실수업에서 단기 기억의 부분인 주의집중을 활성화하는 전략에 대해 제시하시오.

4. 표현기는 이해 가능한 출력을 극대화할 수 있는 단계로, 실제로 측정할 수 있는 유일한 정보 처리의 한 부분이다. 이 단계는 '뇌가 근육으로부터 보내서 움직임을 야기하게 하는 신경적 자극의 한 패턴(Kephart, 1971)'으로, AI시대에서 요구하는 프로슈머의 필수적인 단계다. 교실수업에서 이 단계에 초점을 둘 수 있는 전략들에 대해 예시하시오.

2부

교실수업 설계

제4장

교실수업: 설계와 수업모형

좋은 수업은 높은 동기유발과 적극적인 학습참여로 이루어진다.
— Walsh (2011)

생각하기
1. AI시대 교사는 교실수업에서 어떤 역할을 해야 할까?
2. 수업활동과 연계하여 어떤 유형의 과정평가를 설계·실행해야 할까?
3. 학습자의 창의적 문제해결능력을 함양하기 위한 수업 모형의 조건은 무엇일까?

AI가 기하급수적으로 발전되고 있어서 일상생활에서 인간과 테크놀로지 간 적절하고 효과적인 상호작용이 가능하게 되었다. 이는 자연어처리, 음성인식, 음성합성 등의 기술 융합과 더불어 딥러닝, 머신러닝들의 발전에 기인된다(김진석, 장은숙, 전재호, 2020: 148). 교실수업에서 AI는 지식암기 위주의 수업에서 창의융합 중심의 수업으로 전환할 수 있는 모멘텀이 된다. AIED를 활용하면 교실에서 구현되는 수업활동을 교사 중심에서 학습자 중심으로 내실있게 구현할 수 있기 때문에, 학습자들이 수업에 능동적으로 참여하여 모둠원들 간 토의·토론하고 협력하여 과제를 완수하거나 문제를 창의적으로 해결할 수 있다. 교사는 AI의 도움을 받아 요구분석가, 수업 설계자, 모둠 운영자, 조력자 또는 매개자로 수업을 내실있게 구현할 수 있을 것이다. 이 장에서는 수업 설계 시, 교사의 역할, 빅 아이디어 기반 단원 및 차시 수업 설계의 방안, 교수-학습의 조건 및 모형에 대해 살펴보고자 한다[1].

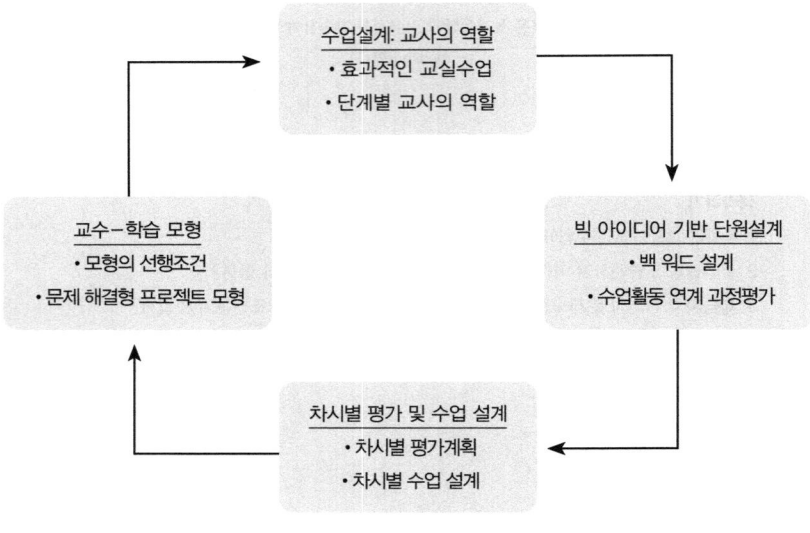

[그림 1] 핵심 내용 흐름도

1. 수업설계: 교사의 역할

효과적인 교실수업이 되기 위해서는 교사는 수업시간에 학습자들에게 동기를 부여하고, 수업에 능동적이고 주체적으로 참여하도록 하며, 새로운 지식을 기존의 스키마와 연결하여 활성화 해야 한다. 또한, 학습자

---

[1] 이 장은 김진석(2018), 김진석(2021)의 '인공지능 리터러시 교육의 이해와 실제(서울교육대학교 2020학년도 '인공지능융합교육 및 교재 개발' 자료집)', 김진석 외(2021)의 '인공지능 리터러시 교육의 이해와 실제(한국문화사)'의 내용을 수정·보완한 것임.

들의 인지·정의·심동 수준에 맞는 맞춤식 수업과 개별화 수업을 구현하며, 장기 기억한 지식을 다른 영역에 전이하도록 해야 한다. 이는 1장에서 살펴 본 학습자들의 SCORE알고리즘을 활성화하는 것으로 다음과 같이 구도화할 수 있다.

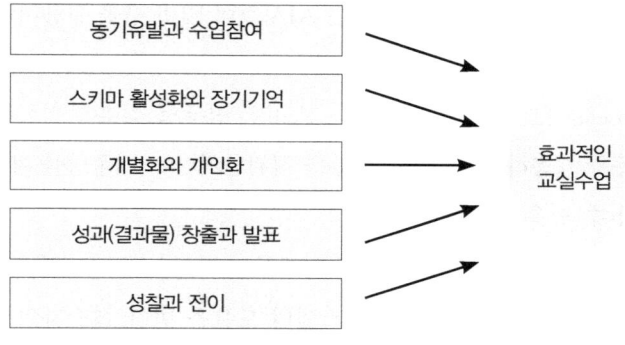

[그림 2] 효과적인 교실수업의 요인

교사는 위에서 제시한 교실수업의 요인들을 바탕으로 학습자와 상호작용하여 학습목표를 효과적으로 달성해야 한다. 학습자들은 1장에서 살펴본 바와 같이 교실상황(situation)에서 학습목표를 달성하기 위해 최적의 방안을 선택(choice)하여 결과나 성과(outcome)를 창출하고, 그 결과를 동료들과 공유하고 성찰(reflection)한 후, 다른 상황이나 영역에 전이하고 확산(expansion)하는 SCORE알고리즘을 활성화해야 한다. 이를 위해, 교사와 학생 간, 학생들 간 일련의 상호작용과 협업이 활발하게 일어나야 한다. 따라서, 학습자의 니즈, 학습태도 및 학습 유형 등을 확인하고 그것을 고려하여 수업을 설계·실행·평가·성찰하는 전문성을 갖춘 교사는 학습자들이 개인별·짝별·모둠별 발표·토의·토론 등을 통해 문제를 해결할 수 있도록 상호작용을 극대화하는 수업을 구현해야 한다.

> 교사는 학생들 간 상호작용을 극대화하는 수업을 설계해야 한다.

더욱이, AI기반 시스템 및 AIED를 활용하면 학습자의 핵심역량을 더욱 신장시킬 수 있을 것이다. 교사는 AI시스템 및 도구를 활용하여 지원자(assistor), 촉진자(facilitator), 매개자(mediator), 스캐폴더(scaffolder), 상담자(counsellor)로 학습자의 인지적·정의적·심동적 수준에 적합한 내용이나 활동을 제공하고, 부족한 부분을 점검받거나 스캐폴딩을 체계적으로 구현할 수 있을 것이다.

교실수업에 학습목표를 달성하기 위해서는 교사의 분석능력과 수업계획이 매우 중요하다. 교사는 AI시스템의 도움을 받아 학습자의 요구를 분석하고, 그 결과를 반영하여 수업을 계획하고 구현하며, 학습자는 교사가 계획한 교수·학습 내용, 방법, 평가의 틀 내에서 핵심역량을 함양할 수 있기 때문이다. 교실수업에서 고려할 필요가 있는 교사 전문성의 변인(teacher factor)으로는 교사경험, 자질, 도덕성, 수업 스타일, 신념, 내적 동기 등이 있다(Richards, 2001).

21세기의 학습자들은 지식 암기 위주의 수업이 아니라 창의·융합적 사고 능력 함양에 초점을 둔 수업을 요구하고 있다. 이를 위해, 교사는 학습자의 요구에 맞는 내용을 어떻게 가르치고 어떻게 평가할 것인가에 대한 전문성을 갖추어야 한다. AIDT는 교사가 데이터를 기반으로 수업을 디자인하고 개별 학생들을 관찰하고 지지하도록 다음과 같이 서비스를 구성하고 있다(한국학술정보원, 2024).

[그림 3] AIDT 대상자별 서비스 구성

위의 그림에서와 같이, 한국학술정보원(2024)에서는 학습자에게는 맞춤 학습을 제공하여 학업 성취도를 높이며, 학부모에게는 자녀의 풍부한 학습 정보를 알고 이해도를 재고하기 위해 대상자별 서비스를 구성하였다. 이 구성에서, 교사는 다음과 같이 AI보조교사의 도움을 받아 데이터 기반 수업을 디자인하고 개별 학생을 관찰하고 지지한다.

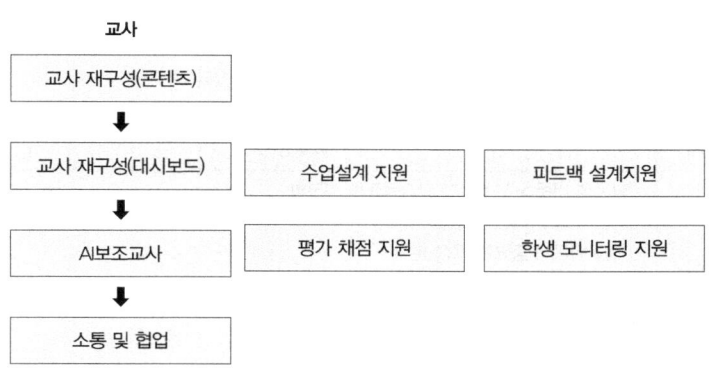

[그림 4] AIDT서비스 구성: 교사

제4장 교실수업: 설계와 수업모형 127

AI보조교사는 교사가 수업을 설계하고, 피드백을 설계하고, 평가를 시행하고 채점하며, 학생을 효과적으로 모니터링하도록 지원한다. 구체적으로, AI의 진단을 통해 개별 학생에게 제공되는 맞춤형 콘텐츠를 교사가 재구성하거나 추가적인 학습 콘텐츠를 제공할 수 있는 기능을 제공하고, 대시보드 항목이나 화면 구성을 교사가 조정할 수 있는 기능을 제공한다. 또한, 수업시간 내에 사용하는 경우, 교사가 학생의 콘텐츠 사용 및 학습을 관리하는 기능을 하며, 교사가 AI 디지털교과서를 활용하여 수업 설계, 피드백, 평가, 학생 모니터링 등을 통해 학생별 맞춤형 학습을 효과적으로 운영할 수 있는 기능을 지원하도록 설계되어 있다. 아울러, 개별, 짝, 모둠의 원활한 소통을 위한 협업도구의 삽입이 가능하고 학생들의 데이터를 분석하여 모둠을 자동으로 혹은 선택적으로 구성할 수 있는 기능을 담고 있다.

AI튜터링 시스템을 활용하여 학습자 중심의 수업을 효과적으로 구현하기 위해서는 교사의 역할이 무엇보다 중요하다. ADDIE 모형의 단계별 주요활동은 다음과 같다(Kilbane & Milman, 2014).

〈표 1〉 ADDIE 모형의 단계별 주요활동

단계	주요활동
분석	• 학문적 기준을 분석하고 학습목표를 세분함 • 학습자 요구 확인 및 검증 • 학습 맥락의 중요한 특성 분석 • 요구 평가 실행 • 유용한 학습자료 목록 조사 • 적절한 교수-학습 모델 선택

설계	• 학습 목표에 적절한 지식 유형 검토 • 교수–학습 도구 구성 • 교수–학습 계획 및 자료개발 계획 • 평가계획 • 시퀀스 계획 및 단원 진도 계획
개발	• 단원계획·개발 • 평가도구 개발 • 교수–학습 자료 개발
구현	• 수업실현 • 개발한 교수–학습 자료 구현 • 평가실시
평가	• 평가결과 분석 • 학습자의 성장, 노력, 성취의 수준 결정 • 교수–학습 계획 및 교수–학습 자료의 질 검증·수정

위의 단계에서와 같이, 교사는 빅 데이터를 기반으로 학습자들의 수준을 분석하고, 학습자 요구를 확인·검증하고, 교수–학습 자료나 평가를 설계하고 개발하며, 효과적으로 수업을 구현하고 평가한다. 교사는 AI튜터링 시스템의 도움 정보를 활용하여 위의 단계에 적합하게 요구 분석가, 수업 설계 전문가, 자료 개발 전문가, 수업 촉진자 및 상담자, 평가 전문가 등의 역할을 수행할 필요가 있다. 무엇보다도, 교사는 3장에서 살펴본 바와 같이 학습자들이 학습 동기를 유발하고, 수업에 능동적으로 참여하여 새로운 스키마를 장기 기억하도록 하며, 그것을 활용하여 자기 주관적 관점을 효과적이고 적절하게 표현할 수 있도록 다음과 같이 수업을 설계·구현해야 한다(김진석 외, 2021).

첫째, 교사는 수업에서 학습자가 요구하는 것이 무엇인지를 분석하는 요구 분석가의 역할이 필요하다. 앞장에서 말한 바와 같이, 21세기 학습자들은 단지 암기 위주의 수업이 아니라 SNS 등을 통해 얻은 지식을 바탕으로 창의·융합적 관점에서 문제를 해결할 수 있는 역량을 함양할 수 있기를 기대하고 있다. 교사는 포지셔닝 맵(positioning map)이나 SWOT 등을 통해 학습자들의 요구가 무엇인지를 분석할 수 있다(김진석, 2015).

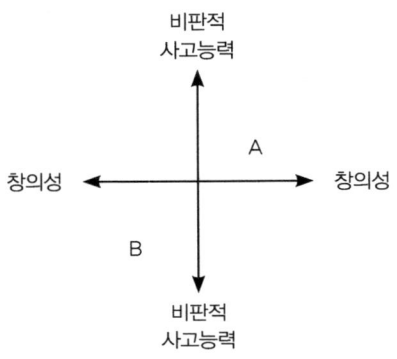

[그림 5] 창의성과 비판적 사고능력

비판적 사고(critical thinking) 능력과 창의성(creativity)을 축으로 한다면 A지점에 있는 학습자들은 B지점에 있는 학습자들보다 비판적 사고 능력으로 어떤 문제 상황을 창의적으로 해결할 수 있는 능력을 갖추었다고 할 수 있다(김진석, 2015). 교사는 B지점에 있는 학습자들이 비판적 사고 능력이 부족하여 새로운 문제 상황이 발생하였는데도 그 문제를 창의적으로 해결할 수 있는 능력이 결여되어 있다고 분석할 수 있다. 교사는 B지점에 있는 학습자들을 비판적 사고 능력과 창의성이 높은 A지점으로 향상시킬 수 있도록 수업을 설계할 필요가 있다(김진석, 2015).

교사는 학생들 간 상호작용을 극대화하는 수업을 설계해야 한다.

또한, 학습자의 강점(strength), 약점(weakness), 기회(opportunity), 위협(threat) 요인으로 다음과 같이 학습자의 학습목표 달성도를 구체적으로 파악할 수 있다(김진석, 2016b).

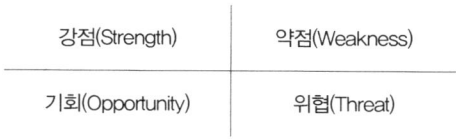

[그림 6] SWOT 분석

학습자의 학습 유형, 과거 학습 경험, 학습 동기화, 학습자들의 집단 구성 및 배치, 교수·학습 내용 및 접근 방법의 선호도 등에서 강점, 약점, 기회, 위협 요인이 무엇인지를 분석하고 추출하며, 약점과 위협 요인을 최소화하고 강점과 기회를 극대화할 수 있는 방안을 마련할 수 있다.

AI기반 학습자 중심 교육과정에서는 자료수집 단계에서도 학습자 분석의 중요성이 강조된다(김진석, 2016a). 학습자의 필요와 요구를 알아보기 위해 설문지, 면담, 평가 등을 활용하여 자료를 수집하고, 이 자료들을 바탕으로 학생들을 해당 집단에 배치한다. 예를 들어, 사실적인 정보(학생의 능력, 나이, 가정환경, 사전 학습 경험 등)나 학생의 주관적인 요구(원하는 수업의 난이도 정도, 좋아하는 교수 형태 및 학습 형태 등) 등을 파악할 수 있다. 국가단위의 교육과정에서는 설문지, 면담, 수업관찰, 평가(국가수준 학업성취도, 대학수학능력시험 등)등을 통해 학생들의 요구 및 학업 성취도 수준에 대한 기초자료를 수집한다.

AIDT의 활용모형은 학습 진단(사전평가) 기능을 통해 학생의 수준을 파악하고, 그에 적합한 학생 중심 활동을 부여함으로써 능동적으로 학습하도록 디자인되었다(한국학술정보원, 2024).

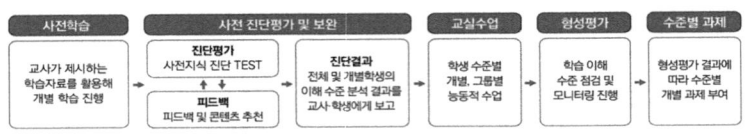

[그림 7] AIDT의 활용 기본 모형(한국학술정보원, 2024)

교사는 AI의 데이터를 활용하여 학생의 학년군별·교과목별·성취기준별로 진단평가의 문항을 개발하고 시행할 필요가 있다. 물론, 빅 데이터를 목적에 맞게 정제한 데이터를 활용하여 학습자의 인지·정의·심동적 수준을 분석하고, 그 결과를 반영하여 개인별 맞춤식 수업을 구현할 필요가 있다.

개별 맞춤식 수업이 내실있게 구현되기 위해서는 전체 및 개별학생의 이해 및 적용 수준을 강점, 약점, 기회, 위협 요인별로 분석하여 학습자들이 자신의 현재 위치를 파악하고 어떤 방향으로 학습해야하는지에 대한 학습자 개개인의 학습 정체성을 인지하도록 하는 것이 중요하다. 나아가, 학습자들은 이러한 진단을 통해 자기 주도적으로 역량을 더욱 함양하기 위한 구체적인 방안을 마련할 수 있어야 한다.

둘째, 교사가 학습목표, 수업 상황, 학습자들의 요구 등을 반영하여 수업을 설계하면, 다양한 측면에서 효과적인 교실수업이 운영된다고 할 수 있다. 구체적으로 살펴보면 다음과 같다(Kilbane & Milman, 2014, p. 23);

- 교사는 테크놀로지를 사용하여 체계적인 접근 방식을 구현하여 학생들의 개별적이고 공통된 요구를 더 심도있게 이해한다. 이러한 접근 방식은 또한

학습자의 요구를 분석하고(예, 평가도구 사용) 차별화된 교육 및 도구(예, 테크놀로지)와 같은 접근 방식을 사용하여 보다 전략적인 방식으로 문제를 해결하는 데 도움이 된다.

- 교사는 콘텐츠에 대한 깊은 이해를 가지고 학생들을 알아가는 데 도움이 되는 체계적인 사고와 접근 방식은 학생들이 콘텐츠를 분석하는 데에도 도움이 된다. 교사는 유용한 도구를 사용하여 콘텐츠를 더 깊이 이해할 수 있는 교육과정을 계획한다.

- 교사는 교실수업에서 수업을 실행하면서 학습한다. 교사는 체계적인 접근 방식을 사용하여 수업을 설계하고 실행하면 더 잘 이해할 수 있다. 이러한 지식은 성찰과 그로부터 오는 학습을 촉진하여 실행을 개선한다.

- 교사가 수업을 제대로 설계하면 더 보람 있는 실행을 경험한다. 더 많은 학생들이 학습목표를 성공적으로 달성하는 것은 학습목표가 학습자의 필요를 염두에 두고 설계되었기 때문이다. 학생들은 기준을 달성하고 미래의 삶과 학습에 필요한 기능(skill)에 자신감을 키울 때 더 나은 도움을 받는다. 학생의 학습이 기대에 미치지 못할 때 교사는 문제의 원인을 파악하고 개선한다면 교수-학습 과정에 대해 자신감이 높아지고 업무에 대한 만족도 또한 높아진다.

> 교사는 학습자의 니즈와 인지적 수준에 적합한 과제 및 활동의 설계자다

교사는 수업 계획의 방향을 신중하게 결정해야 한다. 물론, 수업을 계

획하기 전에 학습자의 니즈를 반드시 필요한 것이 무엇인지(necessities), 결여된 것이 무엇인지(lacks), 원하는 것이 무엇인지(wants) 분석하고 그것을 바탕으로 내용을 선정해야 한다. 학습자 중심 교육과정에서는 교사는 가르치기 중심에서 배우기 중심으로, 경직된 교육과정에서 유연한 교육과정으로, 지시와 통제 중심에서 분권과 참여로의 방향 전환을 모색하고 있다(이화진 외, 2012). 학교단위 교육과정에서 전문성을 갖춘 교사는 학생이 자기 주도적 학습이 되도록 안내하고 효과적인 교실수업이 구현될 수 있도록 해야 한다.

수업 계획은 여러 수준에서 만들어 진다(김진석, 2016b). 국가 수준의 문서에는 수업에 대한 일반적인 지침이 제시되어 있다. 총론 부분의 교육과정 운영에 관한 지침과 교과별 각론의 방법란이 이에 해당된다. 특히, 교육과정 각론에 해당되는 교과별 문서의 방법란은 수업활동에 결정적인 영향을 미치는 주요 요소, 즉 교육목표와 내용, 학습자와 교사의 특성, 교육자료, 학교여건, 지역사회의 특성을 유기적으로 연결하라는 지침을 골자로 하고 있다(김대현 외, 2005).

교사는 교육과정의 골자를 바탕으로 연간계획, 단원 계획 및 본시계획을 구성할 필요가 있다. 무엇보다도, 학습자의 요구가 무엇인지를 파악한 결과를 바탕으로 계획을 구체적으로 설정해야 한다. 예를 들어, 학습자의 창의·융합 능력을 함양하기 위해 연간 계획, 단원 계획, 본시계획의 내용, 교수-학습 방법, 평가를 구체적으로 교수-학습 도구 구성, 교수-학습 계획 및 자료개발 계획, 평가계획, 시퀀스 계획 및 단원 진도 계획 등으로 세분하여 설계해야 한다.

> **교실수업 적용([부록 10] 예시)**
> – 연간 계획: 학년군별 교육과정의 성취기준
> – 단원 계획: 성취기준을 달성하기 위해 설정한 단원별 주제, 내용, 교수–학습방법, 평가 방법
> – 본시 계획: 단원 계획에 따른 차시별 주제, 내용, 교수–학습방법, 평가 방법

셋째, 교사는 수업 설계단계에서 계획한 교수–학습 도구 구성, 교수–학습 및 자료개발, 평가, 시퀀스 및 단원 진도 등을 바탕으로 단원을 계획하고, 교수–학습 자료 및 평가도구를 개발한다. 자료개발의 계획을 구체화 할 때, 거시적 측면과 미시적 측면을 고려할 필요가 있다. 전자는 교육과정의 목표 및 성취기준, 인지적 및 정의적 특성, 실제성(authenticity), 상호작용성(interactivity), 학습가능성(learnability), 교육가능성(teachability) 등을 고려하여 과제를 선정하는 과정이라 할 수 있고, 후자는 입력, 조건, 과정, 결과와 관련된 사항들을 결정하는 과제 명세화의 과정(Ellis, 2003)뿐만 아니라 선정된 과제를 순차적으로 어떻게 구현할 수 있는지를 결정하는 과제의 선행 순서화 과정이라 할 수 있다(김진석, 2016a) (구체적인 내용은 5장 과제 중심 수업 설계 참고).

넷째, 수업 구현의 단계에서는 교사와 학습자 간 상호작용이 활발하게 일어나도록 해야 한다. 교사는 수업을 구현할 때, 다음과 같은 단계를 고려하여 수업 가능성(teachability)과 학습 가능성(learnability)을 체크할 필요가 있다.

- 문제나 쟁점 확인(identifying)
- 과제 완수 및 문제 해결 절차 설계(designing)
- 개인별·짝별·모둠별 수업 실행(executing)

- 결과물 공유·평가(assessing)
- 성찰(reflecting)

이러한 IDEAR를 고려하여 교사는 학습자들에게 동기부여를 하고 제시한 문제나 쟁점을 해결할 수 있도록 모둠별·싹별로 토의·토론 등으로 소통하고 협력하여 결과물을 창출한 후 그 성과를 동료 간 공유하고 평가·성찰하는 일련의 활동들을 구현하게 할 수 있다. 예를 들어, 기후 위기를 해결하기 위해, 학습자들은 세계의 다양한 기후위기의 현상에 대해 조사하고, 지구 온난화 감소 사례 관련 영상과 이야기를 읽고 해결방안을 모둠별로 작성하여 발표하거나 스토리텔링할 수 있을 것이다.

다섯째, 교사는 교육과정의 성취기준에 근거하여 평가가 제대로 이루어지도록 계획해야 한다. 성취기준은 학교 수업에서 학생들이 반드시 달성해야 할 기준이기 때문이다. 다시 말해서, 국가 교육과정의 성취기준은 학생들이 배워야 할 폭과 깊이를 설정한 것이기 때문에, 일정 기간 교육을 하고 난 후엔 그 성취기준의 달성여부를 확인하기 위해 평가가 제대로 이루어져야 한다(구체적인 과정평가와 총괄평가 관련 내용은 9장 참고).

과제 및 교실활동 설계 체크 포인트

- 학습목표, 성취기준, 평가기준을 고려하여 과제 및 교실활동을 설계하였는가?
- 과제 및 교실활동의 개념 및 내용이 학습자의 인지, 정의, 심동적 수준에 적절한가?
- 실제성(authenticity), 상호작용성(interactivity), 학습가능성(learnability), 교육 가능성(teachability) 등을 고려하여 과제 및 교실활동을 선정하였는가?
- 과제 및 교실활동의 입력, 조건, 과정, 결과가 학습자의 인지, 정의, 심동적 수준에 적절한가?
- 학생들이 수행하기에 적합하게 선정된 과제 및 교실활동들이 순서화되었는가?
- 과제 및 교실활동 수행 중 학생에게 지지할 스캐폴딩, 피드백, 모니터링 등을 설계하였는가?

2. 빅 아이디어 기반 단원 설계

교사는 학습자가 학습목표를 달성할 수 있도록 단계별로 수업활동이나 과제를 다르게 설계한다(김진석, 2018c). 수업의 단계는 일반적으로 목표를 설정하고, 그 목표를 달성할 수 있는 세부 활동을 설계하고 구현한 후, 학습자들이 제대로 목표를 달성하였는지를 점검하게 된다(McMillan, 2014). 단원 계획 시, 학생들이 학습할 수업량이 너무 많이 포함되어 있지 않고, 일련의 활동들이 체계적이고 일관성있게 구성되며, 수업 활동의 진행 속도나 수업의 성과 등의 측면이 고려되어 단원이 구성되어야 한다(Richards, 2001).

무엇보다도, 단원계획에서는 일관성을 유지해야 한다. 단원의 수업이 실행되기 전에 학습을 진단하고, 그 결과를 반영하여 단원 및 차시를 계획한다. 이러한 단계를 고려하여 한국학술정보원에서는 기본 모형이 다음과 같이 구축되어 있다(한국학술정보원, 2024).

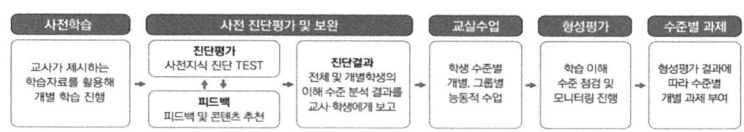

[그림 8] AIDT의 활용 기본 모형(한국학술정보원, 2024)

교사는 사전 진단 평가의 결과를 고려하여 교실수업을 설계한다. 먼저, 교사는 학습자의 수준과 요구를 이해하고 빅 아이디어를 설정해야 한다. 교육과정의 핵심 역량과 성취기준에 의해 개발된 교과서의 단원은 빅 아이디를 고려한 것이라 할 수 있다.

IDEAR를 고려하여 교사는 학습자의 수준과 요구를 분석한 결과를 바탕으로 빅 아이디어를 설정하고 단원을 설계하여 학습자가 능동적으로 참여하는 수업을 구현한다. 교사와 학습자가 AI시스템 및 도구의 도움을 받아 함께 만들어 나가는 학습자 중심 수업이 되면, 학생들은 학습동기가 더욱 높아지고, 수업 참여도가 높아지게 되어 과제를 창의적으로 완수하거나 문제를 자기 주도적으로 해결할 수 있는 역량을 함양할 수 있을 것이다(high motivation high-quality outcome).

> 동기부여가 높을수록 양질의 결과물을 창출한다(high motivation high-quality outcome)

이에, 교사는 빅 아이디어와 성취기준을 달성하기 위해, 단원 및 차시별 수업을 백워드 설계(backward design) 기반으로 계획할 수 있다. 교사는 학습자의 수준과 요구를 바탕으로 백워드 설계 기반으로 수업을 설계하면, 적절한 교수-학습 방법과 평가를 계획하고 실행할 수 있기 때문에 교육목표를 효과적으로 달성할 수 있다. 빅 아이디어는 학년 및 수준에 따라 구체화하여 제시된 성취기준과 접목할 필요가 있다(김진석, 2020a). 설계 및 개발 단계에서는 빅 아이디어를 바탕으로 설정된 학습목표를 구체화하고 실현하기 위해 평가 계획을 먼저 설정함으로써 교육목표와 교육활동을 일치시킨다. 평가 계획을 명확하게 설정한 후, 차시별 세부 계획을 구상함으로써 교사는 수업 과정 및 평가를 효과적으로 구상해 나갈 수 있다(Dack & Merlin-Knoblich, 2019). 이 때, 내실 있게 교수-학습 활동을 운영하기 위해 적용할 AI도구를 활용하는 방안도 함께 계획할 필요가 있다.

교사는 AI와 융합한 교과 수업 설계 시, AI 및 에듀테크의 교육적 가능성, 기능적 특성, 교육적 근거를 분석해야 한다. 다음을 고려하여 AI 시스템 및 도구를 선정할 필요가 있다.

첫째, AI 및 에듀테크를 활용하는 단계를 고려해야 한다. 기초 단계에는 AI기반 디지털 도구에 대한 소양을 갖추고, 발전 단계에서는 AI기반 디지털 도구를 연습하고 활용할 수 있으며, 심화 단계에서는 도구를 활용하여 창의적으로 과제를 완수하거나 문제를 해결할 수 있는 능력을 함양할 수 있도록 하는 것이다(김진석 외, 2021).

둘째, AI 및 에듀테크와 교과 간 융합의 단계를 고려해야 한다. Shettel & Bower(2013)에 의하면, 테크놀로지는 교사의 테크놀로지 지식과 연결하여 교실수업에 3단계로 활용된다. 첫 번째 단계는 전통적 도구를 테크놀로지 기반 도구들로 교체하기 시작하는 '테크놀로지의 초기 활용 단계'이다. 두 번째 단계에서는 교사가 테크놀로지 기반 도구들에 점진적으로 의존하면서 테크놀로지를 교실의 일상 수업 활동의 필수적 부분으로 '테크놀로지의 필수 활용 단계'이다. 마지막으로, 교사는 학습자들이 더욱 능동적으로 수업활동을 주도하도록 하되, 테크놀로지가 교실수업에 통합되도록 하는 '테크놀로지의 자연스런 통합단계'이다

셋째, AI 및 에듀테크를 다른 학습 활동의 대체제로 활용하여 학습을 고양시킬지, 학습 활동을 다시 설계하거나 새롭게 창조하는 것으로 활용할지를 고려해야 한다. Puentedura(2006)에 의하면, 교과수업과 테크놀로지 간 통합을 대체(substitution), 증대(augmentation), 수정(modification), 재정의(redefinition)의 SAMR 모델[2]을 설정하였다. S와 A의 단계에 속

---

2 • 대체(substitution): 테크놀로지는 기능의 변화 없이 다른 학습용 대체제를 제공해 준다.
　• 증대(augmentation): 테크놀로지는 기능이 향상된 다른 학습 활동용 대체제를 제공해 준다.

하는 학습활동은 학습을 고양하는 것이라 할 수 있지만, M과 R의 단계에 속하는 학습활동은 학습을 변형하는 것이라 할 수 있다(Puentedura, 2013).

넷째, 학습자의 지식 심도(depth of knowledge: DOK)에 적합한 AI 및 에듀테크를 선정해야 한다. DOK는 네 개의 수준으로 분류[3]될 수 있다(Webb's depth of knowledge guide, 2009). Shettel & Bower (2013)는 Webb의 DOK를 고려하여 DOK 제 1수준 (recall & reproduction), DOK 제 2수준 (working with skills & concepts), DOK 제 3수준 (short-term strategic thinking), DOK 제 4수준 (extended strategic thinking)으로 분류하였다. 학습자의 기억과 재생, 개념이나 절차의 적용, 추상적 사고와 추론, 확장된 탐구 등에 적합한 AI 및 에듀테크를 교실수업에서 활동할 필요가 있다.

다섯째, AI 및 에듀테크는 이해 및 활용의 기능에 적합하게 선정되어야 한다. 기능에는 '탐구하기, 조사하기, 분석하기, 분류하기, 추론하기, 설계하기, 해체하기, 상호작용하기, 협력하기, 비판하기, 융합하기, 문제해결하기, 과제완수하기, 점검하기, 평가하기, 성찰하기, 피드백, 모니터링, 스캐폴딩' 등이 있다.

선정한 AIED도구들을 제대로 활용하기 위해서는 학습자들이 먼저

- 수정(modification): 테크놀로지는 학습 활동이 다시 설계될 수 있도록 한다.
- 재정의(redefinition): 테크놀로지의 사용 없다면 수행할 수 없는 과제들을 테크놀로지를 통해 새롭게 창조해 낸다.

[3]
- DOK 1: Recall of a fact, term, concept, or procedure – basic comprehension.
- DOK 2: Application of concepts or procedures involving some mental processing.
- DOK 3: Applications requiring abstract thinking, reasoning, or more complex inferences
- DOK 4: Extended analysis or investigation that requires synthesis and analysis across multiple contexts and non-routine application

AI를 이해하고 적용할 수 있도록 단계적으로 접근해야 한다(김진석 외, 2021).

- 초기 활용단계: 학습자들이 AI 및 에듀테크를 기억과 재생 수준의 대체제로 활용하는 단계
- 필수 활용단계: 학습자들이 추상적 사고와 추론을 위해 AI 및 에듀테크를 증대·수정 수준의 대체제로 활용하는 단계
- 심화 통합단계: 학습자들이 확장된 탐구나 분석을 위해 AI 및 에듀테크를 수정·재정의 수준으로 활용하는 단계

초기 활용단계에서는 교사 주도의 수업으로 전통적 수업의 도구를 AI 및 에듀테크들로 교체하기 시작하는 단계이지만, 필수 활용단계와 심화 통합단계에서는 교사와 학습자가 함께 만들어 가는 학습자 중심의 수업을 설계·구현할 필요가 있다. 교사는 학습자와 협의하여 다양한 디지털 도구들(가상 학습 도구, 웹페이지, 인터넷, 온라인 퀴즈, 온라인 비디오, e-포트폴리오, 오디오 및 비디오 팟캐스팅, 스크래치, 챗봇, 앤트리, VR, AR·챗봇, Teachable Machine, Musia, HumOn, Google Doodles Music, Auto Draw, Quick Draw, Kahoot!, Arkinator, Nvidia GauGAN, Arduino, Kamibot, ACMI, Capzles, ComicMaster, SlideStory, 챗GPT, DALL-E, 미드저니 등)을 활용하여 학습자들이 창의적으로 과제를 완수할 수 있는 역량을 함양하도록 해야 한다.

> **AI 및 에듀테크 선정 시 체크 포인트**
> - AI 및 에듀테크를 활용하는 단계를 고려하였는가?
> - AI 및 에듀테크와 교과 간 융합의 단계를 고려하였는가?
> - AI 및 에듀테크가 다른 학습 활동의 대체제인가? 재설계나 창조인가?
> - 학습자의 지식 심도(depth of knowledge: DOK)에 적합하게 선정되었는가?
> - AI 및 에듀테크는 이해 및 활용의 기능에 적합하게 선정되었는가?

AI를 활용한 단원 설계 시, 우선 빅 아이디어를 설정하면, 그에 따른 단원의 '설계 및 개발'과 연계하여 '구현 및 평가'도 함께 구축할 수 있다. 교사는 수업시간에 수업활동 연계 과정평가(ongoing assessment aligned with classroom tasks or activities)[4]를 통해 학습자들이 빅 아이디어를 제대로 달성할 수 있도록 모니터링하거나 스캐폴딩[5]하여 수업 참여와 문제 해결을 돕는 촉진자(facilitator)의 역할을 수행할 필요가 있다(김진석 외, 2020a). 수업을 설계하고 개발할 때, 빅 아이디어를 중심으로 AI를 활용한 수업을 다음과 같이 설계할 수 있다(김진석, 2019b; 김진석 외, 2021).

---

4 수업 단계별 활동과 평가에서, 기존의 전통적 수업설계와 다른 점은 수업 활동을 계획하기 이전에 평가를 고려한다는 점이다(김진석, 2018c). 예컨대, 학습자들을 평가하기 위해 필요한 근거를 구체화하여 어떤 요소를 평가할 것인지를 설계하는 '백워드 설계(backward design)'는 수업 연계 평가를 강화할 수 있는 접근방법이라 할 수 있다.
5 스캐폴딩은 교수법의 일종으로 교사가 과제를 세분화하여 제공하고 학생과의 상호작용을 통해 학생이 학습 과제를 순차적으로 학습하면서 학습목표에 도달할 수 있도록 지원하는 접근 방법(김진석, 2018: 138–139)으로 학생들이 현재 부족한 부분이 어디인지를 인식시켜주는 활동이라고 할 수 있다(김진석, 2018: 143). 반면, 학생의 현재 전전 과정을 추적 관찰하는 활동인 모니터링은 학습목표와 비교하여 해당 학생의 현재 상태에 대한 피드백 정보를 제공하는 것으로, '향후 도달해야 할 곳(where to go)'을 기준으로 학생의 '현재 위치(where you are)'가 어디인지를 알려주는 행동을 의미하는데(박민애 외, 2016), 이는 교사의 피드백 제공 및 학생 자기 관찰과 같은 활동으로 구체화될 수 있다(김진석, 2018: 143).

설계와 개발
[1 차시] 지구 온난화 관련 세계의 다양한 현상에 대한 AR/VR 체험, 비디오 시청, 또는 브레인스토밍
[2 차시] 지구 온난화 관련 유튜브 시청과 토론
[3 차시] 스크래치나 앤트리 등을 활용하여 지구 온난화 감소 사례 관련 영상과 이야기를 읽고 해결방안을 모둠별로 작성하기
[4 차시] 지구 온난화 해결방안을 챗GPT와 스크래치를 활용하여 애니메이션을 만든 후 스토리텔링 하기
[5 차시] 지구 온난화 해결 프로젝트: 세계 각국의 다양한 방안들을 조사하여 UCC를 제작하고 구글시트에 녹음하기
[6 차시] 지구 온난화 해결 방안에 대해 프리젠테이션이나 UCC를 활용하여 발표하기

지구 온난화 → (위 표) → 학습 목표 달성

[그림 9] '지구 온난화' 단원 차시별 구성(김진석, 2019b)

교사는 단원에서 설정한 빅 아이디어를 달성하기 위해 구성된 각 차시의 수업목표를 구체적으로 설정해야 한다(김진석 외, 2020a). 수업목표는 학습자들이 수업활동을 통해 반드시 성취하여 인지적, 정의적, 심동적 변화가 일어나도록 명시하고 있다. 다시 말해서, 목표는 학습자들이 수업활동을 완수하거나 문제를 해결하는 과정을 점검하는 과정 중심 평가 방안을 설계하거나 학습자의 인지적, 정의적, 심동적 수준에 적합한 수업활동을 디자인하는 방향을 명료하게 제시하고 있다.

> 교사는 안내자이자 촉진자로 스캐폴딩과 모니터링을 통해 학습자의 수업 활동을 돕는다.

교실수업 적용([부록 11] 예시)
- 백 워드 설계 모형 - 빅 아이디어 기반 단원 설계 - 단원 설계: 평가 설계와 수업설계

3. 차시별 수업 설계

백워드 설계 기반 차시별 수업을 계획할 때, 수업활동 설계 이전에 평가를 먼저 설계한다. AI를 활용하는 교실수업에서는 학습자들이 프로젝트 기반 학습을 제대로 할 수 있어서, 교사는 테크놀로지를 활용해 학습자들의 학습 활동을 관찰하고 그들의 능력을 구체적으로 평가할 수 있다(Butler-Pascoe & Wiburg, 2007: 219). 테크놀로지를 활용한 평가로는 e-프로젝트뿐만 아니라 e-포트폴리오, e-체크리스트 등 다양하다(구체적인 설명은 9장 참고).

21세기 기술의 평가와 지도(Assessment and Teaching of 21st Century Skills)라는 프로젝트에서는 역량을 '삶을 위한 기술, 사고하고 일하는 방법과 도구 활용 능력'으로 정의하고, 미래 사회를 살아가기 위해 갖추어야 할 필수 요소로 이해력과 소통 능력, 문제해결력, 창의성, 협력, 비판적 사고, ICT활용 능력, 융통성 등과 같은 역량과 기능 함양 중심의 교육이 필요하다고 주장한다(전경희, 2016). 이에, 핵심역량을 교육과정에 반영하려면, 그 역량을 교실수업에서 어떻게 구현하고, 어떻게 평가할 것인지에 대해서도 설계해야 한다(김진석, 2018c).

무엇보다도, 교실에서 실시하는 평가를 계획할 때, 교사는 다음과 같이 자신의 의사결정을 도와 줄 수 있는 정보를 수집하고, 해석하며, 활용하는 것과 관련되어야 한다(McMillan, 2014; 손원숙 외, 2015).

목적	평가를 왜 하려고 하는가?
측정	어떤 기법을 이용하여 학생 정보를 수집할 것인가?
해석	평가 결과를 어떻게 해석할 것인가? 어떤 성취(수행) 기준을 사용할 것인가?
활용	평가 결과를 어떻게 활용할 것인가?

[그림 10] 교실평가의 4가지 핵심요소

교사는 위 평가의 목적, 측정, 해석, 활용 등을 바탕으로, 검사, 평정이나 관찰법, 면담 등을 실시해야 한다(McMillan, 2014; 손원숙 외, 2015). 여기서, 해석이란 측정한 결과를 서로 다른 숫자나 관찰 정도에 대해서 어느 정도의 가치를 부여할 것인지를 판단하는 것이다.

교실수업에서 학습자들의 핵심역량을 함양하기 위해, 1) 핵심역량 분석 및 평가 계획 → 2) 핵심역량 관련 기대 결과 진술 → 3) 수행평가 및 교실 활동 과제 명세화 → 4) 수행평가 및 교실 활동 과제 수행 → 5) 결과분석 및 피드백 등과 같이 5단계 평가 절차로 수업을 진행할 필요가 있다(이정우 외, 2016: 122-123). 이는 결과 중심 평가에서 과정 중심 평가로의 전환을 말한다. 일정 기간 동안 학습한 내용을 측정하는 수동적인 학습결과 중심의 평가에서 수시로 다양하게 평가하는 능동적인 과정 중심의 평가로의 전환(김진석, 2018c)을 요구하고 있는 것이다.

과정평가는 수업활동에서 평가를 분리하지 않고 시행하고, 학습자에게 즉각적이고 지속적으로 피드백을 주는 평가라 할 수 있다. 따라서,

교사는 교실수업에서 AI앱이나 도구들을 활용하여 학습자들이 핵심역량을 함양할 수 있도록 과정 평가를 계획해야 한다(김진석 외, 2021). 앞 절에서 살펴본 AIDT의 활용 기본 모형은 교실수업이 마무리되는 시점에서 학습 이해 수준을 점검하고 모니터링을 하는 형성평가[6]를 디자인하고 있다. 이는 완전학습에서 강조하는 평가로 형성평가의 일부분이다. 형성평가는 교사와 학생 간 상호작용에 의한 수업의 진행(McMillan, 2014)으로, 수업 중에 학습자들에게 질문, 퀴즈 등을 통해 즉각적으로 피드백을 주는 평가다(형성평가에 대한 구체적인 내용은 9장 참조). 이런 측면에서, AIDT의 활용기본 모형뿐만 아니라 다음의 예습모형과 복습모형에 학습을 위한 평가(형성평가, 역동적 평가, 수행평가)가 수업 중에 실행될 필요가 있음을 강조해야 한다.

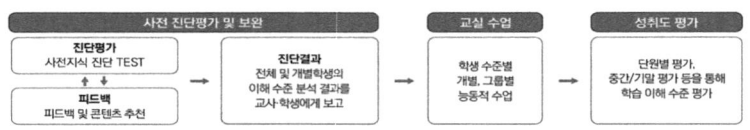

[그림 11] AIDT의 예습모형(한국학술정보원, 2024)

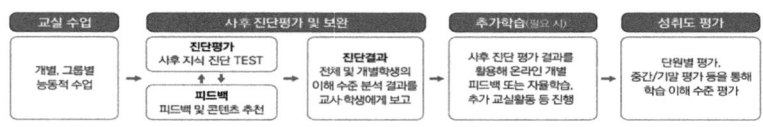

[그림 12] AIDT의 복습모형(한국학술정보원, 2024)

---

6 형성평가는 교수·학습이 진행되고 있는 도중에 학생들에게 피드백을 주고 교육과정 및 수업방법을 개선시키기 위해 평가를 실시한다(김진석, 2018c). 이는 형성평가를 "수업 중에 피드백을 통해 교사와 학생이 수행하는 모든 수업 활동"(Black과 William, 1998a: 7)임을 의미한다.

위의 예습모형에서는 학습 진단(사전평가) 기능을 통해 학생의 수준을 파악해, 학습 내용을 전달하고 일반적인 수업 평가 방식을 활용해 성취도를 평가한다. 복습모형에서는 교실 학습 후 진단 평가를 통해 학생의 학습 이해 수준을 점검하고, 필요 시 개별적 혹은 교사의 지도하에 복습하여 학습 주제에 대한 완전학습을 지원한다. 학생들이 교실수업에서 수준별, 개별, 그룹별로 수업에 능동적으로 참여하도록 하기 위해서는 교사는 수업 도중에 즉각적이면서도 효과적인 피드백이나 스캐폴딩과 같은 도움을 주어 학습자가 더욱 성장할 수 있도록 해야 한다. 이는 2022개정 교육과정에서 과정평가를 강조한 이유다.

> 과정 평가는 수업 중에 도움을 주어 학습자를 더욱 성장하게 한다.

평가자인 교사는 학교급별 목표와 성취기준을 기반으로 학년 목표나 단원 목표를 계획(김진석, 2018c)해야 하며, 그것을 달성하기 위해 과정 평가를 제대로 설계해야 한다. 무엇보다도, 수업 활동에서 평가를 분리하지 않도록 해야 한다. 교사는 학생들의 수업 활동들을 관찰하고 즉각적이고 체계적으로 피드백을 주기도 하지만, 그들을 면밀하게 기록하고 분석하여 더욱 성장하고 발달할 수 있도록 교수-학습 방법을 개선할 필요가 있다. 이를 위해, 백워드 설계 모형 기반 평가, 성장·발달 중심의 역동적 평가[7], 과정 중심 평가로서의 수행평가, 학습을 위한 과정 중심 형성평가, 플립러닝 기반 수업과 평가 등을 고려할 수 있다. 예를 들

---

7   역동적 평가(dynamic assessment: DA)는 정적(static)인 평가의 대안으로 낮은 수행 능력을 보이는 어린이들의 학습 잠재력을 성장시키고 발달 정도를 평가하기 위해 개발되었다(Feuerstein, Rand, & Hoffman, 1979; 김진석, 2018c).

어, 백워드 설계 모형 기반 평가를 다음과 같이 설계할 수 있다(김진석, 2018c). (역동적 평가와 수행평가에 대한 구체적인 내용은 9장 참고).

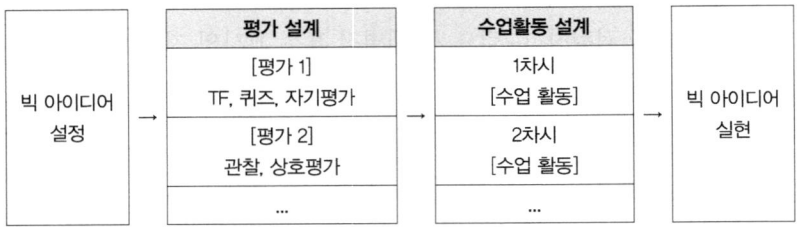

[그림 13] 빅 아이디어 기반 평가 및 수업활동 설계

위와 같이, 교과별 내용·평가·교수-학습·테크놀로지 지식과 IDEAR를 고려하여 교사는 빅 아이디어 기반 단원의 목표를 설정하면, 단원의 목표를 달성하기 위한 차시 목표를 설정하고, 그 목표에 적합한 과제나 활동을 설계할 수 있다(김진석, 2018c). 이와 같이 체험 활동, 과제, 상호작용 중심의 수업, 학생 맞춤형 수업 등과 연계하여 평가를 실시하기 때문에, 학습자들이 빅 아이디어를 제대로 달성할 수 있도록 피드백을 줄 수 있을 것이다.

　백워드 설계 모형 기반 평가, 성장·발달 중심의 역동적 평가, 과정 중심 평가로서의 수행평가, 학습을 위한 과정 중심 형성평가, 플립러닝 기반 수업과 평가 등을 고려하여 평가를 실시하면 학습자들의 핵심역량을 효과적으로 함양할 수 있는 방법이라 할 수 있다(김진석, 2018c). 과정 중심 평가를 실행할 때, 교사뿐만 아니라 학생과 동료학생 모두가 주체자로 활동할 수 있기 때문이다. 이는 학습에서의 역할을 수용자에서 능동적인 활동자로 바꾸는 것으로 학습에 스스로 참여하게 한다.

> 과정 평가는 학생을 자기 주도적 학습의 능동적 주체자로 성장하게 한다.

교실수업 적용([부록 12] 예시)
- 빅 아이디어 기반 차시 수업 설계
- 차시 수업: 평가 설계
- 차시 수업: 수업 설계

4. 교수-학습 모형

4.1. 교수-학습 모형의 선행 조건

교사는 학습목표를 달성하기 위해 단계별로 수업활동이나 과제를 다르게 설계한다(김진석, 2018c). 수업의 단계는 일반적으로 목표를 설정하고, 그 목표를 달성할 수 있는 세부 활동을 설계하고 구현한 후, 학습자들이 제대로 목표를 달성하였는지를 점검하게 된다(McMillan, 2014; 김진석, 2018c).

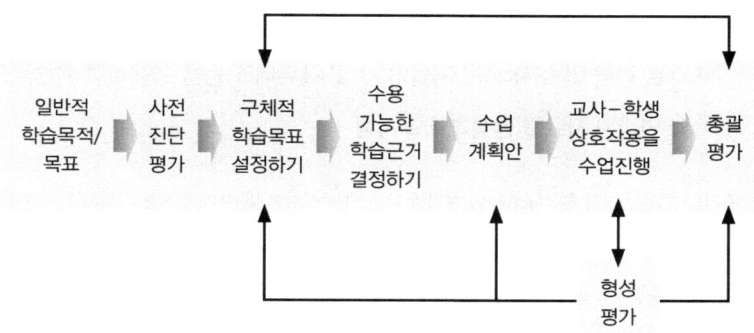

[그림 14] 수업 단계별 활동과 평가 간 관련성

위의 수업 단계별 활동과 평가에서, 기존의 전통적 수업설계와 다른 점은 수업 활동을 계획하기 이전에 평가를 고려한다는 점이다(김진석, 2018c). 예컨대, 학습자들을 평가하기 위해 필요한 근거를 구체화하여 어떤 요소를 평가할 것인지를 설계하는 '백워드 설계(backward design)'[8]는 수업과 연계를 강화할 수 있는 평가의 접근방법이라 할 수 있다(김진석, 2018c). 수업을 계획하기 이전에 수용 가능한 학습의 근거를 결정하는 단계는 수업의 성격에 영향을 주기 때문이다. 다시 말해서, 교사가 수업의 평가 계획을 미리 설정함으로써 그것을 기반으로 수업의 과제나 활동을 설계하고, 교사와 학생 간, 학생들 간 상호작용하는 방법을 정립한다(김진석, 2018c). 따라서, 평가는 위 그림과 같이 교육과정의 성격, 교육목표, 단원목표, 차시 목표를 설정할 때 모두 고려된다.

이러한 수업의 단계를 고려하여, 학습모형의 조건을 다음과 같이 설정할 수 있다(김진석 외, 2020; 김진석 외, 2021)

- 학습모형의 조건
    (a) 동기부여: 학습자들이 AI 및 에듀테크 등을 활용하여 교실활동에 능동적으로 참여할 수 있도록 학습동기를 부여함
    (b) 자료 검색 및 조사: 학습자들이 AI 및 에듀테크 등을 활용하여 학습목표와 연관된 자료를 탐색하고 조사함

---

[8] 백워드 설계는 수업 활동(activity) 계획에 앞서 빅 아이디어 및 학습 목표를 설정하고 평가계획을 수립하는 과정을 강조한다(김진석, 2018c). 이는 교수-학습활동을 선택하는 것을 중점적으로 고려했던 방법에서 벗어나 교육 목적 및 학습 목표에 적합한 수업이 계획·실행될 수 있도록 한다. 이 과정에서 교사는 흥미 위주의 수업활동 구성에서 벗어나 고차원적 사고기술 활용을 수반하여 교육목표를 달성하기 위한 수업 계획을 할 수 있게 되므로, 장기적 관점에서 빅 아이디어를 교육할 수 있도록 교사를 돕는다(Dack & Merlin-Knoblich, 2019; Wiggins & McThighe, 2005).

ⓒ 자기 주도적 학습: 학습자들이 이미 학습한 내용을 활용하여 자기 주도적으로 역량을 할 수 있도록 수업을 구현함

ⓓ 스키마 활성화: 학습자 개개인이 AI 및 에듀테크 등을 활용하여 이미 갖고 있는 스키마를 활성화하여 핵심역량을 함양

ⓔ 과제 완수 및 문제해결: 이슈 중심 수업활동을 통해 창의적이고 혁신적인 방향으로 과제를 완수하거나 문제를 완수하는 능력 개발

ⓕ 상호작용: 도입기, 처리기, 표현기의 단계별 인간과 인간, 인간과 AI 및 에듀테크 간 상호작용을 활성화하고, 모둠별 협동과 협업을 통해 학제 또는 다학제 간 심화 학습

ⓗ 평가·성찰·전이: 학습자들이 메타인지 연습과 반성적 고찰을 통해 역량을 신장할 수 있도록 평가 및 스캐폴딩 전략을 실행하고 교과간 전이가 가능하도록 함

위의 조건들 중 학습 동기를 유발하고 지속하는 것은 무엇보다 중요하다. 실제, 동기유발이 높을수록 정의적 여과[9]를 더욱 낮출 수 있다. 3장에서 살펴본 바와 같이, 동기유발은 학습자들에게 교실활동에 참여하여 자신의 의견을 가능한 자주 표현할 수 있도록 하기 때문이다(Willis, 1998; Kim, 2017). 학습은 높은 동기유발과 적극적인 학습참여에 의해 영향을 받는 사회적 활동(Walsh, 2011)이다. 특히, 교실활동에서 주어진 복잡한 문제를 해결하기 위해서는 내적 동기유발[10]이 요구된다. 학습자 중

9　According to Krashen (1982), affective filter should be lowered for learners to get high motivation and involvement in classes in that it is closely related to motivation, empathy, interest, and so on.

10　Learners are intrinsically or extrinsically motivated to succeed in a task (Brown, 2000, p. 164).

심 교실수업에서, 교사는 AI에 대한 학습자의 이해를 돕기 위해 AI행위자의 의사결정 과정이나 상호작용을 설명하고, 학습자들이 흥미를 느끼는 최근 이슈, 게임이나 음악과 같은 취미, 일상생활 경험 등을 활용할 필요가 있다(Long & Magerko, 2020).

둘째, 21세기 학습자들은 언제 어디서나 자료를 탐색할 수 있는 환경에서 살아가고 있다. 여기에는 자기 주도적 학습을 촉진할 수 있는 테크놀로지를 효과적으로 활용할 수 있도록 해야 한다. 예를 들어, 챗봇과 같은 AI를 활용하여 학습목표와 관련된 정보를 보다 쉽게 접할 수 있는 기회를 갖게 될 것이다. 물론 교사는 정보를 검색하는 활동을 설계할 때, 누가 데이터 셋을 만들지, 어떻게 데이터를 수집할지, 데이터 셋의 한계는 무엇인지를 탐구하도록 해야 한다(Long & Magerko, 2020).

셋째, 자기 주도적 학습은 자기관리 역량과 밀접하게 관련된 것이다. 자기관리 역량은 자아정체성과 자신감을 가지고 자신의 삶과 진로에 필요한 기초능력과 자질을 갖추어 자기 주도적으로 살아갈 수 있는 역량이다. 그래서, 자기관리 역량은 자아정체성 확립, 여가 선용, 건강, 합리적 경제생활, 기본 생활 습관, 자기 주도적 학습능력 등의 하위 요소들로 구성되어 있는데, 그 요소들 중 자기 주도적 학습은 학습자 자신이 무엇이 부족하고 무엇을 더 학습해야하는지를 스스로 분석·판단하여 학습목표 설정, 학습 계획, 학습 방법, 학습 평가 및 성찰 등을 학습자가 주도적으로 결정하고 실행하는 것이다.

넷째, 스키마 활성화다. 3장에서 살펴본 바와 같이, 학습자 자신의 의도를 자유롭게 표현할 수 있는 능력을 신장할 수 있도록 하기 위해서는 우선 입력된 언어 정보에 반응을 보이는 스키마 활성화(schema activation) 단계를 고려해야 한다(김진석, 2016). 즉, 입력된 어떤 언어 정보가 자극과 흥분을 전달하는 신경계의 단위인 뉴런(neuron)을 자극함으로써 기존의 스키마가 활성화되고, 나아가 뉴런(neuron)의 축색돌기 말단과 다음 뉴런의 수상돌기 사이의 연접 부위인 시냅스(synapse)를 활성화시킨다. 이런 과정 속에서 기억이 새롭게 형성되기도 하고, 기억이 업데이트되기도 한다(김진석, 2016).

　다섯째, 교실수업은 교사와 학습자들 간 협의를 통해 설정한 과제(task)들의 집합이라 할 수 있다. 여기서 말하는 과제란 학습자가 일정한 결과를 만들어내기 위한 활동(Willis, 1996; Nunan, 1989)을 의미하는 것으로 문제(problem), 과정(process), 결과(outcome)로 구성(김진석, 2016)되어 있다고 말 할 수 있다(구체적 내용은 5장 참조). 학습자들은 문제를 확인하고, 과제를 완수하거나 문제를 해결하는 활동에 참여하며, 결과를 발표하는 일련의 활동을 하게 된다. 이런 측면에서, 교사는 교실수업에서 주어진 과제를 완수하거나 실생활에 쉽게 접하는 문제들을 해결할 수 있도록 수업을 설계하고 구현할 필요가 있다.

　여섯째, 교사는 학습자들의 상호작용능력을 극대화할 수 있도록 수업을 설계해야 한다. 상호작용능력은 의사소통능력과 달리, 모든 참여자들이 서로 구축해 나가는 활동이라 할 수 있다(Young, 2008: 101). 다시 말해서, 참여자들이 의미를 함께 구축해 나가고 이해를 확장해 나가는 것이라 할 수 있다(Walsh, 2011: 165). 교실수업에서 모둠활동(group work)이나 짝 활동(pair work)은 상호작용의 최적 조건이다. 교사 주도의 수업과 달리, 학습자들이 모두 함께 문제를 해결하거나 과제를 완수하는 활동에 참여하여 그들의 의견을 표현하고 협업할 수 있기 때문이다. 물론, 인간과 인간, 인간과 기계 간 상호작용이 도입기, 처리기, 표현기의 각 단계별로 활성화되어야 한다(구체적 내용은 6장 참조).

> 교실 수업에서 모둠별, 짝별 활동은 상호작용의 최적 조건이다.

일곱째, ARG(2002)에 의하면, 10개의 AFL(Assessment for Learning) 원리들 중(AFL의 원리들은 9장 참조), 학습자들이 그들의 성찰과 자기 관리를 위해 자기평가 능력을 발전시키도록 해야 한다고 주장한다. 여기에는 교사의 관찰평가뿐만 아니라 학습자들의 자기평가나 상호평가를 실시하고, 그에 따른 모니터링과 스캐폴딩을 계획할 수 있을 것이다. 모니터링은 학생의 현재 전전 과정을 추적 관찰하는 활동이고, 스캐폴딩은 학생들이 현재 부족한 부분이 어디인지를 인식시켜주는 활동이라고 할 수 있다(김진석, 2018c). 모니터링은 학습목표와 비교하여 해당 학생의 현재 상태에 대한 피드백 정보를 제공하는 것이다(김진석, 2018c). 다시 말해서, '향후 도달해야 할 곳(where to go)'을 기준으로 학생의 '현재 위치(where you are)'가 어디인지를 알려주는 행동을 의미하는데, 이는 교사의 피드백 제공 및 학생 자기 관찰과 같은 활동으로 구체화될 수 있다(박민애 외, 2016). 또한, 영역 간 또는 교과 간 전이[11]를 통해 학습한 개념 및 내용을 확장할 필요가 있다.

위 학습모형의 조건들은 탐구 중심의 방식과 교과 간 전이를 고려하고 있다. 다음 절에서는 이런 조건들을 반영하여 AI를 활용한 문제 해결형 프로젝트 중심 학습 모형에 대해 살펴보고자 한다.

---

11 전이는 IB교육의 핵심이기도 하다. IB에서는 학생들은 초학문주제 단원의 핵심 개념(단원당 3개 정도)과 관련된 개념적 이해로 나아가기 위한 협력적 탐구를 수행하게 되는데(임유나, 2022), 이때 개념적 이해의 최종 목적은 다른 맥락이나 상황으로의 '전이'다(Stern, Lauriault & Ferraro, 2018). 이러한 지향점은 단위학교에서 개발하는 탐구 프로그램과 탐구 단원을 통해 실질적으로 구현된다(임유나, 2022).

4.2. 문제 해결형 프로젝트 중심 학습 모형

프로젝트는 자신의 능력이나 흥미에 맞는 주제를 선택하여 그 주제에 대해 자료를 수집하고 분석, 종합하여 보고서로 작성, 제출하는 평가방식이다(Nitko & Brookhart, 2007; 홍선주 외, 2014). 프로젝트는 21세기 학습자들이 사고하고 실행하는 데 필수적인 창의성, 협력, 문제해결능력, 컴퓨터적 사고능력을 함양하는데 효과적이다(Trilling & Fadel, 2009; Green, 2012).

일반적으로, 프로젝트는 학습자들이 음악, 문학, 시 등에서 선정(Green, 2012)한 다양한 주제에 대해 소집단으로 수행하는 학습 방법(Katz & Chard, 1989)으로 그들의 지식을 확장시키고 학습 동기를 제고하며 수업 참여도를 향상시킨다. 또한, 프로젝트 중심 수업은 학습자들이 수업시간에 주어진 실세계와 관련된 심원하고 중대하며 진정성 있는 문제들을 탐구(Green, 2012)하고 공동으로 협력하여 그들을 해결해야하는 학습(Bender, 2012)으로 학습자들이 스스로 주제와 관련된 정보를 수집하고 분석하여 결과물을 창의적으로 산출하고 발표하는 활동이다(김진석, 2018c).

프로젝트 중심 교실활동의 예(Brown, 2015)

- 디오라마(예, 박물관의 입체 모형) 구축 등과 같이 손으로 만드는 프로젝트
- 현장 체험과 온라인 방문(예, 공장 또는 박물관)
- 연구 프로젝트(예, 태양열 발전의 가치)
- 방과 후 음식 만들기(예, 오믈렛 만들기)
- 제품 광고용 비디오 만들기(예, 유기농 과일)

교실수업에서 행해지는 프로젝트는 학년, 학급, 교과의 특성에 적합하

게 설계하고 구현할 수 있는 학습자 중심의 수업이다. 학습자들이 선정한 주제에 적합한 '모둠별 안내 책자나 포스터를 만들기' 과제를 수행할 경우, 학습자들은 동료들 간 능동적인 상호작용을 통해 의견을 교환하는 과정을 수행해야 한다(김진석, 2018c). 또한, AI디지털 도구를 통해 정보를 수집할 필요가 있는 경우, 교실에서 제시된 과제를 완수하거나 문제를 해결하는데 필요한 자료들을 조사하고 분석하는 능력과도 통합되어 실행될 수 있다. 이런 측면에서, 수업과제와 연계한 프로젝트의 방법 중 하나인 프로젝트 중심 나선형 모형(김도남 외, 2014)은 학습 단계를 프로젝트 계획, 수행, 완성으로 나누고, 각 학습 단계별 교수·학습 활동과 평가계획을 다음과 같이 설정할 수 있다.

학습 단계	교수·학습 활동	평가 계획
프로젝트 계획 (1차시)	• 프로젝트 학습 안내 – 프로젝트 샘플 보기, 채점 • AI를 활용하여 프로젝트 주제에 대한 아이디어 모으기(brainstorming) • 프로젝트 계획서 작성하기(outlining) • 자기평가, 동료평가, 교사평가	프로젝트 계획서 자기평가 동료평가 교사평가
프로젝트 수행 (2차시)	• 집 안을 소개하는 표현 익히기 • Dall-e, 미드저니, 퀵드로우 등으로 내가 살고 싶은 집을 그린 후 소개하기 • 자기평가, 동료평가, 교사평가	자기평가 동료평가 교사평가
프로젝트 완성 (3차시)	• 챗GPT등을 활용한 콘티 작성하기(대본, 역할, 분담, 소품 사용 등) • 최종 프로젝트 수행하고 발표하기(영상앨범 제작하기) • 자기평가, 동료평가, 교사평가	영상앨범 자기평가 동료평가 교사평가

[그림 15] 프로젝트 중심 나선형 모형(김도남 외, 2014 수정)

위의 모형은 '집 안 소개하기'의 주제를 학습 단계별로 프로젝트 계획, 프로젝트 수행, 프로젝트 완성으로 나누어 구성된 것이다. 이렇게 개별 과제로 이루어지는 활동들을 개별 프로젝트로 구성하고, 개별 프로젝트들의 수행을 통해 하나의 최종 프로젝트를 완성해가는 나선형 구조를 활용했다.

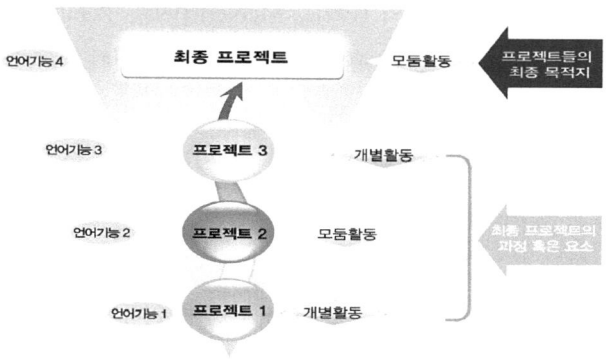

[그림 16] 프로젝트 중심 나선형 모형 층위(김도남 외, 2014)

이 모형의 특징은 학기 중 프로젝트를 하나씩 순차적으로 수행하면서 최종 프로젝트를 완성해 나가며, 최종 프로젝트로 학생들의 관심을 반영하고 학생들에게 의미 있는 과제를 활용한다(김도남 외, 2014). 각 프로젝트는 최종 프로젝트의 과정이거나 구성요소가 되면, 각 프로젝트의 수행은 다양한 언어 기능의 활용을 촉진한다. 프로젝트들은 개별과제와 협력 과제를 균형 있게 활용하며, 과정에 해당되는 개별 프로젝트의 평가에서는 형성적 피드백(formative feedback)과 성찰이 강조된다. 결과에 해당하는 최종 프로젝트 평가에서는 총괄적 피드백(summative feedback)과 성취에 대한 칭찬이나 격려가 강조된다.

이러한 프로젝트 학습은 문제해결학습과 함께 Dewey의 뿌리를 두고 있으며, 학생 중심 수업, 탐구 중심 수업, 상호작용 중심 수업, 실제성 등을 강조한다. 그럼에도, 제재 중심의 '과제형'으로 제시하는 프로젝트 학습과 달리, 문제해결학습은 문제를 해결해야 하는 참여자들의 '역할'이나 '상황' 중심의 '문제 상황'이 제시된다(조연순 외, 2017). 이러한 차이에도 불구하고, Blumenfeld 외 (1991), McNeil(1995), Penuel(1999) 등은 탐구할 문제를 중심으로 프로젝트를 구성할 필요가 있다고 주장한다.

따라서, 문제해결학습과 프로젝트학습으로 결합한 문제 해결형 프로젝트는 학습자들의 핵심역량을 함양하는데 적합하다고 할 수 있다(김진석 외, 2021). 문제 해결형 프로젝트는 학습자 중심 수업 활동으로 학습자들의 정의적 여과(affective filter)를 낮추어 주어서 학습에 참여하도록 유도하며, 학습자들이 주어진 문제를 해결하기 위해 관련된 정보를 능동적으로 탐구하도록 하기 때문이다(김진석, 2022). 무엇보다도, 실생활과 밀접하게 관련되고 있고 실제성 있는 '학습의 원동력은 문제'(Levin, 2001)이기 때문이다. 실제, 문제해결학습은 문제중심학습과 달리 학생들에게 미리 계획된 강의와 정보를 제공한 후, 이를 바탕으로 질문을 제시하고 그에 대한 해결책을 찾아 가도록 한다(Savin-Baden, 2000; 조연순 외, 2017). 따라서, 문제해결형 프로젝트 학습에서 학습자들은 높은 학습동기를 갖고 스스로 해결하도록 하는 활동을 구현할 수 있을 것이다(김진석, 2022).

문제해결형 프로젝트 학습의 구성요소는 Blumenfeld 외 (1991), McNeil(1995), Penuel(1999), Trilling와 Fadel(2009) 등을 바탕으로 다음과 같이 설정할 수 있다(김진석, 2022).

- 1단계: 문제
- 2단계: 계획
- 3단계: 수행
- 4단계: 평가

문제의 단계에서는 동기유발(예, 흥미를 유발하는 자료 제시와 발문), 문제 제시(예, 효과적인 방법으로 문제 제시), 문제파악(예, 이해를 촉진하는 발문) 등으로 구성될 수 있다(백은주, 2008: 42). 제시된 질문, 문제, 도전 등을 명료하게 제시하는 단계는 Trilling과 Fadel(2009)의 정의(define) 단계와 유사하다고 할 수 있다. 계획 단계에서는 제시된 문제를 제대로 해결할 수 있도록 관련 정보를 탐색하고 모으며, 워크시트 등을 준비하고 계획하는 단계라 할 수 있다. 수행단계에서는 학습자들이 모둠원 뿐만 아니라 교사와 상호작용하면서 학습 활동을 수행하고, 그 결과들을 기록, 발표, 공유하는 단계이다. 마지막으로, 평가단계에서는 프로젝트의 결과를 제시하고 검토하는 성찰 단계이다.

문제해결형 프로젝트 학습은 조사하기(surveying), 생각하기(thinking), 행동하기(acting), 성찰하기(reflecting)의 활동들로 구성될 수 있다. 이러한 일련의 STAR단계는 1장에서 제시한 학습자의 SCORE알고리즘과 유사하다. 또한, 프로젝트 활동들이 제대로 실행되기 위해서는 플립러닝을 고려할 필요가 있다. 플립러닝은 학습자들이 자기 주도적으로 자료를 찾아 선행 학습하는 능동적인 학습자로 변화하고, 스스로 학습한 내용을 바탕으로 실제 수업 시간에는 수준별로 개별화된 수업을 가능하게 하며, 좀 더 향상된 개념으로 배우거나 고차원적인 문제 해결 활동을 함으로써 심화학습이 가능하고 부족할 경우 보충학습을 수행할 수 있도록 하기 때문이다(Bergmann & Sams, 2014).

> 플립러닝은 학습자들이 자기 주도적으로 문제를 해결하는 수업을 가능하게 한다.

따라서, 플립러닝 기반 문제 해결형 프로젝트 교수-학습 모형을 다음과 같이 구축할 수 있다(김진석, 2017a,b; 2019b,c,d; 2020a,b).

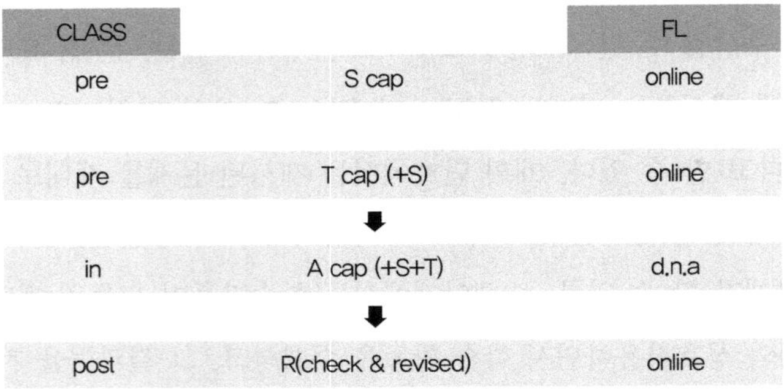

CLASS		FL
pre	S cap	online
pre	T cap (+S)	online
in	A cap (+S+T)	d,n,a
post	R(check & revised)	online

[그림 17] 플립러닝 기반 STAR 모형(김진석, 2019c)

위 STAR의 단계는 정보처리이론을 기반으로 하고 있다. 이 이론은 3장에서 살펴 본 컴퓨터의 '입력(input)-출력(output)' 모형으로, 입력은 컴퓨터의 키보드나 마우스에, 처리 장치는 모뎀이나 중앙처리장치에, 출력은 컴퓨터의 화면이나 프린터에 해당된다고 할 수 있다(김진석, 2016b). 또한, 플립러닝을 기반으로 하는 위의 모형은 학습자들이 탐구하고 사고하는 단계에서 AI앱이나 도구들을 활용하여 차시 수업의 내용을 개별적으로 학습할 수 있도록 하고 있다. 최근 테크놀로지가 발달하면서 '탐구단계'에서 정보를 수집하거나 정보 속 패턴 및 규칙을 찾을 수 있고, '사고단계'에서 주어진 문제를 해결하거나 과제를 완수하기 위해 학습목표와 관련한 정보를 개별적으로 분석하고 조직화할 수 있다. 각 단계들에서 무엇보다 중요한 것은 인지(cognitive), 정의(affective), 심동(psychomotor) 요소인 'cap'을 바탕으로 학습자들의 요구나 수준을 분석하고, 그 결과에 적합한 활동들을 설계·개발·구현하는 것이다(김진석, 2019a; 2020a,b,c).

또한, '행동하기' 단계에서는 '동기화(motivation)—활성화(activation)—개인화(personalization)'로 구성된 MAP을 기반으로 수업활동을 설계·구현할 수 있다(김진석, 2015; 2017a,b; 2018a; 2019a). 다시 말해서, 동기화 단계에서는 학습자에게 AI앱이나 도구들을 활용하여 학습 동기를 부여할 뿐만 아니라 수업 참여도를 높이고, 활성화 단계에서는 AI를 활용하여 모둠별로 소통하고 토론하여 학습 내용을 계열화·조직화 하며, 개인화 단계에서는 모둠별 토론을 바탕으로 학습자 개인 또는 모둠별로 결과를 산출하거나 일반화하도록 한다. 무엇보다도, 상호작용 과정이나 결과물들은 개인화(personalization)되어 비디오, 팟캐스트, 프레지 등으로 발표할 수 있고 학습자 주도로 창안될 수 있다(Green, 2012).

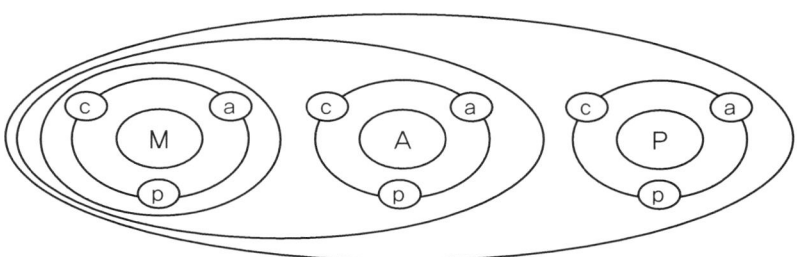

[그림 18] '행동하기' 단계의 MAP(김진석, 2018c)

각 단계는 이전의 단계가 점진적으로 축적되어 마지막 개인화 단계에서는 학습자의 경험을 바탕으로 자신의 생각을 창의적으로 표현하는 단계로 발전한다.

위 STAR모형의 단계별 특징을 구체적으로 제시하면 다음 표와 같다.

〈표 2〉 STAR 교수학습 모델 단계별 특징(김진석, 2019a)

단계 (Steps)	세부 활동(Sub-steps)	교실 내 기술기반 상호작용시스템(CIST)[12]	테크놀로지
탐구하기 (Surveying)	- 해결할 문제 및 프로젝트 제시하기 - 문제 및 프로젝트와 관련된 정보 수집하기 - 정보 속 패턴 및 규칙 찾기	기초수준 (Underlying tier), 확인수준 (Checking tier)	- 개념구상(concept-mapping) 도구 - 인공지능 기반 터치스크린 컴퓨터
생각하기 (Thinking)	- 문제 및 프로젝트 해결을 위한 절차 마련하기 - 문제 및 프로젝트 해결을 위한 정보 분석하기 - 수집한 정보를 조직화하기		- 구글 AI와 같은 계획(planning)을 위한 도구
행동하기 (Acting)	- 문제 해결 실행하기 - 동료 학습자와 문제에 대해 토의하기 - 결과 산출하기 - 결과 일반화하기	수행수준 (Performing tier), 확인수준	- 인공지능 기반 애플리케이션
성찰하기 (Reflecting)	- 학습 과정 평가하기 - 결과물 종합하기 - 결과물 평가하기	확인수준	- 인공지능 기반 평가에 사용 가능한 도구

위 단계들 중 '탐색하기' 단계에서는 "해결할 문제 및 프로젝트 제시하

---

12 CIST의 각 수준별 특징은 기초수준은 역량과 배경지식을 함양하는 단계로, 수행수준에서는 상호작용과 협력 활동의 기술을 바탕으로 학생 간 과업을 해결하는 단계로, 확인수준에서는 지식 구성 과정을 검토하고 점검하는 메타사고력을 활동에 적용하는 단계로 설명할 수 있다(김진석, 2019a).

기, 문제 및 프로젝트와 관련된 정보 수집하기, 정보 속 패턴 및 규칙 찾기" 등이, '생각하기'에는 "문제 및 프로젝트 해결을 위한 절차 마련하기, 문제 및 프로젝트 해결을 위한 정보 분석하기, 수집한 정보를 조직화하기" 등이, '행동하기'에는 "문제 해결 실행하기, 동료 학습자와 문제에 대해 토의하기, 결과 산출하기, 결과 일반화하기" 등이, '성찰하기'에는 "학습과정 평가하기, 결과물 종합하기, 결과물 평가하기" 등이 구현될 수 있다.

또한, 각 단계에서 활용되는 AIED는 학습자가 학습목표를 효과적으로 달성할 수 있도록 한다. 플립러닝(flipped learning) 접근법(김진석, 2019a)에 기반한 교실 수업 활동 이전의 '탐구하기'와 '사고하기' 단계에서는 테크놀로지를 활용하여 문제를 해결하는 활동을 할 수 있으며, 교실 수업 활동인 '성찰하기' 단계에서 테크놀로지를 활용하여 효과적으로 피드백을 주는 활동을 설계할 수 있을 것이다. 특히, 테크놀로지를 활용한 교실 상호작용 시스템(classroom interaction system through technology: CIST)을 바탕으로 AI기반 블렌디드 학습 생태계(AI-based blended learning ecosystem: ABLE)를 구축(김진석 외, 2020)하면, 교실수업의 효과를 극대화 할 수 있을 것이다. 이는 학습자들 간 상호작용을 활성화하고, 핵심역량을 함양하는 기회를 증진하며, 스캐폴딩이나 피드백 제공을 통해 효과적인 학습 전략을 체득할 수 있도록 하기 때문이다(Andajur, 2020).

'행동하기' 단계에서 AI시스템이나 도구(챗봇 등 에이전트)를 활용하면 학습자들의 상호작용능력이나 협업능력을 함양할 수 있다. 테크놀로지는 교수-학습에서 다음과 같은 이점이 있기 때문이다(Fryer & Carpenter, 2006: 9-10).

- 챗봇 등 에이전트와의 대화를 통해 학습자는 인간과 대화할 때 보다 더 편안함을 느낄 수 있음.
- 에이전트와의 대화를 통한 반복은 일상적인 반복 학습보다 지루하지 않음.
- 에이전트는 학습자의 상호작용이나 협업능력을 강화할 수 있는 텍스트나 다양한 발화 모드를 활용할 수 있도록 하고 있음.

AI 앱이나 도구들을 활용하여 교실활동을 구현하면, 학습자들은 끊임없이 반복적으로 같은 자료를 활용할 수 있고, 문자와 음향 입력을 AI를 통해 제공받아 연습할 수 있으며, 새로운 정보를 학습할 수도 있고, 흥미로운 대화 상대자와 의사소통을 하고 싶은 동기를 유발할 수 있다(Fryer & Carpenter, 2006: 10-11). 교실수업에서 AI앱 및 도구로는 챗봇 뿐만 아니라 e-포트폴리오, 스크래치, 앤트리, VR, AR, Auto Draw, Quick Draw, Kahoot!, 챗GPT, Dall-e 등이 있다(김진석 외, 2021).

교실수업 적용([부록 13] 예시)
- 플립러닝 기반 문제 해결형 프로젝트 교수-학습 모형
- MAP모형 기반 교수-학습 활동
- AI를 활용한 수업 설계와 구현 방안

핵심개념
- 효과적인 교실수업의 요인
- 수업활동 연계 과정평가
- 문제 해결형 프로젝트 학습
- TPACK(Technological Pedagogical Content Knowledge)
- 조사하기(surveying), 생각하기(thinking), 행동하기(acting), 성찰하기(reflecting)
- 동기화(motivation)—활성화(activation)—개인화(personalization)
- 플립러닝(flipped learning) 접근법
- 프로젝트 중심 나선형 모형

제4장 　연습문제

1. AI시대 교사는 학습자들의 요구를 분석하고, 교수-학습 자료나 평가를 설계하고 개발하며, 효과적으로 수업을 구현하고 평가한다. 교사는 이러한 단계에 적합하게 요구 분석가, 수업 설계 전문가, 자료 개발 전문가, 수업 촉진자 및 상담자, 평가 전문가 등의 역할을 수행할 필요가 있다. 이러한 교사의 역할을 ADDIE를 바탕으로 예시하면서 설명하시오.

2. 빅 아이디어를 설정하면, 단원의 '설계 및 개발'과 연계하여 '구현 및 평가'도 함께 구축할 수 있다. 교사는 수업시간에 수업활동 연계 과정평가를 통해 학습자들이 빅 아이디어를 제대로 달성할 수 있도록 모니터링하거나 스캐폴딩하여 수업 참여와 문제 해결을 돕는 촉진자(facilitator)의 역할을 수행한다. 백 워드 설계를 고려하여 빅 아이디어 기반 단원을 설계하시오.

3. 학습은 높은 동기유발과 적극적인 학습참여에 의해 영향을 받는 사회적 활동이다(Walsh, 2011). 효과적인 수업을 위한 수업의 조건(예, 동기 부여, 자료 검색 및 조사, 스키마 활성화, 상호작용, 전이 등)을 제시하고, 그 조건을 반영한 교수-학습 모형을 구축하시오.

4. 교수-학습 단계에서 활용되는 AI기술은 학습자가 학습목표를 효과적으로 달성할 수 있도록 한다. 교실 수업 활동 이전의 '탐구하기'와 '사고하기' 단계에서는 테크놀로지를 활용하여 문제를 해결하는 활동을 하고, 교실 수업 활동인 '성찰하기' 단계에서 테크놀로지를 활용하여 효과적으로 피드백을 주는 활동을 구현한다. 이를 위해, 어떤 교실 환경이나 조건이 갖추어져야하는 지를 기술하시오.

제5장
주제 · 과제 중심 수업 설계

주제는 개념(concept)과 내용(content)의 복합체다.
— Holmes 외(2019)

생각하기
1. 초학문적 주제와 간학문적 주제 간 차이는 무엇인가
2. AI시대 주제 중심 수업을 설계하고 구현하는 방법은 무엇인가?
3. 과제 중심 수업에서 과제를 어떻게 설계할 것인가?

　교실수업에서 주제(theme)는 학습자의 니즈와 시대적 · 사회적 요구를 반영하여 설정할 필요가 있다. 주제는 학습동기를 부여하고 수업 참여도를 높이며, 학습자들 간 상호작용이 효과적으로 일어날 수 있도록 하기 때문이다. 학습자 중심 수업에서 교사의 전문성과 학습자의 니즈 간 협의를 통해 주제와 내용을 선정하는 것을 강조한다. 주제가 선정되고 그와 관련된 학습목표가 설정되면, 그 목표를 달성하기 위해 과제(task)를 구성해야 한다. 과제는 활동(activity)과 달리 학습자가 자기 주도적으로 문제를 창의적으로 해결하는 학습자 중심의 수업활동이다. 과제는 교실수업에서 제기되는 문제나 질문을 교사와 학생 간, 학생들 간 협력하는 일련의 상호작용하는 과정을 통해 내 놓는 결과물이 있기 때문이다. 따라서, 교사는 학습자들의 니즈를 분석하고 그에 적합한 과제나 수업활동

을 계획하는 설계자가 되어야 한다. 이 장에서는 주제와 과제의 개념을 살펴본 후 초학문적·간학문적 주제, 다학문적 주제, 과제 중심 수업을 설계하고 실행하는 방안에 대해 살펴보고자 한다.

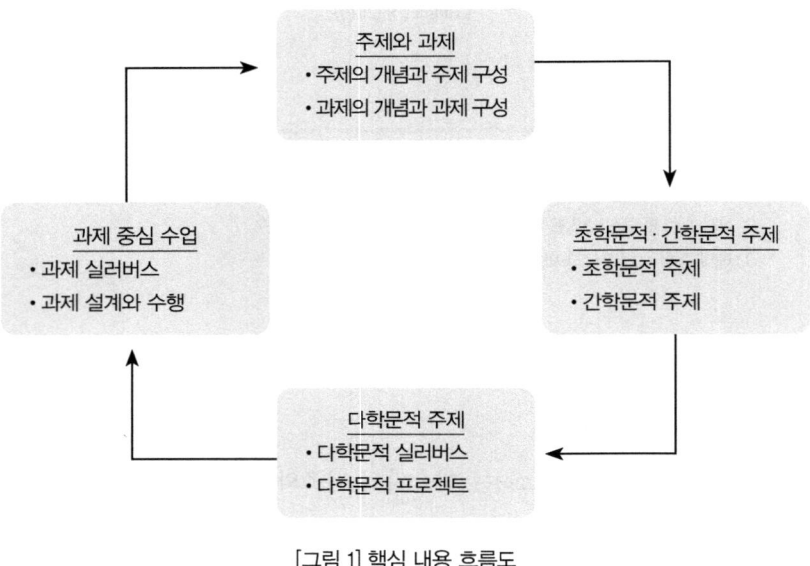

[그림 1] 핵심 내용 흐름도

1. 주제와 과제

학습자 중심 교육과정에서는 2장에서 살펴본 바와 같이 교사와 학생 간 협의가 무엇보다 중요하다. 교사는 학생들의 니즈를 반드시 필요한 것(necessities), 결여되어 있는 것(lacks), 원하는 것(wants)을 분석(Nation 외, 2010)하여 다음의 학습 단계(Breen & Littlejohn, 2000: 30)들을 결정할 필요가 있다.

- 수업의 목적
- 수업의 주제: 개념 및 내용
- 수업방법: 함께 만들어 가는 다양한 교수-학습 방법
- 평가: 학습의 질 제고를 위한 과정평가와 결과 평가

위 단계들 중 교사와 학생 간 협의를 통해 주제를 선정하는 것은 학습자들이 능동적인 주체자로 수업 활동에 참여하여 자기 주도적으로 과제를 완수하거나 문제를 해결하며, 자신의 수업활동을 성찰하고 책임감있게 수업활동을 세환하는 효과(washback)가 있다.

교실수업에서 주제는 개념(concept)과 내용(content)의 복합체다(Holmes 외, 2019: 81). 2장에서 살펴 본 빅 아이디어는 내용을 조직하는 방법이다. 주제는 다음과 같은 개념, 화제, 범주 등이 빅 아이디어로 연결되어 구성될 수 있다(Fogarty, 1991: 55).

- 개념: 자유, 협력, 도전, 갈등, 발견, 문화, 변화, 논의와 증거, 인내
- 화제: 개인, 사회, 공동체, 관련성, 글로벌 관심사, 전쟁, 환태평양 파트너십
- 범주: 동물 이야기, 전기, 모험, 과학 픽션, 르네상스, 중세시대, 인상주의자들

교사는 단순한 하나의 시사적인 테마를 제시하고, 그것을 교과영역에 연결하여 망을 지우며, 읽기, 수학, 과학 실험실습 등에서 예측하기를 목표로 삼기도 하며, 아울러 사회교과에서는 현재의 글로벌 이슈나 사건들에 대한 예측을 목표로 삼을 수도 있다(김진석 외, 2021a).

📎 주제는 개념, 화제, 범주 등으로 연결되어 구성된다.

국제 바칼로레아(International Baccalaureate: IB)는 주제를 중심으로 교육내용을 구축하고 있다. 사회와 과학의 교육내용 프레임워크는 초학문적 탐구 프로그램을 통해 진행되어야 할 사회와 과학 교과의 학습에 대한 정보와 사례를 학교에 제공하는 것을 목적으로 개발되었다(IBO, 2018h, 2018i). IB PYP(primary years programme)의 사회, 과학 교과 관련 개념은 다음과 같다.

〈표 1〉 IB PYP 사회, 과학 교과 관련 개념(임유나, 2022:68에서 재인용)

사회과		과학과	
영역	관련 개념	영역	관련 개념
인적 시스템과 경제 활동	의사소통, 갈등, 협력, 교육, 고용, 자유, 정부, 정의, 입법, 생산, 운송, 진실	생물	적응, 동물, 생물 다양성, 생물학, 분류, 보존, 생태계, 진화, 유전학, 성장, 서식지, 항상성, 유기체, 식물, 몸의 기관(소화, 신경, 생식, 호흡기)
사회 조직과 문화	유물, 권위, 시민권, 의사소통, 갈등, 다양성, 가족, 정체성, 네트워크, 편견, 종교, 권리, 역할, 전통	지구와 우주	대기, 기후, 침식, 흔적, 지리학, 지질학, 중력, 재생 및 비재생 에너지원, 자원, 계절, 우주, 지속가능성, 시스템(태양계, 물의 순환, 기상), 판구조론, 기원론
시간의 연속성과 변화	연대기, 문명, 갈등, 발견, 탐험, 역사, 혁신, 이주, 진보, 혁명	재료와 물질	상태 변화, 화학적·물리적 변화, 전도 및 대류, 밀도, 기체, 액체, 물질의 특성 및 용도, 고체, 구조물, 지속가능성
인간과 자연환경	편의시설, 국경(자연, 사회, 정치), 의존성, 지리, 영향, 풍경, 지역성, 소유권, 인구, 지역, 정착지	힘과 에너지	에너지 보존, 효율성, 평형, 에너지 형태(전기, 열, 운동, 빛, 위치, 소리), 자력, 기계, 물리학, 공해, 힘, 기술 발전, 에너지 전환
자원과 환경	보존, 소비, 분배, 생태학, 에너지, 상호의존성, 공해, 빈곤, 부, 지속가능성		

출처: IBO(2018h), IBO(2018i).

위의 표에서와 같이, IB PYP의 사회교과는 인적 시스템과 경제활동, 사회 조직과 문화, 시간의 연속성과 변화, 인간과 자연환경, 자원과 환경을 핵심 주제로 하여 그 주제와 관련한 개념을 정립하였다. 또한, 과학 교과는 생물, 지구와 우주, 재료와 물질, 힘과 에너지를 핵심 주제로 하여 구체적으로 개념을 설정하였다.

더욱이, 핵심 주제의 관련 개념과 함께 사회, 과학 교과의 과정·기능 요소를 다음과 같이 구축하였다.

〈표 2〉 IB PYP 사회, 과학 교과의 과정·기능 요소(임유나, 2022:69에서 재인용)

사회과	과학과
• 과거, 미래, 장소 및 사회에 대해 진술하고 질문하기 • 다양한 역사적, 지리적, 사회적 자료의 증거를 활용하여 분석하기 • 공간과 시간 속에서 방향 설정하기 • 사회 속에서의 역할, 권리, 책임 확인하기 • 자료 출처의 정확성, 타당성, 편향성 평가하기	• 데이터 수집을 위해 주의 깊게 관찰하기 • 다양한 실험 기구와 도구를 사용하여 정확하게 측정하기 • 관찰 및 경험한 것을 설명하기 위해 과학적 어휘 사용하기 • 탐구할 질문이나 문제를 확인하거나 생성하기 • 필요에 따라 변수를 조작하여 체계적 탐구를 계획하고 수행하기 • 예측하고 이를 테스트하기 • 결론을 도출하기 위해 수집된 데이터를 해석하고 평가하기 • 자신의 한계점을 인식한 가운데 과학적 모델과 과학적 모델의 적용을 고려하기

출처: IBO(2018h), IBO(2018i).

사회과는 AI시대에 학습자들이 함양해야 할 창의적 문제해결능력, 비판적 사고능력, 글로벌 시민 역량 등을 함양하기 위해 위의 표와 같이 진술하고 질문하기, 자료의 증거를 활용하여 분석하기, 시공간 속에서 방향 설정하기, 역할, 권리, 책임 확인하기, 자료출처의 정확성, 타당성, 편향성 평가하기 등의 요소를 설정하였다. 위 프레임워크는 학교급별로 별개로 운영될 수도 있지만, 학생들이 PYP→MYP→DP/CP로 진학할 경우, IB의 일관된 교육 철학 속에서 IB 교육을 통해 기르고자 하는 학습자상의 특성을 함양해 나갈 수 있다는 장점이 있다(임유나, 2022).

IB월드 스쿨 9개교(PYP 시행 3개교, MYP 시행 3개교, DP 시행 3개교)의 학교 구성원 181명과 80건의 인터뷰를 실시한 이무성 외(2025)의 연구에 의하면, 학생들은 IB 프로그램의 주요 이점을 사고 기능 강화, 자기 주도적 학습 기능 향상, 교실 내 학습 참여도 증가 등이라고 응답하였다. 또한, 학생들은 IB 프로그램에서 학습한 내용을 실생활에 적용할 수 있다는 점과 세계시민의식이 높아졌다는 점도 높이 평가하였으며, 협력 학습 활동을 통해 또래 학우와 긍정적인 관계를 맺고 즐거운 학교생활을 누릴 수 있다는 점도 강조하였다. 아울러, 교사들은 전문성 신장을 IB 프로그램 시행의 가장 중요한 이점으로, 다양한 유형의 전문성 신장 중에서 학교 기반의 전문학습공동체(PLC), IB 연수, 타 학교의 연수, 지역 교육청의 연수 순으로 응답하였다. 데이터에 따르면, 대부분의 교사가 IB 프로그램 시행에서 비롯된 전문성 개발이 평가 기능과 같은 전문적인 교수법 강화로 이어진다고 인식하였다. 전문성 신장 외에도 교사들은 IB가 제공하는 혁신적이며 다양한 교육 도구를 사용할 수 있다는 점을 높이 평가하였다.

더욱이, 학습자들은 4장에서 살펴본 바와 같이, 설정한 주제와 관련한 질문이나 문제를 제기하고, 그 문제나 질문 등과 관련하여 조사하고 (survey) 사고하며(think) 동료들과 소통하고 협력하여 문제를 해결(act)한 후, 그 결과물을 공유하고 성찰하는(reflect) 일련의 과정이 요구된다[1]. 이를 위해, 교실수업에서 과제(task)를 전, 중, 후로 나누어 실행할 필요가 있다. 과제에는 주어진 질문이나 문제를 해결하기 위해 교사와 학생 간, 학생들 간 상호작용의 과정을 통해 창의적 결과물을 내 놓는 일련의 과정이 있기 때문이다. 이를 다음과 같이 구도화할 수 있다.

---

1   수업시간에 관련한 문제를 조사하고(survey) 사고하고(think) 해결(act)한 후, 그 결과물에 대해 성찰하는(reflect) 일련의 과정을 고려하여 제안한 4장의 STAR수업모형 참고.

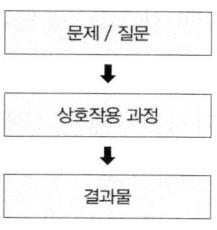

[그림 2] 과제의 구성

과제(task)는 학습자들이 문제를 해결하기 위해 학습자들 간 의미협상(negotiation of meaning)을 하는 일련의 과정(Candlin과 Murphy, 1987)이 강조된다. 물론, 학습주제를 고려하여 설정한 학습목표에 대해 학습자들이 문제를 제기하거나 질문을 만들고, 그것을 해결하기 위해, 교사와 학습자 간, 학습자들 간 모둠별·짝별 상호작용하는 과정이 수반되며, 그 결과물을 발표하거나 공유한다.

> 과제는 문제를 해결하기 위해 학습자들 간 의미협상하는 과정이다.

과제는 활동(activity)과 달리 상호작용이 강조된 '목표 과제(target task)와 교육 과제(pedagogical task)로 구분'될 수 있다(Nunan, 2004). 전자는 교실 밖의 일상생활에서 경험할 수 있는 '실제적인 과업'인 반면에 후자는 실생활에서 이루어지는 경험을 교실 내에서 교육적으로 체험할 수 있도록 설계하는 것으로 문제 해결 중심, 의미 중심, 결과 중심의 관점으로 구분할 수 있다(2001, 박진형). 따라서, 과제중심 실러버스는 수업의 내용, 교수·학습 방법, 평가 등에 대해 학습자들 간 의견의 일치를 보는 것을 목표로 하는 절차적 협상(procedural negotiation)을 통해 달성될 수 있다(Ellis, 2003; 이정경, 2012). 과제는 학습 계획(workplan)으로, 학습계획으로서의 과제(task-as-workplan)와 과정으로서의 과제(task-as-process)로 구분될 수 있다(Ellis, 2003). 전자는 의미에 초점을 두고, 후자는 학습자들이 과제를 수행한 실제 결과를 말한다. 교실수업에서의 과제는 일차적으로 의미에 초점을 두며, 주어진 정보를 선별, 분류, 순서화, 추론, 평가하는 일련의 인지적 과정과 관계된다(김진석 외, 2009).

교실수업에서는 다면적 교육과정으로 접근하여 학습자들이 수업활동에 능동적으로 참여하고, 모둠별·짝별 토론·협력을 통해 문제를 창의적으로 해결하여 실생활에 실천할 수 있도록 주제를 선정할 필요가 있다. 이런 측면에서, 다음 절에서는 주제 중심 학습을 초학문적·간학문적 주제와 다학문적 주제로 나누어 살펴보고자 한다.

2. 주제 중심 학습

2.1. 초학문적·간학문적 주제

초학문적 주제는 학문을 초월하여 매우 다양한 형식으로 나타나며, 특정 교과로부터 시작되기보다는 실생활(환경, 실재의 지각, 행동패턴, 인간들 간의 관계) 맥락에서 시작된다. 예를 들어, 유엔에서 설정한 지속가능한 발전 목표 중 하나인 '깨끗한 물과 위생(clean water and sanitation)'과 같은 주제는 사회적, 정치적, 경제적 측면뿐만 아니라 세계적, 환경적, 기계공학적 측면의 영향력을 고려하여 검토해야 한다.

교실수업에서 학습에 접근하는 방식(Approaches to Learning: ATL)을 결정할 때 어떤 특징들을 고려해야 할까? 개별 학습자는 심층적 접근(deep approach), 표층적 접근(surface approach), 전략적 접근(strategic approach)² 등과 같이 ATL이 다를 수 있다(Jones, 2012: 38). 학습자 중심 교육과정에서 교사는 지식, 기능, 활동, 평가의 절차를 학생들과 협의한다. 또한, 학습한 것을 평가하는 방법도 협의를 통해 결정한다. Beane(1993)에 의하면, 주제는 사전에 결정되기보다는 학생들이 제기한 질문을 통해서 결정된다. 학생들은 사회적, 개인적 쟁점을 중심으로 제기되는 심오한 질문들을 제기하는 경우, 주제를 심층적으로 접근하여 설정할 수 있다. 그러나, 주제를 학습자와 협의하여 선정하는 것을 강조하지만 반드시 함양해야 하는 기능을 교사가 안내하면서 학습자와 주제를 설정해야 한다.

이런 측면에서, 주제·개념 중심 학습인 IB의 ATL은 '사고 기능, 조사 기능, 의사소통 기능, 대인관계 기능, 자기관리 기능'을 함양하는 데 초점을 두고 있다(IBO, 2018d). 이들은 학생의 탐구를 지원하는 동시에 삶의 맥락 전반에 걸쳐 전이 가능성을 높여 평생학습을 도모하는 기능으로 설정된 것이다(임유나, 2022). IB에서는 학생들이 수업에서 해당 기능을 직접 사용하도록 의식적으로 강조한다(장소영 외, 2022).

교사는 수업 설계 시, ATL뿐만 아니라 교수 접근 방식(Approaches to

---

2 Jones(2012: 38)에 의하면, 심층적 접근(deep approach), 표층적 접근(surface approach), 전략적 접근(strategic approach)과 관련된 특징들을 다음과 같이 설정하고 있다.
- 심층적 접근(deep approach): 선행 지식 및 경험을 연결하고 패턴이나 내재하는 원리를 탐구하며, 능동적으로 증거를 찾아 그것을 결론과 연결하고 논리 및 논의를 비판적으로 검증하여 스스로 개념을 이해하려는 접근
- 표층적 접근(surface approach): 연결되지 않는 단편적 지식으로 사실을 기억하고 절차를 맹목적으로 수행하며, 새로운 개념의 의미나 가치를 부여하지 못하고 목적이나 전략을 성찰하는 것 없이 필수 요건에 대처
- 전략적 접근(strategic approach): 시간과 노력을 효과적으로 운영하고 올바른 접근이나 교재를 찾으려 하며, 효과적인 학습방법을 모니터링하고 평가 요건 및 기준에 민감하게 귀 기울여 가능한 최고의 점수를 얻으려는 접근

Teaching: ATT)에 대한 전문성을 갖추어야 한다. 교실수업에서 학습자들이 ATL의 기능을 제대로 함양하기 위해, TACT지식과 IDEAR를 갖춘 교사는 학생들이 서로 소통하고 협력하여 문제를 창의적으로 해결할 수 있도록 안내하고 도움을 주어야 하기 때문이다. ATT방식에는 '탐구를 통한 수업, 개념을 통한 수업, 지역 및 국제적 맥락에서의 수업, 효과적인 팀워크와 협력에 중점을 둔 수업, 개별화된 수업, 평가에 의한 정보를 활용하는 수업'이 제시된다(IBO, 2021).

이제 간학문적 주제에 대해 살펴보자. 2장에서 살펴 본 Robin Forgarty(1991)의 간학문적 접근 방법 중 대표적인 모형은 다음과 같다(김진석 외, 2020).

- 쌍안경: 중첩되는 개념과 기능을 공유하는 두 개의 학문
  - 두 개의 교과에서 계획과 교수활동을 함께 하고, 이때 중복되는 개념과 아이디어들이 조직요소로 작용. 과학과 수학 교사들이 팀 티칭이 될 수 있는 공유된 개념으로 자료수집, 차트 만들기, 그래픽 그리기 등을 활용
- 망원경: 폭넓은 관점에서 전체 내용을 하나의 테마를 중심으로 결집시켜, 다양한 요소들을 망으로 연결
  - 풍부한 테마가 교육과정 내용과 학문으로 망 지어짐. 교과는 테마를 활용하여 적절한 개념, 토픽, 아이디어들을 변형시킴.교사는 서커스와 같은 단순한 하나의 시사적인 테마를 제시하고, 그것을 교과영역에 연결하여 망 지움. 갈등과 같은 개념적인 주제가 주제접근에서 더 깊이 있게 망 지워짐
- 확대경: 메타적 접근을 통해 모든 내용을 확대하는 빅 아이디어
  - 다양한 교과를 통해 사고기능, 사회적 기능, 다중지능, 기술공학, 학습기

능 등을 실로 꿴 듯이 연결시킴. 교사는 읽기, 수학, 과학 실험실습 등에서 '예측하기'를 목표로 삼기도 하고, 사회과 교사는 현재의 사건들에 대한 예측을 목표로 설정하기도 함
- 만화경: 각 교과의 기본적인 요소를 활용하는 새로운 형태와 설계
  - 팀 티칭을 통해서, 중복되는 개념과 토픽을 교과에 합치시킴으로써 충실한 통합 모형을 이룸.

교사는 수학, 과학, 사회, 미술, 언어, 응용예술 등에서 모형들의 유형을 탐색하고, 이러한 유형들을 통해 내용을 다음과 같이 접근할 수 있다(김진석 외, 2020).

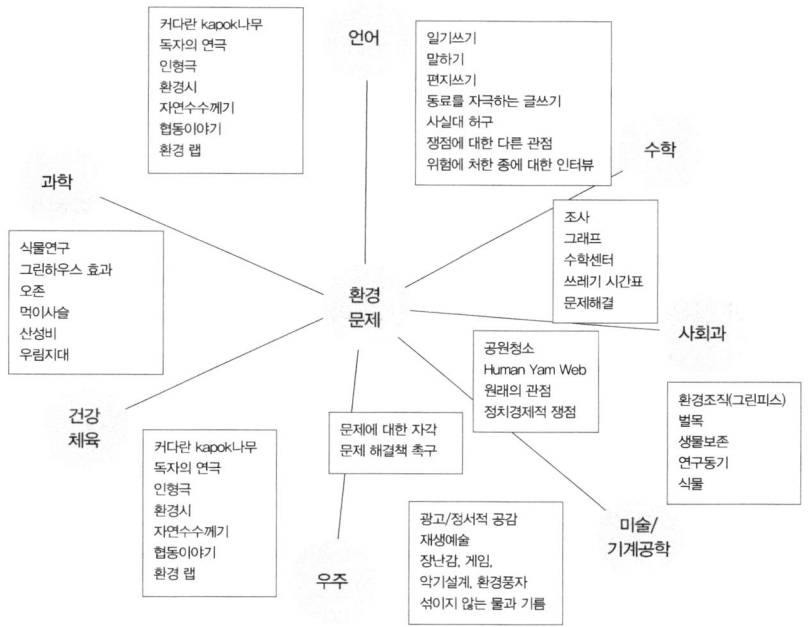

[그림 3] 간학문적 접근 방법: 환경문제(노철현, 2020)

Graham, Coghtan, Sullivan 등에 의하면, 환경, 위험에 처한 종, 수송, 의사결정, 불, 야구, 발렌타인데이 등의 주제를 위해 브레인스토밍을 다음과 같이 수행한다(김진석 외, 2020).

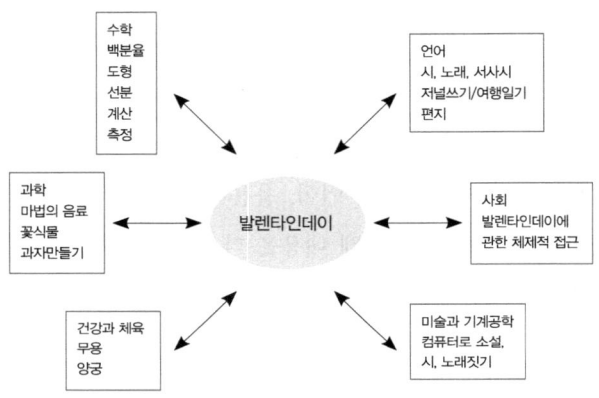

[그림 4] 간학문적 접근 방법: 발렌타인데이(노철현, 2020)

토픽, 개념, 문제 혹은 쟁점으로 열거하고, 주제를 질문으로 변환하며, 웹을 사용하여 활동을 확장한다. 간학문적 개념 모형의 핵심 아이디어는 본질적 질문을 활용하는 것으로, 통상 논리적으로 계열화된 2-5개의 질문으로 구성되며, 모든 학생들이 이해할 수 있게 선정된다. 예를 들어, 길잡이 질문으로는 다음과 같이 선정할 수 있다(김진석 외, 2020).

- 발렌타인데이의 테마는 무엇이며, 상이한 문화 속에 그것을 어떻게 축하할 것인가?
- 발렌타인데이와 관련된 것으로 어떤 이미지가 있을까?
- 발렌타인데이의 과거, 현재, 미래 이야기는 어떤 것이 있는가? 나의 이야기

는?
- 발렌타인데이는 소비생활에 어떤 영향을 미치는가?

각각의 질문에 대해 활동목록을 작성하고, 'T+C=O (Thought, Content, Outcome)'의 활동 방정식을 바탕으로, 활동 스트랜드를 다음과 같이 제작한다(김진석 외, 2020).

〈표 3〉 메트릭스: 길잡이 질문과 활동 스트랜드

길잡이 질문	지식	이해	적용	분석	평가
발렌타인데이의 테마는 무엇이며, 상이한 문화 속에 그것을 어떻게 축하할 것인가?	✓	✓	✓	✓	✓
발렌타인데이와 관련된 어떤 이미지가 있을까?	✓	✓	✓	✓	
발렌타인데이의 과거, 현재, 미래 이야기는 어떤 것이 있는가? 나의 이야기는?	✓	✓	✓	✓	
발렌타인데이는 소비생활에 어떤 영향을 미치는가?	✓	✓	✓	✓	✓

위와 같이 메트릭스는 길잡이 질문과 활동 스트랜드로 구성되어 있다. 길잡이 질문은 지식, 이해, 적용, 분석, 평가로 나누어 점검하면서 성찰할 수 있다(질문에 대한 구체적 논의는 7장 참조).

> 간학문적 접근의 핵심 아이디어는 본질적 질문을 활용하는 것이다.

> **교실수업 적용([부록 14] 예시)**
> – 초학문적 주제: 국제바칼로레아 프로그램
> – 국제바칼로레아 초등학교 5학년 Unit of Inquiry 설계

2.2. 다학문적 주제

다학문적 주제는 2장에서 살펴본 바와 같이 같은 기간 동안 가르쳐지는 테마 혹은 쟁점을 통하여 연결되지만, 독립된 수업에서 가르쳐진다. 초등학교 학생들은 서로 다른 교과영역을 나타내는 학습세트를 통하여 번갈아 가며 학습할 수 있다(김진석 외, 2021). 일반적으로, 학생들은 명시적으로 교과 영역들을 배우기보다는 그들 사이의 관련성을 연결짓도록 유도된다.

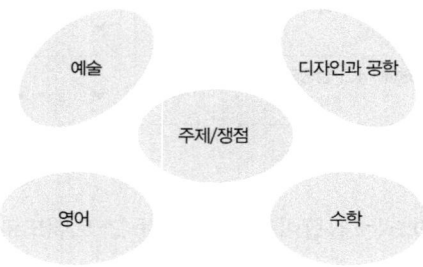

[그림 5] 다학문적 통합(노철현, 2020)

다학문적 주제를 설정하기 위해서는 교과 간 공통적인 개념, 화제, 범주 등을 분석할 필요가 있다. 위의 그림에서와 같이 예술, 디자인과 공학, 수학, 영어 교과에서 공통적으로 나타나는 개념, 화제, 범주를 분석하는 것이다.

📎 다학문적 접근에서는 교과 간 공통적인 개념, 화제, 범주를 분석하여 주제를 설정한다.

문화다양성 교육의 경우, 초등학교 6학년 사회, 수학, 과학, 미술, 영어 교과서를 '문화적 배경이 다른 학습자들에게 공통된 체험을 줄 수 있고, 교실에서 교과 간 공통적으로 구현될 수 있으며, 인지적, 정의적, 심동적 특성에 적합한 내용이나 활동인지?'를 기준으로 분석하여 공통된 주제를 다음과 같이 추출할 수 있다(김진석, 2019a).

〈표 4〉 초등 6학년 교과서의 주제

영어	개인생활, 가족생활, 학교생활, 주변 환경, 인간관계, 습관, 건강, 취미, 여행, 동식물, 계절, 날씨, 타문화, 다양한 문화, 역사, 지리, 공간, 등
사회	한국 기후와 생활 방식, 인구, 민주주의, 환경문제, 자연보존, 자연재난, 경제 발전, 테크놀로지 물품, 국가 정신 및 문화재, 선조들의 삶의 방식, 농경과 무역, 글로벌 마을, 등
수학	비율, 패턴, 모양, 분수, 십진법, 소수, 원기둥, 측정 단위, 측정 범위, 영역, 무게, 다양한 그래프, 등
과학	빛, 산, 알카리, 용해, 날씨, 온도, 에너지, 속도, 꽃과 식물, 화산과 화산암, 식물, 지진, 돌과 바위, 전자석, 수압, 연소, 등
미술	환경, 색깔, 사람, 흑백 그림, 사진, 수채화, 장식, 포장지, 캘리그래피, 마을, 도자기, 상상, 모양, 프린트, 전통복장, 민속공예, 건축, 전시, 등

위의 표에서와 같이, 학제 간 다문화 수업에서 활용할 수 있는 공통된 주제로 생활 방식, 동식물, 주택, 마을, 계절, 날씨, 환경문제, 문화 차이 등을 설정할 수 있다.

또한, 교과서 분석을 통해, 교과 간 공통된 활동을 다음과 같이 추출할 수도 있다(김진석, 2019a).

〈표 5〉 초등 6학년 교과서 간 공통 활동

영어	그림그리기, 비교하기, 분류하기, 역할놀이, 조사하기, 토론하기, 마인드맵, 정보차 활동, 문제해결, 발표, 등
사회	검토하기, 조사하기, 문제해결하기, 토론하기, 비교하기, 표 만들기, 분류하기, 지도 그리기, 발표, 보고하기, 마인드 맵, 등
수학	계산하기, 스토리텔링, 문제해결하기, 패턴 찾기, 지도그리기, 비교하기, 측정하기, 가감승제, 분석하기, 조사하기, 등
과학	의사소통하기, 예측하기, 실험하기, 가설세우기, 관찰, 비교하기, 추측하기, 분류, 발표, 보고하기, 마인드 맵, 측정하기, 문제해결하기, 일반화, 결론 등
미술	만들기, 찾기, 감상하기, 표현하기, 관찰하기, 그림 그리기, 장식하기, 조사하기, 전시하기, 계획세우기, 관람하기, 등

위의 표에서와 같이, 다문화 수업에서 활용할 수 있는 공통된 활동으로 관찰하기, 의사소통하기, 비교하기, 그래프 그리기, 측정하기, 분류하기, 문제 해결하기, 패턴 찾기, 지도 그리기, 비교하기, 분석하기, 조사하기 등을 설정할 수 있다.

이제, 다학문적 접근으로 4장에서 살펴 본 글로벌시민교육의 단원 및 차시수업을 설계해 보자(김진석, 2022). 글로벌 이슈들 중 평화 및 문화와 관련된 세계주의(성, 소수종족, 이민, 거버넌스, 민주주의, 기후변화와 질병)를 대범주로 설정(Haas와 Hird, 2013)한다면, 하위 주제로 '지구 온난화와 관련된 주제들로 일기변화, 환경보호, 지구촌의 삶과 기후변화, 계절과 날씨, 환경 변화, 환경 개선과 지속가능성, 자연과 사람, 대기와 오염 간의 관련성, 기후변화와 양질의 삶, 국경 없는 환경문제, 천연자원 고갈과 기후 변화, 지속 가능한 발전에 대한 지구촌의 노력 등'(김진석, 2019e)을 선정할 수 있을 것이다. 예를 들어, 초등학교 6학년을 대상으로 단원을 다음과 같이 설계할 수 있다(김진석, 2022).

주제	평가 설계	수업설계	
[1차시] 기후위기: 온실가스의 증가	TF, 퀴즈, 자기평가, 체크리스트, 상호평가	[1차시] - 온실가스 증가의 문제 인식하기와 문제 파악하기 - 문제 해결하기 - 성찰하기	
[2차시] 기후위기: 자연환경의 변화	관찰평가, 자기평가, 상호평가	[2차시] - 자연변화의 심각성 인식하기와 문제 파악하기 - 문제 해결하기 - 성찰하기	빅 아이디어 실현
[3차시] 기후위기: 생태계의 변화	관찰평가, 자기평가, 상호평가, 체크리스트	[3차시] - 생태계의 변화문제 인식과 문제 파악하기 - 문제 해결하기 - 성찰하기	

기후위기 → (주제/평가/수업설계 3차시) → 빅 아이디어 실현

[그림 6] 기후위기 관련 단원계획

기후위기를 빅 아이디어로 설정하고, 그것을 달성하기 위해 위의 그림에서와 같이 3차시(온실가스의 증가, 자연환경의 변화, 생태계의 변화)로 구성해 볼 수 있다. 수업설계는 플립러닝 STAR모형의 단계들로 구성하면, 학습자들이 수업에 들어오기 전에 미리 문제를 인식하고 파악하는 활동을 하고, 수업 중에는 문제를 해결하기 위해 모둠별·짝별로 토의·토론하는 수업을 실시한다.

해결방안으로는 모둠별로 발표하고 함께 성찰하는 활동이 이어질 수

제5장 주제·과제 중심 수업 설계

있을 것이다. 위 3차시 중 1차시의 교수-학습 활동[3]을 구체적으로 제시하면 다음과 같다(김진석 외, 2021).

〈표 6〉 '기후위기' 프로젝트 수업

학습 과정	교수 · 학습 활동	준비물
문제 인식 하기	① 문제 인식하기 • 온실가스 증가로 인한 기후변화와 관련된 영상 및 자료를 보고 문제의 심각성 인식하기(AR/VR) • 지구 곳곳에서 일어나고 있는 기후위기의 원인 및 현상에 대하여 학생들이 인식할 수 있도록 다양한 자료 제시하기(NEMO.NET 게임 참여)	동기유발 자료 (온실가스 증가로 인한 문제와 관련한 그림 또는 동영상)
문제 파악 하기	② 문제 파악하기 • 온실가스 증가로 인한 기후변화와 관련된 문제를 분석하고 해결 방안 찾기(마인드맵, 브레인스토밍, 그래픽 오가나이저 등을 활용하여 구도화하기) (NEMO.NET 게임에 참여)	환경 보호 홍보 자료 예시
문제 해결 하기	① 함께 해결방안 모색하기(code.org를 통한 환경의 심각성 인식) • 모둠별로 구체적인 해결 방법 및 자료 제작 방법을 결정하기 ② 함께 해결하기(카미봇, NEMO.NET 게임 활용) • 모둠별로 기후위기를 해결하기 위한 방법 모색하기 • 다양한 에듀테크를 활용하여 기후위기를 해결하기 위한 자료 제작하기 ③ 기후위기를 해결하기 위한 방안 자료 발표하기 • 모둠별로 제작한 기후위기 해결 관련 자료를 발표하고, 다른 모둠의 작품 감상하기	챗GPT 탐색 자료 조사학습지
성찰 하기	① 서로의 작품 평가하기 • 〈평가 기준〉을 참고하여 우리 모둠과 다른 모둠의 작품을 평가한다. ② 제출하기 • 홍보자료를 수정 · 보완한 후 업로드하기	

'문제해결하기' 단계에서는 티쳐블머신[4]에서 쓰레기 종류에 따라 카미봇

---

3 김진석 외(2021)의 활동을 AI도구 및 시스템을 고려하여 수정 · 보완하였음
4 주변의 사물이나 생물을 분류하는 학습활동에 효과적으로 적용할 수 있는 티쳐블머신은 초등 3,

을 학습시키는 활동을 구현 수 있다(김진석 외, 2021).

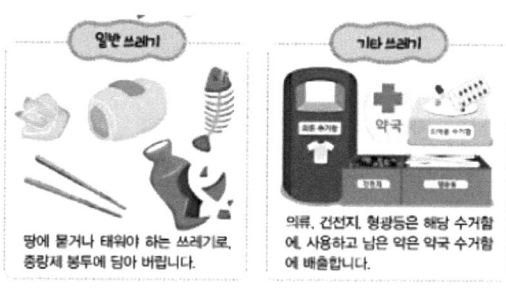

[그림 7] 카미봇: 쓰레기 분류(정지영, 2021)

수업 활동 중에 실시하거나 성찰하기 단계에서는 다양한 평가지를 구안하고 실행할 필요가 있다. 교사는 학습자들이 빅 아이디어를 제대로 달성할 수 있도록 즉각적인 피드백을 주는 것도 중요하지만, 더욱 성장할 수 있도록 장기적이고 체계적인 모니터링이나 스캐폴딩을 계획하고 실행해야 한다. 수업 활동 중에 실시하는 과정평가로는 자기평가, 체크리스트, 교사의 관찰평가 등이 있다. 또한, 다른 모둠의 작품을 살펴보면서 상호평가를 실시할 수도 있을 것이다(평가에 대한 구체적인 방향은 9장 참조).

학습자들이 관점의식의 시각을 갖고 토의·토론을 하며 창의적으로 과

4학년군 학습자에게 적합한 도구들 중 하나라고 할 수 있다. 피아제의 인지발달이론에 의하면, 분류하기는 구체적 조작기 단계에 있는 학습자들의 인지발달 간계에 가장 적합한 활동들 중 하나이다. 예컨대, 영어교과에서는 인간, 동물, 식물 등과 관련된 다양한 어휘목록을 제시한 후, 각 범주에 적합한 어휘를 선택하여 해당되는 범주에 채워 넣도록 하는 활동을 구현할 수 있다. 티처블머신은 누구나 쉽고 빠르게 인공지능을 이용한 기계학습모델을 만들 수 있도록 도와주는 웹 기반 도구로, 인공지능이 학습할 수 있도록 원하는 자료를 범주화하여 입력할 수 있다(신동훈, 2021: 272).

제를 완수하거나 문제를 해결하는 능력을 함양해야 한다. 그래서, 글로벌시민교육의 교실수업은 일반적으로 교사가 교수-학습을 계획하고 다양한 스캐폴딩 전략을 활용하여 안내를 하면, 학생들은 자기 주도적으로 학습 활동에 참여하여 발표, 토의, 토론 등의 학습 활동을 하며, 학습자 스스로 상호평가나 자기평가를 통해 자신의 활동을 반성하고 수정하는 일련의 절차로 진행한다(Bender, 2012; 김진석 2018a).

이런 측면에서, 교사는 학습자들이 관점의식의 시각을 갖도록 하며, 토의·토론을 활성화하는 수업에 초점을 맞춘 수업을 설계할 수 있을 것이다(김진석, 2022). 예를 들어, '글로벌 정의: 공평한 분배'라는 빅 아이디어로 프로젝트를 다음 〈표 7〉과 같이 계획하고 구현할 수 있다.

〈표 7〉 '글로벌 정의: 공평한 분배[5]' 프로젝트 수업(김진석, 2022)

과정	교수·학습 활동
문제 인식 하기	① 공평한 분배가 무엇인지에 대한 문제제시 ② 챗GPT를 활용하여 공평한 분배에 대한 문제 파악 ③ 공평한 분배와 관련한 사례 조사하기
문제 파악 하기	④ 그래픽 조직자를 활용하여 공평한 분배에 관하여 브레인스토밍하기 • 그림, 유튜브, AR, VR 등을 통해 공평한 분배와 관련한 사례 공감하기 • 공평한 분배에 대한 그림이나 그래픽 오가나이저 준비하기
문제 해결 하기	① 각 개인이 서로 다른 자원을 받는다면, 자원 분배를 결정하는 기준을 어떻게 설정할 지에 대해 브레인스토밍하기 ② 스키마 활성화: 자원을 공정하게 분배하는 기준에 대해 모둠별로 토론하기 ③ 자원을 공평하게 분배하는 방안을 모색하고 표현하기 ④ 공평한 분배와 관련한 사례 중심의 발표 및 역할극 하기 ⑤ 공평한 분배의 방안을 실생활에 실천하는 방안 발표하기 • 수업 활동에 능동적으로 참여하여 상대방의 의견을 존중하고 공감하기 • 학습자들의 가치, 규범, 생활관습 등을 이해하고 그들을 내재화하기

---

5 Fraser(2009)의 정의들(분배, 인정, 참여) 중 분배의 정의에 초점을 두고 프로젝트를 설계함

성찰 하기	① 학습목표를 달성했는지를 점검하고 자원 분배를 결정하는 기준 완성하여 제출하기 ② 공평한 분배를 위해 실생활에 실천하는 영상 또는 자료 업로드하기

위와 같이, 공평한 분배가 무엇인가에 대한 빅 아이디어를 달성하기 위해 플립러닝 기반 STAR수업모형의 틀을 활용하면, 학습자의 인지적, 정의적, 심동적 수준에 적합한 수업활동을 계획할 수 있고, 그 수업활동과 연계하여 과정 중심 평가도 실시할 수 있을 것이다.

교실수업 적용([부록 15] 예시)
- 다학문적 영어수업의 사례
- AI와 영어교과 간 통합수업의 사례

3. 과제 중심 학습

과제 중심 실러버스에서는 수업의 내용, 교수·학습 방법, 평가 등과 관련하여 교사와 학생 간 절차적 협상(procedural negotiation)이 중요하다(Ellis, 2003). 과제의 주제 내용(thematic content)을 선정할 때, 화제 친숙도(topic familiarity), 내적 흥미도(intrinsic interest), 화제 관련성(topic relevancy) 등이 고려된다. 학생들의 일상생활과 밀접한 관계가 있는 화제는 매우 가깝지만 'fantasy'와 같은 주제는 학습자에게 다소 동떨어진 화제이다(Estaire와 Zanon, 1994).

과제 중심 학습의 실러버스를 구성할 때, 학습효과를 극대화하기 위해, 학생들의 발달 단계에 맞도록 내용을 순서 지을 필요가 있다(김진석, 2023). 무엇보다도, 이러한 결정에는 과제의 복잡성(task complexity)이 고려되어야 한다. 복잡성은 학습자에게 부과되는 기억, 추론, 다른 정보 처리 요구 등이 고려되고, 다음과 같은 입력(input), 조건(condition), 과정(process), 결과(outcome)에 의해 구체화 된다(김진석 외, 2009).

첫째, 입력(input)의 양상에 따라 과제의 복잡성이 달라진다. 과제의 복잡성에 영향을 미치는 입력의 요소엔 입력 매체(input medium), 언어 복잡성(code complexity), 인지적 복잡성(cognitive complexity), 맥락 의존성(context dependency), 정보 친숙성(familiarity of information) 등이 있다(김진석 외, 2009). 입력의 양상들 중, 인지적 복잡성은 인지적으로 처리해야 할 입력 정보 양과 처리의 용이성에 따라 결정된다(김진석 외, 2009). 이에 영향을 미치는 요소에는 정보 유형, 정보의 양, 정보 구조의 명료성(clarity of information structure) 등이 있다. 정보 유형(information type)에는 다음과 같이 '정적(static)', '동적(dynamic)', '추상적(abstract)' 정보가 고려된다.

- 정적 정보: 과업 수행의 전 과정을 통하여 변화가 없는 정보
- 동적 정보: 사건의 변화나 활동의 변화가 있는 정보
- 추상적 정보: 어떤 견해나 입장을 형성하거나 정당화 하는 내용을 담고 있는 정보

일반적으로, 정적 정보보다는 동적 정보, 동적 정보 보다는 추상적 정보를 처리하기가 더 어렵다.

또한, 인지적 복잡성은 처리해야 할 정보의 양과도 관계한다. 동일한 크기로 구성된 적은 항목을 규칙적으로 제시하고 있는 입력 정보가 다양한 크기로 구성된 많은 항목을 불규칙하게 제시하고 있는 입력 정보보다

쉽게 처리될 것이다. 마찬가지로, 적은 수의 등장인물과 사물로 구성된 이야기체 글이 많은 등장인물과 사물로 구성된 이야기체 글보다 더 용이하게 처리될 것이다.

> 인지적 복잡성은 반드시 처리해야할 정보의 양과 관련된다.

아울러, 정보구조의 명료성은 이야기체 글에서처럼 시간 순서에 따라 사건이 진행되며 정보가 분명하고 이해하기 쉬운 구조로 되어있는 정도를 말한다. 명료하고 짜임새 있는 구조로 된 입력은 학습자들이 이미 형성한 스키마에 의존할 수 있기 때문에 불명료하고 느슨한 구조로 된 입력보다 이해하기가 용이할 것이다.

둘째, 과제 조건의 요소인 대화자 관계성, 과업 요구, 담화 방식 등은 과제의 복잡성을 결정짓는다. 양방향 의사소통 방식(two-way communication mode)을 조건으로 하는 과제가 일방향 의사소통방식(one-way communication mode)을 조건으로 하는 과제보다 의미협상을 더 촉진하는 것으로 드러났다(Markee, 1997). 또한, 학습자들에게 의미협상 기회를 제공하면, 학습자들이 과업에 투자할 시간의 양이 늘어나기 때문에 보다 성공적으로 과업을 수행한다(Ellis, Tanaka, Yamazaki, 1994). 이는 의미협상의 양, 정보의 배열(information configuration), 상호작용의 요건(information requirement), 목표의 지향성(goal orientation) 등도 과제의 복잡성에 영향을 미칠 수 있다는 것을 말한다.

셋째, 과업 수행의 과정(performing process)이 과제의 복잡성에 영향을 준다. 과제를 완성하는데 필요한 추론(reasoning)의 성격이 과업 복잡성에 주요한 영향을 준다. 정보차 활동(information gap activities)보다는 추론차 활동(reasoning-gap activities)이, 추론차 활동보다는 견해차 활동(opinion-gap activities)이 수행하기에 더 어렵다(Prabhu, 1987). 이는 입력(input)으로 제공된 정보와 결과(outcome)로 얻게 된 정보 사이의 거리가 과업의 상대적 난이도라는 것이다. 다시 말해, 입력 정보로부터 연역, 추론, 계산 등을 통해 최종 결과를 얻기까지 추론 단계의 수가 많으면 많을수록 그 과업의 상대적 난이도는 높아진다.

넷째, 과제의 복잡성에 영향을 미치는 과제 결과의 요소에는 매체(medium), 범위(scope), 담화 영역(discourse domain), 결과의 복잡성(complexity of the outcome) 등이 있다. 수렴적 사고를 요하는 닫혀있는 결과(closed outcome)보다는 확산적 사고에 의해 얻어지는 열려있는 결과(open outcome)가 과제를 완성하는데 더 어렵다. 또한, 분류(classification)나 이야기(narration) 활동은 목록화(listing)나 기술(description)과 같은 활동보다 인지적 부담이 많을 것이고, 지시(instructions)와 논증(arguments)보다는 그 부담이 더 적을 것이다. 그러나, 이와 같은 담화 영역의 복잡성은 과제의 결과물이 얼마나 구체화되어 있느냐에 따라 달라질 것이다.

과제 중심 교수법은 최소 단위인 두 사람에게 상호 협조하여 해결해야 할 어떤 과제를 제시하고, 그 과제의 해결을 위해 꼭 필요한 정보를 참여하는 두 사람에게 상호 보충적으로 배분해 준다면, 두 사람은 주어진 과제를 해결하기 위해서 의사를 서로 교환하지 않을 수 없을 것이다(김진석, 2023). 즉, 두 사람 간에 정보의 차이(information gap)를 만들어 주면, 이 정보의 공백을 메우기 위해서는 생각도 많이 해야 하고, 또 상대방이 가진 정보를 이용도 해야 한다.

과제 중심 교수법은 학생들이 학습의 과정에 직접 참여해 경험을 축적해 나가는 것으로, 결과보다는 과제를 해내는 과정을 중시하는 교수

방법이다. 과제 중심 교수법은 과정적 교수요목(procedural syllabus), 과정 중심 교수요목(process syllabus)으로 다음과 같은 특징을 갖고 있다 (Feeze, 1998; Nunan, 1989; Willis, 1996; 김진석 외, 2019).

첫째, 수업의 초점은 결과적 산출물이 아니라 학습 과정이다. 즉, 수업에서 제시하는 결과를 만들어내는 것보다 이를 만들기 위해 학생들이 상호 작용하는 과정을 학습의 주된 요소로 삼고 있다.

둘째, 수업의 기본 요소는 다양한 활동 혹은 과제로서, 여기에 참여한 학생들은 개개인의 과제를 하기 위하여 유의미한 상호작용 및 의사소통을 통해 결과를 산출해야 한다.

셋째, 학습에 사용되는 과제는 실제 생활에서 성취할 수 있는 것이되, 교육적인 목적을 가지고 있어야 한다.

넷째, 과제 중심 교수법에 근거한 교육과정 혹은 교수요목은 난이도에 따라 조절된다. 이 때, 과업의 난이도에 영향을 주는 요소는 과업의 복잡성, 그 일을 하는데 필요한 인지 수준, 도움을 받을 수 있는 정도들이다(Brindley, 1987; Nunan, 1989).

다섯째, 학습의 대부분이 짝 활동, 그룹 활동으로 이루어진다. 교사가 전체 학생을 대상으로 질문하고 대답하는 것보다 학생들이 그룹별로 질문하고 대답하게 하면 학생들 개개인은 학습할 기회가 훨씬 많아진다. 그룹별 활동을 하면, 학생들 자신이 자신의 학습의 과정에 참여하게 됨으로 그 학습에 대하여 자신이 책임을 지게 되고, 자신이 그 학습 과정에 책임감을 가지면 가질수록 학습한 내용은 그만큼 학생들 자신의 것이 된다.

여섯째, 교사는 충고자(advisor) 혹은 촉진자(facilitator)로서 학습을 위해 필요한 조건을 유지시킨다(Nunan, 1989). 즉, 사전 단계에서 교사는 미리 구성한 과제를 학습자가 이해한 후 수행할 수 있도록 적절하게 안내하는 역할을 하고, 과제 수행 단계에서는 과제의 목표에 따라 학습자들이 능동적으로 참여하여 과제를 수행하도록 한다. 이 때, 교사는 수행할 과제의 목표에 따라 역할을 달리한다. 넓은 의미에서 교사는 학습과정의 전체적인 목표와 과제의 구성요소가 학습목표를 어떻게 달성하는지를 설명하며, 학습자가 수업시간에 달성해야 할 것이 무엇이고 수업이 끝난 후 달성한 것이 무엇인가를 정리해 주는 역할을 한다.

일곱째, 학생은 학습 과정에 능동적으로 참여하여, 교사와 협의하여 배우고 있는 과정의 교수요목을 결정하기도 하고, 학습 자료의 선정에 관여하여 자기의 진도에 따라서 공부할 수도 있으며, 적절한 학습 책략을 충분히 검토하여 선정하기도 한다.

> 수업의 초점은 상호작용하는 학습과정을 통해 결과물을 산출하는 것이다.

과제 중심 수업의 사전 단계에서는 본 수업에서 수행하여야 할 과제를 하기 위해 정보를 학습하고, 학생들에게 과제의 목표, 절차 등을 설명한다. 본 단계에서는 학생들은 그룹으로 나누어 활동한다. 이 단계에서는 과제를 수행하기 위한 계획을 하고, 그룹으로 나뉘어 과제를 수행한 후, 결과를 기록하여 발표하게 한다. 마지막 단계에서는 그 과제를 하면서 사용했던 결과물을 공유하고 성찰한다(Willis, 1996).

과제 중심 교수법은 학습자들이 자신이 가진 언어적 지식을 총동원하여 실제와 유사한 상황에서 활용하는 기회를 가지게 되므로 학습자들의 창의적인 문제 해결의 기회를 제공할 수 있다(이정경, 2012). 과제 중심 교수법은 Swain(1985)의 주장처럼 학습자에게 과제를 통해 정보를 자연스럽게 입력할 뿐 아니라 출력할 수 있는 기회를 제공한다. Willis(1996)에 의하면, 학습자는 총체적인 경험을 통하여 수업의 절차를 과제 전 단계(pre-task), 과제 중 단계(task cycle), 정보 초점(focus) 단계로 나누어 다음과 같이 실행한다.

과제 전 단계		
과제 소개하기		
과제 중 단계		
과제수행	계획하기	발표하기
초점 단계		
학습할 정보에 초점을 두고 연습하기		

[그림 8] 과업 중심 수업 수업의 절차(Willis,1996)

과제 전 단계에서는 학생들이 과제 수행의 과정을 원활히 해 낼 수 있도록 학생들에게 유사한 과업을 해 보거나 새로운 정보를 소개한다. 과제 중 단계에서는 학습자들의 이해를 돕고 흥미를 제공하는 시각 자료나 활동 보조 자료 등을 제공하여 정보를 활성화 하도록 격려한다. 과제 후 단계에서는 과제를 수행하면서 사용한 정보를 바탕으로 여러 사람 앞에서 발표하고, 이를 분석하면서 인지적 능력을 함양한다. 위와 같이 Willis(1996)나 Skehan(1996b)의 과제 중심 교수 학습 절차를 활용하되 자발적 발화[6]를 고려한 과제의 적용방안을 마련해야 한다(이정경, 2012).

과제 중심 수업의 활동들을 유형별로 분류하면, 여러 자료를 주고

---

[6] 이정경(2012)은 학생의 발화를 자발적 발화와 타의적 발화로 구분하고, 좀 더 명확하게 자발적 발화에 대해서 정의한 박광노(2005)의 자발적 발화를 다음과 같이 수정하였다.

이를 다양한 방법으로 그리거나 제시하는 '열거하기(listing)', 여러 가지 재료를 논리적인 순서에 의해 꿰어 맞추는 '순서 맞추기(ordering & sorting)', 여러 자료를 가지고 유사점과 차이를 구분하는 '비교하기(comparing)', 지적 추론 능력을 이용하여 문제를 해결하게 하는 '문제 해결하기(problem solving)', 자신의 느낌과 경험들을 자유롭게 말하고, 이를 토대로 자유롭게 의견을 주고받는 형태의 '경험 말하기(sharing personal experience)', 우체국에 가서 실제로 소포를 부치거나 물건을 사는 등의 '창의적 과제(creative task)' (Nunan, 1989; Willis, 1996) 등이 있다 (최진황, 김진석, 이윤, 2002). (학년군별 과제는 [부록 28] 참조)

지금까지 살펴 본 주제 중심 접근과 과제 중심 접근은 학습자가 자기 주도적 학습을 할 수 있도록 수업을 설계·구현하는 방안들 중 하나다. 이러한 학습자 중심 교육에서는 교사와 학습자가 주체가 되어 주제, 교실활동, 평가 방식 등을 협의하여 선정하고 실행한다. 이를 위해서는 교사는 내용·교수−학습 방법·평가·테크놀로지 지식뿐만 아니라 학습자의 인지·정의·심동적 수준을 확인하고 수업을 설계·실행·평가·성찰하는 전문성을 갖추어야 한다. 교사는 학생들 간 협의 시, 수업에 구현할 수 있는 다양한 방안들을 마련하여 안내하고 도움을 주면, 학생들은 설정한 주제나 문제에 대해 탐구·사고하고 개인별·짝별·모둠별 소통·

자발적 발화	질문	1. 학생이 교사에게 자발적으로 질문을 한다.
		2. 학생이 동료 학생에게 자발적으로 질문을 한다.
	오류수정	3. 학생이 교사나 동료 학생의 오류를 지적한다.
	확산반응	4. 교사의 질문에 확산된 내용으로 반응한다.
		5. 학생이 동료 학생을 칭찬한다.
		6. 동료의 질문에 확산된 내용으로 반응한다.
		7. 자신이 쓴 내용을 친구들에게 발표한다.

협력하여 과제를 완수하거나 문제를 해결한 후, 자기평가나 상호평가를 통해 성찰해 나가는 일련의 활동을 효과적으로 수행할 수 있을 것이다. 교실수업의 주체자인 교사와 학생들 간 상호작용이 그 어느 때보다 강조되는 이유다.

교실수업 적용([부록 16] 예시)
- 과제중심 교수요목
- 과제중심 교수-학습 방법

핵심개념
- 국제 바칼로레아(International Baccalaureate)
- 목표 과제(target task) / 교육 과제(pedagogical task)
- 절차적 협상(procedural negotiation)
- 교수 접근 방식(approaches to teaching)
- 학습 접근 방식(approaches to learning)
- 양방향 의사소통 방식(two-way communication mode)
- 과정 중심 교수요목(process syllabus)
- 과정적 교수요목(procedural syllabus)

제5장 연습문제

1. 주제는 개념(concept)과 내용(content)의 복합체다(Holmes 외, 2019: 181). 빅 아이디어는 주제와 내용을 조직하는 방법이다. 주제는 개념, 화제, 범주 등으로 연결되어 구성될 수 있다(Fogarty, 1991). 이러한 주제의 구성 방법에 대해 설명하시오.

2. Robin Forgarty(1991)의 간학문적 접근 방법 중 대표적인 모형으로는 쌍안경, 망원경, 확대경, 만화경 등이 있다. 쌍안경과 망원경에 대한 특징을 제시하고 그에 적합한 수업 활동을 제시하시오.

3. 다학문적 주제는 같은 기간 동안 가르쳐지는 테마 혹은 쟁점을 통하여 연결되지만, 독립된 수업에서 가르쳐진다. 초등학교 학생들은 서로 다른 교과영역을 나타내는 학습세트를 통하여 번갈아 가며 학습할 수 있다. 기후위기라는 주제를 다학문적 접근방법으로 설계하시오.

4. 과제 중심 교수법은 학생들이 학습의 과정에 직접 참여해 경험을 축적해 나가는 것으로, 결과보다는 과제를 해내는 과정을 중시하는 교수 방법으로 과정적 교수요목(procedural syllabus), 과정 중심 교수요목(process syllabus) (Feeze, 1998; Nunan, 1989; Willis, 1996)이다. 학습자 중심 교육과정의 실행단계를 고려하여 과정적 교수요목의 특징을 기술하시오.

제6장

상호작용이 활발한 교실수업 설계

교사와 학생 간 상호작용은 실질적 학습과 정체성 협상의 공간을 만든다.
- Cummins(2000)

생각하기
1. 상호작용능력과 의사소통능력 간 차이는 무엇일까?
2. 교실 상호작용의 자원이나 자질에는 어떤 것이 있을까?
3. 교사나 학생의 상호작용 점검지에는 어떤 요인이 고려되어야 하는가?

교실수업에서 학습자는 과제를 완수하거나 문제를 해결하기 위해 지속적으로 교사나 동료들과 상호작용한다. 학습자는 교사가 설계한 활동을 수동적으로 수행하는 수신자(addressee)가 아니라 능동적으로 참여하여 창의적으로 과제를 완수하거나 문제를 해결하는 참여자(participants)가 되어야 한다. 이는 교사와 학습자들 간 또는 학생들 간 일방향이 아니라 양방향으로 상호작용하는 것을 말한다. 학습자들이 수업활동의 목적이나 절차를 이해하고 수행하지 못한다면 수업목표를 달성하기는 어려울 것이다. 이럴 경우, 교사는 학생들이 학습활동을 제대로 수행할 수 있도록 모니터링이나 스캐폴딩을 하고, 학생들은 교사나 동료의 지원을 받아 적극적으로 수업에 참여하여 과제를 완수하거나 문제를 해결하는 상호작용이 일어나야 한다. 이 장에서는 교실상호작용능력을 짚어보고,

상호작용의 자질을 바탕으로 교사와 학생 간, 학생들 간 상호작용을 분석하는 방법에 대해 살펴보고자 한다.

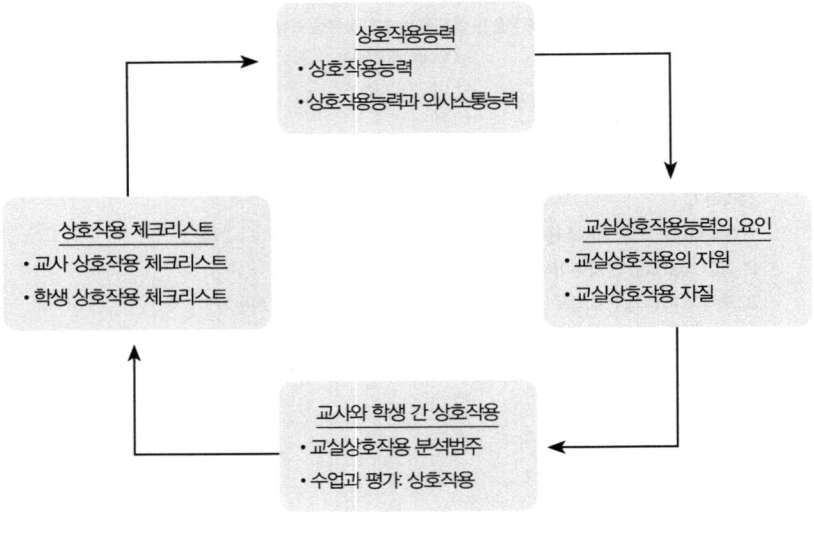

[그림 1] 핵심 내용 흐름도

1. 상호작용능력

교실수업에서 학습자들은 교사 간 또는 동료들 간 수업시간 동안 지속적으로 상호작용한다. 수업 과정에서, 교사가 수업 전 동기를 유발하거나 정보를 입력하면 학생들은 그에 반응하거나 참여하는 상호작용부터 수업 후 교사가 학습자들이 학습목표를 달성하였는지 확인하는 상호작용까지 역동적이고 다양하다.

교사가 오케스트라 단장과 같이 주도하면서 강압적이고 일방향으로 수업을 통제한다면 교사와 학생 간 상호작용은 어떻게 나타날까?

Cummins(2000)에 의하면, 교사의 역할 정의(educator role definition)와 교육 구조(educational structure)가 교실 내의 교사와 학생 간 상호작용에 영향을 주며, 강압적 권력 관계에서 비롯된 상호작용은 "양가적이거나 불안전(ambivalent/insecure)하고 또는 저항적(resistant)"(p.45)인 특성을 띤다(고은옥, 2025). 반면, 변혁적이고 양방향성으로 교사는 도움을 주고 학생들은 교실활동을 능동적으로 수행하는 참여자일 경우, 상호 협력적으로 상호작용이 일어난다.

학교 및 교실 공간은 사회 유기적인 생태적 특성을 지니고 있으며, 교사와 학생 간 상호작용은 대인 공간(interpersonal space)을 형성하기 때문에, 교실에서의 상호작용은 실질적 학습과 정체성 협상의 공간으로 작용할 수 있다(Cummins, 2000; 고은옥, 2025). 교실상호작용에서 언어는 대화 참여자간 서로의 개념이나 의견을 상호 주관적으로 전달하는 매개체다. 언어란 개개인이 사고와 개념을 표상하기 위해 사용하는 규칙 지배적이며 기호에 기반한(code-based) 도구(Pence & Justice, 2008)이기 때문이다[1]. 따라서, 언어는 '개개인의 생각이나 느낌을 타인들에게 표현하기 위해 사회적으로 관습화되고 규칙 지배된 기호 기반(code-based)도구'로 정의될 수 있다. 다시 말해서, 언어는 1) 사회적으로 관습화되어 있으며, 2) 음소, 형태소, 의미소 등을 규칙적으로 사용하고, 3) 개개인의 생각이나 감정들 (의미, 느낌, 분위기, 태도 등)을 표현하기 위해 내적으로 구조화된 기호코드인 것이다.

---

1 Nelson(1998)에 의하면, 언어란 '동일한 코드를 알고 있는 타인들에게 의미있는 세계에 관한 지식을 표상하기 위하여 자의적 기호들(arbitrary symbols)로 구성된 관습화된 시스템(conventional systems)이며 사회적으로 공유된 코드다.'(p. 26).

📎 교사와 학생 간 상호작용은 대인간 공간(interpersonal space)을 형성한다.

    교실상호작용에서 중요한 기능을 하는 언어적 의사소통(verbal communication)은 무엇인가? 화자는 구조화된 개념을 전달하기 위해 의미표상양식(semantic representation mode)을 사용하여 맥락에 적절하고 효과적으로 대화 참여자들 간 상호작용한다. 이런 측면에서, 대화 참여자들 간 개념이 형성되고 통사적, 음운적 형태가 구축되면, 대화 참여자들 간 의사소통이 일어나게 된다. 여기서, 말(speech), 청각(hearing), 의사소통(communication)은 구분할 필요가 있다(Pence & Justice, 2008). 말이란 인간이 대기(또는 전화선 등의 기타 매체)를 통해 언어를 청자에게 전달하는 소리 신호로 전환해 내는 신경 근육의 처리라고 할 수 있다. 청각은 말이 인간의 뇌 속으로 들어가 처리되게 해주는 감각 시스템이다. 의사소통이란 개인들 간에 서로 정보를 공유하는 과정이다(Pence & Justice, 2008). 말이 발화(utterance)가 되지 않으면 내적 언어(inner speech)가 된다. 발화는 감정, 분위기, 태도 등을 표현하는 단계로 맥락을 고려하지 않고 불완전하게 발화하는 경우도 있어서 완전한 의사소통이 일어났다고 할 수 없는 경우가 있을 수 있다(김진석, 2013). 화자가 맥락을 고려하여 자신의 의사소통적 의도(communicative intention)를 제대로 발화하는 화행의 단계까지 이르게 되면 완전한 의사소통이 일어났다고 할 수 있다(김진석, 2013).

    언어적 의사소통뿐만 아니라 비언어적(non-verbal) 의사소통도 대화 참여자들 간 의도를 전달하고 서로 공유하는 상호작용이다. 이 또한 공동체 내에서 의미 표상의 규준을 고려하여 자신의 생각이나 감정을 체계적으로 표현하는 수단이다. 이러한 의미 표상의 양식은 다음과 같다(김진석, 2023).

- 비언어적 의사소통의 형태
    청각적 형태: 목소리(voice), 침묵(silence), 음향, 음악 등
    공간적 형태: 근접성, 생태 분류적 요소, 지리적 요소 등
    제스처 형태: 촉각성, 제스처, 신체행동, 감정, 동작적 특징 등
    시각적 형태: 색깔, 전경정보, 배경정보 등

위는 비언어적 의사소통(Hall, 1966, 1983; Tylor, 1974; New London Group, 1996)으로, 학습자들은 언어적 형태(전달, 어휘, 은유, 정보구조, 일관성 등)뿐만 아니라 청각적, 공간적, 제스처, 시각적 형태 등과 같이 다양한 형태로 정보를 학습한다고 할 수 있다. 근접성(proxemics)은 공간 거리의 개념으로 친밀한 거리, 개인적 거리, 사회적 거리, 공적인 거리 등으로 나누어 설명될 수 있다(Hall, 1966). 촉각성(haptics)은 악수나 인사, 키스나 껴안기(hug), 팔을 붙들거나 부축하기 등과 같은 신체 접촉의 행위이며, 동작적 특징(kinesics)은 얼굴표정, 눈 동작, 머리 동작, 어깨와 몸통의 움직임, 손동작, 자세, 판토마임 등을 말한다(Tylor, 1974).

교실수업에서 학생들은 비언어적 의사소통의 청각적, 공간적, 제스처, 시각적 형태를 언어적 의사소통의 이해·표현 영역과 결합하여 전달하고자 하는 의도를 표현한다. 대화 참여자들 간 상호작용 시, 구어 대화는 언어, 청각, 말을 포함하지만, 인터넷 채팅에서의 두 사람 간의 의사소통에는 오직 언어만이 포함(Pence & Justice, 2008)되어 있어서 실질적인 상호작용에는 한계가 있다.

최근에는 교실수업에서 학습자들 간 의미를 서로 구축하고 상호 이해할 있는 방법을 강조하는 상호작용능력이 강조되고 있다. 상호작용능력은 학습자들이 의도하는 의미를 의사소통하여 상호 간 의미를 이해하는 데에 있다(Kramsch, 1986). 본질적으로, 상호작용 능력은 상호 작용자들 간 어떤 것들이 일어나고 상호작용이 어떻게 유지되는 지에 관심이 있다. 이 능력은 유창성보다는 서로 간 발화에 유념하며 함께 의미를 만들어 가는 화자 간 상호 유창성(confluence)에 더 초점을 두고 있다(McCarthy, 2005). 특히, 교실 상황에서는 대화 참여자들이 서로 간 의도를 이해하고 도움을 주기도 하고 질문도 하면서 지속적으로 상호작용능력을 함양해야 한다(김진석, 2013).

> 학습자들 간 의미를 서로 구축하고 상호 이해하는 교실상호작용이 되어야 한다.

흔히, 상호작용능력과 의사소통능력을 구분하지 않는 경향이 있지만, 엄밀하게 말하면, 상호작용능력과 의사소통능력은 다음과 같이 구분될 수 있다(Walsh, 2011; 김진석, 2013).

〈표 1〉 상호작용능력과 의사소통능력

상호작용능력	의사소통능력
상호작용자들이 의미를 서로 구축하고 상호 이해할 있는 방법을 강조함	개개인들 간 능력은 서로 차이가 있고 차 상위 수준의 능력으로 향상시키는 것이 언어학습의 목표임
언어적 요인뿐만 아니라 상호작용의 요인을 포함하지만, 순서교대(turn taking), 중복된 말, 멈춤 등을 통해 상호작용이 안내되고 유지되는 방법을 더 강조함	이상적인 시스템의 언어 지식과 대조되는 것으로, 특별한 맥락 속에서 언어를 사용할 필요가 있는 지식 및 기술을 강조함

하나의 맥락에서 요구되는 상호작용 능력이 반드시 다른 맥락으로 전이되지 않는 매우 특수한 맥락임. 맥락이 다름에 따라 다른 상호작용능력이 요구됨	맥락은 모든 것을 말함. 즉, 우리가 말하는 것은 누구와 언제 어디서 무엇을 왜 말하고 있는지에 달려 있음
상호 협동적 관점에서 개개인의 언어수행을 거부함	개개인의 언어수행을 강조하며 이것은 앞으로 변화할 수 있는 것이라는 점을 인지함
유창함이나 정확성보다는 상호작용에 더 초점을 둠. 즉, 화자들 간에는 서로 간의 발화에 주의를 기울이며, 필요하다면 돕고 지원을 함.	정확성, 유창성, 적절성이 의사소통능력의 중심이고, 이들의 기준은 의사소통능력을 평가하는 데 사용됨
자신의 발화와 동일하게 상대방의 발화도 강조함. 듣는 것이 말하는 만큼이나 상호작용에서 중요한 역할을 함.	청자 및 이전 발화 지식 보다는 개개인의 발화에 더 초점을 둠.

위의 표에서와 같이, 의사소통능력은 학습자의 능력에서 개개인들 간 차이가 있고, 그 능력을 차 상위 수준의 능력으로 향상시키는 것을 언어학습의 목표로 삼는 반면에, 상호작용능력은 상호작용자들이 의미를 서로 구축하고 상호 이해하는 방법에 초점을 두고 있다(김진석, 2013).

실제, 교실수업에서 상호작용의 전략을 사용하고 있다는 증거의 자료에는 순서교대, 화제 유지 등이 있다. 이러한 특성들을 Markee(2008)는 다음과 같이 나누고 있다(김진석, 2013).

- 언어의 형식체계(문법, 어휘, 발음)
- 기호학적 체계: 순서교대(turn taking), 수정(repair), 순서구성(sequence organization)
- 응시 및 보조 언어적 특질

상호작용능력에는 학습자들 간 더 정확하고, 유창하며, 복잡한 상호작용을 점차 구축해 나가는 일련의 과정이 강조된다. 여기서, 정확성, 유창성, 복잡성을 상호작용의 지표로 설정하고 초점을 두고 있지만, 고도의 상호작용능력을 갖고 있는 사람이 반드시 정확한 화자일 필요는 없다(김진석, 2013).

2. 교실상호작용능력의 요인

필요한 정보를 언제 어디서나 탐색할 수 있는 유비쿼터스 환경을 갖춘 교실수업에서는 학습자들이 주어진 과제를 해결하기 위해 새로운 정보를 실시간으로 탐색하고 활용할 수 있다. 이는 지식·암기 위주의 천편일률적인 수업에서 벗어나 학습자들이 정보를 스스로 탐색하고, 알고 있는 스키마를 활용하여 자신의 관점을 창의적으로 표현하며, 서로 소통하고 협력하는 상호작용의 과정을 통해 과제를 완수하거나 문제를 해결해 나가는 창의·융합 중심의 수업으로 전환할 것을 요구하고 있다(김진석, 2015).

모둠별 상호 협력적 관계는 교실 내에서 형성되고 허용되는 상호작용의 양상에서 비롯된다. 이런 측면에서, AI시대의 교실수업은 교사와 학생 간, 학생들 간 상호작용이 활발해야 한다. 또한, 펭톡, 챗봇, 챗GPT, 구글 번역기 등과 같은 AI도구들과 상호작용하면서 과제를 효과적으로 완수할 수 있다. 따라서, 교사는 교실 활동에서 학습자들이 학습의 주체가 되어 능동적으로 자신의 수업을 만들어 나가고 스스로 과제를 완수하고 평가할 수 있도록 수업을 설계해야 한다. 무엇보다도, 교사는 AI보조교사의 도움을 받아 수업의 촉진자로서 학습자들 간 상호작용이 활발하게 일어나도록 학습자들의 부족한 부분을 찾아 도움을 주며, 수업 운영자로서 학습 목표를 달성할 수 있도록 모둠별, 짝별 활동을 설계하고 구현해야 한다.

실제, 교실수업에서 교사와 학습자 간 상호작용이 원활하게 일어나지 않는 경우가 있다. 학생이 교사의 의도를 제대로 인지하지 못하여 의사소통의 단절이 일어나고 심지어 상호작용이 더 이상 일어나지 않는 경우가 있다. Young (2011)은 대화 참여자들 간 상호작용에서 고려해야 할 자원들을 다음과 같이 설정하고 있다(김진석, 2024).

- 정체성 자원(Identity resources): 대화 참여자의 틀
  상호작용에 참여하는 모든 참여자들의 정체성으로, 참석 또는 비참석, 공식 또는 비공식, 실증 또는 비실증, 참여자들 간 관계
- 언어적 자원(Linguistic resources)
  - 사용역(Register): 실제로 정형화하는 발음, 어휘, 문법의 자질들
  - 의미 구축 방식(Modes of meaning): 대화 참여자들이 대인간이면서 경험적이고 실행하고 있는 텍스트의 의미를 구축하는 방식
- 상호작용 자원(Interactional resources)
  - 화행(Speech acts): 화행의 선택과 그들의 선행조직
  - 순서교대하기(Turn-taking): 대화 참여자들이 어떻게 다음 화자를 선택하고 언제 순서를 마무리하고, 그들이 언제 어떻게 다음 순서를 시작할지를 아는 것
  - 대화수정(Repair): 대화 참여자들이 상호작용의 어려움에 반응을 보이는 방식
  - 범위(Boundaries): 현재와 인접한 화행들 간 구분하는 시작과 끝맺음

상호작용은 사회 맥락 속에서 위의 자질들에 대한 지식과 함께 그들을 선택하는 것이라 할 수 있다. 그러나 화자가 갖는 위 요인들에 대한 지식과 선택은 다른 참여자들이 행하는 것을 선행조건으로 한다는 것이다. 즉, 상호작용은 대화 참여자들에게 달려있고, 그들 간 상호작용의 실행에 따라 다양하게 나타난다. 상호작용은 개개인이 알고 있는 것에 머무는 것이 아니라 특정한 맥락 속에서 다른 사람들과 함께하는 것이기 때문이다.

본질적으로, 상호작용은 대화 참여자들 간 어떤 것들이 일어나고 상호작용이 어떻게 유지되는지에 관심이 있다(김진석, 2024). Hymes(1974), Kramsch(1986), Young(2011, 2014), Walsh(2011) 등을 바탕으로, INTERACTION을 다음과 같이 11개 자질들로 세분할 수 있다(김진석, 장은숙, 2024).

- I'(dentity): 대화 참여자들은 대화에 어떻게 참석하고 있는지, 대화 참여자들은 공식적인지 아니면 비공식적인지, 실증적인지 아니면 비실증적인지에 관여하는 요인
- N'(orms of interaction & interpretation): 대화 참여자들은 상대방이 전달한 메시지를 어떤 규준으로 이해하는지, 어떤 규준으로 순서교대(turn-taking)하고 있는지, 상대방의 발화에 반응하는 태도의 규준은 무엇인지에 관여하는 요인
- T'(ime & place): 시간, 장소, 화자, 청자 좌표에 해당됨. 시간은 상호작용이 일어나는 때와 시간적 길이 등에 관한 것이고, 장소는 대화 참여자들이 공유하는 공간으로 움직임, 좌석 위치, 실내 온도 등의 물리적 요인
- E(mpathy): 생리적 반응(동작성, 근접성, 촉각성 등)이나 인지적 관점 형성의

과정에서 대화 참여자들 간 동일시가 일어나는 것으로, 대화 참여자들 간 갈등없이 상호작용이 원활하게 일어나고 있는지, 대화 참여자들 간 동일시가 일어나고 자연스럽게 상호작용이 되고 있는지에 관여하는 요인

- R(elationship): 대화 참여자들의 대인 간 관련성을 말하는 것임. 대화 참여자들 간 서로 다른 관련성에서 다른 사람의 행동에 대해 갖는 기대를 말함. 그 관련성을 기반으로 화행(speech acts), 순서교대하기(turn-taking), 대화 수정(repair), 범위(boundaries) 등을 결정하는 요인

- A(gency) & Activation: 대화 참여자들은 가치, 규준, 신념, 사회적 관습 등에 대한 스키마를 고려하여 자기 주도적으로 상호작용하고 있는지, 대화 참여자들은 자기 효능감(self-efficacy)을 갖고 상호작용하고 있는지, 대화 참여자들은 인지적, 정의적, 심동적 영역의 스키마를 활성화하면서 상호작용을 지속하고 있는지에 관여하는 요인

- C(hecking): 대화 참여자들은 자신이 한 말이 올바르게 전달되었는가, 혹은 상대방이 제대로 이해했는가를 항상 점검함. 대화 참여자들은 자신이 한 말이 올바르게 전달되고 있는지, 상대방이 제대로 이해했는가를 점검하고 있는지, 발화 후에도, 자신의 말이 올바르게 전달되는가에 대해 관심을 가지고 점검하고 있는지에 관여하는 요인

- T^2(ools): 면대면 또는 비대면 시, 대화 참여자들은 어떤 상호작용의 도구(예, 이메일, 전화, 줌 등)를 사용하고 있는지, 자신의 의도를 말로 전달할 것인가, 글로 전달할 것인지, 모국어를 쓸 것인지, 외국어를 쓸 것인지, 아니면 혼용할 것인지에 관여하는 요인

- I^2(nter-subjectivity): 대화 참여자들이 서로의 주관적 관점을 이해하고 조정하면서 상호 이해를 형성하고 공유하고 있는지, 서로 공동의 의미를 함께 구축하고 새롭게 창출하며 상호 작용하고 있는지에 관여하는 요인

- O(pinion): 대화 참여자들이 서로 전달하고자 하는 의견으로 개별 화자의 경험과 판단을 개인화 함. 대화 참여자들은 자신의 의도를 어떻게 계획하고 발화하고 있는지, 상대방과 의 미 협상하면서 새롭게 의견을 구축하고 있는지, 스캐폴딩이나 피드백으로 상대방의 의견을 구축하도록 도움을 주고 있는지에 관여하는 요인
- N^2(etworking): 대화에 참여하는 화자(행위자)들 간 연결될 뿐만 아니라 대화와 관련된 대상, 의견, 감정 등과 상호 연결되어 메시지가 구축되고 전달함. 대화 참여자들은 개념이나 내용의 의미를 위계적·비위계적으로 깊이 있게 연결하여 발화하고 있는지, 대상, 의견, 감정 등과 상호 연결되어 메시지를 구축하고 발화하고 있는지, 대화에 참여하는 화자(행위자)들 간 일관성있고 관련성있게 연결이 잘 되고 있는지에 관여하는 요인

위 요소들은 대화 참여자들이 일련의 순서교대의 규칙을 바탕으로 서로의 메시지를 주고받을 때, 그 메시지의 내용이 무엇인지를 자신의 주체성과 서로 간 공유한 지식을 고려하여 제대로 해석하고 자신의 인지, 정의, 심동적 기능을 활성화시켜 자신의 의견을 전달하는 것을 포함하고 있다(김진석, 2024a). 이렇듯, 화자는 청자와의 친숙도, 청자의 인지적 지식 및 정의적 특성 등을 바탕으로 위의 자질들을 고려하여 말을 하게 된다. 이는 교실수업에서 학습자가 교사나 동료의 말을 경청하고 응답하는 양방향 상호작용이 상호 주관적이고 역동적으로 일어나야 된다는 것을 말해준다. 따라서, 교사는 상호작용에 참여하는 학습자의 자원을 활성화해야 한다.

> 상호작용에 참여하는 학습자 자원을 활성화해야 한다.

또한, 대화 참여자들은 자신들의 의도를 서로 전달하고 상호 간 의미를 이해하면서 지속적으로 상호작용해 나간다(Kramsch 1986: 370). 상호작용 시, 대화자들은 의사소통을 어떻게 진행할 것인가를 지속적으로 선택하고 결정한다고 할 수 있다(김진석, 2024). 대화 참여자들 간 상호작용에서 전제하고 있는 것은 '상호 주관성(inter-subjectivity)의 측면 또는 공유한 내적 맥락(Kramsch, 1986, p. 367)'이다.

교실수업에서 상호작용을 제고할 수 있는 요소들은 다양하고 가변적일 수 있다. 학자들 간 주장이 다양하지만, 상호작용을 제고할 수 있는 요소들을 다음과 같이 제시할 수 있다(김진석, 2015).

- 스캐폴딩: 시범 보이기, 힌트, 견본 보이기, 제안하기, 피드백
- 내용 피드백: 학습자의 정보에 대해 피드백 제공
- 반응 대기 시간 할당: 학습자가 응답할 시간을 충분하게 줌
- 질문유형: 학습자가 어떤 대답을 할지 모르는 질문, 학습자의 이해나 지식을 점검하기 위해 응답이 예측되는 질문
- 명료성: 학습자가 표현한 정보들 중 어떤 부분을 명료하게 하도록 요구함
- 단순화: 천천히 말하거나 쉬운 어휘, 문장, 단락으로 표현함
- 교사 반복 발화: 했던 말을 반복하여 발화함, 학습자의 발화를 반복하여 발화함
- 형식 초점 피드백: 학습자가 표현한 정보에 관해 피드백을 함
- 확인 점검 및 평가: 자신의 발화를 제대로 이해했는지를 학습자 스스로 점검함

스캐폴딩에는 힌트뿐만 아니라 제안하기, 시범 보이기, 피드백 등이 있

다. 내용 피드백은 학습자가 의도하는 메시지에 피드백을 제공한다. 확장된 대기시간은 학습자가 반응하거나 반응을 형성하도록 충분한 시간을 할당해 주는 것이다. 질문 유형은 교사가 정답을 알지 못하는 참조형 질문을 어떻게 하고 있는지, 교사가 정답이 정해져 있는 전시형 질문을 어떻게 하고 있는지에 관한 것이다. 단순화는 발화의 속도를 느리게 하고 쉬운 어휘나 짧은 문장을 사용하고 있는지에 관한 것이다. 확인 점검은 학습자나 교사의 발화 이해 여부를 점검하고 있는지에 관한 것이다. 형식 초점(focus on form) 피드백은 학습자의 수준에 맞는 정보를 익힐 수 있도록 적절한 피드백을 주는 것이다. 무엇보다도, 교사는 위의 요인들을 고려하여 학습자와 원활하게 상호작용할 수 있도록 설계·실행·성찰해야 한다

3. 교사와 학생 간 상호작용의 양상

교사와 학생 간 상호작용에서 흔히 나타나는 담화구조는 IRF(Initiation, Response, Feedback) 구조와 인접쌍(adjacency pair) 구조를 들 수 있다(김진석, 2013). 인접쌍은 이원적 담화값(binary discourse values)을 고려하여 조응 관계에 있는 의사소통 기능을 병렬로 제시(adjacency pair)하는 담화 구조이다. 이것은 대화 구성의 기본을 이루는 대화 조직의 유형이다. 인접한 두 발화에서 참여자는 각각 다른 화자로 자신의 의도를 발화하고 있으며, 아울러 첫 부분과 둘째 부분이 특별히 유형화되어 순서적으로 반드시 나오도록 구성되어 있는 구조다(Schegloff, 1972: 294).

교사와 학습자 간 상호작용을 분석하는 체계의 하나로 Flanders

(1970)의 상호작용분석범주(Flanders Interaction Analysis Categories: FIAC)를 들 수 있다(김진석, 2013). FIAC 체계를 통해 교사와 학생 간 대화를 교사 발화(teacher talk), 학생 발화(pupil talk), 침묵(silence) 등으로 세분하여 분석할 수 있다(Walsh, 2011: 76).

- 교사 발화
    - 감정 수용하기
    - 칭찬하기 또는 격려하기
    - 학생의 생각 수용하기 또는 활용하기
    - 질문하기
    - 강의하기
    - 지시하기
    - 비판하기 또는 권위 사용하기
- 학생 발화
    - 학생 발화: 반응
    - 학생 발화: 시작
- 침묵
    - 침묵의 시간 또는 혼란

FIAC 체계는 교실에서 일어나는 상호작용의 다양한 면을 분석할 수 있는 장점이 있지만, 하나의 발화가 여러 개의 범주로 분석되어지기 때문에 담화를 제대로 분석하는 데에는 한계가 있다(김진석, 2013). 이러한 문제점을 해결하기 위해, Allen 외(1984)는 언어수업에서의 담화를 분석하는 방법으로 COLT(Communicative Orientation to Language Teaching)를 도입하였다. COLT는 수업 관찰자가 언어 지도 방법과 언어 사용 간의 관련성을 맺도록 하는 것을 목적으로 하고 있다. 그 도구는 의사소통의 방법론과 직접적으로 연관되어 있고, 언어 지도의 차이가 학습 결과에 어떻게 영향을 미치는지 고려한다(Walsh 2011: 77).

COLT는 Spada & Fröhlich(1995: 10)에 의해 Part A와 Part B로 범주별로 분석할 수 있도록 수정·보완되었다(김진석, 2013). Part A는 먼저 활동의 시작 시간 및 내용을 기록하고, 그 활동이 수업 참여 형태, 수업 내용, 수업 내용의 결정자, 목표언어 사용 기술, 수업 자료 등에서 어떤 범주에 속하는지 체크한다. Part B는 교실활동을 상호작용의 측면에서 분석하는 것으로, 교사와 학습자 간, 학습자들 간 상호작용의 양상 및 성격을 사용언어, 활동 명, 발화지속, 반응 등으로 나누어 체크한다.

교사와 학생 간, 학생들 간 상호작용은 수업활동 연계 과정평가(assessment aligned with classroom activities)에서 강조된다. 학습을 위한 평가(assessment for learning)인 과정평가를 백워드 설계, 역동적 평가, 수행평가, 형성평가로 나누어 교사와 학생 간 상호작용을 살펴보자(김진석, 2018c). 첫째, 백워드 설계 모형의 핵심 내용을 반영하여 교실수업에서 구현할 수 있는 교사와 학생 간 상호작용을 다음과 같이 구도화할 수 있다(김진석, 2018c).

교사		학생
· 학습자 수준 분석 · 핵심역량 및 빅 아이디어 기반 과제 설계 · 개별적 맞춤식 수업 설계 및 구현	↔	· 관심있는 교수-학습 활동 제안 · 모둠별, 짝별 토론 및 발표를 통해 빅 아이디어 달성 · 학습자 자신의 목표 달성 여부를 점검하고 성찰함

[그림 2] 백워드 설계 모형에서의 교사와 학생 간 상호작용

교사는 AIED시스템을 활용하여 학습자의 수준을 분석하고, 학습자들이 흥미있고 관심있는 교수-학습 활동이 무엇인지를 교사와 학생 간 상호작용을 통해 찾아내는 분석가의 역할을 해야 한다. 또한, 핵심역량 및 빅 아이디어 기반으로 과제를 설계하는 과제 설계자이자 모둠별, 짝별 토론 및 발표를 통해 과제 완수할 수 있도록 도움을 주는 조력자가 되어야 한다. 무엇보다도, 교사는 AI튜터링 시스템을 활용하여 개인별 맞춤식 수업을 설계하고 구현하는 과제 운영자이자 학생들이 자기평가, 상호평가 등을 통해 자신의 목표 달성 여부를 점검하고 성찰할 수 있도록 평가를 계획하고 실행하는 평가자가 되어야 한다(백워드 설계 관련 구체적 내용은 9장 참고).

둘째, 역동적 평가의 핵심 내용을 반영하여 우리나라 교실수업에서 나타날 수 있는 교사와 학생 간 상호작용을 다음과 같이 구도화할 수 있다(김진석, 2018c).

교사	학생
· 학습자들이 도달할 수 있는 최종 목표 설정 · 수업 활동에 적합한 과제 및 도움 방향 결정 · ZPD 기반 장기간 도움의 전략 수립 및 지원	· 목표 달성을 위해 부족한 것이 무엇인지를 진단하고 성찰 · 학생들 간, 교사 간 상호작용을 통해 설정한 목표 달성 · 교사의 도움이나 중재를 통해 최종 목표 달성

[그림 3] 역동적 평가 모형에서의 교사와 학생 간 상호작용

평가자인 교사는 AIED시스템을 활용하여 학습자들이 최종 목표를 달성할 수 있도록 근접발달영역(zone of proximal development: ZPD)기반 장기적이고 체계적인 도움을 주는 중재자의 역할을 한다. 학습자들은 자신의

부족한 부분이 무엇인지를 진단하고 교사의 중재를 통해 목표를 달성하는 능동적 학습 참여자다. 평가자가 중립적 위치에 학습자의 능력을 측정하는 전통적인 방식과 달리, 과제 수행 정도를 평가하는 중간 중간에도 필요하다면 언제든 교사가 스캐폴딩이나 피드백을 줄 수 있다. 교사는 이러한 상호작용을 통해 학습자들이 성장하는 정도를 평가한다(역동적 평가 관련 구체적 내용은 9장 참고).

> 교사는 근접발달영역을 기반으로 장기적이고 체계적인 중재자 역할을 한다.

셋째, 우리나라 교실수업에서 나타날 수 있는 교사와 학생 간 상호작용을 수행평가의 핵심 내용을 반영하여 다음과 같이 구도화할 수 있다(김진석, 2018c).

교사	학생
· 핵심역량을 고려하여 수행평가의 방법 선택 · 지식의 전달자가 아닌 학습의 안내자 · 촉진자 · 맞춤형 평가기준 설정 및 채점	· 학생 중심의 모둠별 · 짝별 수업 활동 및 평가 준비 · 능동적 학습 활동으로 창의적 과제 완수 · 자신의 역량을 스스로 진단하고, 평가결과를 통한 성찰

[그림 4] 수행평가에서의 교사와 학생 간 상호작용

교사는 AIED시스템의 도움을 받아 수업을 진행하면서 학생들이 모둠별 · 짝별 수업 활동을 직접 관찰하고 기록하여 핵심역량을 함양할 수 있도록 하기 위해 도움을 주는 조력자이자 촉진자의 역할을 한다. 또한, 학생들은 능동적으로 수업 활동에 참여하여 자신의 생각을 반영하여 창의적인 결과물을 수행할 수 있는 기회를 최대화하고, 문제를 다른 영역에 전이하는 능력을 함양한다(수행평가 관련 구체적 내용은 9장 참고).

넷째, 교실수업에서 교사는 "교수-학습을 조절하기 위해 학습자 자신 뿐만 아니라 학습자들 간 상호평가하고 피드백을 통해 필요한 정보를 제공하여 학습에 도움"(Black 외, 2003: 2)을 주어야 한다. AIED시스템의 도움을 받아 수업 활동 중에 수시로 형성평가를 실시하여 학습목표를 달성하는 데에 어떤 도움이 필요한지를 파악한다. 또한, 교사는 "학습자들이 학습 동기를 유발하고 학습에 흥미를 가질 수 있도록 교수·학습 활동을 조정"(Black 외, 2003: 2)하여야 한다. 이러한 교수와 학습자 간 상호작용의 측면을 바탕으로 형성평가를 도식화하면 다음과 같다(김진석, 2018c).

교사	학생
· 학습자의 현재 위치 점검 · 피드백 · 학습자가 가야할 방향 모니터링 · 학습자가 학습목표에 도달하는 방법 모니터링	· 이해 · 공유 가능한 학습 의도와 준거 인식 및 수업 참여 · 모둠별, 짝별 토론 · 협업을 통한 과제 실행 · 교사의 피드백을 통한 자기 주도적 수업으로 학습의 주체가 됨

[그림 5] 형성평가에서의 교사와 학생 간 상호작용

교사는 학습자의 최근 지식과 능력을 평가하고 진단하여 과제를 제시한다. 또한, AIED시스템의 도움을 받아 수시로 학습 도중에 수업활동을 평가하여 학습자의 역량을 함양할 수 있도록 한다. 아울러, 학습자가 학습의 어려움을 겪고 있거나 도움이 필요하다면, 즉각적인 상호작용적 피드백을 통해 수업을 중재한다. 학습자들은 학습 목표나 평가 준거를 인식하고 수업에 능동적으로 참여 한다. 모둠별·짝별 토론이나 협업을 통해 과제를 완수하고, 주도적 학습을 하되 필요한 경우 교사의 피드백을 받아 학습목표를 달성한다(형성평가 관련 구체적 내용은 9장 참고).

> **교실수업 적용([부록 17] 예시)**
> - 전신반응교수법에서의 교사와 학생 간 상호작용
> - 암시적 교수법에서의 교사와 학생 간 상호작용
> - 의사소통 중심 교수법에서의 교사와 학생 간 상호작용

4. 교실상호작용 체크리스트[2]

효과적인 교실수업은 교사에게 달려 있다. 그래서, 교실수업에서 교사와 학생 간 능동적으로 상호작용하는 것이 중요하다. 미국행동과학연구소의 학습 효과 관련 연구에 의하면, 강의 중심의 수업이 학습효과에서 가장 낮게 나타나는 반면에, 교사와 학생 간, 학생들 간 능동적으로 상호작용하는 수업 방법이 가장 높게 나타났다. 교사가 일방향으로 강의를 하거나 읽어주기를 하여 학습자들을 수동적인 방관자 또는 수신자로 수업을 진행하기 보다는 능동적으로 참여하여 상대방의 의견을 경청하고 자신의 생각을 능동적으로 표현할 수 있는 대화 참여자가 되도록 수업을 운영할 필요가 있다. 이는 학습자들에게 수업 참여도를 제고하고 학습 동기를 유발하여 주어진 과제를 효과적으로 완수할 수 있기 때문이다.

교사는 학습자들이 모둠별, 짝별 토의·토론하는 상호작용의 과정으로 문제를 해결하거나 과제를 완수할 수 있도록 수업을 설계할 필요가 있다. 또한, 교사는 상호작용이 활발하게 일어나고 있는지를 관찰하고 기록하고 분석하여 수업을 성찰해야 한다. 교사와 학생 간, 학생들 간 상

---

2 이 절에서는 김진석(2012, 2014)을 수정·보완함

호작용이 활발하게 일어나고 있는지를 2절에서 살펴 본 요인을 고려하여 다음과 같이 체크할 필요가 있다(김진석 외, 2017a).

- 스캐폴딩: 학습자의 말을 다른 말로 바꾸거나 덧붙이거나 학습자가 말을 잘 할 수 있도록 힌트를 주었는가?
- 내용 피드백: 학습자가 말한 메시지의 의도에 피드백을 주었는가?
- 반응 대기 시간 할당: 학습자가 말할 때까지 충분하게 기다려 주었는가?
- 질문유형: 학습자가 어떤 대답을 할지 모르는 질문을 하거나 학습자의 응답을 알고 질문하였는가?
- 명료성: 학습자의 말을 분명하게 다시 말하도록 요구하였는가?
- 단순화: 학습자가 천천히 말하거나 쉬운 어휘나 짧은 문장을 사용하여 말하도록 하였는가?
- 교사 반복 발화: 교사는 했던 말을 반복하여 발화하거나 학습자의 발화를 반복하여 말하였는가?
- 형식 초점 피드백: 학습자가 말한 단어(구문)에 관해 피드백을 주었는가?
- 확인 점검 및 평가: 학습자가 제대로 이해했는지를 질문하였는가?
- 제스처 및 태도: 제스처나 태도를 적절하게 취하면서 학습자에게 발화하였는가?

교사는 스캐폴딩, 내용 피드백, 확장된 대기시간, 질문 유형, 단순화, 형식 초점(focus on form) 피드백 등을 통해 학습자들과 상호작용이 원활하게 이루어지도록 해야 하고, 이를 수업 후 단계에서 성찰할 필요가 있다. 교사는 학습자들을 체계적으로 지원하여 학습자들이 주관적으로 관점의식을 갖고 자기 주도적으로 문제를 해결하거나 과제를 완수할 수 있도록 해야 한다. 위 요인별로 구체적으로 살펴보면, 교사는 학습자에게 힌트뿐만 아니라 제안하기, 시범 보이기, 피드백 등을 통해 스캐폴딩할 수 있다. 교실수업에서 교사와 학생 간, 학생들 간 상호작용을 원활하게 할 수 있도록 과제의 난이도를 고려하여 상황에 맞게 적절하게 조절하여 스캐폴딩을 제공해야 한다(McNauton & Leyland, 1990). 교사는 학습자들이 과제를 해결할 수 있도록 단서를 제공하지 않고 단지 과제의 해결 방향을 유지해 줌으로써 수행능력을 높여야 하고, 제안하는 말이나 비평하는 말을 학습자에게 제시함으로써 학습자 스스로 과제를 구성할 수 있도록 해야 하며, 과제의 특정 부분을 언급하며 문제를 해결할 수 있는 전략을 제시하여야 한다.

> 교사는 과제의 난이도를 고려하여 스캐폴딩을 적절하게 조절하여 제공한다.

내용 피드백은 학습자가 의도하는 메시지에 피드백을 제공하고 있는지에 관한 것으로, 초점은 단편적 지식이 아니라 영속적인 의미에 있다. 교사는 학습자가 자신의 의도를 제대로 이해할 수 있도록 분명하게 전달하고, 학습자들이 자신의 의도가 무엇인지를 신정보(new information) 중심으로 말할 수 있도록 내용을 피드백할 필요가 있다. 이미 알고 있는 구정보(old information)나 전혀 예상하지 않은 일관성(coherence)없는 내용을 듣게 되면 상호작용의 흐름이 자연스럽게 일어나지 않을 수 있기 때문이다.

교사는 예상하지 않거나 대답하기 어려운 질문을 하는 경우에 학습자에게 생각할 수 있는 시간을 어느 정도 할당해야 한다. 또한, 교사는 학생들에게 질문 형성 기술(Question Formulation Technique; QFT)을 바탕으로 질문하는 방법을 가르칠 필요가 있다(Rothstein & Santana, 2011). 학생이 직접 질문을 만들어 보고, 질문을 발전시켜 나가는 수업 활동은 학습 동기와 수업 참여를 높이고 창의적 결과물을 낳기 때문이다. 질문을 만드는 것이 어려운 경우, 이미 만들어진 질문을 선택해서 질문하게 하는 방법을 수업의 한 부분으로 도입할 필요가 있다(질문 중심 수업 관련 구체적 내용은 7장 참조).

교실수업에서 교사는 학습자들이 학습한 내용을 이해했는지를 매 활동마다 확인하고 점검한다. 이는 교실에서 어떤 내용을 설명한 후 학습자들이 제대로 이해하였는지를 확인함으로써 교사의 수업 방법을 진단하는 세환효과(washback effect)의 기능이 있다고 볼 수 있다. 또한, 교사는 학습자의 수준에 맞는 정보를 익힐 수 있도록 학습 과정을 분석하고 그에 적절한 피드백을 주는 형식 초점(focus on form) 피드백을 통해 성장 정도를 점검한다. 더욱이, 위의 요인들을 고려하여 학생들과 원활하게 상호작용하고 있는지를 분석·계획·성찰할 필요가 있다.

또한, 학습자들은 모둠별, 짝별로 원활한 상호작용을 통해 주어진 과제를 완수하거나 문제를 해결할 수 있도록 해야 한다. 교실수업에서 상호작용이 제대로 되고 있는지를 점검하는 방법들 중 하나는 다음과 같은 "학생 상호작용 체크리스트"(김진석, 2015: 240)를 활용하는 것이다.

〈표 2〉 학생 상호작용 체크리스트

⑤ 매우 그렇다. ④ 그런 편이다. ③ 중간 정도이다. ② 그렇지 않다. ① 전혀 그렇지 않다.

영역	학생발화 평가 기준	중요도				
스캐폴딩	학습자(나)는 친구의 말을 다른 말로 바꾸거나 덧붙였는가?	⑤	④	③	②	①
	학습자(나)는 친구가 말을 잘 할 수 있도록 힌트를 주었는가?	⑤	④	③	②	①
내용 피드백	학습자(나)는 친구가 말한 메시지의 의도에 피드백을 주었는가?	⑤	④	③	②	①

반응 대기 시간 할당	학습자(나)는 친구가 말할 때까지 충분하게 기다려 주었는가?	⑤	④	③	②	①
질문유형	학습자(나)는 친구가 어떤 대답을 할지 모르는 질문을 하였는가?	⑤	④	③	②	①
	학습자(나)는 친구의 응답을 알고 질문하였는가?	⑤	④	③	②	①
명료성	학습자(나)는 친구의 말을 분명하게 다시 말하도록 요구하였는가?	⑤	④	③	②	①
단순화	학습자(나)는 천천히 말하거나 쉬운 어휘나 짧은 문장을 사용하여 말하였는가?	⑤	④	③	②	①
학습자 반복 발화	학습자(나)는 자신이 했던 말을 반복하여 발화하였는가?	⑤	④	③	②	①
	학습자(나)는 친구의 발화를 반복하여 말하였는가?	⑤	④	③	②	①
형식 초점 피드백	학습자(나)는 친구가 말한 단어(구문)에 관해 피드백을 하였는가?	⑤	④	③	②	①
확인 점검 및 평가	학습자(나)는 했던 말을 친구가 제대로 이해했는지 질문했는가?	⑤	④	③	②	①
제스처 및 태도	학습자(나)는 친구에게 말할 때 제스처나 태도가 적절했는가?	⑤	④	③	②	①

위의 평가지는 학습자 스스로 자신의 교실상호작용능력이 어느 정도인지를 가늠할 수 있다. 영역들로 설정된 스캐폴딩, 직접 수정, 내용 피드백, 확장된 대기시간, 참조형(referential) 및 전시형(display) 질문, 명료성, 확장된 학습자의 발화기회, 교사 반복 발화 및 끼어들기, 확장된 교사의 발화기회, 학습자의 발화 완료, 형식 초점 피드백, 확인 점검 등을 고려하여 학습자 자신의 발화를 수시로 점검하여 동료들과 상호작용을 잘 하고 있는지를 확인하고 성찰할 필요가 있다.

교사는 교실수업에서 학생들 간 상호작용이 원활하게 일어나도록 하기 위해서는 활동이나 과제를 체계적이고 효과적으로 설계해야 한다. 위의 "학생 상호작용 자기평가지"를 고려하여 상호작용이 제대로 일어나도록 수업활동을 설계하고 구현하여 학생들의 상호작용능력을 신장시켜야 한다(스캐폴딩 관련 구체적 내용은 9장 참고).

> **교실수업 적용: 상호작용 활성화([부록 18] 예시)**
> - 확인 점검 및 평가, 형식 초점 피드백
> - 명료성과 내용 피드백, 교사 반복 발화
> - 질문유형, 단순화, 스캐폴딩
> - 제스처 및 태도

지금까지 교사 상호작용 체크리스트와 학생 상호작용 체크리스트를 활용하여 차시수업을 설계하고 구현하는 방향에 대해 살펴보았다. 교사와 학생 간, 학생들 간 상호작용이 지속적이고 체계적으로 일어나도록 하기 위해서는 단원 설계 시 거시적 상호작용 체크 포인트를 활용할 필요가 있다. 교사는 교실수업에서 학생들 간 상호작용이 원활하게 일어나도록 하기위해, 단원 계획·실행 시, 앞에서 제시한 상호작용의 자질(김진석, 2024)들을 다음과 같이 점검하면서 활동이나 과제를 체계적이고 효과적으로 설계해야 한다.

〈표 3〉 상호작용 체크 포인트

요소	체크 포인트
I (정체성)	• 교실수업에서 대화 참여자들은 대화에 참석하고 있는가? • 교실수업에서 대화 참여자들은 공식적인가, 아니면 비공식적인가? • 교실수업에서 대화 참여자들은 실증적으로 아니면 비실증적으로 나타나고 있는가?
N^1 (규준)	• 교실수업에서 대화 참여자들은 상대방이 전달한 메시지를 어떤 규준으로 이해하는가? • 교실수업에서 대화 참여자들은 어떤 규준으로 순서교대(turn-taking)하고 있는가? • 교실수업에서 대화 참여자들은 상대방의 발화에 반응하는 태도의 규준은 무엇인가?
T^1 (시간과 공간)	• 교실수업에서 상호작용이 일어나는 시간과 시간적 길이가 어떠한가? • 상호작용하는 대화의 장소(대면 또는 비대면)는 어디인가? • 대화 참여자들이 공유하는 움직임, 좌석 위치, 실내 온도 등의 물리적 요인은 어떠한가?

E (공감)	• 대화 참여자들의 생리적 반응(동작성, 근접성, 촉각성 등)은 어떠한가? • 대화 참여자들 간 갈등 없이 상호작용이 원활하게 일어나고 있는가? • 대화 참여자들 간 동일시가 일어나고 자연스럽게 상호작용이 되고 있는가?
R (관련성)	• 대화 참여자들은 서로 문화적 배경이 동일한가, 아니면 문화적 배경이 다른가? • 대화 참여자들은 서로 우호적인가, 아니면 적대적인가? • 대화 참여자들은 서로 지배적인가, 아니면 순종적인가?
A (주체성/ 활성화)	• 대화 참여자들은 가치, 규준, 신념, 사회적 관습 등에 대한 스키마를 고려하여 자기 주도적으로 상호작용하고 있는가? • 대화 참여자들은 자기 효능감(self-efficacy)을 갖고 상호작용하고 있는가? • 대화 참여자들은 인지적, 정의적, 심동적 영역의 스키마를 활성화하면서 상호작용을 지속하고 있는가?
C (점검)	• 대화 참여자들은 자신이 한 말이 올바르게 전달하고 있는가? • 대화 참여자들은 상대방이 제대로 이해했는가를 점검하고 있는가? • 대화 참여자들은 발화 후에도, 자신의 말이 올바르게 전달되는가에 대해 관심을 가지고 점검하고 있는가?
T^2 (도구)	• 면대면 또는 비대면 시, 대화 참여자들은 어떤 상호작용의 도구(예, 이메일, 전화, 줌, 등)를 사용하고 있는가? • 대화 참여자들은 자신의 의도를 말로 전달할 것인가, 글로 전달할 것인가? • 대화 참여자들은 모국어를 쓸 것인가, 외국어를 쓸 것인가, 아니면 혼용할 것인가?
I^2 (상호 주관성)	• 교실수업에서 대화 참여자들이 서로의 주관적 관점을 이해하고 조정하는가? • 교실수업에서 대화 참여자들은 상호 이해를 형성하고 공유하고 있는가? • 교실수업에서 대화 참여자들은 공동의 의미를 구축하고 새롭게 창출하는가?
O (의견)	• 교실수업에서 대화 참여자들은 자신의 의도를 어떻게 계획하고 발화하고 있는가? • 교실수업에서 대화 참여자들은 상대방과 의미협상하면서 새롭게 의견을 구축하고 있는가? • 대화 참여자들은 스캐폴딩이나 피드백으로 상대방의 의견을 구축하도록 도움을 주고 있는가?
N^2 (연결)	• 대화 참여자들은 개념이나 내용의 의미를 위계적·비위계적으로 깊이 있게 연결하여 발화하고 있는가? • 대화 참여자들은 대상, 의견, 감정 등과 상호 연결되어 메시지가 구축하고 발화하고 있는가? • 대화에 참여하는 화자(행위자)들 간 일관성있고 관련성있게 연결이 잘 되고 있는가?

교사는 위의 체크 포인트를 통해 학습자가 빅 아이디어를 효과적으로 달

성할 수 있도록 학습자들의 교실상호작용 능력을 확인하는 것이다. 무엇보다도, 교사는 빅 아이디어 기반 단원 계획 시 학습자들 간 상호작용이 효과적이고 적절하게 일어나도록 위에 제시한 체크 포인트의 요소들을 점검할 필요가 있다.

핵심개념
- 의미표상양식(semantic representation mode)
- 교실 상호작용에서의 정체성
- 화자 간 상호 유창성(confluence)
- IRF(Initiation, Response, Feedback) 구조와 인접쌍(adjacency pair) 구조
- 상호작용분석범주(Flanders Interaction Analysis Categories)
- 역동적 평가에서의 교사와 학생 간 상호작용
- 형성평가와 수행평가에서의 교사와 학생 간 상호작용
- 학생 상호작용 자기평가지

제6장　연습문제

1. 의사소통능력은 학습자의 능력에서 개개인들 간 차이가 있고, 그 능력을 차 상위 수준의 능력으로 향상시키는 것을 언어학습의 목표로 삼는 반면에, 상호작용능력은 대화 참여자들이 의미를 서로 구축하고 상호 이해하는 방법에 초점을 두고 있다. 이러한 차이에 대해 교실상호작용의 양상을 고려하여 구체적으로 설명하시오.

2. 대화 참여자들은 일련의 순서교대의 규칙을 바탕으로 서로의 메시지를 주고받을 때, 그 메시지의 내용이 무엇인지를 자신의 주체성과 서로 간 공유한 지식을 고려하여 제대로 해석하고 자신의 인지, 정의, 심동적 기능을 활성화시켜 자신의 의견을 전달하는 것을 포함하고 있다. 이러한 일련의 과정을 상호 주관성의 측면에서 구체적으로 제시하시오.

3. 교사와 학습자 간 상호작용을 분석하는 체계의 하나로 Flanders (1970)의 상호작용분석범주(Flanders Interaction Analysis Categories: FIAC)를 들 수 있다. FIAC 체계를 통해 교사와 학생 간 대화를 교사 발화(teacher talk), 학생 발화(pupil talk), 침묵(silence) 등으로 세분하여 분석할 수 있다(Walsh 2011: 76). FIAC의 범주를 구체적으로 제시하고, FIAC의 문제점과 개선방안을 기술하시오.

4. 교사는 학습자들이 모둠별, 짝별 토의·토론하는 상호작용의 과정으로 문제를 해결하거나 과제를 완수할 수 있도록 수업을 설계할 필요가 있다. 또한, 교사는 상호작용이 활발하게 일어나고 있는지를 관찰하고 기록하고 분석하여 수업을 성찰해야 한다. 교사의 상호작용 체크리스트에는 어떤 요인들이 고려되어야 하는지를 그 근거와 함께 설명하시오.

3부

교수-학습 방법 및 평가

제7장

문제 · 질문 중심 교실수업

문제 · 질문은 학습의 원동력이다.
- Levin(2001)

생각하기
1. 교실수업에서 질문이나 문제제기는 학습자들에게 어떤 영향을 주는가?
2. 학습자가 스스로 질문을 만들어 학습자들간 상호작용할 수 있는 효과적인 절차는 무엇일까?
3. AI는 문제 · 질문 중심의 교실수업에 어떤 영향을 끼칠 수 있는가?

    질문은 학습자들에게 학습동기를 부여하고, 비판적 사고능력과 창의적 문제해결능력을 함양한다. 질문은 일상의 상황이나 사물을 다른 관점에서 바라보고 심도 있는 사고로 과제를 완수하거나 문제를 해결하도록 안내하기 때문이다. 그러나, 교실수업에서 학생들은 궁금한 것을 질문하거나 스스로 설정한 문제를 능동적으로 탐구하여 발표하는 수업활동이 활발하게 일어나지 않고 있다. 이는 소크라테스식 문답법보다는 공자식 수사(rhetoric)에 익숙한 우리나라의 문화에서도 그 원인을 찾을 수 있다. 질문이 없는 수업은 학생들이 능동적으로 수업에 참여하여 창의적으로 문제를 해결하는 능력을 함양하는 데 효과적이지 않다. 이 장에서는 학생들이 더욱 심도있고 확산적인 사고능력을 갖도록 질문과 창의성, 질문의 유형, 질문 전략 및 질문 형성 테크닉(Question Formulation Technique:

QFT)으로 나누어 살펴보고자 한다.

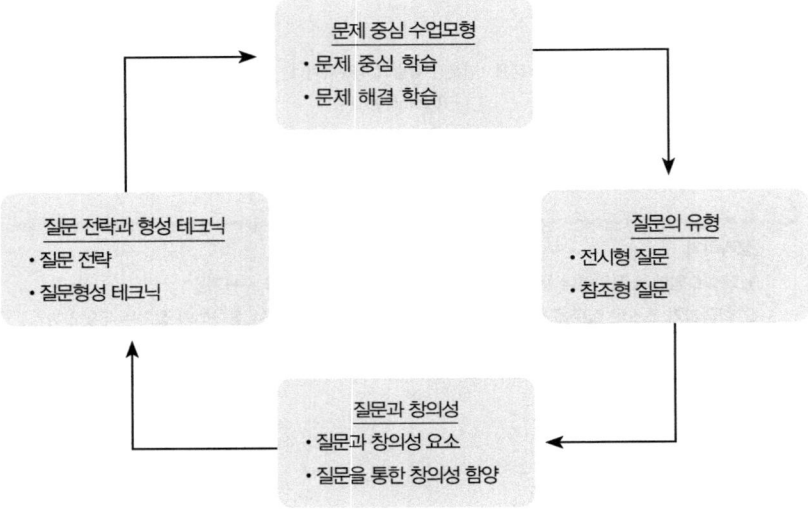

[그림 1] 핵심 내용 흐름도

1. 문제 · 질문 중심 수업모형[1]

교실수업은 학습자가 능동적으로 수업에 참여하여 주어진 과제를 완수하거나 문제를 자기 주도적으로 탐구하고 해결하며 성찰해 나가는 일련의 과정이다. 학습자들은 수업 시작 전에 질문이나 문제를 맞닥뜨리고, 그 질문이나 문제에 깊이있게 탐구하고 사고하면서 교사나 동료들과 지속적으로 상호작용한다.

---

1 이 절은 김진석 외(2021)과 김진석(2023)의 일부를 수정 · 보완한 것임

> 질문이나 문제는 학습자가 무엇을 어떻게 할지를 밝혀주는 등대와 같다.

질문이나 문제는 학습자들이 교실수업에서 무엇을 알고 어떻게 할지를 밝혀주는 등대와 같다. 질문이나 문제가 선명할수록 해결 방안을 적확하게 찾을 수 있을 것이다. 흔히, 수업을 설계할 때 고려하는 다음과 같은 모형에는 질문이나 문제가 명시적·비명시적으로 설정되어 있다.

- 탐구 모형
    - 문제제시
    - 가설세우기
    - 데이터 모으기
    - 데이터 분석하기
    - 결과물에 대한 일반화하기

- 문제 기반 학습 모형
    - 문제제시
    - 문제 해결 계획 개발하기
    - 계획 구현하기
    - 평가하기

- 협력학습 모형
    - 과제 소개하기
    - 목표 기능 연습하기

- 수업구현하기
- 학습 요약하기
- 측정하고 있는 그룹과 개인의 책무성
- 학습 평가하기

위 모형들에서 공통적으로 제기되는 우선적 절차는 문제이고, 그 문제를 탐구하고 분석하여 결과물을 내 놓는 것이다. 3장에서 살펴본 바와 같이, 문제 기반 학습 모형에서의 문제중심학습은 문제해결학습과 구별된다(김진석, 2022). 문제중심학습에서는 교과내용이 내재되어 있는 문제 상황이 먼저 제시되고, '복잡한 문제 상황에서 어떤 지식과 정보가 필요한가?' '이 상황을 효과적으로 해결하기 위해서는 어떤 기술이 필요한가?' 등에 대한 결정권은 주로 학생에게 있는 반면에, 문제해결학습에서는 학생들에게 미리 계획된 강의와 정보를 제공한 후, 이를 바탕으로 질문을 제시하고 그에 대한 해결책을 찾아 가도록 한다(Savin-Baden, 2000; 조연순 외, 2017). 그럼에도, 문제중심학습과 문제해결학습은 학습자 중심 수업 활동으로 학습자들의 정의적 여과(affective filter)를 낮추어 주기 때문에 학습참여를 유도해 준다.

 문제중심학습과 문제해결학습은 문제가 핵심이고 그 문제를 해결하기 위해 학습자들이 관련된 정보를 능동적으로 탐구해야 한다. 학습자들은 실생활과 밀접하게 관련되어 있고 실제성 있는 '문제가 학습의 원동력'(Levin, 2001)이기 때문에 높은 학습동기를 갖고 스스로 해결하는 활동을 실행한다. 수업시간에 실제성있는 질문과 문제는 2장에서 살펴 본 글로벌 이슈와 관련되어 구성할 수 있다. 정치적 상호 의존성과 연결성(전쟁과 평화, 정의, 테러), 경제적 상호 의존성과 연결성(지속가능한 발전,

빈곤, 공정무역), 사회·문화적 상호 의존성과 연결성(지구 온난화, 인종주의, 성) (Haas와 Hird 2013; 이상현 역, 2017: 38-45) 등을 들 수 있다.

문제해결학습은 Dewey의 뿌리를 두고 있으며, 학생 중심 수업, 탐구 중심 수업, 상호작용 중심 수업, 실제성 등을 강조한다(김진석, 2022). 그럼에도, 제재 중심의 '과제형'으로 제시하는 프로젝트학습과 달리, 문제해결학습은 문제를 해결해야 하는 참여자들의 '역할'과 '상황' 중심의 '문제 상황'이 제시된다(조연순 외, 2017). 이러한 차이에도 불구하고, 3장에서 살펴 본 문제 해결형 STAR모형과 같이, 탐구할 문제를 중심으로 프로젝트를 구성(Blumenfeld 외, 1991); McNeil, 1995; Penuel, 1999 등) 할 필요가 있다.

문제 중심 학습 모형은 AIED도구 및 시스템을 활용하여 효과적으로 수업을 구현하게 한다. 문제 중심 학습 모형에서 고려할 수 있는 테크놀로지의 역할은 다음과 같다(Kilbane & Milman, 2014).

- Basecamp나 RemindPost와 같은 과제 운용 도구들
- ConceptShare와 같은 챗팅, 블로그, 협력 도구들
- GoToMeeting, Skype와 같은 비디오/웹 화상 도구

테크놀로지는 학생들의 학습, 과제 관리, 협업, 회의, 평가 등의 교실 활동에 효과적으로 활용될 수 있다. AI기반 수업이 구현된다면, AIED도구뿐만 아니라 AIED적용시스템인 인공지능 튜터링 시스템, 대화 기반 튜터링 시스템, 탐색적 학습 환경, 자동 쓰기 평가, 대화형 에이전트 등을 효과적으로 활용하여 개별 맞춤형 수업을 구현할 수 있을 것이다(National Institute for Digital Learning, 2020: 3).

> **교실수업 적용([부록 19] 예시)**
> – 문제 해결 학습 설계(편견)
> – 문제 해결 학습 설계(차이와 차별)

2. 질문의 유형[2]

    교사는 학습자의 수준에 맞는 질문들을 계획·실행하여 상호작용이 원활하게 일어나도록 해야 한다. 교사의 질문에서 우선적으로 고려해야 할 유형은 Barnes(1969)의 폐쇄형 질문(closed question)과 개방형 질문(open-ended question)이다. 개방형 질문은 간단하고 특정한 응답을 요구하는 폐쇄형과 달리 응답의 길이나 특정한 내용에 제한을 두지 않고 학습자들이 자신의 경험과 의견을 바탕으로 다양하게 응답할 수 있다.

    폐쇄형 질문은 수업시간에 학습한 사실, 개념들을 이해했는지를 묻거나, 장기 기억된 정보를 명료하게 하는 Long & Sato(1983)의 확인형 질문(echoic question)에 대응될 수 있다. 이 유형의 질문에는 "Did you understand?"와 같이 대부분 긍정적 대답을 전제로 하는 이해점검(comprehension check)이라 할 수 있다. 아울러 좀 더 개방적 형태의 응답을 필요로 하는 명료화 요구(clarification request)와 확인점검(confirmation check) 등이 있다. 확인형 질문은 교사가 학습자들의 응답을 이미 알고 있는 상황에서 질문을 하고 있으므로 흔히 전시형 질문(display question)으로 분류된다.

---

[2] 김진석(2012)을 수정·보완하였음

> 질문은 무엇이 문제이고 무엇이 문제의 핵심인지를 찾게 한다.

　교실수업에서 교사와 학생 간 전시형 질문을 활용한 상호작용은 6장에서 살펴본 바와 같이 인접쌍(adjacency pair)이나 IRF(Initiation-Response-Feedback)의 담화구조에서 흔히 볼 수 있다. 이는 학습자들에게 예상된 응답을 기대하기 때문에 학생들은 수렴적 사고로 수동적이고 기계적으로 상호작용하는 경향이 있다. 다시 말해서, 교사는 이미 정해져 있는 응답을 요구하므로 학습자들은 자신의 의견을 반영할 시간 없이 단순한 사실들을 바탕으로 응답해야 하는 상황이기 때문에 교사와 학생 간 상호작용이 역동적으로 일어나는 데에는 한계가 있다.

　개방적 질문에는 교사가 학생들의 대답을 예측하지 못하는 것으로 Long & Sato(1983)의 정보형 질문에 대응된다. 정보형 질문에는 참조형(referential), 평가형(evaluative), 표현형(expressive), 수사적(rhetorical) 질문 등이 있다. "우리는 기후위기를 해결하기 위해 어떻게 해야 할까?"와 같이 글로벌 사회에서 나타나고 있는 심각한 기후위기의 현상들을 해결하기 위해 무엇을 할 것인지에 대해 묻는 참조형 질문은 학습자의 비판적 사고능력과 창의적 문제 해결 능력을 신장할 수 있다.

　Brown(1994)은 Bloom(1956)이 제시한 교육목표 분류학을 바탕으로 질문을 유형화하였다. Bloom에 따르면, 인지적 학습은 복잡성의 정도에 따라 수준을 지식, 이해, 적용, 분석, 종합, 평가 등의 여섯 가지로 세분된다. Brown은 질문을 독립된 정보를 회상하는 것을 요구하는 지식형(knowledge), 학습자가 정보들 간의 관계를 알 것을 요구하는 이해형(comprehension), 학습자가 한 상황에서 학습한 정보를 다른 상황에 적용할 수 있도록 하는 적용형(application), 글이나 말에서 직접 진술되지 않은 것을 끌어내는 추론형(inference), 학습자가 대규모 현상을 부분으로 나누어 검토함으로써 그 현상을 이해(김대현, 김석우, 1999)할 수 있도록 요구하는 분석형(analysis), 내용의 각 요소들을 모아서 새로운 전체를 만들어 내도록 요구하는 종합형(synthesis), 학습자가 규준에 비추어서 판단하도록 요구하는 평가형(evaluation)으로 분류하였다.

Richards(1996)는 수업의 절차와 관련된 절차형(procedural) 질문과 달리, 수업의 내용에 집중하게 하고 상호작용을 증가시키는 확산형(divergent) 질문을 권장하고 있다. 수렴형 질문은 수업 활동 시 제시된 조건이나 범위 내에서 기억된 내용을 회상하여 응답하도록 하는 것으로 대부분 단답형의 응답을 요구하지만, 확산형은 학습자의 경험이나 스키마를 바탕으로 자신의 정보를 넣어서 상황의 결과를 예측하거나 가설을 설정하도록 요구하는 질문이다.

> 교실수업에서는 질문하고 그에 대해 해결책을 찾는 알고리즘을 활성화해야 한다.

Barnes(1969), Long & Sato(1983), Brown(1994), Richards(1996) 등을 바탕으로 질문의 유형을 다음과 같이 분류할 수 있다(김진석, 2012).

〈표 1〉 폐쇄형 · 개방형 기반 질문의 유형 분류

Barnes(1969)	Long & Sato(1983)	Brown(1994)	Richards(1996)
폐쇄형	확인형	지식 이해 적용 추론 분석 종합 평가	절차형 수렴형
개방형	정보형		확산형

위의 표에서와 같이, 폐쇄형 질문은 학습자가 학습한 지식을 회상하거나 정보 간 관계나 절차 등을 묻는 확인형과 유사하고 Richards(1996)의 절차형이나 수렴형에 대응된다고 할 수 있다. 반면, 개방형은 정보형과 유사하고 Richards(1996)의 확산형 질문에 대응된다고 할 수 있다.

또한, 질문의 유형을 분류할 때, 학습자의 사고기능(thinking skill)도 고려할 필요가 있다. 사고기능은 다음과 같이 하위사고기능(lower order thinking skill: LOTS)과 상위사고기능(higher order thinking skill: HOTS)으로 구분된다(Bentley 2010, p. 22-23).

〈표 2〉 하위사고기능과 상위사고기능

하위사고기능(LOTS)	상위사고기능(HOTS)
- 정보 암기하기 　(to remember information) - 정보 순서 짓기 　(to order information) - 대상물 정의하기 　(to define objects) - 이해 점검하기 　(to check understanding) - 복습하기 　(to review learning)	- 추론기능 신장하기 　(to develop reasoning skills) - 탐구 및 토론 능력 신장하기 　(to develop inquiry and discussion) - 창조적 사고 능력 신장하기 　(to develop creative thinking) - 자신 및 타인 평가하기 　(to evaluate the work of oneself and others) - 일어날 수 있는 상황에 대한 가설 설정하기 　(to hypothesize about what could happen)

정보를 암기하거나 순서 짓고, 사물이나 개념을 정의하며, 이해 여부를 점검하는 LOTS와 달리, HOTS는 추론 기능이나 토론 능력을 신장하고 창의적 사고를 계발하며 작품을 평가하고 일어난 일에 가설을 세우는 활동을 구현한다. 다시 말해서, 하위사고기능을 요구하는 나열하기에서 시작하여 발견하기, 분류하기, 추론하기, 창의적 활동 등과 같이 일련의 상위사고기능의 활동이 연속적으로 이루어질 수 있다. LOTS와 관

련된 질문으로는 정보 기억, 정보 순서, 대상물의 정의, 이해 점검 등을 요구하는 것이고, HOTS는 추론, 평가, 가설 설정 등을 요구하는 것이다. 질문의 유형으로 분류하면, 학습한 지식을 기억하는지, 정보의 순서를 정할 수 있는지 등에 대한 지식형 질문이나 학습한 내용을 이해하였는지에 대한 이해형 질문 등은 LOTS에 해당되고, 추론기능 신장하기와 같은 추론형 질문, 창조적 사고능력 신장하기와 같은 종합형 질문, 자신 및 타인에 대해 평가하기와 같은 평가형 질문 등은 HOTS에 해당된다고 할 수 있다.

이러한 사고능력에 Hills(2012)는 '하위'와 '상위'를 덧붙여 수렴형과 확산형으로 세분하였다. 하위 수렴형으로는 기억이나 관찰을, 상위 수렴형으로는 이해 및 정보 적용을 강조하는 질문으로 세분하였고, 하위 확산형으로는 정보, 아이디어, 의견에 대한 비판적 사고를, 상위 확산형으로는 독창적이고 창의적이며 평가적인 사고를 강조하는 질문으로 다음과 같이 세분하였다(김진석, 2012).

교실수업 적용([부록 20] 예시)
- 질문 설계와 구현 방안
- 교실담화와 질문
- 상황별 질문의 유형

〈표 3〉 수렴형, 확산형 기반 질문 유형 분류

Barnes (1969)	Long 외 (1983)	Brown (1994)	Richards (1996)	Bentley (2010)	Walsh (2011)	Hills (2012)
폐쇄형	확인형	지식 이해 적용 추론 분석 종합 평가	절차형 수렴형 확산형	하위사고형 (LOTS) ↕ 상위사고형 (HOTS)	전시형 (display) ↕ 참조형 (referential)	하위 수렴형 (지식)
						상위 수렴형 (이해, 적용)
개방형	정보형					하위 확산형 (추론, 분석)
						상위 확산형 (종합, 평가)

 위의 표에서와 같이, 폐쇄형 질문은 교사가 이미 알고 있는 답이지만 학습자의 지식을 묻는 하위 수렴형이나 이해를 확인하거나 수렴하는 상위 수렴형은 전시형 질문에 속한다고 할 수 있다. 반면에 개방형 질문은 교사의 질문에 학습자가 어떤 대답을 할지 모르는 상황에서 학습자의 추론이나 분석 등의 하위 확산형, 종합적 사고능력을 묻거나 규준에 비추어 판단하도록 질문하는 상위 확산형은 참조형 질문이라 할 수 있다.

 그러나, Hills(2012)의 주장과 같이, 적용형 질문을 상위 수렴형으로 분류하는 것은 재고의 여지가 있다. 물론, 질문자가 적용형 질문을 하였을 때, 응답자가 대답할 수 있는 정보를 이미 알고 질문을 했거나, 아니면 듣거나 읽은 정보를 바탕으로 정해져 있는 답을 하였다면 상위 수렴형으로 분류될 수 있을 것이다. 수렴형 질문은 수업 활동 시 제시된 조건이나 범위 내에서 기억된 내용을 회상하여 응답하도록 하는 경우가 대부분이기 때문이다(Richards, 1996). 그러나, 적용형 질문의 응답은 지식이나 이해형 질문과 달리 응답이 예측되지 않고 응답의 정보가 많고 다양하다. 따라서, 적용형 질문은 학습한 정보를 다른 상황에 적용할 수 있는지를 묻는 것이기 때문에 확산형에 속한다고 할 수 있다.

질문의 유형을 범주화하는 데 있어서 Thompson(1997)의 세 가지의 방식(형태, 내용, 목적)을 고려해 볼 필요가 있다. 첫째, 질문의 형태다. 예/아니오 의문문이나 wh-의문문 등을 문법적으로 범주화한 방식이다. 둘째, 내용의 구성이다. 질문의 초점을 사실이나 의견에 둘 것인지, 아니면 개인과 관련된 사실들과 연관될 것인지에 따라서 유형을 디자인해야 한다. 셋째, 질문의 목적이다. 교사가 답을 미리 알고 있는 전시형 질문(display question)과 교사가 답을 갖고 있지 않는 참조형 질문(referential question) 중 어떤 질문을 사용할지를 고려해야 한다.

지금까지 논의된 Barnes(1969), Long & Sato(1983), Brown(1994), Richards(1996), Thompson(1997), Bentley(2010), Walsh(2011), Hills(2012) 등의 주장을 바탕으로 다음과 같이 질문의 유형을 분류할 수 있다(김진석, 2012).

〈표 4〉 형태 · 목적 · 기능 · 내용 기반 질문의 유형 분류

기능 / 내용							
전시형		참조형					
하위 수렴형 (지식)	상위 수렴형 (이해)	하위 확산형			상위 확산형	
^	^	적용	추론	분석	종합	평가
^	^	T | I	T | I	T | I	T | I	T | I

* T: 텍스트 내용   I: 개인의 정보나 의견

위의 표에서와 같이, 전시형의 유형은 하위 수렴형으로 지식형 질문, 상위 수렴형으로 이해형 질문을, 참조형의 유형은 하위 확산형으로 적용

형, 추론형, 분석형 질문을, 상위 확산형으로 종합형, 평가형 질문을 설정할 수 있다. 하위 수렴형과 상위 수렴형은 교실수업에서 학습한 텍스트 정보를 회상하거나 그들을 구조화하여 이해할 수 있는 능력을 묻는 것이어서 전시형 질문들로 구성되어 있다. 반면, 확산형에 속하는 질문들은 텍스트의 내용을 바탕으로 사고를 확장하는 질문들이어서 학습자 개인의 경험이나 사실에서 더 나아가 학습자의 의견을 첨가할 수 있는 적용, 추론, 분석, 종합, 평가 등과 같은 상위 사고를 요구하는 유형이라 할 수 있다.

3. 질문과 창의성

예측할 수 없이 역동적으로 다변화되어 가고 있는 AI시대의 학습자들은 비판적 사고 능력을 기르면서 창의적으로 문제를 해결해 나가는 능력을 함양해야 한다. 이를 위한 교실 수업의 방법들 중 하나는 질문이다. 질문은 학습자에게 학습주제에 흥미와 관심을 갖도록 하고 학습하고자 하는 도전의식을 부여함으로써 실질적인 모둠별 토의·토론을 통해 창의적으로 문제를 해결하거나 과제를 완수할 수 있도록 하기 때문이다.

교실수업에서 학습자들이 자유롭게 새로운 아이디어를 생성하고, 텍스트를 분석·탐구한 것을 종합하며, 학습한 것을 이미 알고 있는 정보에 의미있게 연결하고 다른 영역에 전이할 수 있도록 해야 한다 (Rothstein & Santana, 2017, 15-16). 교실수업에서 질문은 창의적 문제 해결 능력을 길러준다. 질문은 다음과 같이 창의성 사이클(Padget, 2013)의 비전이나 목적을 명료하게 제시하기 때문이다.

- 1단계: 비전이나 목적
- 2단계: 아이디어 생성
- 3단계: 아이디어 선정
- 4단계: 실행 계획
- 5단계: 창의성 발현
- 6단계: 창의적 결과물
- 7단계: 성찰
- 8단계: 수정 또는 재창조

교사는 아이디어를 생성하고 아이디어를 선정한 후 실행을 계획하고 창의적 결과물을 발표하는 활동을 원활하게 구현하기 위해서는 질문이나 문제를 선명하게 제시해야 한다. 예를 들어, 지구 온난화의 문제를 해결하기 위해 어떤 방안이 있는지를 제시하면, 학생들은 탄소발자국을 어떻게 줄일 수 있는지에 대한 아이디어를 창출하기 위해 위의 창의성 사이클에 따라 실행할 수 있을 것이다.

> 질문은 창의적 문제해결능력을 신장하는 교실 수업이 되게 한다.

교실수업에서는 입력된 정보가 한정적이기 때문에 자신의 생각을 창의적으로 표현할 수 있는 환경을 만들어 주는 질문의 설정이 무엇보다 중요하다. 질문을 통해 정보를 분석하고 평가하는 인지적 과정인 비판적 사고(critical thinking) 활동을 들 수 있다. 비판적 사고능력을 기르기 위해서는 분석하기, 결정하기, 추론하기, 문제해결하기, 평가하기 등의 활동들이 요구된다. 비판적 사고 능력에서의 일반적인 절차는 문제 확인하기(identifying the issues), 논의 확인하기(identifying arguments), 문제와 논의 명료하게 하기(clarifying the issues and arguments), 일관성 점검하기(checking consistency), 신뢰성 구축하기(establishing credibility), 문맥 설정하기(establishing context), 논의 설정하기(establishing argument) 등과 같은 일련의 활동으로 진행된다.

비판적 사고 외에 창의성의 요소로는 논리·분석적 사고, 상상력, 유추·은유적 사고, 확산적 사고 등이 있다. 사고의 확장을 위해서는 상상력과 유추·은유적 사고가 요구된다. 상상력(imagination)·시각화 능력(visualization)은 이미지나 생각을 정신적으로 조작할 수 있고, 마음의 눈으로 사물을 그릴 수 있는 있는 능력으로 창의적 능력에서 필수적인 역할을 한다. 이를 위해, 토의, 토론, 탐구·발견학습, 프로젝트 수업, 창의적 사고 기법, 협동학습, 역할놀이 등을 적용할 수 있다(김진석, 2016a). 창의성 요소를 구체적으로 살펴보면 다음과 같다.

〈표 5〉 창의성 요소(문용린 외, 2012)

창의 요소	교육방법
확산적 사고	문제 중심 학습, 창의적 문제, 해결력, 토의/토론
문제 해결력	문제중심 학습, 창의적 문제 해결력, 토의/토론, 프로젝트 수업
상상력, 은유/유추적 사고	탐구/발견 학습, 문제중심 학습, 역할놀이, 창의적 사고기법

학습자는 확산적 사고(divergent thinking), 수렴적 사고(convergent thinking), 메타 인지(meta-cognition)를 함양해야 한다. 확산적 사고는 새로운 가능성에 대한 열린 마음을 갖게 하고, 수렴적 사고는 종합, 분석하여 의미를 연결하도록 하며, 메타 인지는 생각한 것에 대해 사고하는

방법을 학습하도록 한다. 무엇보다도, 교실수업에서는 확산적 사고가 중요하다. 확산적 사고는 다양한 각도에서 새로운 아이디어를 다양하게 생성해내는 사고능력으로 유창성(많은 아이디어를 생성하는 능력), 융통성(다양한 범주의 아이디어를 생성하는 능력) 및 독창성(독특한 아이디어를 생성하는 능력)으로 구성될 수 있다. 확산적 사고의 예로서는 기후위기와 같은 글로벌 이슈를 해결하는 방안에 대해 서로 다양한 의견을 나누는 활동을 들 수 있다. 사고의 확장을 위해서는 상상력과 유추/은유적 사고가 요구된다. 상상력/시각화 능력(imagination/visualization)은 이미지나 생각을 정신적으로 조작할 수 있고, 마음의 눈으로 사물을 그릴 수 있는 능력으로 창의적 능력에서 필수적인 역할을 한다.

질문을 통한 창의성 신장의 활동으로 지식형 발문과 시각자료 표현하기, 추론형 발문과 자기 생각 표현하기, 분석형 발문과 지시·명령 표현하기, 분석형 발문과 결과물 작성하기, 종합형 발문과 자기 의견 주장하기 등을 들 수 있다(장은숙, 2015).

- 지식형 발문과 시각자료 표현하기(expressing a visual material)
  지식형 발문을 통해, 제시된 다양한 종류의 시각자료의 내용을 가능한 한 자세하게 표현할 수 있도록 함
- 추론형 발문과 자기 생각 표현하기(expressing opinion)
  추론형 발문을 통해, 제시된 상황이나 주제를 듣거나 읽고, 자신의 생각을 넣어 직접 진술되지 않은 것을 끌어내도록 함
- 분석형 발문과 지시·명령 표현하기(expressing instruction and command)
  음식 조리법과 같이 순서가 있는 과업을 차례대로 표현할 수 있도록 함
- 분석형 발문과 결과물 작성하기(functional writing)

주어진 상황과 목적을 분석하고, 학습 목표와 관련되는 내용의 다양한 요소들을 모아서 새로운 영역에 적용하여 결과물을 만듦
- 종합형 발문과 자기 의견 주장하기(argument)
일상생활에 관한 문제 상황을 이유와 함께 해결해 나가는 일련의 과정을 자신의 관점의식으로 표현하게 함으로써 적절한 해결책을 결정하고 문제해결의 결과를 분석하도록 함

학습자들은 일상생활에 관한 문제 상황을 해결해 나가는 일련의 과정을 통해 창의적으로 문제를 해결하는 능력을 함양할 수 있다. 질문을 통한 창의성 함양 활동은 교사와 학습자 간, 학습자들 간 역동적인 상호작용이 일어나고, 학습자들이 효과적으로 자신의 의도를 표현할 수 있도록 하기 때문이다.

> **교실수업 적용([부록 21] 예시)**
> - 창의성 발현을 위한 질문
> - 학교급별 질문전략

4. 질문 전략과 질문 형성 테크닉

교실수업에서는 학습자들이 사고의 폭을 점차 넓히는 전략으로 질문을 구성할 필요가 있다. 질문은 학습자들이 확산적으로 사고하고 창의적으로 문제를 해결 방안을 찾을 수 있는 가능성을 부여한다. 그래서, 교사는 학습자들이 탐구 및 토론 능력을 신장하고, 창조적 사고 능력을 신장할 수 있도록 질문을 만들어 보도록 하는 수업을 설계할 필요가 있다.

질문의 유형은 짧은 대답에서 점차 깊은 사고를 하면서 정교하게 답을 찾아 나가는 방향으로, 정답이 정해져 있는 진위형 발문에서 하나의 정답이 정해져 있지 않는 방향으로, 정확한 대답을 하였는지를 점검하는 발문에서 점차 정답을 예측하지 않는 상황의 방향으로 질문을 구축하는 전략이 요구된다(Kagan, 1999). 이는 다음과 같은 전략으로 구도화될 수 있다(Kagan, 1999).

〈표 6〉 Kagan(1999)의 질문전략

숙달(mastery)	사고 기능(thinking skills)
(a) 부족한 사고(skinny) ─────────────────→ 풍부한 사고(fat)	
· 짧은 대답(short answer) · 얕은 사고(shallow thinking)	· 정교한 대답(elaborated answer) · 깊은 사고(deep thinking)
(b) 고 일치(high-consensus) ←─────────────→ 저 일치(low-consensus)	
· 참/거짓(T/F answer) · 사고의 내용("what" to think)	· 한 개 이상의 정답(no single correct answer) · 사고의 방법("how" to think)
(c) 재검토(review) ─────────────────────→ 실재(true)	
· 고정된 정답(asker knows answer) · 정답확인(checking for correctness)	· 다양한 정답(asker doesn't know answer) · 사고 요구(invitation to think)

위의 표에서와 같이, 교사는 먼저 수업시간에 학습자들이 풍부한 사고를 할 수 있도록 짧은 대답이나 피상적 사고를 요하는 질문이 아니라 정교하게 대답하게 하거나 심도있게 사고하여야 응답할 수 있는 질문을 한다. 둘째, 교사와 학습자 간, 학습자들 간 상호작용 없이 쉽고 간단하게 응답하는 것이 아니라 다양한 관점으로 한 개 이상의 정답을 찾아나가는 질문을 한다. 이는 학습자들이 비판적 사고능력이나 창의적 문제 해결 능력을 함양하는데 초점을 두어야 할 질문유형이다. 셋째, 학습자들

이 학습목표를 달성하였는지를 확인하는 질문이 아니라 깊이 있는 사고를 통해 다양한 방법을 탐구하는 질문을 한다.

> 교사는 학습자가 풍부한 사고를 할 수 있도록 스스로 질문을 만들게 한다.

위의 질문전략은 교실수업에서 교사와 학생들 간 상호작용으로 구체화될 수 있다. Rothstein & Santana(2017, P. 20)은 질문 형성 테크닉(Question Formulation Technique: QFT)을 단계별 교사와 학생 간 상호작용 및 사고능력으로 세분하여 다음과 같이 설정한다.

〈표 7〉 교실수업의 질문형성단계(Rothstein & Santana, 2017)

단계	교사와 학생 간 상호작용	학생 사고능력
질문 초점 개발	T: QFT사용 목적 설정 / 질문 초점 개발	
질문 생성 규칙	T: 토론 촉진의 질문형성규칙 소개 S: 질문생성규칙 활용을 위한 토론	서로의 말을 듣고 질문을 생각하는 **메타인지**
폐쇄형 질문과 개방형 질문의 범주화	T: 질문을 모니터하고 지원 S: 모둠별 질문초점 기반 질문생성활동	규칙 기반 자신질문 생성의 **확산적 사고**
질문 수정·확장	T: 질문을 모니터하고 지원 S: 모둠별 질문초점 기반 질문생성활동	**메타인지** **수렴적 사고**
질문 우선순위 정하기	T: 질문 우선순위 지도 및 모니터링 S: 토론, 비교, 평가로 3개 질문 선정 후, 그 이유 설명하기	**수렴적 사고**
추후 단계	T: 질문 사용을 위한 방향 제시 S: 교사가 설정한 목적에 적합한 질문 사용	학습목표에 맞는 질문 사용의 **수렴적 사고**
성찰	T: 성찰 과정 촉진 S: 무엇을 어떻게 알게 된 것에 대해 토론	**메타인지 수렴적 사고**

위 단계들 중 '질문 초점 개발'의 단계에서 교사는 QFT사용의 목적을 설

정하고 학습자들에게 질문 초점 활동의 중요성을 인식하도록 간단하게 설명한다. '질문 생성 규칙'의 단계에는 토론 촉진의 질문형성규칙을 소개하고 학생들은 질문생성규칙을 활용하기 위해 토론하게 하여 메타인지를 함양한다. '폐쇄형 질문과 개방형 질문의 범주화'의 단계에는 질문을 모니터하고 지원하며 모둠별 질문에 초점을 두어 질문을 생성하도록 하여 학습자들이 확산적 사고능력을 신장하도록 한다. '질문 수정·확장'의 단계에는 질문을 모니터하고 지원하며 모둠별 질문에 초점을 두는 질문 생성 활동을 하도록 하여 메타인지나 수렴적 사고를 신장한다. 이러한 일련의 활동에 이어, 질문의 우선순위를 지도하거나 모니터링하는 '질문 우선순위 정하기', 질문 사용을 위해 방향을 제시하는 '추후 단계', 무엇을 어떻게 알게 되었는지에 대해 토론하는 '성찰'활동이 구현될 수 있다.

질문형성전략 체크 포인트

- 학습자들이 정교하게 대답하게 하거나 심도있게 사고하여야 응답할 수 있는 질문을 만들었는가?
- 다양한 관점으로 한 개 이상의 정답을 찾아나가는 질문을 만들었는가?
- 깊이 있는 사고를 통해 다양한 방법을 탐구하는 질문을 만들었는가?
- 토론 촉진의 질문형성규칙을 소개하고 질문을 모니터하고 지원하였는가?
- 질문 우선순위를 지도하고 모니터링하였는가?
- 성찰 과정을 촉진하고 무엇을 어떻게 알게 된 것에 대해 토론하였는가?

이러한 교실수업의 질문형성단계를 바탕으로 미술 수업을 다음과 같이 설계할 수 있다.

〈표 8〉 미술수업의 질문형성단계(Rothstein & Santana, 2017)

단계	교사와 학생 간 상호작용	학생 사고능력
질문초점 개발	작품 작업을 평가하고 탐구하기 위한 의지, 창의성, 상상력을 요구하는 질문	
학습자 모둠 작업	역동적 상호작용과 모둠별 작품은 개별 학생의 작품에 영향을 줌	메타인지
폐쇄형 질문과 개방형 질문의 범주화	학생들이 연습을 할수록 작품을 보다 잘 만들어 가는 과정	규칙 기반 자기 질문 생성의 **확산적 사고**
질문 우선순위 정하기	교사의 지식, 학습자의 흥미, 지식, 선호도, 역동성은 질문의 우선순위를 정하도록 함	**수렴적 사고**
추후 단계	교사와 학생이 함께 질문의 효과적 활용 방법을 구성하고 형성함	학습목표에 맞는 질문 사용의 **수렴적 사고**
성찰	T: 성찰 과정 촉진 S: 무엇을 어떻게 알게 된 것에 대해 토론	**메타인지 수렴적 사고**

미술 수업에서는 작품 작업을 평가하고 탐구하기 위한 의지, 창의성, 상상력을 요구하는 질문을 형성하도록 한 후, 모둠별로 상호작용을 활발하게 하여 개별 학생의 작품이 더욱 잘 만들어지도록 질문을 형성하는 활동을 설계하고 구현할 수 있다. 또한, 미술수업과 유사하게 과학수업을 다음과 같이 구성할 수 있다.

〈표 9〉 과학수업의 질문형성단계(Rothstein & Santana, 2017)

단계	교사와 학생 간 상호작용	학생 사고능력
질문초점 개발	학생들이 실험실 규칙을 고려하여 질문을 하면서 질문을 생성함	
질문 생성 규칙	학생들은 동료들과 함께 작업하면서 그들 나름의 창의적 질문을 생성하기 시작함	메타인지

폐쇄형 질문과 개방형 질문의 범주화	학생들이 새로운 지식을 접하면서 변혁적으로 다른 지식을 얻을 수 있도록 질문 유형을 조절함	규칙 기반 자기 질문 생성의 **확산적 사고**
성찰	학생들이 무엇을 어떻게 알게 된 것에 대해 토론	**메타인지 수렴적 사고**

위의 단계들 중 '질문 초점'의 단계에서는 학생들이 새로운 사고의 관점을 갖도록 학습동기를 부여하고, 교사가 선호하는 것이나 편견이 나타나지 않도록 해야 한다. 이를 위해, 질문 초점이 짧은 진술이나 간단한 구나 주제로 제시될 필요가 있다. 이 단계에서는 학습자들이 흥미나 동기부여를 할 수 있도록 질문 초점의 목적을 정의하고, 가능한 아이디어를 생각하도록 한 후, 그 아이디어의 찬성과 반대를 확인하면서 평가한다.

'질문 생성 규칙'의 단계에서는 학습자들이 가능한 많은 질문을 하도록 하고, 언급된 만큼 모든 질문을 쓰도록 하며, 어떤 진술을 질문으로 변경하도록 한다. 이 때, 교사는 학습자들이 '3-5명의 모둠으로 구성 → 질문초점 소개 → 질문생성 지도 → 모둠별 순회지도'의 과정으로 그들 나름의 질문을 생성하도록 촉진해야 한다.

'질문 우선순위 정하기'의 단계에서는 먼저 학생들이 그들이 생성한 목록들 중 선정의 기준에 따라 3개의 질문을 선정하도록 한다. 예를 들어, 가장 중요하고, 가장 흥미가 있고, 연구 프로젝트를 수행하는 데 가장 기여하며, 질문초점의 목적에 부합하는 지를 기준으로 삼을 수 있다. 학습자들이 3개의 질문을 선정한 후, 그 선정의 이유를 다른 모둠이나 반 전체에 설명한다.

교실수업 적용([부록 22] 예시)
– 영어수업: 질문형성단계 – 영어수업: 질문전략

핵심개념
- 문제중심학습
- 문제해결학습
- 하위사고기능(lower order thinking skill: LOTS)
- 상위사고기능(higher order thinking skill: HOTS)
- 전시형 질문(display question)
- 참조형 질문(referential question)
- 질문전략(questioning strategy)
- 질문 형성 테크닉(Question Formulation Technique)

제7장 연습문제

1. 문제중심학습과 문제해결학습은 문제가 핵심이고 그 문제를 해결하기 위해 학습자들이 관련된 정보를 능동적으로 탐구해야 한다. 학습자들은 실생활과 밀접하게 관련되어 있고 실제성 있는 '문제가 학습의 원동력'(Levin, 2001)이기 때문에 높은 학습동기를 갖고 자기 주도적으로 해결하는 활동을 실행한다. 문제중심학습과 문제해결학습의 차이점을 비교하시오.

2. 질문을 통한 창의성 신장의 활동으로 지식형 발문과 시각자료 표현하기(expressing a visual material), 추론형 발문과 자기 생각 표현하기(expressing opinion), 분석형 발문과 지시·명령 표현하기(expressing instruction and command), 분석형 발문과 결과물 작성하기(functional writing), 종합형 발문과 자기 의견 주장하기(argument) 등을 들 수 있다. 교실수업에서 '종합형 발문과 자기 의견 주장하기'에 적합한 활동을 예시하시오.

3. 질문의 유형을 분류할 때, 하위사고기능(lower order thinking skill: LOTS)과 상위사고기능(higher order thinking skill: HOTS) (Bentley 2010, p. 22-23)을 고려할 필요가 있다. 질문의 유형을 분류할 때, 학습자의 사고기능(thinking skill)도 고려할 필요가 있다. LOTS와 HOTS에 해당되는 학습활동들을 제시하고, 그 활동들이 어떤 유형의 질문에 속하는지 분류하시오.

4. 질문전략은 교실수업에서 교사와 학생들 간 상호작용으로 구체화될 수 있다. Rothstein & Santana(2017, P. 20)은 질문 형성 테크닉(Question Formulation Technique: QFT)을 단계별 교사와 학생 간 상호작용 및 학생 사고능력으로 세분하여 설정할 수 있다. QFT의 단계를 고려하여 질문초점 수업활동을 설계하시오.

제8장

AI디지털 스토리텔링 및 극화활동

디지털 스토리텔링은 테크놀로지와 함께 사회 문화와 기호학 이론을 엮은 것이다.
−Hass & Tussey (2021)

생각하기
1. 디지털 스토리텔링과 극화활동이 미치는 학습효과는 무엇인가?
2. 교실수업에서 디지털 스토리텔링을 효과적으로 구현하는 방법은 무엇인가?
3. 디지털 스토리텔링과 극화활동의 정의적, 인지적, 심동적 특성은 무엇인가?

　디지털 스토리텔링은 학습자들의 비판적 사고능력뿐만 아니라 심미적 감성역량, 공동체 역량, 문제해결 능력, 창의성 등을 효과적으로 함양할 수 있다. 디지털 스토리텔링 기반 수업은 학습자들을 능동적으로 수업에 참여시키고, 자신의 의견, 느낌, 경험 등을 다양한 의미 전달의 형태(multi-mode)로 표현하도록 하며, 스토리에 몰입하여 핵심역량을 신장할 수 있기 때문이다(김진석, 2024). 실제, 디지털 스토리텔링은 학습자의 인지적, 정의적, 심동적 영역에 긍정적으로 영향을 미치며(Wu와 Chen, 2020), 21세기 학습자들의 핵심역량인 비판적 사고력, 의사소통능력, 협업능력, 창의성을 함양(Huang, 2022)하고 있다. 따라서, 이장에서는 학습자들의 디지털 스토리텔링 알고리즘의 활성화에 대해 살펴본 후, 디지털 스토리텔링의 특성과 효과를 바탕으로 글로벌 디지털 시민성을 함양하는 방안에 대해 살펴보고자 한다.

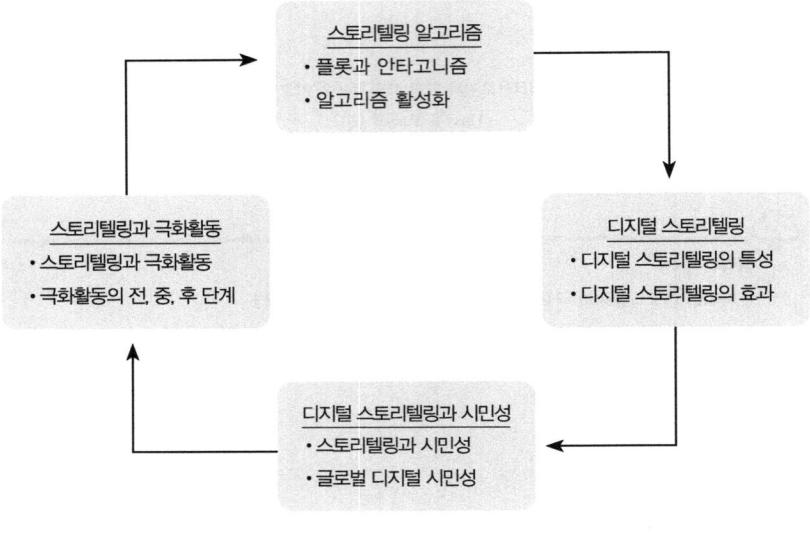

[그림 1] 핵심 내용 흐름도

1. 스토리텔링 알고리즘

디지털 스토리텔링은 단지 이야기를 듣는 것에 초점을 둔 방법이 아니라 학습자가 이야기를 들으면서도 양방향으로 참여할 수 있고, 더욱이 플롯이 전개될 때 등장인물이 겪게 되는 문제를 해결하는 데 도움을 줄 수 있다(김진석, 2023). 그래서, 이야기꾼(storyteller)인 교사와 학습자 간뿐만 아니라 학습자들 간 상호작용이 활발하게 일어나는 일련의 과정이 있다.

이야기는 안타고니즘(antagonism)을 기반으로 한 플롯이어서 주인공은 갈등을 일으키는 적대적 등장인물(antagonist)을 만나 곤란을 겪게 된다.

'학습자들은 주인공이 갈등이나 고난을 겪을 때 자기 동일시의 감정이 일어나 갈등을 해결하는 데 도움을 주는 심리(동기부여)가 강해진다'(여현덕, 2020). 이러한 과정에서, 학습자들은 이야기의 문제를 해결하려는 알고리즘이 활성화된다고 할 수 있다.

📎 이야기는 안타고니즘을 기반으로 하는 플롯이다.

학습자들은 이야기를 들으면서 요약(abstract), 발단(exposition), 갈등(complication), 절정(peak), 결말(conclusion), 종결부(coda)와 같은 거시 텍스트의 구조(macro-structure) (Fleischman, 1990)가 작동된다. 이를 다음과 같이 구도화 할 수 있다.

요약	플롯				종결부
	발단	갈등	절정	결말	

[그림 2] 거시텍스트 구조

요약과 종결부는 화자의 시점이지만 플롯의 각 구성요소인 발단, 갈등, 절정, 결말은 이야기 시점이다. 발단은 이야기의 배경을 설명하고 전개하는 모양을 갖추는 부분이고, 갈등은 이야기를 이루는 사건들을 묶어 놓은 것이며, 절정은 사건이 극에 달하는 핵심적인 이야기의 흐름이므로 매우 구체적이고 생동감있게 표현하기 위해 장면을 천천히 묘사해 가는 문체적 장치를 사용한다. 대표적인 장치로는 중요한 사건의 삽입, 반복,

환문, 직접화법 등이 있다[1] (김진석, 2024). 플롯들 중 갈등과 절정에서 문제해결 알고리즘이 현저하게 활성화된다고 할 수 있다. 학습자들은 헤밍웨이의 '노인과 바다'에서 자기 동일시의 감정이 일어나 주인공인 노인과 함께 상어 떼들의 습격에 저항하며 어려움을 극복하려고 한다.

- 노인과 바다의 이야기 구조(Vitacolonna, 1983: 287)
    - (a) 1단계: 소설의 도입부에서 노인이 항구를 출발하는 사건들
    - (b) 2단계: 고기잡이를 하는 사건들
    - (c) 3단계: 노인이 항구로 돌아오는 사건들

위와 같이 '노인과 바다'는 노인이 항구를 출발하는 발단, 고기잡이를 하는 전개, 항구로 돌아오는 결말 부분으로 구성된다. 이를 거시 텍스트 구조에 맞게 재구성하면, 2단계를 갈등과 절정으로 구분할 수 있다(김진석, 2024). 노인이 고기를 잡는 일련의 사건들을 갈등으로, 고기잡이를 하는 중 상어 떼들의 습격에 저항하다 결국 패배하게 된 사건들을 절정으로 세분할 수 있다.

이야기는 학습자들의 스토리텔링 알고리즘을 발현시켜 이야기를 들으면서 플롯에 따른 이야기의 핵심 에피소드들을 확인하고 공감하려고 한다. 무엇보다도, 이야기를 시작하면서 갈등으로 이야기를 끌고 가는지, 갈등을 묘사하는지, 갈등으로 일어난 사건인지, 갈등의 결과인지를 확인하는 과정에서 학습자들의 알고리즘이 활성화된다.

학습자들은 이야기꾼인 교사와 상호작용하면서 이야기의 문제를 발

---

1 Longacre(1989: 372)에 따르면, 직접화법은 절정이 빨리 지나가지 않도록 카메라를 천천히 움직인다.

견하고, 문제를 분석하고, 패턴을 인식하고, 핵심 요소만 남기는 일련의 컴퓨터적 사고(computational thinking)를 한다. 이를 알고리즘으로 살펴보면, 학습자들은 과제나 문제 등을 해결하기 위해 필요한 핵심요소를 파악하여 복잡한 현상을 단순화(추상화)하고 이야기의 문제를 해결하는 데에 사용하는 수단(레버리지)과 장르를 고려하여 가장 적절하고 효과적인 시퀀스(순서와 절차)를 구조화한다. 또한, 학습자들은 이야기의 갈등이나 문제를 해결하기 위한 상호작용의 과정 및 방식, 산출물 등을 지각하고 이해하며, 다양한 수단(예, 언어, 말, 글, 문자, 이메일 등)을 통해 학습한 특정 개념이나 내용을 다른 영역, 교과, 상황에 적용하여 문제를 해결하며, 학습자들이 이야기의 문제에 호기심을 가지면서 지속적으로 흥미를 갖고 문제를 해결하는 일련의 절차 및 방법을 갖고 있다.

2. AI디지털 스토리텔링의 특성 및 효과[2]

AI 디지털 스토리텔링은 전통적인 교수-학습 방법에 대한 대안적 접근 방식으로 주목받고 있다. 기술의 발전은 기존의 읽기와 쓰기 중심의 리터러시 개념을 '디지털 도구를 통한 의미의 표현 및 이해'로 정의되는 디지털 리터러시로 확장하였다(김진석, 2021; 김진석, 장은숙, 2019; Gee, 2015; The New London Group, 1996). 디지털 스토리텔링에 참여하는 학습자들은 자신의 경험을 디지털 도구를 활용하여 표현하게 되며, 이는 AI시대에서 요구하는 디지털 도구에 대한 이해를 증진시키고, 디지털 스토리텔링을 통해 자기의 의견, 생각, 경험 등을 표현하는 기회를 제공

---

[2] 김진석 외(2021), 김진석(2023), 김진석 외(2024)를 수정·보완하였음

한다(김진석, 장은숙, 2021).

또한, AIED를 활용한 스토리텔링은 학습 동기를 유발하고(Huang, 2022), 능동적으로 수업에 참여하도록 하며(Yang 외, 2022), 창의적으로 과제를 완수하거나 주어진 문제를 해결하는 능력을 향상시키는 효과가 있다(김진석 외, 2021). 그러나, 디지털 스토리텔링이 가지는 긍정적인 교육적 효과에도 불구하고, 실제 학교 현장에서 적용하려면 지나치게 많은 시간이 소요(Yang 외, 2022)되고, 학습자는 디지털 스토리텔링 활동에 참여하기 위해 AIED 활용 방법을 익혀야 하며, 디지털 스토리텔링을 수업 시간에 효과적으로 구현하기 위해 교사는 에듀테크 활용 교육에 전문적 지식이 있어야한다.

디지털 스토리텔링 사용 경험에 대한 교사의 인식을 조사한 결과, 상위 수준의 ICT능력을 지닌 교사를 포함하여 모든 교사들이 디지털 스토리텔링에 사용되는 에듀테크에 대해 부담이 있다고 하였다(Thang 외, 2014). 또한, 에듀테크의 복잡성으로 인해 교사와 학생 모두가 스토리텔링에서 사용되는 기술과 스토리텔링의 상호 접목성을 충분히 이해하지 못한다는 경향을 보이고 있다(Thang 외, 2014).

이러한 한계점은 이미지 생성 인공지능과 스토리텔링 활동을 접목으로 극복할 수 있다. AI기반 이미지 생성 기술의 새로운 기술적 어포던스(Kang과 Yi, 2023)를 고려하면, DALL-E, 미드저니, 퀵드로우 등과 같은 이미지 생성 인공지능을 디지털 스토리텔링의 주요 기술적 도구로 사용할 수 있다.

[그림 3] DALL-E를 활용한 디지털스토리텔링(김진석 외, 2024)

학습자들이 자연언어로 묘사하면 그에 적합한 이미지를 현실감있게 만들어 내는(김진석, 2023) 이미지 생성 인공지능 앱들은 디지털 스토리텔링을 구현하는 데 맞닥뜨리는 어려움을 다음과 같이 극복할 수 있다(김진석 외, 2024).

첫째, 학습자들이 표현하고자 하는 자기의 생각, 감정 등을 디지털로 이미지화하는 데 소요되는 기술적 시간을 최소화할 수 있다. 학습자는 이미지 생성 인공지능을 활용하여 표현하고자 하는 정보를 직접 디지털 그림으로 창의적으로 제작하거나 변환, 수정하는 과정을 인공지능으로 대체할 수 있다.

둘째, 교사와 학생이 느끼는 기술에 대한 부담을 완화할 수 있다. 인공지능 기반 이미지 생성 기술을 사용한 스토리텔링은 이미지 수정 및 조합에 사용되는 복잡한 소프트웨어의 사용 능력을 요구하지 않기 때문이다.

셋째, 학습자들이 이미지 생성 과정과 텍스트 생성 및 활용 사이의 직접적으로 연결할 수 있는 활동을 경험하게 한다. 학습자는 이미지를 생성하기 위해 텍스트를 사용하며, 텍스트의 입력 및 수정을 통해 최적의 인공지능 생성 이미지를 찾는 과정에 참여할 수 있기 때문이다.

디지털 스토리텔링은 학습자들의 인지적, 정의적, 심동적 영역을 신장해 준다. 스토리는 수업에서 학습동기를 유발하고 수업 참여도를 높이며, 학습자의 개념발달뿐만 아니라 사고력을 강화하고, 학습을 위한 메타인지를 개발하며, 학습능력을 함양하는 수단(Ellis & Brewster, 1991)이기 때문이다.

> 디지털 스토리텔링은 학습자들의 인지적, 정의적, 심동적 영역을 신장한다.

또한, 디지털 스토리텔링은 테크놀로지를 긍정적으로 사용하는 태도를 갖도록 하고 평생학습을 내실있게 구현할 수 있도록 하기 때문에 학습자들의 컴퓨터적 사고(computational thinking)뿐만 아니라 의사소통능력, 창의성, 협업능력을 함양한다(Ribble, 2011). 예를 들어, '스크래치를 활용한 다음과 같은 창의적 이야기 만들기' 프로젝트를 살펴보자(김진석 외, 2021).

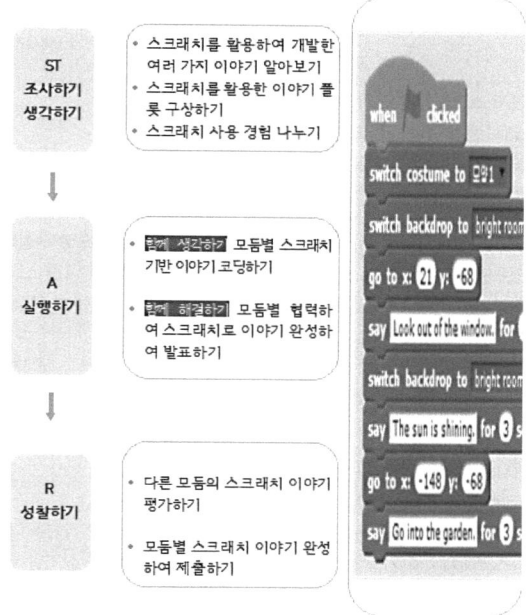

[그림 4] '스크래치를 활용한 창의적 이야기 만들기' 프로젝트 개요

위 STAR 단계의 활동들을 구체적으로 제시하면 다음과 같다(김진석 외, 2021).

<표 1> 프로젝트 수업활동

과정	교수·학습 활동 내용	준비물
S T 문제 파악 하기	❶ 여러 가지 스크래치 이야기 소개하기(자료 수집 및 분석) • 스크래치 활용하여 만들어진 이야기를 소개한다. • 스크래치가 이야기를 전달할 때 효과적인 매체가 될 수 있음을 이해한다. **수업 노하우** ※ 복잡한 코딩이 사용된 스크래치 이야기보다는 단순한 코딩으로 구성되어 있으면서도 학습자의 상상력을 자극할 수 있는 콘텐츠가 담긴 스크래치 이야기를 예시 자료로 제공한다. 즉, 코딩 방법보다는 콘텐츠 제작 및 표현에 초점을 맞추어 지도한다. ※ 스크래치의 기본 코딩 방법이 미숙한 학습자를 위해 수업 전 스크래치의 기본 코딩에 대해 학습할 수 있는 영상을 제공한다. ❷ 스크래치를 활용한 플롯 구상 및 경험 나누기(자료 표현) • 스크래치를 활용하여 이야기의 플롯을 구상한다(문제 분해). • 챗GPT나 스크래치를 활용한 예시 이야기를 보며, 자신의 제작 경험을 나눈다. • 예시 스크래치 이야기를 보며, 수업 시간에 공부한 이야기를 상기한다. • 스크래치 제작에서 주의해야 할 점을 알아본다. • 실생활에서 필요한 스크래치가 있는지 생각해본다. **수업 노하우** ※ 예시 스크래치 이야기를 소개할 때, 스크래치의 주요 특징에 주목하여 간단한 표현을 사용하도록 한다. 또한 학습자들이 자신의 스크래치를 소개할 때 참고할 수 있도록 다양한 예시 작품들을 제공한다.	스크래치 이야기 예시 작품 스크래치 가이드 동영상
A 실행 하기	❶ 함께 생각하기(추상화) • 모둠별로 스크래치 기반 이야기 선정 및 방법에 대해 토의하고, 이를 바탕으로 모둠별 스크래치 이야기 제작 계획을 세운다. **수업 노하우** ※ '제작할 이야기', '스크래치 제목', '스크래치 제작 방법' 등에 대한 계획을 세우도록 한다. '제작할 이야기'는 평소 친숙한 이야기가 선정되도록 한다. '<u>스크래치 제목</u>'은 창의적으로 지을 수 있도록 안내한다. '스크래치 제작 방법'은 학습한 스크래치 코딩 방법을 사용하여 표현하도록 한다. '기능'은 가급적 간단한 표현을 사용하도록 안내한다.	나만의 준비물, 태블릿 PC, 교과서

수업 노하우
※ 이야기 선정에 어려움을 겪는 경우, 교과서를 참고하여 수업 시간에 배운 이야기 중 하나를 선택하여 일부분을 수정하도록 한다.

❷ 함께 해결하기(알고리즘)
- 챗GPT를 활용하여 모둠별로 계획한내용에 따라 모둠별 스크래치 이야기를 만들고, 발표를 준비한다.

수업 노하우
※ 모든 모둠원이 협동할 수 있도록 지도한다.
 스크래치 이야기를 자유롭게 표현할 수 있도록 지도한다.

❸ 모둠별 스크래치 이야기 발표하기
- 모둠에서 만든 작품을 발표하고, 다른 모둠의 작품을 감상한다.

수업 노하우
※ 스크래치 제작의 실현 가능성보다 상상력 및 표현 사용에 초점을 둔다.
※ 태블릿 PC 등 전자 기기를 활용하여 모둠별 스크래치를 전시하여, 학습자들이 번갈아가며 다른 모둠의 스크래치 이야기를 체험할 수 있도록 한다.

AR 함께 나누기

❶ 동료 스크래치 평가하기
- 〈평가 기준〉을 참고하여 우리 모둠과 다른 모둠의 작품을 평가한다.

수업 노하우
※ 평가표의 내용을 바탕으로 자기평가와 동료평가를 실시한다. 이때 다른 사람을 비방하기보다는 잘한 점과 개선할 점에 대해 피드백을 주는 형태로 진행한다.

❷ 모둠별 스크래치 이야기 완성하여 제출하기
- 성찰하여 검토한 사항을 반영하여 이야기 완성하여 제출하기

수업 노하우
※ 성찰하고 검토한 사항(자기평가, 동료평가)을 반영하여 이야기를 오나성하고 제출한다.

태블릿 PC
자기평가지
동료평가지

위 활동의 목표는 학습자들이 직접 스크립트를 작성하고 그 이야기를 스크래치를 활용하여 코딩한 후, 모둠별로 발표하는 활동을 통해 컴퓨터적 사고능력, 창의성, 문제해결능력, 협업능력 등을 함양하는 데 있다. 먼저, 스크래치를 활용한 이야기의 예시 작품들을 조사, 분석, 정리한다. 또한, 모둠별로 흥미있는 이야기를 선택하고, 모둠원들 간 협력하여 스크래치를 통해 이야기를 창의적으로 코딩한다. 아울러, '모둠별 스크래치 이야기'를 발표하고 이를 다른 모둠들과 공유하도록 한다. 마지막으로, 모둠원들 간 이야기를 서로 평가하거나 발표한 스크래치를 수정하여 제출한다. 이러한 과정 중 '함께 해결하기' 활동에서는 학습자들이 모둠별로 소통하고 협력하여 '모둠별로 계획에 따라 스크래치 이야기 만들기' 활동지를 작성하도록 할 수 있다(김진석 외, 2021).

교실수업 적용([부록 23] 예시)
- 스토리텔링 앱
- 스크래치를 활용한 수업사례

3. AI디지털 스토리텔링기반 글로벌 디지털 시민성[3]

3.1. 디지털 스토리텔링과 글로벌 시민성

시공간의 압축으로 역동적으로 다변화되어 가고 있고 탈 중심적인 글로벌 시대에 살고 있는 사람들은 서로 다른 문화적 배경을 가진 다른 사람들과 상호작용하고 협력하여 주어진 과제를 완수하거나 글로벌 이슈

---

[3] 김진석 외(2024)를 수정·보완하였음

를 해결할 수 있는 글로벌 역량을 갖출 필요가 있다. 이를 위해, 학습자들은 문화지능(cultural intelligence)과 문화 간 의사소통능력(intercultural communicative competence)을 함양해야 한다. 학습자들은 글로벌 시민으로서 비판적 사고, 창의성, 협업 능력 등을 신장하고, 서로 다른 문화적 배경을 가진 사람들의 가치, 규준, 신념, 사회적 관습을 이해하며, 문화 간 갈등으로 빚어지는 위급한 상황(critical incident)을 적절하게 대응하여 효과적으로 논의하고 협력할 필요가 있다.

디지털 스토리텔링은 학습자가 스토리텔링의 과정에 긍정적으로 참여하고, 이야기꾼의 줄거리 전개 과정을 지원하며, 캐릭터의 문제뿐만 아니라 스토리의 복잡성을 해결할 수 있는 대화형 프로세스라고 할 수 있다. 스토리텔링 중 학습자들의 적극적인 경청 과정은 학습자가 스토리에 능동적으로 참여하도록 하고, 캐릭터와 동일시하면서 상상력과 창의력을 고무시키는 데 도움이 된다. 이러한 측면에서, 교실수업에서의 디지털 스토리텔링은 학습자들의 글로벌 디지털시민성을 높이는 데 큰 영향을 미친다고 할 수 있다.

> 디지털 스토리텔링은 복잡한 문제를 해결하는 대화형 프로세스다.

최근, 개개인은 세계시민으로 자신의 역할을 인식하는 글로벌 공동체에 소속감을 갖고, 세계의 중요한 사건과 이슈에 대한 비판적 이해를 통해 글로벌 공동체의 다른 사람들과 협력하여 글로벌 이슈를 적극적으로 해결한다는 점이 강조되고 있다(Kim, 2020a). Oxfam(2015)에 의하면, 글로벌 시민의 특성을 다음과 같이 강조하고 있다(p.5):

- 세상의 작동 방식 이해
- 사회적 정의를 위해 열정적으로 노력하기
- 지역, 국가에서 전 세계에 이르기까지 다양한 수준의 커뮤니티 참여
- 다른 사람들과 협력하여 세상을 더 공평하고 지속 가능한 세계 구축
- 행동에 대해 책임지기

위 글로벌 시민의 특성에서 볼 수 있듯이, 글로벌 시민이란 더 넓은 세계를 인식하고 글로벌 시민으로서 자신의 역할을 인식하는 사람이라고 할 수 있다. 마찬가지로, 유네스코(2013: 14)에서도 더 넓은 글로벌 공동체에서의 정체성과 소속감을 의미하며, 정치적, 경제적, 사회적, 문화적 상호 의존성과 지역, 국가, 전 세계 간의 상호 연결성을 강조하고 있다.

Oxfam(2015)과 유네스코(2013)를 바탕으로, 글로벌 시민을 다음과 같이 정의할 수 있다(김진석, 2020b):

글로벌 시민은 글로벌 커뮤니티에 소속감을 갖고, 세계 시민으로서 자신의 역할을 인식하고, 세계의 중요한 사건과 이슈를 비판적으로 이해하며, 글로벌 커뮤니티의 다른 사람들과 소통하고 협력하여 글로벌 이슈를 적극적으로 해결하여 세계를 보다 정의롭고 지속가능한 곳으로 만드는 것이다.

개개인은 글로벌 시민의 한 사람으로 정의, 공정 거래, 다양성, 젠더, 기후, 에너지, 테러, 전쟁 등의 글로벌 이슈를 적극적으로 해결하고, 지역 공동체나 국가 공동체에서 글로벌 공동체에 이르기까지 다양한 수준의 문화적 배경을 가진 다른 사람들과 협력하여 주어진 업무를 완수하거나 글로벌 이슈를 능동적으로 해결하는 능력을 갖추어야 한다. 무엇보다도,

글로벌 이슈를 해결하는 데에 상호 주관적으로 참여하고 세계를 보다 정의롭고, 평화롭고, 공정한 곳으로 만들 수 있는 글로벌 역량을 함양할 필요가 있다.

글로벌 디지털 시민의식은 디지털 시민의식과 글로벌 시민의식의 결합이라고 할 수 있다. Ribble(2011)에 따르면, 디지털 시민의식은 디지털 액세스, 디지털 커머스, 디지털 커뮤니케이션, 디지털 법률, 디지털 건강, 디지털 리터러시, 디지털 에티켓, 디지털 권리 및 책임, 디지털 보안을 포함한다. 무엇보다도, 디지털 시민으로서 학습자는 인간, 문화 및 사회적 이슈를 이해하는 ① 합법적이고 책임감 있게 테크놀로지를 사용하고, ② 테크놀로지를 긍정적으로 사용하는 태도를 보이고, ③ 평생 학습에 대해 책임감을 보여주며, ④ 디지털 시민의식을 위한 리더십을 발휘하는 특성을 갖추는 것이 필수적이다(Ribble, 2008). Ribble(2011)과 유사하게, Oxfam(2015), 유네스코(2015c) 등에서도 글로벌 디지털 시민은 디지털 테크놀로지를 사용하여 컴퓨팅 사고를 가진 글로벌시민으로서의 역할을 수행하는 사람으로 정의한다(Kim, 2020b). 이러한 측면에서, 글로벌 디지털시민은 서로 다른 문화적 배경을 가진 다른 사람들과 소통하고 상호작용하는 능력을 넘어서 글로벌 디지털시민으로서 다양한 문화적 배경을 가진 화자의 가치와 관점을 존중하고 공감하면서 글로벌 이슈(예, 전쟁, 지구 온난화, 인종차별, 빈곤, 성차별 등)를 해결하기 위해 상호 주관적이고 능동적으로 실행할 수 있는 능력을 갖춰야 한다(Kim, 2020b).

교사는 학습자가 글로벌 디지털 시민성을 함양할 수 있도록 일련의 교수-학습의 조건을 고려하여 수업을 설계해야 한다. 교사는 디지털 스토리텔링을 통해 학습자의 글로벌 디지털시민성을 향상시키기 위한 수업을 설계할 때, 동기 유발, 데이터 검색 및 조사를 통해 비판적 사고를 함양할 수 있는 여건, 개개인의 글로벌 역량 활성화, 과제 완수 능력 및 글로벌 이슈 해결 방안 모색, 인간 대 인간 또는 인간 대 테크놀로지 간 상호작용 극대화, 학제 간 심층 연구의 구현, 인공 지능 기반 전략적 평가 또는 스캐폴딩 실행 등의 수업 조건을 고려해야 한다(Kim, 2020b). 이러한 조건들 중 교사는 AIED 시스템이나 도구를 통해 학습자가 디지털 스토리텔링 수업활동을 제대로 구현할 수 있도록 지원해야 한다.

3.2. 디지털 스토리텔링 기반 글로벌 디지털 시민성: 인지와 실행

2015년부터 2024년까지의 연구를 초록과 데이터를 중심으로 전 처리한 후, 디지털 스토리텔링, 글로벌 디지털시민성, 영어학습자 및 글로벌 디지털시민성, 이해영역의 기능, 표현영역의 기능 등의 특정 단어를 빈도수의 수치로 중요도의 값을 나타내는 TF-IDF로 분석한 결과, TF-IDF가 가장 낮게 나온 단어는 이해영역의 기능, 표현적 영역의 기능이 낮게 나타났다. 이는 검색어를 디지털 스토리텔링, 글로벌 디지털 시민성, 이해영역의 기능, 표현 영역의 기능 등의 키워드로 'OR' 및 'AND'로 연결되어 수집되고 분석된 결과로 보인다.

또한, BERT를 기반으로, Sentence Transformer('all-MiniLM-L6-v2')를 임베딩 모델로 사용하고, 매개변수 n-gram을 2로 문서 동시 등장 빈도수를 분석한 결과, 디지털 리터러시, 디지털 시민성, 디지털 리터러시, 디지털 라이프, 시민성 교육 등이 상대적으로 큰 것으로 분포되었다. 또한, 지식 그래프와 토픽모델링의 결과에서, 주제 1(실천, 이슈, 시민, 사회, 시민성 함양, 글로벌 교육, 디지털 등), 주제 2(가치, 규준, 신념, 사회적 관습 등), 주제 3(순서, 인조물, 인종, 편견, 소수, 사이버, 위협 등), 주제 4(서비스, 전화, 사람, ICT, 글로벌시민교육 등), 주제 5(정체성, 페이크, 뉴스,

브이로그 등), 주제 6(테크놀로지, 교육, 디지털 스토리텔링, 교사, 학습 등)과 같이 범주별로 분류될 수 있다.

추출된 주제별 범주를 바탕으로 글로벌시민 교육을 위한 디지털 스토리텔링의 내용을 구성할 수 있다. 글로벌 디지털시민성을 함양하는 효과적인 방법들 중 하나인 디지털 스토리텔링은 학습자에게 흥미로운 새로운 기회를 제공(Bailey 외, 2020)할 수 있다. 또한, 주제 범위 문헌고찰을 통해 논문을 분석한 결과, 로봇 보조 언어 학습(Robot Assisted Language Learning: RALL), 모바일 보조 언어 학습(Mobile Assisted Language Learning: MALL), 동영상 편집 프로그램, 웹 기반 멀티미디어 시스템, 창의적 스토리텔링 앱과 같은 AIED 시스템과 도구가 디지털 스토리텔링을 통해 학습자의 글로벌 디지털 시민성을 높이는 데 효과적인 것으로 나타났다.

> 디지털 스토리텔링은 학습자에게 흥미로운 새로운 기회를 제공한다.

스토리텔링 앱과 같은 AIED 시스템과 도구의 효과성을 구체적으로 살펴보면 다음과 같다.

첫째, AIED 시스템 및 도구 중 하나인 RALL은 교실에서 교사나 학생 간 상호작용으로 인해 글로벌 디지털 시민의식 교육에서 긍정적인 스캐폴더 또는 촉진자 역할을 한다(Johnson, 2003). Alemi 외(2017)에 따르면, 학습자가 로봇과 상호 작용하고 협업할 때, 학습동기와 참여도가 높고, 학습에 대한 불안감이 감소하는 등 정의적 여과가 낮아지는 경향이 있다.

스토리 봇은 학생들이 학습활동에 참여하고, 스토리를 구상하고 개발하면서 의사소통능력을 함양하는 데 도움이 될 수 있다(Kang, 2005; Ahmadian과 Pashangzadeh, 2013). 스토리 봇은 스토리텔링을 통해 대화의 내러티브를 통제하고 질문과 빠른 답변 버튼을 사용할 수 있기 때문에 대화형 역할놀이 또는 스토리텔링 및 시뮬레이션 텍스트 메시지를 통해 연습의 기회를 제공함으로써 학생들이 겪는 글쓰기의 어려움을 극복하는 데 도움이 된다(Bailey 외, 2020). 스토리 봇은 학습자의 참여를 유도하고 더 깊은 대화를 촉진함으로써 상호작용을 창출하는 데 효과적인 수단임을 보여준다(Baranovskaja와 Skorupa, 2011).

둘째, MALL은 많은 학습자들이 휴대폰을 활용하여 이야기에 관심을 갖게 된 AIED도구 중 하나이며(Chinnery, 2006), 여러 연구에서 성공적으로 구현(Burston, 2014)되었다. Lee(2015)에 따르면, 지난 5년간의 MALL시스템 검토 결과, 연구자들은 상호작용을 용이하게 하기 위해 자동 음성 인식(ASR)을 사용했다. 또한, 모바일 기기의 디지털 사진 기능은 학생들에게 매우 유용하게 사용되었다.

Nguyen 외(2020)에 의하면, 모바일 기기를 통해 학습자들이 주변 상황에서 움직이고 사진을 찍고 녹음하여 의미 있는 문장을 만든다는 것을 증명했다. 즉, 특정 학습 환경이 학생들이 표현할 기회를 늘리고 추가적으로 동기를 부여할 수 있다는 것을 보여주었다. MALL을 통해 학습자는 이야기와 실제 상황 사이에 연결을 형성할 수 있다. 예를 들어, 이동 중인 모바일 앱인 EzVision에는 사진 캡처 및 메모 기능이 있어 학생들이 실제 이미지를 사용하여 학습 과정을 생성할 수 있으며, 이를 통해 학생들은 외부에서 글을 쓰고 실제 사건을 집으로 가져올 수 있다.

셋째, Openshot, Windows Movie Maker, WeVideo, VivaVideo와

같은 동영상 편집 프로그램은 학습자들이 기술 작업에 필요한 기술을 개발하고 디지털 멀티미디어 텍스트(Abdel-Hack와 Helwa, 2014)는 협업, 혁신, 창의성 및 동기 부여와 같은 중요한 구성 요소를 통해 의미를 표현할 수 있는 충분한 기회를 제공한다(Psomos 와 Kordaki, 2012). Hava(2019)에 따르면, 저작권이 없는 사운드와 이미지를 포함한 웹 사이트 링크와 디지털 스토리를 만드는 방법에 대한 튜토리얼이 Edmodo학습 관리 시스템에서 공유되었으며, 학습자들은 디지털 스토리의 구성 요소, 디지털 스토리 생성 프로그램 및 디지털 스토리 생성 프로세스에 대해 안내받는다.

넷째, 웹 기반 멀티미디어 시스템은 스토리텔링 학습 활동을 지원하는 데 효과적이다. 이 시스템은 Microsoft Visual Studio에서 ASP.NET 웹 애플리케이션으로 만들어졌다. 애니메이션을 수행하려면 Java 컴퓨터 프로그래밍 언어를 사용하고, 웹브라우저를 사용하여 인터넷에서 직접 스토리텔링 애플리케이션을 시작하는 데 Java Web Start 기술을 사용한다(Hwang 외, 2014). 이 시스템의 기능에는 스토리 편집기와 스토리 플레이어의 두 가지 주요 기능이 있다. 스토리 편집기는 (1) 도구 모음, (2) 콘텐츠 영역, (3) 어휘 영역 등의 세 가지 섹션으로 구성된다. 시스템에서 어휘 영역은 과제와 관련된 새로운 단어 목록을 제공하며 학생들은 이를 사용하여 스토리를 만들 수 있다(Hwang 외, 2014). 이 시스템을 통해 각 단어에는 해당 오디오 파일과 네이티브 스피커의 발음이 포함되어 있으며, 학생이 단어를 클릭하면 이를 알려준다. 글로벌 디지털시민성을 기반으로 학습자가 이후에 전개될 스토리를 구성하고 모니터링할 수 있도록 콘텐츠 영역을 설계할 수 있다.

다섯째, Toontastic은 학습자가 모든 디지털 기기에서 자신의 애니메이션을 그리거나, 애니메이션화하고, 내레이션하고, 녹음할 수 있도록 지원하는 창의적인 스토리텔링 앱이다(Fu 외, 2022). Toontastic의 기능과 특성상 학습자가 개별적으로 자신을 표현할 수 있는 훌륭한 매체이다. 또한 다른 사람처럼 목소리를 내지 않는 사람들도 목소리를 낼 수 있도록 장려한다(Fu 외, 2022). 따라서 Toontastic은 디지털 스토리텔링과 관련된 기술적 문제를 없애고 학습자를 자신의 지식을 적극적으로 구축하는 사용자 친화적인 도구이기 때문에 학습자가 글로벌 디지털 시민성을 향상시키기 위한 말하기 기술을 구축하는 데 유용한 도구라고 생각할 수 있지만, Toontastic은 주로 6세 또는 K5 초등학교 수준에서 사용된다(Lapp과 Ariza, 2018; Yang 외, 2020).

더하여, 디지털 스토리텔링을 활용한 글로벌 디지털시민의식을 함양하는 데 효과적인 AI앱과 도구를 다음과 같이 추출할 수 있다(Kim 외, 2020b)

- Scratch(https://scratch.mit.edu/)
- ACMI(Australian Centre for the Moving Image) Generator(https://www.museumsandtheweb.com/mw2011/best//acmi_generator.html)
- Capzles (https://sites.google.com/site/tomorrowtoolkit/)
- SlideStory (https://apps.apple.com/us/app/slidestory-create-a-slideshow-movie-and-a-snap-video/id689859603-)

위의 AI앱과 도구들은 학습자가 자신의 경험을 바탕으로 이야기를 만드는 것에 대한 성찰을 유도하고 글로벌 디지털시민의식에 대한 전문가의 지식을 얻을 수 있기 때문에 스토리텔링을 통한 글로벌 시민의식을 함양하는 데 효과적이다. 특히, 학습자는 슬라이드 스토리를 통해 iPhone과 다양한 SNS사진으로 슬라이드 쇼 영화를 만들고, 슬라이드 스토리앱으로 동영상을 녹화하여 단편영화를 만들고, 빛 필터로 처리하고, 원본 BGM을 삽입하고, 종료 메시지를 삽입하고, iPhone을 저장하고 Facebook을 업로드하며, Google+, Dropbox, Path, Vimeo, Evernote 등에 슬라이드 쇼를 공유한다(Kim 외, 2020b).

또한, 글로벌 이슈에 대한 공유된 다양한 사회, 문화, 법적 규범은 디지털 스토리텔링의 수업활동과 긴밀하게 관련지어야 하고, 이야기꾼인 교사는 학습자가 디지털 스토리텔링을 하는 동안 글로벌 이슈에 초점을 맞춘 글로벌 디지털시민의식을 함양할 수 있는 방안을 마련해야 하며, 학습자는 디지털 스토리텔링을 통해 글로벌 이슈의 개별적, 집단적 행동의 중요성에 대해 논의할 수 있도록 수업을 구현할 필요가 있다. 또한, 디지털 스토리텔링을 통해, 학습자가 글로벌 이슈와 관련된 창의성, 비판적 사고, 협력을 향상시킬 수 있도록 하며, 글로벌 이슈에 대한 충분한 참여 기회를 파악하고 실천할 수 있도록 수업을 설계할 필요가 있다.

더욱이, 교실수업에서 교사는 AIED 기반 스토리텔링을 통해 학습자가 이야기의 내용을 경청하고 쉽게 이해할 수 있도록 지원한다. 수동적인 활동이 아니라 이야기꾼과 함께 이야기를 만들어 나가는데 능동적으로 참여하는 활동이기 때문에 학습자가 이야기를 경청하는 동안 학습동기를 부여하고 적극적으로 이야기에 참여하도록 한다. 일종의 시각적 지원이나 쓰기의 프레임워크를 제공하는 디지털 도구는 학습자가 이야기를 제대로 이해할 수 있도록 지원한다.

학습자가 학습활동을 적극적으로 수행하고 실제로 학습자의 글로벌 디지털시민의식을 증진하려면 디지털 스토리텔링을 구현하기 전에 이야기책을 선택하는 것이 중요하다. 무엇보다도 이야기꾼은 Ellis & Brewster (1991)의 분류에 기반으로 인지 영역 측면에서의 학습자 난이도와 심동적 영역 측면에서의 학습 난이도를 고려하여 이야기를 선택할 필요가 있다. 교사는 '이슬람의 공동체 의식과 생활양식'과 같은 주제가 주어지면 다음과 같은 애니메이션들을 통해 인지 영역 측면에서의 학습 난이도를 고려한 디지털 스토리텔링 수업을 구현할 수 있다.

- https://www.youtube.com/watch?v=_VEBJw8Am5Y)
- https://www.youtube.com/watch?v=DB7eavm6r_c
- https://www.youtube.com/watch?v=9hW3hH9_7pI (5 pillars of Islam part
- https://www.youtube.com/watch?v=_bujwCZ9RHI (5 pillars of Islam part

위 애니메이션을 통한 디지털 스토리텔링에서 이야기꾼은 글로벌 디지털시민교육의 스토리에 맞는 다양한 교실 과제나 활동의 레퍼토리를 설계해야 한다. 예를 들어, 교사는 내러티브에서 행동들을 듣고 학습자는 그 내용을 바탕으로 그림을 재배치하며, 학습자가 이야기의 내용을 쉽게 이해할 수 있도록 그림이나 그래픽 오가나이저를 활용할 수 있도록 지원한다.

교육과정에서 제시한 민주시민 관련 소재는 이야기책 선정에 중요한 기준이 될 수 있다. 소재들로는 '공중도덕, 예절, 협력, 배려, 봉사, 정의, 책임감 등의 인성에 관한 내용, 인권, 양성평등, 글로벌 에티켓, 평화 등의 민주시민 의식 및 세계시민 의식을 고취하는 내용, 올바른 미디어 리터러시를 통한 비판적 사고의 성찰, 사회적 공감과 의사소통, 문제에 대한 비판적 사고와 민주적 의사 결정 및 갈등 해결에 관한 내용, 가난 및 기아 해결, 인구 문제, 청소년 문제, 고령화, 다문화 사회, 사회 정의와 불평등 해소, 책임 있는 소비와 생산, 자원과 에너지 문제, 국제 문제 해결을 위한 협력 등의 사회 현안을 논의하는 내용, 변화하는 사회 및 국제적 현안을 해결하기 위하여 가정, 학교, 지역, 국가 및 세계 공동체의 범위로 참여를 촉구하는 내용' 등이다(교육부, 2022). 이러한 기준을 바탕으로 글로벌 이슈인 기후위기와 관련된 문제의식과 해결방안을 찾기 위해 이야기책을 다음과 같이 선정할 수 있다.

- Polar Bear, Why Is Your World Melting?
- The Lonely Polar Bear
- Go Green!
- Not for Me, Pleased I Choose to Act Green
- We Are Water Protectors
- The Water Princess
- The Magic School Bus and the Climate Challenge
- Climate Change, the Choice Is Ours: The Facts, Our Future, and Why There's Hope!
- Thank You, Earth: A Love Letter To Our Planet
- The Problem of the Hot World

위 이야기들을 활용한 디지털 스토리텔링의 수업활동을 수행함에 있어 이야기꾼인 교사는 로봇 보조 언어 학습(RALL), 모바일 보조 언어 학습

(MALL), 동영상 편집 프로그램, 웹 기반 멀티미디어 시스템, 창의적 스토리텔링 앱 등과 같은 AIED시스템과 도구를 효과적으로 사용하여 학습자의 글로벌 디지털시민의식을 함양할 필요가 있다.

디지털 스토리텔링을 통해 학습자들이 디지털 수업활동에 적극적으로 참여하도록 하고, 상호 주관적 관점에서 자신의 생각이나 의견을 짝별, 모둠별로 표현하도록 하며, 기후위기와 같은 글로벌 이슈를 해결하기 위해 문화적 배경이 다른 사람들과 소통하고 협력하는 소양을 길러 좀 더 정의롭고 평화로운 세상을 만드는데 기여하는 능력을 함양할 필요가 있다. 이를 위해, 교사는 실제 상황과 관련된 주제에 대한 스토리텔링을 통해 글로벌 디지털 시민의식을 함양할 수 있도록 과제나 활동을 설계하고 구현해야 한다. 따라서, 수업 시간에 교사는 학습자의 활동을 더욱 흥미롭고 의미 있으며 상호 주관적인 관점과 의견을 표현할 수 있도록 개인별, 짝별 또는 모둠별로 표현할 수 있는 능력을 신장할 수 있는 수업을 설계할 필요가 있다.

Fu 외(2022)에 따르면, 디지털 장치를 포함하되 이에 국한되지 않는 미디어 제작 기술인 하드웨어와 소프트웨어를 활용한 디지털 스토리텔링은 학습자의 인지능력과 핵심역량을 함양해 준다. 이러한 측면에서, Hwang 외(2014)는 학습자들의 인지과정을 신장시키기 위해 스토리텔링을 위한 웹 기반 멀티미디어 시스템을 다음과 같은 방식으로 개발했다.

- 자신만의 이야기를 만들고 개선하기
- 먼저 이야기를 말하고 녹음하기
- 시각 보조 도구 추가하기
- 사진을 사용하여 스토리에 추가하기

- 스토리를 더 의미 있게 만들기 위한 애니메이션 제작하기

위 시스템의 단계에 따르면, 학습자가 이야기를 표현하고 녹음한 후 수정함으로써 말하기를 활성화할 수 있지만, 이야기에 시각적 보조 도구(예, 그림과 애니메이션)를 사용하여 시각적 채널을 활성화할 수 있다. Hwang 외(2014)에 따르면, 스토리텔링에서 말하기와 그림은 의사소통과 시각적 보조 도구 간의 연관성을 구축함으로써, 말하기가 시각적 표현에 의해 활성화되거나 이해력 향상, 회상, 언어 정보 인식과 같은 표현이 활성화될 수 있다. 이 시스템은 학생들의 학습을 향상시켜 호기심을 야기하고 상상력을 자극하여 의미 있고 포괄적인 결과물을 생성하는 데 도움이 된다.

교사는 이 시스템을 통해 학습자가 글로벌 디지털시민의식을 기반으로 창의성과 문제해결능력을 향상시킬 수 있도록 도움을 줄 수 있다. 사전 작성, 아이디어 구조의 개요 작성, 대략적인 초안 작성, 수정 및 편집 등은 학습자의 비판적 관점이 요구되는 과정이기 때문이다. 예를 들어, MALL 도구 중 하나인 Ezvision은 '조직'과 '응집력 및 논리적 일관성' 차원에서 더 나은 성과를 낼 수 있으며, 조직과 응집력은 일련의 사건을 논리적이고 온전하게 표현할 수 있어 효과적임을 입증한다(Nguyen 외, 2020).

디지털 스토리텔링을 통해 학습자의 창의력을 향상시키기 위해서는 학습자가 자신의 경험과 사전에 학습한 지식을 결합한 의사소통과 상호작용을 위한 시스템을 구축할 수 있도록 지원하고, 근접발달영역(ZPD)을 고려하여 학습자를 지원하고 도움을 주어야 한다. 디지털 스토리텔링의 인지 과정은 스캐폴딩과 피드백의 방식이 전제(Vygotsky, 1978)되어

야 하기 때문이다. 다시 말해서, 교사는 학습자가 자신의 의사소통능력 내에 있지만 현재의 역량을 넘어서는 학습 과제를 완수할 수 있도록 지원해야 한다. 예를 들어, 소설 및 논픽션 장르의 글쓰기를 지원하는 디지털 스토리텔링의 프로그램인 Toontastic은 학습자가 창의력과 함께 협업할 수 있는 공간을 제공하면서 아이디어를 창출하는 데 도움이 된다 (Priego 외, 2017). 이런 측면에서, 교사는 AIED 도구를 기반으로 한 직소 스토리 게임을 통해 학습자가 글로벌 이슈와 관련된 내러티브에서 제시되는 사건의 순서를 이해할 수 있도록 지원한다. 이러한 게임을 하는 동안 교사는 학습자가 자신만의 관점과 비판적 사고로 스토리를 재구성할 수 있도록 지원한다.

> 디지털 스토리텔링의 인지 과정은 스캐폴딩과 피드백을 전제한다.

교실수업 적용([부록 24] 예시)
- 디지털 스토리텔링 기반 글로벌 디지털 시민의식: 수업 설계
- 디지털 스토리텔링 기반 글로벌 디지털 시민의식: 교수-학습 및 평가

4. AI디지털 스토리텔링과 극화활동

극화활동은 디지털 스토리텔링과 유사하게 다음과 같이 처음, 중간, 끝이 있는 일련의 배열된 행위 또는 사건으로 구성되어 있다(김진석, 2023).

	분규화 과정			
도입부	전개	위기	절정	대단원

[그림 5] 극화활동의 과정

위 극화활동의 과정을 처음, 중간, 끝으로 나누어 구체적으로 살펴보면 다음과 같다(Cranston, 1995).

- 처음: 그 이전에 아무것도 없으면서 다음에 이어질 내용을 포함하는 도입부(exposition)
- 중간: 어떤 것을 이어 받아 다음에 이어줄 어떤 것이 있는 분규화(complication)의 과정. 여기에는 전개(development), 위기(crisis), 절정(peak) 등이 있음
- 끝: 어떤 것을 잇되 그 이후에는 아무 것도 진행될 것이 없는 어떤 것으로 대단원에 해당됨. 여기서 처음, 중간, 끝을 이어주는 연결의 고리는 바로 원인과 결과가 기본적으로 작용해야 함.

중간 단계에서는 행동의 전환을 가능케 해주는 여러 요소가 나타난다. 새로운 정보의 발견과 예상하지 못한 반대의 상황이라든가, 행위의 필연성이 제공되고 새로운 인물이 나타나거나 사상이 소개된다. 끝 단계에서는 실제 연극이나 드라마에서는 이러한 구분을 하지 않는 경우도 있고 좀 더 간소하게 구성하는 경우도 있다. 예를 들어, 그리스 연극에서는 막 구분 없이 도입, 전환점, 절정, 대단원을 고려하였고, 아울러 5막극(도입, 전개, 위기, 절정, 대단원)을 3막극(도입, 분규화 및 전환점, 해결)으로 간소화하였다(Cranston, 1995).

극화활동은 학습자에게 자신감을 고취시킬 수 있고, 협동학습과 같은 교실 수업활동을 활성화함으로써 학습자의 자아 존중심(self-esteem)을 고양시키는데 효과적이다(Cranston, 1995). 또한, 학습자들은 극화활동을 통해 수업 활동에 적극적으로 참여하며, 상상력을 가미하여 새로운 영역으로 확장해 나간다. 더욱이, 쌍방향적으로 전개되는 활동으로 체득된 상황들은 장기기억(long-term memory) 상태로 부호화되어 마음속에서 이미 알고 있는 것과 연결 지으면서 조직화된다(김진석, 2023). 이와 같이 타인과의 상호작용을 활성화하는 극화활동은 학습자들이 대본을 만들고, 이를 바탕으로 연기를 원활하게 수행할 수 있도록 한다.

교실수업에서 극화활동을 실행하기 전에 학습자들이 경험한 사건이나 친숙한 이야기를 바탕으로 대본을 만들어 보도록 한 후, 그 대본을 바탕으로 극화활동을 하도록 한다면, 학습자들은 동기유발이 되고 자신감을 갖게 되어 역할극을 효과적으로 수행할 수 있을 것이다. 이러한 극화 활동 전 단계를 다음과 같은 과정으로 구도화할 수 있다.

이야기 구상	경험한 사건이나 친숙한 이야기 구상하기
스토리텔링	모둠별로 구상한 이야기를 스토리텔링하기
스토리 선정	모둠별로 가장 선호하는 이야기 선정하기
대본 쓰기	선정한 이야기를 바탕으로 모둠별로 대본쓰기

[그림 6] 스토리텔링 기반 극화 활동 전 단계의 과정

학습자들의 경험이나 알고 있는 과학 실험시간이나 수학여행, 체험학습 및 현장학습, 봉사활동, 운동회, 사생대회 등의 이야기를 소재로 극화활

동의 대본을 작성할 수 있다(김진석, 2023). '바다를 구해 줘' 프로젝트로 바닷가 갯벌 체험학습의 경험을 이야기로 꾸민다면 다음과 같이 학제 간 통합수업을 할 수 있을 것이다.

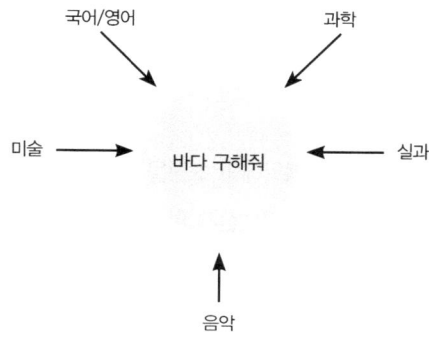

[그림 7] '바다 구해줘' 프로젝트: 학제 간 통합수업

국어나 영어 수업에서는 학생들이 짝 활동이나 모둠별 활동으로 이야기를 꾸미는 활동을, 미술교과에서는 쓰레기의 심각성을 알리는 포스터나 카드 만들기를, 실과에서는 스크래치나 엔트리 등을 활용하여 스토리 구상하기나 프로그래밍하기를, 과학교과에서는 티처블머신 등을 활용하여 쓰레기 분류하기를, 음악교과에서는 크롬 뮤직 랩으로 노래 만들기 등을 극화 활동 전 단계에서 브레인스토밍이나 동기유발로 구현할 수 있다. 교사는 현장학습에서 누구와 갔었는지? 어디를 갔었는지? 무엇을 보았는지? 무엇을 찾았는지? 등의 구체적인 질문을 통해 이야기를 완성해 나가는데 도움을 줄 필요가 있다(김진석, 2023).

수업시수 부족으로 극화활동을 제대로 구현하기 어려울 경우에는 최소한의 상황을 도입하는 활동(Minimal situation)을 다음과 같이 구현할 수도 있을 것이다(Cranston, 1995).

- 상황 최소화 활동(Minimal situation)
  (a) 개요
  - 다섯 가지 의문사 중 4개를 사용함
  - 정확히 일어난 사실만 다룸(기술적 용어나 교훈 등은 배제)
  (b) 지도:
  - 드라마 준비 시, 토의는 행위에만 초점을 둠
  - 드라마의 기초적 부분인 도입, 전개 및 절정, 결말을 부각함

챗GPT, DALL-E, 스크래치 등을 활용하여 이야기의 도입, 전개, 절정, 결말 부분에 대한 아이디어를 얻고 시각적으로 구조화할 수 있다. 이러한 활동을 홍길동전, 이솝 우화, 그리스나 북유럽 신화, 인디언 전설, 단군 신화 등과 같은 민족적 배경이 담긴 문학 작품 등에 적용할 수도 있을 것이다.

또한, 극화활동을 하기 전에 사전 활동으로 다양한 사건들을 제시하면, 각 모둠들은 다음과 같은 단계로 대본을 만들도록 할 수도 있다(Connell, 2005; 정종진 외, 2008).

- 단계별 대본 만들기
  (a) 정보망 잇기(chunking): 제시된 사건들을 연결하여 극화활동에서 펼쳐질 이야기의 큰 그림을 구축함
  (b) 시각적 이미지 제시 및 창조: 이야기의 요지에 적합한 그림이나 도표 등의 이미지 창조

(c) 정보의 조직화: 좌뇌형의 학생에게는 극화활동의 개요를, 우뇌형의 학생에게는 그래픽 조직자(graphic organizer)로 정보를 조직화

(d) 반복하기: 의성어나 중요한 표현을 반복적으로 사용하여 대본을 완성함

정보망 잇기에서는 도입(exposition), 전개(development), 위기(crisis), 절정(climax), 대단원(conclusion) 등을 고려하면서 대본의 큰 그림을 구축하도록 한다. 대본이 단계별로 완성되는 과정에서 학생들이 이전의 경험과 연결 짓기 때문에 대본을 힘들게 암기하지 않아도 극화활동을 자연스럽게 연출할 수 있는 이점이 있다. 특히 감각을 고려하여 학습활동을 구안하면 대본이 장기기억으로 쉽게 전이될 수 있을 것이다.

극화활동을 고려한 수업 계획 시, 1, 3장에서 살펴 본 다중지능이나 정보처리이론을 고려하여 단계별로 다양한 활동들을 구현할 수 있을 것이다. 단계별 구현 가능한 활동들을 분류하면 다음과 같다(김진석, 2023).

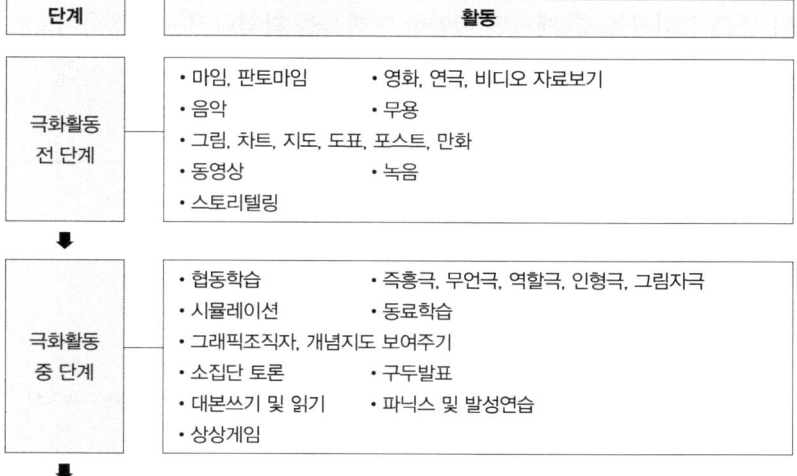

| 극화활동 후 단계 | • 목록과 점검표
• 토의
• 비판적 사고 | • 평가하면서 자신의 견해 밝히기
• 문제 및 수수께끼
• 일지쓰기 |

[그림 8] 단계별 구현 기능한 활동

극화활동 전 단계의 마임, 판토마임, 영화, 연극, 비디오 자료보기, 음악, 무용, 그림, 차트, 지도, 도표, 포스트, 만화, 동영상, 녹음, 스토리텔링 등은 시각적, 청각적, 운동감각적 경험을 만들기 때문에 입력된 정보들이 장기기억으로 조직화되고, 극화활동을 하면서 이러한 정보들을 자연스럽게 표현할 수 있도록 할 것이다(김진석, 2023). 극화활동 단계에서는 협동학습, 즉흥극, 무언극, 역할극, 인형극, 그림자극, 시뮬레이션, 동료학습, 그래픽조직자, 개념지도 보여주기, 소집단 토론, 구두발표, 대본쓰기 및 읽기, 파닉스 및 발성연습, 상상게임 등이 구현될 수 있다. 극화활동 후 단계에서의 목록과 점검표 작성하기, 평가하면서 자신의 견해 밝히기, 토의하기, 문제 및 수수께끼 풀기, 비판적 사고하기, 일지쓰기 등은 극화활동 중 제시된 다양한 표현들을 확인하거나 수정하기도 하고, 자신의 역할이나 모둠의 활동들을 반성하거나 논의할 수도 있다.

핵심개념
- 목표 과제(target task) / 교육 과제(pedagogical task)
- 안타고니즘(antagonism)
- 거시 텍스트의 구조(macro-structure)
- 디지털 스토리텔링과 글로벌 디지털 시민의식
- 문화지능(cultural intelligence)
- 문화 간 의사소통능력(intercultural communicative competence)
- Microsoft Visual Studio
- 모바일 보조 언어 학습(MALL)
- 로봇 보조 언어 학습(RALL)

제8장　연습문제

1. 학습자들은 이야기를 들으면서 요약(abstract), 발단(exposition), 갈등(complication), 절정(peak), 결말(conclusion), 종결부(coda)와 같은 거시 텍스트의 구조(macro-structure) (Fleischman, 1990)가 작동된다. 플롯을 바탕으로 학습자의 디지털 스토리텔링 알고리즘을 활성화하는 방안을 설계하시오.

2. Ribble(2011)에 따르면, 디지털 시민의식은 디지털 액세스, 디지털 커머스, 디지털 커뮤니케이션, 디지털 법률, 디지털 건강, 디지털 리터러시, 디지털 에티켓, 디지털 권리 및 책임, 디지털 보안을 포함한다. 디지털 스토리텔링을 활용하여 디지털 커뮤니케이션을 함양하는 방안에 대해 기술하시오.

3. 로봇 보조 언어 학습(Robot Assisted Language Learning: RALL), 모바일 보조 언어 학습(Mobile Assisted Language Learning: MALL), 동영상 편집 프로그램, 웹 기반 멀티미디어 시스템, 창의적 스토리텔링 앱과 같은 AIED 시스템과 도구가 디지털 스토리텔링을 통해 학습자의 글로벌 디지털 시민성을 높이는 데 효과적이다. 스토리텔링 앱과 같은 AIED 시스템과 도구의 효과성을 구체적으로 설명하시오.

4. 글로벌 이슈에 대한 공유된 다양한 사회, 문화, 법적 규범은 디지털 스토리텔링의 수업활동과 긴밀하게 관련지어야 하고, 이야기꾼인 교사는 학습자가 디지털 스토리텔링을 하는 동안 글로벌 이슈에 초점을 맞춘 글로벌 디지털시민의식을 함양할 수 있는 방안을 마련해야 한다. 글로벌 디지털시민의식을 함양하기 위한 수업 설계의 방안에 대해 제시하시오.

제9장

학생의 성장을 돕는 과정평가

과정평가는 학생들의 학습 성장과정을 기술하고 도움을 주는 평가다.
— Hosp (2010)

생각하기
1. 과정 중심 평가는 총괄평가와 어떤 차이점이 있는가?
2. 역동적 평가는 무엇이며, 근접발달영역과 어떤 관련성이 있는가?
3. 형성형가는 수행평가와 어떤 차이가 있으며, 최근 주목 받고 있는 이유는 무엇인가?

교실수업에서 학습자가 학습목표를 달성할 수 있도록 활동이나 과제와 연계하여 평가해야 한다. 이는 결과 중심 평가에서 과정 중심 평가로의 전환을 의미한다. 과정 중심 평가는 수업활동에서 평가를 분리하지 않고 시행하고, 학습자에게 즉각적으로 피드백을 주는 평가라 할 수 있다(김진석, 2018c). 이는 일정 기간 수업한 후에 총괄적으로 평가하는 '학습 결과에 대한 평가(assessment of learning: AOL)'에서 수업 활동 중에 평가하여 수업 활동에 도움을 주는 '학습을 위한 평가(assessment for learning: AFL)' 또는 '학습으로서의 평가(assessment as learning: AAL)'로 전환이다. 따라서, 이장에서는 학습을 위한 평가를 살펴보고, 근접발달영역과 역동적 평가 간 관련성, 형성평가와 수행평가의 설계와 실행 방안에 대해 살펴보고자 한다.

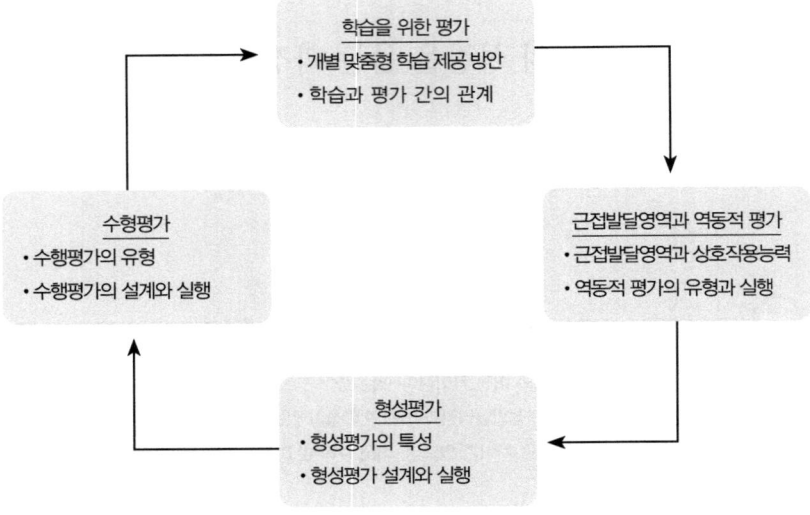

[그림 1] 핵심 내용 흐름도

1. 학습을 위한 평가[1]

교실수업에서 교사는 학생의 현재의 학습 수준을 살펴보고, 도움을 줄 부분이 무엇인지 분석한 후, 학습자들이 가야할 방향을 설정하고 어떻게 학습목표에 제대로 도달할 수 있는지를 안내할 필요가 있다. 이는 교실수업의 궁극적인 목적이기 때문이다. 평가 역시 학생들이 학습목표를 달성할 수 있도록 수업의 내용이나 교수-학습 방법을 개선하고 과제를 완수하거나 문제를 해결하는 데 도움을 주어 수월성 교육뿐만 아니라 뒤처지는 학습자가 없도록 실행해야 한다.

---

1 1절은 김진석(2018c; 2019a; 2020a,b)을 수정·보완하였음

McMillan(2014)에 의하면, 핵심역량으로 심층이해, 인지적 기술, 창조적이고 혁신적인 사고, 의사소통 기술, 글로벌 이해와 관점 등을 들고 있다. 이러한 핵심역량을 함양하기 위해서는 교실수업과 연계하여 제대로 평가할 수 있는 시스템을 구축해야 한다. 이런 측면에서, 우선 시대적·사회적 변인, 학습자 변인, 교사 변인 등을 바탕으로 평가의 최근 동향을 살펴보고자 한다(김진석, 2018c).

첫째, 기능 중심 평가에서 역량 중심 평가로의 전환이다. 이는 지식 암기 위주의 수업에서 창의·융합적 사고를 함양하는 수업으로 무게 중심을 옮기자는 것이다.

둘째, 결과 중심 평가에서 과정 중심 평가로의 전환이다. 과정 중심 평가는 1, 2, 4장에서 살펴본 바와 같이 수업활동에서 평가를 분리하지 않고 시행하고, 학습자에게 즉각적으로 피드백을 주는 평가라 할 수 있다.

셋째, 규준 참조 평가에서 기준 참조 평가와 성장 참조 평가로의 전환이다. 학습자가 얻은 점수를 비교 집단의 규준(norm)에 비추어 상대 평가하는 규준 참조 평가(norm-referenced evaluation)에서 학습자들이 준거(criterion, standard, cut-off)에 비추어 핵심역량이 얼마나 성장하였는지를 절대 평가하는 준거 참조 평가(criterion-referenced evaluation)나 교육과정을 통해 얼마나 성장하였느냐에 관심을 두는 성장 참조 평가(growth-referenced evaluation)로 전환할 것을 요구하고 있다(참조와 관련한 설명은 1장 참고).

넷째, 오프라인 평가에서 온라인 평가로의 전환이다. 디지털교과서, 온라인 수업, 교육콘텐츠의 자유이용 체제, 교원의 스마트교육 실천 역량 증진, 클라우드 교육 서비스 기반 조성 등의 정책을 반영하여 교사와 학습자들이 테크놀로지 기반 역량을 함양할 수 있도록 해야 한다(김진석 외, 2015).

최근 AIDT에서는 교사가 수업 설계, 피드백, 평가, 학생 모니터링 등을 통해 학생별 맞춤형 학습을 효과적으로 운영할 수 있도록 지원하는 기능을 다음과 같이 명시하고 있다(2024, 한국학술교육정보원).

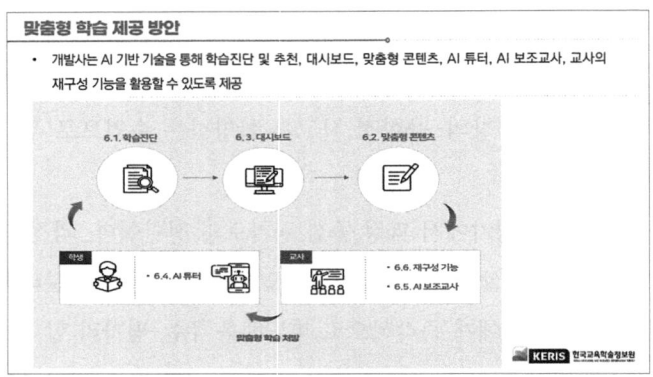

[그림 2] 맞춤형 학습 제공 방안(KERIS, 2024)

학생 개인의 능력과 수준을 진단하고, 그에 맞는 다양한 맞춤형 학습 기회를 지원할 수 있도록 AI를 포함한 지능정보기술을 활용하여 다양한 학습자료 및 학습지원 기능 등을 탑재하면(한국교육학술정보원, 2024), 학습자들에게 학습동기를 부여하고, 능동적으로 수업에 참여하여 자기 주도적으로 과제를 완수하거나 문제를 창의적으로 해결할 수 있도록 할 수 있다.

이러한 맞춤형 학습 진단과 튜터링을 통해 교사가 학습목표에 적합하게 정제된 데이터를 활용한다면, 수업 과정에서 학습을 위한 평가(assessment for learning: AFL)를 효과적으로 실행할 수 있을 것이다. 실제, 교실수업에서 학습자들을 관찰하고 기록·분석하여 그에 적합한 피드백이나 스캐폴딩을 주는 것은 다인수 학습에서는 쉽지 않다. 학습자들의 학습이력과 수준을 분석해 주는 AI자료를 참고하여 교사는 학습 도중에 스캐폴딩, 모니터링, 피드백을 주어 학습목표를 효과적으로 달성할 수 있도록 할 수 있을 것이다.

> 교사는 학습 도중에 피드백을 주어 학습목표를 효과적으로 달성할 수 있도록 한다.

AFL은 학습 결과에 대한 평가(assessment of learning: AOL)나 학습 과정으로서의 평가(assessment as learning: AAL)와 구분된다. 학습과 평가 간의 관계에서 나타나는 차이를 다음과 같이 간략하게 요약할 수 있다(McMIllan, 2014; 손원숙 외, 2015).

〈표 1〉 학습과 평가 간의 관계

학습 결과에 대한 평가	학습을 위한 평가	학습 과정으로서의 평가
• 총괄	• 형성	• 평가의 본질은 학습 과정에 학생을 참여시킴
• 학습 결과를 보증함	• 후속적 학습에 대한 필요 기술	• 학습에 대한 자기 점검 능력 향상
• 수업 종료 시점에 실시 : 산발적	• 수업 과정에서 실시 : 지속적	• 수업의 각 단원(단위) 동안 실시
• 흔히 규준참조 기준 사용 : 학생 서열화	• 교사의 수업 교정	• 학습 평가기준에 대한 학생 이해 강조
• 학습 내용 기반 질문	• 교정적 수업 제안	• 학생이 교정적인 수업 선택
• 일반적	• 구체적	• 구체적
• 학부모에게 성적표 제공	• 학생에게 피드백 제공	• 학생의 자기 점검 능력 향상
• 효율적이지만 피상적	• 심도 있는 평가	• 평가는 학생들을 가르침

• 학습 동기 감소	• 학습 동기 향상	• 학습 동기 향상
• 신뢰도에 초점	• 타당도에 초점	• 타당도에 초점
• 지연된 피드백	• 즉시적 피드백	• 즉시적 피드백
• 요약적 판단	• 진단적	• 진단적

학습결과에 대한 평가는 수업 종료 시점에 산발적으로 실시하고 흔히 규준 참조로 학생을 서열화하는 총괄평가다. 반면, 학습을 위한 평가는 수업 과정에서 지속적으로 실시하고 교사가 즉각적 또는 장기적·체계적으로 피드백을 주는 교정적 수업의 평가다.

　AFL을 실행할 때, 교사뿐만 아니라 학생과 동료학생 모두가 주체자로 활동한다. 학습자는 학습의 주체자로 학습에서의 역할을 수동적인 수신자(addressee)에서 능동적인 참여자(participant)로 바꾸는 것이다. AFL은 학생들이 학습에 스스로 참여하게 하며, 이는 목표지향적인 동기 유발적 활동을 하도록 유도한다(박정, 2014). 이를 다음과 같은 3차원의 과정과 평가 주체자에 따른 역할의 차이로 나누어 살펴보면 다음과 같다(Lesh 외, 2003).

〈표 2〉 평가 실행을 위한 3차원 과정(Lesh 외, 2003)

	교사	동료	학습자
학습자의 현재 위치	정보 환기	상호평가	자기평가
학습자가 가야 할 방향	교육과정 설계	도달해야할 기준 공유	
학습자가 학습목표에 도달하는 방법	피드백 제공	동료 튜터링	자기 주도적 학습

위의 표에서와 같이 형성평가의 실행을 위한 3차원의 과정은 학습자의 현재 위치(where the learner is), 학습자가 가야 할 방향(where the learner is going), 학습자가 학습목표에 도달하는 방법(how to get there)으로 설정된다. 각 과정에 따라 교사는 정보를 환기시키고, 교육과정을 설계하고, 학습자들이 제대로 학습목표를 달성할 수 있도록 피드백을 제공한다. 또한, 동료학생과 학생들은 동료평가, 자기평가로 자신의 지식수준을 점검하고, 성공적인 학습의 기준을 공유하고, 동료 튜터링이나 자기 주도적 학습을 통해 목표를 달성한다(김진석, 2018c). 이렇게 평가자인 교사는 학습자가 도달해야 할 기준을 설정하고 그것을 달성할 수 있도록 교수-학습을 계획하고 추진한다는 측면에서 준거 참조 평가를 지향한다.

학습의 과정은 학습목표의 설정(1단계), 학습목표에 달성하기 위한 교수·학습 진행(2단계), 교수·학습 진행 중에 학습자의 현 위치와 학습목표 간의 간극을 지속적으로 점검(3단계)하는 단계다(Sadler, 1983:63). 이러한 점을 고려하여, 2002년 영국의 UK Assessment Reform Group(ARG)학습과 관련한 증거를 수집하고 해석하는 일련의 과정을 '학습을 위한 평가'로 개념화하고 10개의 AFL원리를 다음과 같이 제안하고 있다(김진석, 2018c).

- AFL은 효과적인 교수-학습 계획과 연계되어야 한다.
- AFL은 학습자들이 어떻게 학습할지에 대해 초점을 맞추어야 한다.
- AFL은 교실수업의 중심축으로 인식되어야 한다.
- AFL은 교사를 위한 핵심 전문기술로 간주되어야 한다.
- AFL은 평가 그자체가 갖는 정서적 영향 때문에 섬세하고 미래지향적이어야 한다.
- AFL은 학습자의 동기 유발에 미치는 중요성을 설명해야 한다.
- AFL은 학습목표에 대한 책임감을 갖도록 해야 하고 평가받는 기준에 대한

이해를 충분하게 공유해야 한다.
- 학습자들은 학습 능력을 향상시키는 방법에 대한 미래지향적 안내를 받아야 한다.
- AFL은 학습자의 성찰과 자기 관리를 위해 자기평가 능력을 발전시키도록 해야 한다.
- AFL은 모든 학습자들이 도달해야 할 완전한 범위의 성취 정도를 인지해야 한다.

위의 원리를 구체적으로 살펴보면 첫째, 교사와 학습자 모두를 위해 학습목표에 적합한 학업 진전 관련 정보를 수집하고 활용할 기회를 제공할 수 있도록 평가 계획을 수립해야 한다. 다시 말해서, 학습자가 어떻게 피드백을 받을지, 학습자들이 학습 능력을 평가를 받을 때 그들이 어떻게 참여할 것인지, 학습능력을 향상시키기 위해 학습자들이 어떤 도움을 받을 수 있을지를 구체적으로 계획해야 한다.

> 학습능력을 함양하기 위해 학습자들이 어떤 도움을 받을 수 있는지를 계획한다.

둘째, 평가를 계획하고 그 결과를 해석할 때, 학습의 과정은 교사와 학습자의 마음속에 있어야 한다. 다시 말해서, 학습자가 무엇을 학습할 것인가를 인식해야 하지만 어떻게 학습할 것인가도 유념해야 한다. 교실수업에서는 무엇을 가르칠 것인가, 어떻게 가르칠 것인가, 어떻게 평가할 것인가를 모두 밀접하게 연계하여 수업 활동을 구현해야하기 때문이다.

셋째, 교사와 학습자가 교실수업에서 행해지는 많은 활동은 평가로써 기술될 수 있다. 즉, 과제나 질문들은 학습자들에게 그들의 지식, 이해 및 기술들을 입증하도록 촉진해 준다. 학습자들이 말하고 행동한 것을 관찰하고 해석하며, 학습을 어떻게 향상시킬 수 있을지를 판단한다. 이러한 평가 과정은 일상 교실수업에서 필수적이며 교사와 학습자가 함께 성찰하고 대화하고 결정할 필요가 있다.

넷째, 교사는 평가를 계획하고 학습을 관찰하며, 학습 결과를 분석·해석하여 학습자에게 피드백을 주며, 자기평가 시 학습자를 지원할 수 있도록 전문성을 함양해야 한다. 교사는 이런 기술을 처음부터 지속적으로 연수 과정을 통해 개발할 수 있도록 지원받아야 한다.

다섯째, 교사는 점수 결과에 대한 해석이 학습자의 자신감이나 열정에 끼칠 수 있는 효과를 항상 염두에 두어야 한다. 그래서 가능하다면 성장 가능한 방향으로 피드백을 주어야 한다. 학습자보다는 학습에 초점을 두어 해석하는 것이 학습이나 동기 유발에 더 효과적이다.

여섯째, 학습을 촉진하는 평가가 되려면 실패보다는 학습 발달 및 성취를 강조하여 학습 동기를 유발하도록 해야 한다. 성취도가 높은 학생과 비교하는 것은 학습자에게 학습 동기를 약화시키고, 그들이 갖고 있는 취약한 영역의 학습 발달을 저해할 수 있다. 동기 유발은 평가방법들에 의해 유지되고 고양되어야 한다. 평가방법들은 학습자의 자율성을 보호하고 선택이나 미래지향적인 피드백을 제공하며, 자신의 방향을 정립할 기회를 만들어 주기 때문이다.

일곱째, 효과적인 학습을 하기 위해서는 학습자들은 무엇을 달성해야 하는지, 그것을 달성하기 위해 무엇을 원하는지를 이해할 필요가 있다. 학습자들이 목표를 결정하고 진전 정도를 평가하는 기준을 확인하는 데에 참여할 때 평가를 제대로 이해하게 되고 책임감을 갖게 된다. 평가에 대해 소통하려면 학습자들이 이해할 수 있는 용어로 쉽게 설명해야 한다. 또한, 평가기준을 충족하려면 어떻게 실행해야하는지를 예를 제시하면서 설명하고 학습자들이 상호평가나 자기평가에 참여하도록 해야 한다.

여덟째, 학습자들은 학습 시 다음 단계를 계획하기 위한 정보나 안내가 필요하다. 교사는 학습자들의 강점을 자세하게 안내하고 그들을 더욱 향상시킬 수 있는 방법이 무엇인지를 충고해야 한다. 또한, 학습자의 약점에 대해서는 분명하고 미래지향적으로 해야 하며, 학습자 스스로 그들의 능력을 향상시키는 기회를 제공해야 한다.

아홉째, 독립 지향적 학습자들은 새로운 기술, 지식, 이해 등을 추구하고 체득할 능력을 갖추고 있다. 학습자들은 자기 성찰을 하고 그들의 학습 과정에서 다음 단계가 무엇인지를 확인할 수 있다. 교사는 학습자들이 자기평가의 기술을 통해 학습에 책임을 지고자 하는 욕구나 능력을 갖추도록 해야 한다.

열 번째, AFL은 교육 활동의 모든 영역에서 모든 학습자들이 학습할 기회를 고양하도록 하기 위해 활용되어야 한다. 또한, AFL은 모든 학습자들이 능력을 최대한 발휘하여 목표를 달성하도록 해야 하고, 그들의 노력이 지각될 수 있도록 해야 한다.

이상에서 살펴본 10개의 AFL원리들과 밀접하게 연관되어야 하는 것은 학생들의 지식, 추론, 수행 등을 관찰한 후 그들에게 반응을 보이는 교사의 피드백이다(김진석, 2018c). 피드백의 유형을 다음과 같이 목적 및 기준 참조, 스캐폴딩, 자기 참조로 나눌 수 있다(McMillan, 2014).

- 목표 및 기준 참조: 학생의 학습목표 성취의 진행 정도에 관한 정보를 제공(Wiggins, 2012)하는 것으로 학생의 수행을 성취기준이나 예시와 비교하는 것임

- 스캐폴딩: 교수법의 일종으로 교사가 과제를 세분화하여 제공하고 학생과의 상호작용을 통해 학생이 학습 과제를 순차적으로 학습하면서 학습목표에 도달할 수 있도록 지원하는 접근 방법
- 자기 참조: 학생의 현재 학습 진행 정도를 이전 수행과 비교하여 보여줌으로써 자신의 향상 정도를 파악하는 데에 도움을 줌

교사는 수업을 진행하는 도중에 학습자의 수업활동을 관찰하면서 실시간으로 분석하는 AIED 데이터를 참고하여 학습자들이 학습목표를 달성할 수 있도록 정보를 제공하고, 학습과제를 순차적으로 학습할 수 있도록 장기적이고 체계적으로 도움을 주며(스캐폴딩은 다음 절의 역동적 평가 참조), 자신의 향상 정도를 파악하도록 피드백을 설계하고 실행해야 한다. 물론, 평가 결과를 바탕으로 학습자에게 피드백을 줄 필요도 있다. 평가의 결과는 학생에게는 학습상의 강·약점을 파악하여 강점을 더욱 함양하고 약점을 교정할 수 있도록 정보를 제공(김성숙 외, 2015; 임은진 외, 2015)하고, 교사에게는 학생의 수준을 분석하고 필요로 하는 것이 무엇인지를 추출하여 교수·학습을 개선할 수 있도록 정보를 제공하기 때문이다.

2. 근접발달영역과 역동적 평가[2]

2.1. 근접발달영역과 스캐폴딩

학습자가 수업 중 과제를 완수할 수 있도록 교사는 도움을 줄 필요가

---

[2] 역동적 평가는 김진석(2017b), 김진석(2018c), 김진석(2024), 김진석 외(2024)를 수정·보완하였음

있다. 교사는 수업활동의 과정에 학습자가 활동의 목적과 절차를 이해하도록 다중모드의 표상형식으로 상호작용해야 한다. 교사는 상황에 따라서는 자신이 한 말을 다시 수정하거나 한 번 더 말하게 되는 일련의 의미협상 과정을 수행한다. 이러한 과정을 최소화하기 위해서는 화자와 청자가 상호 협조하는 태도를 가지고 상호 간의 의도를 해석해 나가는 일련의 협동적 의미협상(cooperative negotiation of meaning) 과정이 필요하다(김진석, 2024).

> 수업은 교사와 학생 간, 학생들간 일련의 협동적 의미 협상의 과정이다.

교사와 학생 간 상호작용은 근접발달영역(zone of proximal development: ZPD)에서 현저하게 나타난다. Vygotsky의 근접발달영역은 사회적 상호작용(social interaction)을 강조한 것으로, 언어 지식의 모든 개념들이 사회적 상호작용의 맥락을 통해 도입된다는 사회적 층위(social plane)에서 시작하여, 시간이 지남에 따라 심리적으로 내면화되는 심리적 층위(psychological plane)를 거친다(김진석, 2018c)[3].

Vygotsky에 따르면, 사회적 존재로 성장하는 아동들은 성인이나 또래와의 협력적 상호작용을 통해 문제를 해결한다(김진석, 2018c). 예를 들어, Lorry는 그림책 속의 운이 맞는 낱말(rhyming words)에 관해 그녀의 4살 박이 아들 Alexander와 대화를 나누면서, 그에게 "이 페이지에서 cat과 같은 운을 갖고 있는 낱말은 무얼까?"라는 질문하였다. 처음에는

---

[3] 아이가 태어나서 부모나 가족 간의 상호작용에 의해 언어에 노출된다고 할 수 있다. Vygotsky에 의하면, 언어능력은 사회적 상호작용(social interaction)에 의해 발달된다고 주장한다. 무엇보다도, 아이가 2세경이 되면 언어능력과 일반인지 능력 간에는 별도의 다른 처리능력이 발달된다고 주장한다.

운이 같은 낱말을 찾지 못했지만, Lorry가 cat과 동일한 운을 가진 낱말을 3개(bat, fat, mat)를 말해 주었더니 rat을 찾아 답하였다. Alexander의 실질적인 문제해결 능력과 Lorry의 도움으로 문제를 해결하는 능력 간에는 차이를 보이고 있다(김진석, 2018c). 이러한 수준 사이의 간극을 근접발달영역(zone of proximal development: ZPD)이라 한다.

ZPD는 학습자의 독립적인 문제해결 능력에서 나타나는 실질적인 발달수준과 교사나 또래와의 협력을 통해 과제를 완수하거나 문제를 해결하는 능력에서의 수준 간 간극을 말한다. ZPD는 성장하고 발달하는 과정에 있는 학습자의 능력을 기술함으로써 발달이 역동적인 특성이 있다는 것을 말해 준다. 결국, 학습자들은 교사나 동료 간 사회적 상호작용을 통해 그들의 중개된 도움을 받아 능력을 신장하게 된다(김진석, 2016a).

학습자는 교사와 협동적 상호작용으로 의미를 만들어 가면서 학습의 기회를 만들어 나가고 있다(Walsh, 2011). 교사는 학습할 기회를 갖도록 하기 위해 대화를 이끌어 주고 대화를 분명하게 하거나 제대로 된 대화를 할 수 있도록 하는데 중요한 역할을 한다(김진석, 2013). 교사는 다른 학습자가 대화를 이해하도록 하는 수단으로 내용을 환문(paraphrase)하거나 요약하고, 학습자들 간 토론을 진행하는 과정에 교사가 점검하고 의미를 협상하는 전략을 수행한다.

무엇보다도, 교실수업에서 교사는 학습자들과 상호작용할 때, 학습자들이 교사의 발화(teacher talk)를 쉽게 이해할 수 있도록 담화구조를 조정하거나 쉬운 어휘나 간결한 구문을 사용해야 한다. 학습자가 문맥 속에서 대화의 의도나 의미를 제대로 이해하지 못하게 되면, 학습자들이 그것을 스스로 해결할 수 있도록 스캐폴딩을 함으로써 교사와 학생 간, 또는 학생들 간 의사소통이 원활하게 일어나도록 할 필요가 있다.

ZPD는 교사와 학생 간, 학생들 간 상호작용에 국한된 것이 아니라 평생 동안 일상생활에서 대화자들 간 상호작용에서 흔히 나타날 수 있다(김진석, 2024). 성인이나 또래와의 사회적 상호작용에서 어떤 개념이나 현상을 말할 때, 상대방이 잘 이해하지 못하면 예를 들거나, 쉬운 말로 환문하기도 하고, 필요하다면 그림이나 사진을 보여 주면서 이해에 돕는다. 이러한 중개된 도움은 상대방이 이해하기 쉽도록 지원하는 것으로, 원활한 상호작용이 되도록 한다. 이런 측면에서, 협력적 상호작용은 학습자들이 체득해야하는 영속적 이해(enduring understanding) 즉 빅 아이디어라 할 수 있다.

교사는 학습자들의 현 수준과 도달해야할 수준 사이의 간극인 ZPD를 고려하여 목표를 달성할 수 있도록 스캐폴딩을 계획하고 구현할 필요가 있다. 스캐폴딩 전략은 거시적, 미시적으로 다음과 같이 세분할 수 있다(이상수, 강정찬, 황주연, 2006: 153-154).

- 거시적 스캐폴딩
    (a) 정서적 분위기 조성(Berk & Winsler, 1995)
    (b) 자기 조절 촉진하기(Berk & Winsler, 1995; Cazden, 1988; Wood 외, 1976)
    (c) ZPD에 머물게 하기(Berk & Winsler, 1995; Wood 외, 1976)
    (d) 발전 및 적용(Robert & Langer, 1991)
    (e) 상호주관성 갖기(Berk & Winsler, 1995; Portes 외, 1998)

- 미시적 스캐폴딩
    (a) 동기유발(Schetz, 1994)

(b) 생각 모으기(Robert & Langer, 1991; Schetz, 1994; Wood 외, 1976)

(c) 정서적 지원(Wood 외, 1976)

(d) 거리두기(McNaughton & Leyland, 1990; Schetz, 1994)

(e) 지시하기(McNaughton & Leyland, 1990; Schetz, 1994; Wood 외, 1976)

(f) 제안하기(Wood 외, 1976)

(g) 시범 보이기(Robert & Langer, 1991; Schetz, 1994; Wood 외, 1976)

(h) 반론 및 모순 지적하기(Schetz, 1994)

(i) 확인하기(Robert & Langer, 1991)

(j) 강화, 피드백(Portes 외, 1998)

거시적 스캐폴딩은 학습자의 자기조절능력과 근접발달영역 내에서의 활동 유지라는 수업 전체의 지원 차원에서 활용 가능한 전략들이다. 반면에 미시적 스캐폴딩은 교수-학습과정을 관리하고 통제하는 것을 의미하며, 수업목표를 효과적으로 달성하는데 중요한 역할을 하게 된다. 수업절차를 고려한 도움 유형은 다음과 같다.

〈표 3〉 수업절차에 따른 도움의 유형

수업과정	도움의 유형
수업 전	정서적 지원(동기 유발)
	인지적 지원(언어입력)
수업 중	거리두기
	지시하기
	제안하기
	시범보이기
	강화/피드백
	반론/모순지적하기

수업 후	확인하기
	강화/피드백
	발전/적용하기

위의 표를 활용하여 교사가 학습자들의 현재 능력을 좀 더 발전시키기 위해 수업설계를 하고 있는지를 분석할 수 있다. 여기에서 사용될 분석의 기준은 다음과 같다(김진석 외, 2017b).

- 수업설계단계에서 학습자들의 현재 능력을 분석하였는가?
- 수업 활동을 구현하기 전에 평가를 어떻게 계획하였는가?
- 수업 활동을 구현하기 전에 학습자들에게 적합한 근접발달영역을 설정하였는가?
- 수업 활동을 하면서 학습자의 핵심역량을 발달시키기 위해 어떤 도움을 주었는가?
- 학생들의 핵심역량을 함양하기 위해 교사는 학생들과 상호작용하면서 어떻게 스캐폴딩하였는가?
- 수업 활동 후, 학생들이 어느 정도 발달하였는지를 어떻게 평가하였는가?
- 다음 수업 활동을 위해 새로운 근접발달영역을 어떻게 설정하였는가?

위의 기준은 학습자의 현재 능력이 어느 수준에 있는지를 표준화된 시험이나 다양한 분석 방법(SWOT분석, 포지셔닝 맵 등)을 통해 진단하고 있는지를 분석하는 것이다. 또한, 교사가 구현한 수업 활동이 학습자의 능력을 발달시키기 위해 도움이 되었는지, 교사는 스캐폴딩을 활용하여 학생들과 상호작용함으로써 학생들의 핵심역량을 어떻게 함양하도록 하였는지를 분석하는 것이다. 아울러, 수업 활동을 구현한 후 학생들의 역량이 어느 정도 발달하였는지, 그 결과를 바탕으로 다음 수업 활동을 위해 새로운 근접발달영역을 어떻게 설정하였는지를 분석하는 것이다.

스캐폴딩은 교사가 수업시간에 학습자들의 상호작용을 원활하게 할 수 있는 윤활유라 할 수 있다. 스캐폴딩은 향후 학습을 향상시키기 위해 학생에게 조언과 방향을 제시하여 학습자를 지지하는 과정으로, '어떻게 하면 그곳에 도달할 수 있는지(how to get there)'를 알려 주는 행동이기 때문이다. 이를 위해, 교사는 학습목표 및 평가기준을 명료화한 후, 질문 기법 등을 활용하는 수업 활동을 구현한다(박민애 외, 2016).

> 스캐폴딩은 학습자들의 상호작용을 원활하게 해 주는 윤활유다.

학습을 위한 평가 척도(AFL-Q) 중 스캐폴딩은 Pat-El 외(2013)에 의해 네덜란드 중학생을 대상으로 개발 및 타당화된 척도다. 박민애 외(2016)는 Pat-El 외(2013)의 학습을 위한 평가 척도(AFL-Q)를 우리말로 번역하여 D광역시 3개 초등학교 재학 중인 5, 6학년 대상으로 검사를 실시하여 타당화하였다. 박민애 외(2016)가 제안한 측정도구는 다음과 같다.

- S1: 내가 어떤 내용에 대해 이해하지 못하면 선생님은 다른 방식으로 설명해주시려고 노력하신다.
- S2: 선생님은 내가 학습한 내용을 잘 이해하도록 힌트를 주신다.
- S3: 선생님은 수업 시간 동안 내가 배운 것을 발표할 수 있도록 기회를 주신다.

- S4: 선생님은 내가 이해할 수 있도록 쉽게 질문하신다.
- S5: 선생님은 학습 내용을 더 잘 이해하는데 도움이 되는 질문을 하신다.
- S6: 선생님은 내가 수업에 활발히 참여하는 것을 허용해 주신다.
- S7: 나는 수업 도중에 학급 친구들에게 질문을 할 기회가 있다.
- S8: 선생님은 나의 성적 결과를 향상시키기 위해 학습할 필요가 있는 영역을 확실히 알고 있다.
- S9: 나는 수업 시간에 언제든 궁금한 것을 질문할 수 있는 기회가 있다.
- S10: 나는 과제가 어떤 기준에 의해서 평가되는지 알고 있다.
- S11: 나는 과제가 주어지면 그 과제로부터 내가 무엇을 배울 수 있는지 분명히 알 수 있다.
- S12: 나의 숙제는 내가 할 수 있다는 것을 입증할 수 있도록 해준다.

위의 문항들 중 Pat-El 외(2013)의 S8과 S12는 박민애 외(2016)의 타당화 과정을 거치면서 삭제되었다. 스캐폴딩은 학습자들의 현재 능력을 좀 더 발전된 능력으로 향상시키는 데에 있다. 이런 측면에서, 교실수업에서 사용되는 교사의 중재들 중 스캐폴딩은 매우 중요한 전략이다. 수업 중에 교사의 도움은 다양한 스캐폴딩으로 구체화된다. 스캐폴딩은 학습자의 현재 수준에 적합하게 설정되어야 하기 때문에 항상 역동적으로 변화된다. 학습자의 근접발달영역이 변화되면 교사는 새로운 스캐폴딩을 설정하여 학습 능력을 진단해야 한다(김진석, 2018c).

스캐폴딩과 모니터링([부록 25] 예시)

- Pat-El 외(2013)의 학습을 위한 평가 척도(AFL-Q): 스캐폴딩
- Pat-El 외(2013)의 학습을 위한 평가 척도(AFL-Q): 모니터링

2.2. 역동적 평가

역동적 평가(dynamic assessment: DA)는 학습을 위한 평가(assessment for learning)와 공통점으로, 평가를 통해 학생의 학습능력을 신장하고, 학생의 최근 지식과 능력을 평가의 출발점으로 설정하며, 상호작용적 피드백을 통한 수업 중재의 중요성을 강조한다(Leung, 2007: 267). 그럼에도, DA는 학습자의 능력을 체계적으로 발달시키기 위해 ZPD를 바탕으로 이론적으로 정립되었다면, AFL은 발달 이론이 아니라 교사의 직관적 교실수업의 구현을 기반으로 하고 있다(Poehner & Lantolf, 2005: 260). 또한, AFL은 특정 과제를 수행하는 동안 학습자들이 과제를 수행하는 데 어려움이 있다면, 그것을 해결하는 데에 초점을 두는 반면에, DA는 개별 학습자의 능력을 기반으로 장기간 학습자들의 능력을 함양하는 것에 역점을 둔다(Leung, 2007: 268).

AI튜터링 시스템은 학생의 학습 이력을 저장한 빅 데이터를 기반으로 학생의 능력을 분석하고 그 결과를 제공해 줄 수 있다. 교사는 수업 시간에 AI튜터링 시스템을 활용하여 개별 학습자의 능력을 분석하고 그 결과를 참고하여 실시간으로 피드백이나 스캐폴딩을 줄 수 있기 때문에 학습자들이 학습목표를 효과적으로 달성할 수 있다는 점에서 역동적 평가는 시의적절한 평가라 할 수 있다.

> 역동적 평가의 핵심은 상호작용적 피드백을 통한 수업 중재다.

초기 DA는 특수교육이나 소수자들과 관련된 사회적 중재 기구 등에서 연구되었다. 최근, 학습자들을 평가할 때 "학습자의 잠재력을 발달시키기 위해 서로를 촉진시키는 방향"(Leung, 2007: 269)으로 탐구(김진석 외, 2017b)되고 있는 DA는 사전검사와 사후검사 중간에 수업을 끼워 넣는 샌드위치 유형(sandwich format)과 검사문항을 풀 때 마다 반응을 제시하는 케이크 유형(cake format)이 있다(곽현석, 강옥려, 김경성, 2016). 샌드위치 유형의 절차는 다음과 같다(Anton, 2009).

- 샌드위치 유형의 절차
    - 1단계 : 학습자의 수행 수준을 설정하기 위한 사전검사 실시(pretest)
    - 2단계 : 변화를 생성하기 위해 중재하고 보정 교육을 실시(intervention)
    - 3단계 : 변화의 정도와 본질을 평가하기 위해 재검사 실시(posttest)

위의 단계에서 평가자인 교사는 학습자에게 중요한 내용을 강조하고 연결을 강화하며, 학습목표를 설정하고 계획을 세우며 행동을 통제하면서 학습을 촉진시킬 필요가 있다(Anton, 2009). 사전평가와 사후평가에서는 다양한 학습평가나 지능검사 도구도 사용될 수 있다. DA는 2단계에서 학습자의 능력을 역동적으로 성장할 수 있도록 영향을 줄 수 있다. 이 단계에서는 학습자가 정확한 대답을 할 수 있도록 구조화된 교수와 안내를 활용하여 중재의 역할을 수행할 필요가 있다(김진석, 2018c). 이 유형에서는 평가자의 표준화된 도움이 학생의 문제해결에 효능성을 어느 정도 주었는지를 양적 측정치로 산출한다(한순미, 2008). 학습자가 문제해결을 위해 필요로 하는 힌트 수를 근접발달영역을 나타내는 역함수로 보고 표준화 수량화를 시도한다(이상수 외, 2006). 이와 같은 표준적 접근방식은 특정 검사나 과제를 검사 받고 교수나 훈련 후 점수 향상이 있었는지를 확인하는 일련의 과정으로 실행된다(김진석 외, 2017b).

반면, 케이크 유형에서는 학습자들에게 일련의 과업이나 문제들을 계속 도전하도록 유도하고, 수행 결과에 대한 피드백을 수업활동 중에 학습자에게 제공하여 문제를 지속적으로 풀도록 하기 때문에 시험과 수업이 병행되어 있다고 할 수 있다(Sternberg & Grigorenko, 2002). 이런 측면에서, 이 유형은 학습자에게 주어진 과제를 완수하게 하거나 문제를 이해하고 그것을 해결하는 방안을 제공해 준다(김진석 외, 2017b). 예를 들어, 기후위기를 해결하는 방안을 탐구하는 활동에서 학습자들이 기후위기의 원인을 조사하거나 분석하는 데 어려움을 겪을 때, 교사가 피드백을 주어 모둠원들 간 상호작용을 할 수 있도록 도움을 주는 경우다. 이 유형에서는 평가자가 피험자에게 매우 융통성있게 반응하는 것으로, 교사와 학습자 간의 상호작용은 비표준화되고 임상적이다. 개별 학생과 평가 상황의 역동성에 교사의 민감성 및 반응성을 최대화하도록 설계되었기 때문에, 개별 학습자와 그의 학습 과정 및 역동성을 보다 심도있게 이해할 수 있는 융통성 있는 평가(김정환, 권향순, 2010)라고 할 수 있다. 대표적인 평가방법으로는 "학습 잠재력 평가도구(learning potential assessment device: LPAD)"(Leung, 2007: 263)를 들 수 있다. LPAD는 학습자의 학습 결손의 정도와 특성을 평가할 뿐만 아니라 학습자에게 필요한 중재된 학습의 양이나 유형을 평가하는데 목적이 있다(이상수 외, 2006)[4].

물론, 두 유형들 중 어떤 유형이 사용되느냐에 따라서 피드백도 다르게 나타난다(곽현석 외, 2016). 샌드위치 유형에서는 피험자가 개별적으로 평가를 받을 경우, 어떤 부분을 마스터했는지 여부에 대해 명시적으

---

[4] LPAD기반 평가 시, 평가자는 인지지도(cognitive map)를 활용하여 학습의 실패가 학습 내용의 친밀성, 과제의 언어적, 비언어적 표상, 정신적 활동 단계의 결핍, 부적절한 인지적 기능, 과제의 복잡성, 과제의 추상성, 선수 학습능력 등에 기인한 것인지를 평가하게 된다(Feuerstein 외, 1991; 이상수 외, 2006).

로 피드백을 받지만, 집단적으로 평가를 받을 경우에는 모든 피험자가 명시적으로 피드백을 받지 못하는 경향이 있다(Sternberg & Grigorenko, 2002). 개별평가는 개인에 따라 중재의 방법, 시간, 유형을 다르게 하여 개인 학습자의 수행력을 높이고, 집단평가는 학습자들에게 동일한 중재의 양, 방법, 시간을 투입한다(김정환, 권향순, 2010).

반면, 케이크 유형에서 검사자는 피험자가 특정 문제를 정확하게 풀 때까지 어떤 유형의 힌트를 얼마나 많이 필요로 했는가를 파악한다(황정규, 서민원, 최종근, 김민성, 양명희, 김재철, 강태훈, 강태훈, 이대식, 김준엽, 신종호, 박인우, 김동일, 2011). 케이크 유형은 교실수업에서 강조하고 있는 수업과 연계된 평가(assessment aligned with classroom activities)라 할 수 있다. 교사는 챗봇을 활용하여 수업 활동을 하면서 최종 목표에 도달하기까지 학습자들에게 피드백이나 힌트를 몇 개 주었는지를 바탕으로 학습자의 성장과정을 기록하고 분석하고 평가할 수 있다.

[그림 3] 챗봇을 활용한 교사와 학생 간 상호작용(김진석 외, 2020)

위 교사와 학생 간 상호작용에서와 같이, 'agent'인 교사는 'user'인 학습자의 수준에 적합하게 피드백이나 힌트를 주어 의도를 표현할 수 있도록 도움을 줄 수 있다. 또한, 교사는 최근 개발된 챗GPT 기반 목적형 챗봇 플랫폼인 GPTs를 사용하여 "학생의 질문에 대한 챗GPT의 스캐폴딩 제공"의 대화 패턴으로 활용할 수 있다.

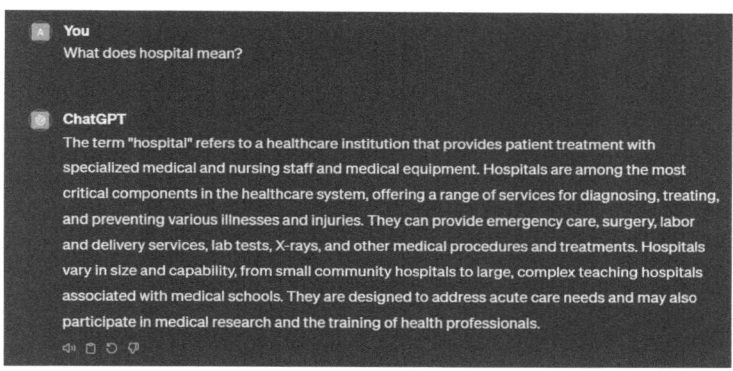

[그림 4] 사용자-ChatGPT 대화 예시

기존의 챗GPT는 "사용자의 질문과 챗GPT의 정답 제공" 형식을 바탕으로 대화를 진행한다. 건물의 종류를 학습하고 있는 학생이 "What does hospital mean?"이라고 물으면, 아래 그림과 같이 챗GPT는 병원에 대한 정의를 생성하여 사용자에게 제공한다. 기존의 챗GPT는 즉각적으로 사용자가 요구하는 정보를 제공하지만, 면밀하게 개인화된 교수-학습 상황에 사용할 때 한계점을 보여 왔다. 이를 보완하기 위해, 최근 등장한 GPTs는 개인의 용도에 맞게 챗GPT를 자연어로 수정할 수 있는 플랫폼이다. 사용자는 GPTs 통해 챗GPT의 응답의 범위, 길이, 종류 등을 직접 설정할 수 있다. 다음 그림에서와 같이, GPT Builder와의 대화를 통해 교사는 학습자에게 적합한 챗봇을 보다 쉽게 제작할 수 있으며, 기존 챗GPT-사용자의 대화 형식을 교사-학생의 대화형식과 비슷하게 변경할 수 있다. 이러한 개인화된 챗봇의 제작은 다인수로 구성된 교실 상황에서 챗봇의 사용 적합성을 높인다.

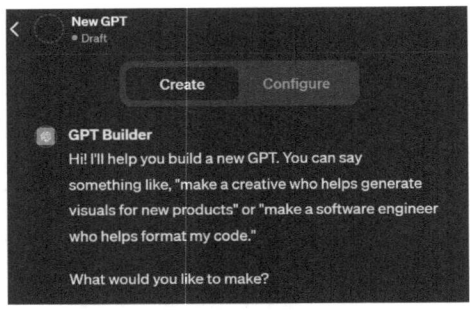

[그림 5] GPT Builder간 상호작용

교사는 자신의 교수-학습 상황을 고려하여 학습자가 필요한 대화 상황이나 학습자가 쉽게 사용할 수 있는 챗봇을 직접 제작하여 제공할 수 있다. 더욱이, 이러한 기능은 기존 챗GPT가 가지고 있던 "사용자의 질문과 챗GPT의 정답 제공"의 대화 패턴에서 벗어나 교실수업에서 역동적으로 스캐폴딩을 제공할 수 있다.

교사는 피드백을 고려하여 구성한 과정 평가 루브릭을 활용하여 체계적으로 평가할 필요가 있다(김진석 외, 2017b). 이는 실질적으로 학생들의 학습 성장 과정(progress)을 파악하고 피드백을 줄 수 있는 방안(진경애 외, 2017)이기 때문이다. 과정 평가는 최종 학습목표까지 도달하기까지 지속적으로 학생들이 발전하는 내용과 습득하는 기술에 중점을 두며, 무엇보다도 학생들이 최종의 목표에 도달할 수 있도록 지원하는 것을 목적으로 하여 시행된다(진경애 외, 2017).

> 과정 평가는 학생들이 최종 목표를 달성할 수 있도록 지원하는 데 중점을 둔다.

피드백을 토대로 루브릭을 설정할 때, Marzano(2010)가 제안한 다음과 같은 학습 과정의 단계를 고려할 필요가 있다.

〈표 4〉 학습목표 관련 과정평가 루브릭

점수	내용(Description)
- Score 3.0	다소 복잡한 내용
- Score 2.0	학습목표
- Score 1.0	교사의 도움을 받아 2.0에 대한 부분적 성취
- Score 0.0	교사의 도움을 받아서도 성공하지 못함

출처: Marzano(2010: 45)

이를 활동이나 과제를 고려하여 좀 더 구체화하면 다음과 같이 설정할 수 있다(김진석, 2018c).

〈표 5〉 학습목표 관련 과정평가 루브릭

점수	내용(Description)
- Score 5.0	교사의 피드백이나 힌트를 받지 않아도 정확성과 유창성을 보유하고 다소 복잡한 과제로 전이할 수 있음
- Score 4.0	교사의 피드백이나 힌트를 받지 않아도 정확성과 유창성을 보유하고 학습목표를 달성함
- Score 3.0	교사의 피드백이나 힌트를 거의 받지 않았으며 정확성과 유창성이 90% 이상 도달하고 있음

– Score 2.0	교사의 피드백이나 힌트를 다소 받았으며 정확성과 유창성이 60% 이상 도달하고 있음
– Score 1.0	교사의 피드백이나 힌트를 많이 받았으며 정확성과 유창성이 30% 이상 도달하고 있음
– Score 0.0	교사의 피드백이나 힌트를 많이 받았지만 학습 진전이 전혀 없음

학습자들이 학습목표를 달성할 경우를 기준으로, 교사의 도움을 받아도 목표를 달성하지 못하는 학습자와 교사의 도움을 받아 목표를 부분적으로 달성한 학습자를 구분하고 있다(김진석 외, 2017b). 학습목표를 달성하고 다소 복잡한 과제로 전이할 수 있는 학습자가 최상의 점수를 얻게 되는 루브릭이다. 교사의 피드백이나 힌트를 받지 않아도 정확성과 유창성을 보유하고 다소 복잡한 과제로 전이할 수 있는 능력을 갖춘 학습자를 최상의 점수로 부여할 수 있다(진경애 외, 2017). 교사의 피드백이나 힌트를 받지 않았는데도 정확성과 유창성이 있고 학습목표를 달성한 학습자나 정확성과 유창성이 90%이상 도달하고 있는 학습자를 각각 4.0, 3.0으로 평가할 수 있다. 또한, 교사의 피드백이나 힌트를 다소 많이 받았음에도, 정확성과 유창성이 60%이상 도달하거나 정확성과 유창성이 30% 이상 도달하는 학습자들은 각각 2.0, 1.0으로, 학습 진전이 전혀 없는 학습자들을 가장 낮은 점수를 평가할 수 있다.

교사는 목적형 챗봇 플랫폼인 GPTs를 활용할 뿐만 아니라 MS사의 iReading Progress를 활용하여 학습자에게 개별 맞춤형 피드백을 역동적으로 제공할 수 있다. 학생들에게 읽기 능력을 평가하고 개별 피드백을 제공하는 시스템인 iReading Progress를 활용(민소나, 2025)하여 학생 개개인의 읽기 패턴을 분석하고 그 결과를 반영하여 개별 맞춤식 수업을 설계하고 실행할 수 있다.

> **교실수업 적용([부록 26] 예시)**
> – 역동적 평가: 교사와 학생 간 상호작용
> – 역동적 평가: 설계와 실행

3. 교실수업에서의 형성평가[5]

형성평가는 학습 과정을 조절하기 위하여 활용됨으로써 형성적인 기능을 한다는 점은 AFL과 공통적(William, 2011; McMillan, 2014; 손원숙 외, 2015)이지만, 총괄평가가 학습을 위한 평가를 하지 못하고 있다는 잘못된 함의를 가질 수 있게 한다(Bennett, 2011). 이 절에서는 학습자에게 피드백을 제공하여 교수-학습의 질을 개선할 수 있는 형성평가의 장점에 초점을 두고 살펴보고자 한다.

교사는 스스로 만든 평가도구로 형성평가를 사용할 수도 있고, 외부에서 만든 것을 사용할 수도 있으며, 시험을 보거나 관찰을 할 수도 있고, 형식적·비형식적 평가방법을 사용(박정, 2013: 729)할 수도 있다.

- 형식적 평가방법: 구체적 활동이나 과제('여름 방학에 대해 토론하고 발표하기'와 같이 명확한 상황에서 수행을 관찰할 수 있는 구체적인 활동이나 과제), 사전 시험, 숙제, 퀴즈, 단원평가(unit test), 교실 답변 시스템(키보드나 리모컨 등의 기술을 이용해 질문에 답하도록 하는 방식), 중간 평가 등이다(McMillan, 2014).
- 비형식적 평가방법: 비공식적 관찰(예, 수업 중 참여 성향, 대인관계 기술, 언어 능력), 비공식적인 질문(반 전체를 대상으로 교사가 주도하는 내용 점검, 토론, 암

---

[5] 형성평가는 김진석(2016a)와 김진석(2018c)을 수정·보완하였음

송, 학생 개인과 그룹 간의 상호작용의 형식으로 발생함) 등이다(McMillan, 2014).

비공식적인 질문은 학생들의 수업 참여도를 높이고 추론 능력 및 이해 능력을 높여준다(McMillan, 2014). 효과적인 질문의 특징으로는 1) 질문을 명확하고 간결하게 하여 질문의 의도가 이해되도록 한다. 2) 질문을 교육목표에 맞춘다. 3) 반 전체를 끌어들인다. 4) 학생이 대답할 충분한 시간을 준다. 5) 학생들의 답변에 적절한 대응을 한다. 6) 닫힌 질문을 피한다. 7) 첫 대답을 연장시키기 위해 탐색 질문(probe)을 사용한다. 8) 모호하고 추측 가능하며 진행을 위한 질문은 피한다. 9) 학생들이 안다고 생각하는 것에 대해서는 묻지 않는다. 10) 적절한 순서로 질문을 한다(효과적인 질문 계획에 대한 구체적 논의는 7장 참조).

질문 생성에 도움을 주는 AI기반 'Kahoot!'이나 'Quzlet'은 형성평가를 효과적으로 실행하는 데 도움을 준다. 'Kahoot!'은 교사가 학생의 수준에 맞는 문항, 방식 등을 설정하는 것이 가능하고, 학생들이 실시간으로 참여할 수 있어서 흥미와 동기를 유발하며, 학생이 문제지의 답을 스스로 체크하는 동시에 정답과 오답의 확인이 가능하기 때문에 개별 학습자의 학습 이해도를 점검할 수 있다(김진석 외, 2021). 'Quzlet'은 자동으로 질문이나 학습 프레시카드를 생성하여 학습동기를 유발하고 수업참여도를 높여 주며, 수업을 마무리하는 단계에서 학습자들이 학습목표를 어느 정도 달성하였는지를 평가할 수 있도록 개별 맞춤형 연습문제를 제공해 준다.

평가자인 교사는 형성평가의 정보를 통해 학습자의 요구를 확인할 필요가 있다. 교사는 '다양한 수업 전략 계획하기, 다시 가르치기, 개선하기 및 강화하기, 융통성있는 집단 편성 활용하기, 과제 조정하기, 대체자원 제공하기, 탐문 또는 질문하기, 처방과 부가적인 지원 제공하기, 구체적인 칭찬과 격려하기' 등에 대한 요구(Chapman과 King, 2012)를 고려하여 유목적적이고 의도적으로 활용할 수 있다.

학습 전, 중, 후에 일어나는 형성평가는 지속적이고 주기적으로 일어난다고 할 수 있다. 형성평가의 결과 자료를 통해 교사는 다양한 수업의 전략을 계획하며, 때로는 가르쳤던 내용을 다시 가르치거나 개선하기도 하고 강화하기도 한다(김진석, 2018c). 또한, 집단을 편성하거나 과제를 조절하기 위해 활용하기도 한다. William과 Thompson(2007)은 형성평가의 실행을 위해 Lesh 외(2003)의 3차원 과정을 바탕으로 평가의 주체자인 교사, 학생, 동료 학생들이 행해야 할 핵심전략을 다음과 같이 제시한다[6].

- 3차원 과정에서의 핵심전략
    - 이해하고 공유할 수 있도록 학습 의도와 준거의 명료화
    - 학습한 증거를 찾아내기 위한 학급토론, 활동학습 과제 실행
    - 학습 격차를 줄이기 위한 피드백 제공
    - 학습자들이 서로의 자원으로 생각하도록 학습자 활성화
    - 학습자 스스로 학습 주체가 되도록 함

핵심전략을 고려하여 형성평가를 실행하는 교사는 우선 평가의 준거를 분명하게 설정해야 한다. 그 준거를 달성할 수 있도록 토론, 활동,

---

[6] 형성평가의 과정을 학습목표의 설정(1단계), 학습목표에 달성하기 위한 교수·학습 진행(2단계), 교수·학습 진행 중에 학습자의 현 위치와 학습목표 간의 간극을 지속적으로 점검(3단계)으로 세분하여 설명한 Sadler(1983, p. 63)의 주장을 좀 더 구체화한 것이다.

과제 정보 수집 등을 통해 과제를 설계하고 실행해야 한다(William과 Thompson, 2007). 물론, 학습자들 간 수준의 차이를 최소화하기 위해, 수업 활동 과정에서 적절하게 피드백을 제공해야 한다.

교사는 학습자와 상호작용하면서 조력자로서 도움을 주어 학습목표를 달성할 수 있도록 피드백을 계획하고 실행한다. 피드백은 학생 자신이 학습 성과에 대해 스스로 진단할 수 있는 정보를 제공함으로써 학생을 자기 주도적 학습자로 기를 수 있는 발판(한국교육과정평가원, 2017)을 제공할 수 있기 때문이다. 다시 말해서, 개별화된 피드백을 제공하고 이를 교수-학습 활동과 연결하면 학교 교육에서 맞춤형 교육을 구현할 수 있는 것이다. 따라서, AI튜터링 시스템에서 저장된 빅 데이터 기반 자료를 개인별로 분석하고 그 결과를 반영하여 학습자들에게 실시간으로 즉각적인 피드백을 제공할 수 있도록 개별 맞춤식 수업을 설계하고 구현할 필요가 있다.

또한, 학습목표 달성을 위해 학습자들이 서로의 주관적 관점을 이해하며, 서로 학습 자원으로 생각하고 과제를 함께 완수해 나가도록 하는 학습자 활성화를 계획해야 한다. 평가의 주체 혹은 검사도구의 제작은 교사중심으로 AI문항 제작도구인 Kahoot! 등을 이용하여 제작하여 실행하지만, 궁극적으로는 학습자 스스로 주체가 되어 자신의 능력을 진단하고 성찰하여 자기 주도적 학습이 되도록 한다. 물론, 평가자인 교사는 최저 성취기준과 유사한 난이도의 문항들로 형성평가를 위한 검사를 제작한다. 이는 학습자가 반성적 역할의 주체가 되어 스스로 학습하는 평생 학습자의 모습을 그릴 수 있다(박정, 2014).

> 학습자들이 서로 학습자원으로 과제를 함께 완수해 나가도록 하는 학습자 활성화가 요구된다.

학습 중에 실시할 수 있는 평가들 중 가장 효과적인 평가 방법 중 하나는 교사관찰(teacher observation)과 일화(anecdotal assessment)(Chapman과 King, 2012)라 할 수 있다.

- 교사관찰: 학습자들이 수업시간에 과제나 활동을 수행하는 동안, 그들의 학업 능력과 장점, 능력, 상호작용, 정서 등을 관찰한다. 관찰 결과는 과제를 계획하는 데에 도움을 주고, 학습 자료를 선택하거나 점검하는 데에 안내 자료가 되며, 수업을 지원하고 확인하는 데 활용된다.
- 일화(anecdotal assessment): 일화 평가는 노트를 활용하여 학습자를 돕거나 가르치기 위한 자료를 기록한다. 일화 노트 기록의 절차는 일기를 쓰듯이 상단에 학생의 이름, 시간, 활동 등을 기록한다. 또한, 관찰 내용은 간단하고 명료하게 기록하고, 각 항목에는 관찰 가능한 행동을 구체적으로 기록한다 (Chapman과 King, 2012; 조영남, 나종식, 2016).

교실수업에서는 학습 결과에 대한 평가, 학습을 위한 평가, 학습 과정으로서의 평가를 모두 고려하여야 한다(김진석, 2018c). 전통적인 평가라고 할 수 있는 학습 결과에 대한 평가(assessment of learning)의 방향이 틀렸기 때문에 학습을 위한 평가, 학습 과정으로서의 평가의 방향으로 전환되어야 한다는 것을 의미하는 것이 아니다. 중요한 것은 평가목적에 부합하는 평가방법이 사용되고, 의사결정을 위해 평가 결과가 신뢰될 수 있는 방식으로 활용될 수 있어야 한다(McMillan, 2014).

최근에는 ARG(2002)의 AFL원리와 Lesh 외(2003)의 3차원의 과정을 바탕으로 AFL의 세부원리를 '모니터링(monitoring)'과 '스캐폴딩(scaffolding)'으로 분류하여 AFL구인을 개념화하였다(Pat-El 외, 2013; 박민애 외, 2016). 모니터링은 학생의 현재 전전 과정을 추적 관찰하는 활동이고[7], 스캐폴딩은 학생들이 현재 부족한 부분이 어디인지를 인식시켜 주는 활동이라고 할 수 있다. 모니터링은 학습목표와 비교하여 해당 학생의 현재 상태에 대한 피드백 정보를 제공하는 것이다(김진석, 2018c). 6장에서 살펴본 바와 같이, '향후 도달해야 할 곳(where to go)'을 기준으로 학생의 '현재 위치(where you are)'가 어디인지를 알려주는 행동을 의미하는데, 이는 교사의 피드백 제공 및 학생 자기 관찰과 같은 활동으로 구체화될 수 있다.

4. 교실수업에서의 수행평가[8]

수행평가(performative assessment: PA)는 수업시간에 학생들이 활동이나 과제를 수행하고 있는 과정을 보고, 느끼고, 관찰하면서 학생들의 의사소통 능력을 측정하고 얼마나 성장하였는지를 평가하는 것이다(김진석, 2018c). PA는 학습자 스스로 자신의 지식과 기술을 이용하여 과제를 수행하고 산출물을 만들어내므로 과정과 결과를 동시에 평가할 수 있다는 점에서 AFL뿐만 아니라 AOL이라고 할 수도 있다

기존의 평가방법과 달리 차별화된 대안평가(alternative assessment)인 수행평가는 1) 암기 위주의 교육이 갖는 한계를 극복하는 데에 도움을 주고, 2) 협력적 수행평가의 방식을 활용하면 의사소통, 협업, 등의 사회 기술 능력을 강화하는 데에 도움이 되고, 3) 실제 상황과 유사한 맥락에

---

7 모니터링은 교사가 학습자에게 동기 부여나 수업참여를 제고하는 데에 중요하지만, 수업 중에 빠르게 진행되는 교사와 학생 간, 학생들 간 상호작용 과정에서 학습자 스스로 자신의 발화 문제를 확인하고 수정할 수 있도록 한다(Hinkel, 2006, 114).
8 수행평가는 김진석(2016a), 김진석(2018c), 김진석 외(2022, 2024)를 수정·보완하였음

서의 행동 평가가 가능하고, 4) 학습자들의 능동적인 활동을 유도하고, 5) 정의적 특성을 평가함으로써 전인교육을 쉽게 추구할 수 있다(김희경 외, 2012). 무엇보다도, 수행평가는 고정된 형식의 평가방법에 의존하는 전통적 방식의 선택형 문항과 달리 개방된 형식의 평가방법으로서 결과 뿐 아니라 학습의 진행 과정까지 평가한다는 것이다(김성숙 외, 2015: 142).

수행평가에 대한 분류는 학자들 간 다양하다. Nitko와 Brookhart(2007)는 구조화된 수행평가, 전형적 수행평가, 포트폴리오, 실기, 실험, 발표, 시뮬레이션 등으로 구분하였다. 수행평가의 본질을 구현하는 정도에 따른 평가방법을 다음과 같이 분류할 수 있다(백순근, 1999).

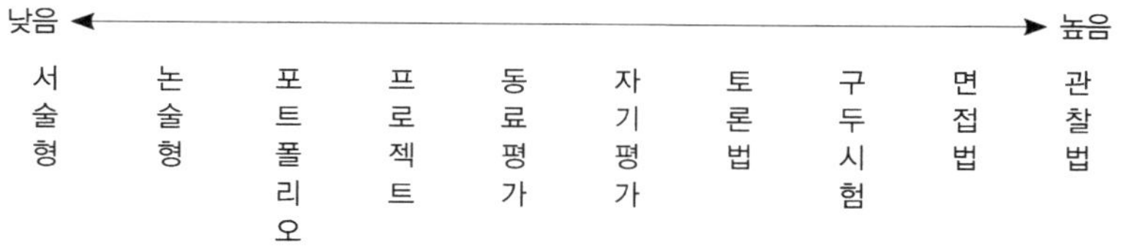

낮음 ◀─────────────────────────────▶ 높음

| 서술형 | 논술형 | 포트폴리오 | 프로젝트 | 동료평가 | 자기평가 | 토론법 | 구두시험 | 면접법 | 관찰법 |

[그림 6] 수행평가의 본질을 구현하는 정도에 따른 평가방법 분류

수행평가의 본질을 구현하는 정도가 가장 높은 것은 실제 상황에서의 평가나 실험·실습법 및 관찰법이다. 수행평가는 교실수업에서 구현할 수 있는 수행평가 Ⅰ(면접법, 구두시험, 토의, 토론), 수행평가 Ⅱ(자기평가, 동료평가), 수행평가 Ⅲ(프로젝트, 포트폴리오), 수행평가 Ⅳ(논술형, 서술형)로 세분될 수 있다. 이 절에서는 관찰평가, 자기평가, 프로젝트, 포트폴리오를 중심으로 살펴보고자 한다.

4.1. 관찰평가와 자기평가

관찰평가는 평가자인 교사가 학습목표를 달성하기 위해 설정한 활동이나 과제를 학생들 간 조사하고 토의·토론하면서 그것을 완수해 나가는 일련의 학습 과정들을 관찰하여 평가하는 방법이다(O'Malley과 Valdez Pierce, 1996). 그래서 관찰은 장기간에 걸쳐 학습자가 수행하는 특징이나 변화를 체계적으로 기록(McKay, 2006: 154)하고 그것을 평가해야 한다.

교사의 관찰평가에는 관찰 점검표(observation checklist), 평정 척도법(rating scale), 일화 기록법(anecdotal record) 등이 있다(Herman, Aschbacher, & Winters, 1992). 관찰 평가는 개별 교사의 주관적 판단의 소지를 많이 갖고 있기 때문에 충분한 정도의 객관성과 일관성을 확보하기 위해서는, 관찰 항목과 평정 기준, 평정 방법 등을 포함하는 기록부를 만들어 사용할 필요가 있다(이완기, 2012).

관찰평가에는 총체적 채점(global/holistic scales)과 분석적 채점(analytic scales)이 있다. 총체적 채점은 학생들이 전체적으로 과제를 어떻게 수행했는지 종합적으로 판단을 내리는 채점 방법으로, 채점이 쉽고 시간이 절약되는 반면에 채점 결과의 신뢰도가 낮고 학생의 능력에 대한 분석적인 정보를 제공하지 못한다(백순근, 1999). 한편 분석적 채점은 영역을 구분하여 각 영역에 대해서 각각의 점수를 주고, 다시 각 부분점수를 합하여 총점을 부여하는 방식이다. 이 경우 채점자는 수험자 응답을 토대로 각 영역의 척도 기술(scale description)에 따라 해당 영역에 각각의 점수를 부여한다.

이러한 총체적 채점이나 분석적 채점을 고려하여 교사는 수업 시간에 학습자들의 학업 성취 여부를 제대로 측정하기 위해 관찰 기록부를 제작할 필요가 있다. 물론, 차시 수업에서 무엇을 학습했는지를 확인하기 위해 간단하게 제작한 관찰 점검표를 사용할 수도 있다. 관찰 기록표에는 관찰 항목, 평정 기준, 평정 방법뿐만 아니라 교육과정에서 설정한 핵심 역량도 포함되어야 한다.

또한, 자기평가는 평가의 주체를 교사에서 학습자로 전환하는 것으로, 학습자들이 스스로 자신의 학습 능력을 평가하여 자기 주도적으로 학습할 수 있는 여건을 마련하는 데에 있다(김진석, 2018c). 이러한 과정 중심 평가를 통해 학습자들이 자기 주도적으로 자신의 학습 정도를 평가하고 성찰할 수 있을 것이다. 자기평가를 실시하기 전에 교사가 학생들의 요구를 반영한 학습 설계(학습 내용과 활동 선정, 자기 주도적 학습 설계 등)를 참고로 할 필요가 있다. 자기평가를 통해, 학습 과정에서 나타나는 미흡한 부분이 무엇인지를 학습자 스스로 성찰하고 수정하여 학습 능력을 발전시킬 수 있을 것이다. 자기평가는 '학습한 결과에 대한 평가(assessment of learning)'가 아니라 '학습을 위한 평가(assessment for learning)', 즉 학습 과정에 대한 평가이기 때문이다.

교수-학습 과정에서 학습자의 역할을 강조하는 자기평가는 학습자들이 스스로 학습의 주체자로 독립적 학습자(Brown & Harris, 2013)가 되어 자신의 능력을 평가하는 것이다. 무엇보다도, 자기평가는 학습자들의 "수업 참여도를 제고하고, 학습의 동기 유발을 높여준다"(Cameron, 2001: 235). 이는 학습자가 스스로 학습목표를 확인하고, 그 목표에 비추어 "학습을 촉진하고 자신의 학습상태나 성장 정도를 점검"(Boud, 1995: 17-18)하기 때문이다.

자기평가의 가장 일반적인 형태는 "발표나 면담, 질문지 조사" 등의 방법이 있다(이완기, 2012: 51). 백워드 설계 모형의 관점에서 구성한 자기 평가지는 다음과 같다(김진석 외, 2017a).

〈표 6〉 백워드 설계 기반 자기평가지

⑤매우 그렇다 ④대체로 그렇다 ③보통이다 ②별로 그렇지 않다 ①전혀 그렇지 않다

	⑤	④	③	②	①
1. 나는 수업시간 전에 수업을 준비했다.					
2. 나는 수업시간에 하는 활동에 참여했다.					
3. 나는 오늘 수업이 재미있었다.					
4. 나는 수업 활동에서 자신감을 얻었다.					
5. 나의 관점을 가지게 되었고 친구들과 공감하였다.					
6. 나는 오늘 배운 내용의 의미를 이해하고 표현했다.					
7. 나는 오늘 수업에서 학습과제를 완성했다.					
8. 나는 수업시간에 교사나 친구들과 상호작용하였다.					
9. 나는 수업에서 핵심역량이 함양되었다.					
10. 나의 관점과 의견을 창의적으로 표현하였다.					

자기평가표는 백워드 설계 모형을 바탕으로 이완기(2012), 강성우(2006)의 학습태도와 학습활동의 평가영역을 좀 더 확장한 것이다. 먼저, 학습태도에 관점 갖기와 공감하기를 설정하여 학습자들이 학습목표를 제대로 이해했는지를 점검할 수 있도록 하였다. 둘째, 백워드 설계 모형에서의 이해는 의미설명, 의미해석, 상황적용, 관점 갖기, 감정이입, 자기성찰 등 여섯 가지 측면을 포함하고 있다. 셋째, 학습활동에서의 수업내용 이해도에서 학습자들이 의미를 알고 표현할 수 있는 능력이 있는가를 평가하도록 하였다. 넷째, 학습활동 영역에서 상호작용의 정도를 평가의 기준으로 설정하였다(김진석, 2015a). 무엇보다도, 교실수업의 성패는 교사와 학생 간, 학생들 간 상호작용을 역동적으로 하여 서로의 의사

소통 능력을 함양하는 것이 중요하기 때문이다. 다섯째, 학습자들이 스스로 재고, 성찰, 수정 등을 통해 자신의 능력이 성장되었는지를 평가하는 항목을 설정하였다. 교실수업에서 반드시 달성해야 할 핵심역량을 학습자들이 스스로 어느 정도 성장하고 있는지를 점검할 필요가 있기 때문이다. 여섯째, 학습자들이 자신의 경험을 바탕으로 관점이나 의견을 창의적으로 표현할 수 있는지를 평가하도록 하였다. 이는 개인화(personalization) 활동을 들 수 있다. 학습자들이 주어진 상황이나 화제에 적합하게 자신의 관점의식을 갖고 창의적으로 표현할 수 있도록 하는 것(김진석, 2016b: 66)으로 시대적·사회적 요구에 적합한 활동이라고 할 수 있다. 일곱째, 학습자들이 자기평가를 수업 중이나 수업 후에 쉽게 평가할 수 있도록 해당란에 표시하도록 하였다. 다시 말해서, 수업시간에 수행한 과제들 중 일부의 과제를 완료한 후에 평가하거나 모든 과제를 완수한 후에 평가할 수도 있다.

제안한 평가지는 과제기반 학습(task-based learning: TBL)이나 프로젝트 기반 학습(project-based learning: PBL)을 교실수업에 구현하였을 때, 학습자가 자기 주도적 학습 역량이 함양되었는지, 수업 활동 참여도가 어느 정도 있었는지, 능력이 얼마나 성장하였는지 등을 스스로 점검하는 데에 활용될 수 있다.

위에 제안한 자기평가지는 학습자들이 스스로 학습목표에 제시된 학습의 변화를 설명, 해석, 관점 가지기, 공감 등으로 세분하여 점검할 수 있다. 설명이나 해석의 측면에서는 정보에 대한 의미를 파악했는지, 학습자 자신의 관점을 가지고 공감하는 능력을 갖추었는지 등을 점검할 수 있고, 또한, 인지적, 정의적 측면에서는 흥미를 가지고 주어진 과제를 자신감있게 완수할 수 있는 능력을 가졌는지를 스스로 평가할 수 있다.

교실수업 적용([부록 27] 예시)
– 관찰평가표: 설계와 실행 – 자기평가표: 설계와 실행

4.2. 프로젝트 평가

프로젝트 중심 수업은 4장에서 살펴 본 바와 같이 동료 학습자들에게 궁극적으로 결과물을 보여주거나 발표하는 것으로, 동료들과 공유하는 매우 복잡한 문제(예, 지구온난화)와 과정이 포함된다고 할 수 있다(Green, 2012). 프로젝트 수업활동과 연계한 프로젝트 평가는 학생들에게 개인별 또는 소집단별로 특정한 주제에 대한 프로젝트를 완성하게 하거나 수업 상황에 적절한 작품을 제작하게 하여 평가하는 방법을 의미하며, 특히 교과통합 학습을 하는 상황에서 유용하게 사용될 수 있다(이재희, 2012). 학생들은 프로젝트 결과나 작품을 제출할 때 구두 발표나 작문과 함께 제시할 수 있으며, 교사는 평가단(전담교사 혹은 동학년 교사)을 구성하여 평가기준이나 평정척도에 따라 채점하게 된다(김진석, 2018c).

PBL수업은 일반적으로 교사가 교수–학습을 계획하고 다양한 스캐폴딩 전략을 활용하여 안내를 하면, 학생들은 주도적으로 학습 활동에 참여하여 발표, 토의, 토론 등의 학습 활동을 하며, 또한, 학습자 스스로 동료평가나 자기평가를 통해 자신의 활동을 반성하고 수정하는 일련의 절차로 진행한다(Bender, 2012). 교실수업에서 프로젝트의 효과적 수행의 주요한 특징들을 제시하면 다음과 같다(Trilling & Fadel, 2009).

- 프로젝트의 결과물은 교육과정 및 학습의 목표와 밀접하게 관련됨
- 질문과 문제를 통해 학습자들이 화제의 중심개념이나 원리들을 깨닫도록 함

- 학습자의 탐구나 연구는 지식을 구축하는 과정을 포함함
- 학습자는 대부분의 지식들을 설계하고 주도적으로 학습함
- 프로젝트는 학습자들이 호기심을 갖는 실제적이고, 실질적인 세계의 문제나 질문들을 기반으로 함

위의 특징들을 반영하는 수업을 실행하기 위해서는 교사는 네 가지 단계, 즉 1) 질문, 문제, 도전 등을 명료하게 제시하는 단계(define), 2) 과제가 제대로 실행될 수 있도록 자료를 모으고 워크시트 등을 준비하고 계획하는 단계(plan), 3) 학습자들이 교사와 상호작용하면서 학습 활동을 수행하고, 그 결과들을 기록도 하는 단계(do), 4) 프로젝트의 결과를 제시하고 검토하는 단계(review)를 순차적으로 수행해야 한다. 단계별로 교사와 학생이 협력하여 프로젝트를 수행하지만, 자전거 앞바퀴의 교사보다는 뒷바퀴의 학습자들이 'Do'의 단계에서 실질적으로 과제를 더 많이 수행해야 한다고 할 수 있다(Trilling & Fadel, 2009).

'스크래치를 활용하여 창의적 이야기 만들기' 프로젝트의 경우, 교사는 AI앱이나 도구들을 사용하여 학습자들의 컴퓨터적 사고능력뿐만 아니라 창의성, 협업능력 등이 제대로 함양되었는지를 평가한다. 교사는 다음의 관찰 점검표(observation checklist)를 사용하여 학습자들의 역량을 점검할 수 있다(김진석, 2018c).

〈표 7〉 '스크래치를 활용하여 창의적 이야기 만들기' 프로젝트 관찰 평가지(김진석, 2018c)

평가요소		배점	4	3	2	1
의사소통역량	이해 표현		이야기의 흐름을 적절하게 완성하였고, 이야기를 유창하게 발표하였다.	이야기의 흐름을 적절하게 완성하였으나, 발표가 자연스럽지 못했다.	이야기의 흐름을 적절하게 완성하지 못했고, 발표 또한 자연스럽지 못했다.	이야기의 흐름을 제대로 완성되지 않았고, 제대로 발표하지도 못했다.
공동체역량	타인에 대한 배려와 관용		모둠별 토의나 이야기 발표 시, 모두 경청하고 능동적으로 참여하였다.	본인의 모둠 토의나 이야기 발표에는 참여도가 높았으나, 다른 모둠에서는 그렇지 않았다.	모둠 토의나 이야기 발표에 경청하지 않았고, 참여도가 부족하였다.	모둠 토의나 이야기 발표에 경청하지 않았고, 참여도 하지 않았다.
	공동체의 문제해결을 위한 역할과 협력		이야기 플롯이나 스크래치 코딩 시, 모둠원 간 역할배분이 구체적이고, 협력적으로 이루어졌다.	이야기 플롯이나 스크래치 코딩 시, 모둠원 간 역할배분이 구체적이지는 않으나, 협력적으로 활동이 이루어졌다.	이야기 플롯이나 스크래치 코딩 시, 모둠원 간 역할배분이 구체적이지 않고, 협력적 활동이 다소 미흡하였다.	이야기 플롯이나 스크래치 코딩 시, 모둠원 간 역할배분이 구체적이지 않고, 협력적 활동이 이루어지지 않았다.
정보처리역량	정보 수집·분석·추출 능력		스크래치 활용 관련 정보를 제대로 수집하였고, 의사소통 기능을 적합하게 표현하였다.	스크래치 활용 관련 정보를 제대로 수집하였으나, 의사소통 기능을 적합하게 표현하지 못했다.	스크래치 활용 관련 정보를 제대로 수집하지 못하였고, 의사소통 기능을 적합하게 표현하지 못했다.	스크래치 활용 관련 정보를 수집하지 못했고, 의사소통 기능을 전혀 표현하지 못했다.
	매체 활용 능력		스크래치 활용 도구를 정확하게 활용하였고, 완성도 높은 이야기를 제작하였다.	스크래치활용 도구를 정확하게 활용하였지만, 다소 완성도가 미흡한 이야기를 제작하였다.	스크래치 활용 도구를 제대로 활용하지 못했고, 다소 완성도가 미흡한 이야기를 제작하였다.	스크래치 활용 도구를 활용하지 못했고, 완성도가 부족한 이야기를 제작하였다.

위의 관찰평가지로 학습자들이 '스크래치를 활용하여 창의적 이야기 만들기' 프로젝트 활동을 관찰하여 그들의 역량을 진단할 수 있다(김진석, 2018c). 위의 표에서는 교육과정에 제시된 핵심역량들을 의사소통, 공동

체, 정보처리 역량으로 나누어 설정하였다.

테크놀로지의 발달로 학습자의 프로젝트 결과물을 온라인으로 평가하여, 학생들이 '무엇을 알고 있는가?'를 측정할 뿐만 아니라 '무엇을 할 수 있는가?'를 측정할 수 있다(정태영, 2012). 이는 인지적인 능력을 측정하기 위한 도구로 사용되는 검사 소프트웨어의 대부분은 문항반응이론(IRT: Item Response Theory)에 기반을 둔 CAT(Computer Adaptive Test)방식이다. 또한, e-프로젝트로 수업을 구현할 경우, 온라인으로 자료를 수집하고 채점하는 방식으로는 스텔스 평가(stealth assessment)를 들 수 있다(김진숙, 2016). 이 평가는 학습자가 온라인 환경에서 행하는 모든 학습 활동에 대한 데이터를 수집하면서 별도의 평가(전통적인 지필평가 등)가 없어도 학습의 성과와 전략적 사고 등을 평가할 수 있다. 물론, 학습 개선을 위한 자료로 활용할 수 있지만, 개인정보 활용 등에서 나타날 수 있는 윤리성 문제는 상존한다.

4.3. 포트폴리오 평가

교실수업에서 포트폴리오는 학습목표의 달성을 위한 과정을 기록하거나 학습목표를 달성했다는 근거를 보여주기 위해 학생들의 형성평가 및 총괄평가를 수집하고 평가하는 목적적이고 체계적인 과정이다(McMillan, 2014). 그래서, 포트폴리오 평가는 학습자가 교사와 합의한 기준을 고려하여 교실수업에서 표현한 활동이나 결과물들을 지속적이고 체계적으로 모아 둔 개인별 활동 자료집 또는 작품집을 평가하는 것이다(Fisher와 King, 1995; O'Malley와 Valdez Pierce, 1996; North Carolina State Dept. of Public Instruction, 1999).

포트폴리오를 통해 학습자들은 교사와 합의한 기준을 바탕으로 스스로 자료를 모으기 때문에 처음부터 지속적으로 학습 능력이 얼마나 성장하였는지 진단하고 성찰할 수 있도록 한다(김진석, 2018c). 이는 교실수업에서 설정한 학습목표나 성취기준을 달성하기 위해 수행한 학습자 자신의 구체적 학습과정을 반영하기 때문에 내용타당도(content validity)를 지닌다.

> 포트폴리오 평가는 지속적으로 학습능력이 얼마나 성장하였는지 진단하고 성찰할 수 있다.

포트폴리오 평가는 교사에게 채점 및 관리 업무를 가중시키고, 동료 교사들이 설정한 과업들을 비교하는 데에 어려움이 있으며, 다양한 결과물들을 하나의 평가체제로 채점하는 데에 어려움이 있고, 챗GPT 등을 활용한 표절의 문제나 외부 도움을 받을 수도 있으며, 채점자 간 신뢰도에 문제가 발생할 경우가 있다(Hyland, 2003: 236). 그럼에도, 포트폴리오는 다음 그림에서와 같이 과정평가, 실제성, 통합 및 학습자 중심, 학습자의 자가진단 및 성찰, 동기화, 쓰기 수행능력 증진 등의 특성(Burner, 2014)이 있기 때문에 교실수업에서 학습자들의 역량을 내실있게 함양할 수 있을 것이다.

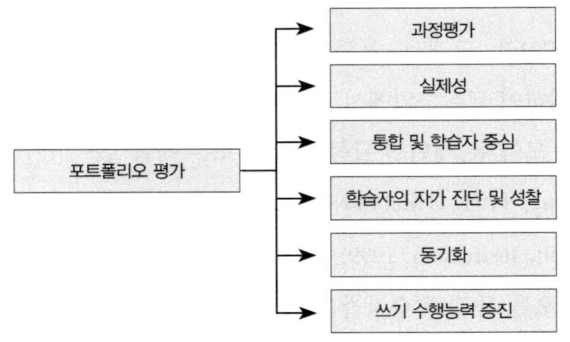

[그림 7] 포트폴리오의 특성(Burner, 2014)

위의 포트폴리오의 특성을 구체적으로 살펴보면 다음과 같다(Burner, 2014; 김진석, 2018c).

- 과정평가: 포트폴리오는 학습 과정을 평가하는 것이다. 교사는 학습자가 학습하는 과정에서 수행한 학습자료(작문, 보고서, 녹음자료 등)를 평가하기 때문이다.
- 실제성: 포트폴리오는 실제 교실활동의 내용을 대상으로 하는 실제성 있는 평가가 되어야 한다. 교실수업에서 시대적, 사회적 요구에 적합한 주제에 관하여 학습자들이 실제 수행한 활동이나 과제를 평가하기 때문이다.
- 통합 및 학습자 중심: 학습자 중심의 평가가 되어야 한다. 교사의 안내에 따라서 수업 활동이 수행되기 보다는 학습자 자신이 스스로 수업목표에 적합한 단계들을 설계하고 성취해 나간다.
- 학습자의 자가진단 및 성찰: 학습자의 자율성, 성찰, 책무성을 강조한다. 학습자가 자신이 설정한 목표에 맞게 학습과정이 이루어지고 있는지를 스스로 점검하고 성찰하며, 책무성있게 기록(documentation), 비교(comparison), 통합(integration) 등으로 과제를 수행한다.
- 동기화: 동기 부여가 되어야 한다. 주제에 흥미를 느끼고 능동적으로 참여하여 과제를 완수할 수 있도록 하고, 학습자 스스로 평가활동을 구체적으로 계획하고 관리하는 시간적 여유가 필요하다. 학습자는 교사와 협의된 명료한 평가기준에 따라 자신의 수행이 어떻게 평가되는지를 스스로 판단할 수 있어야 한다.
- 쓰기 수행능력 증진: 쓰기 수행능력을 증진시킬 수 있다. 듣기, 말하기, 읽기 기능도 포트폴리오를 통해 평가할 수 있지만, 수업시간에 지속적이고 체계적으로 모은 학습 결과물들 중 쓰기 수행 결과물은 상대적으로 활용도가 높

다. 학생의 쓰기 수행과정을 평가자가 아닌 타 교사나 필요할 경우, 교사와 학부모가 함께 평가하기에 용이하고 평가결과에 대한 학부모의 인지가 쉽고 명료하기 때문이다[9].

포트폴리오 평가 체크 포인트(Brown 외, 2015)
- 학습자들에게 포트폴리오의 목적이 무엇인지를 명시하였는가?
- 학습자들에게 샘플 등을 통해 절차 및 결과물을 창출하는 방향을 제시하였는가?
- 포함할 수 있는 용인 가능한 자료에 대한 가이드라인을 주었는가?
- 공지한 날짜에 포트폴리오를 받아 즉시 피드백하여 주었는가?
- 포트폴리오의 주요 목적에 적합하게 피드백을 주었는가?
- 학습자들이 피드백을 받아 수정 보완하는 일련의 과정이 일어나고 있는가?
- 온라인으로 자료를 올리고 동료들과 공유하며, 교사는 발표나 보충자료를 올리거나 관련 자료에 포스팅하고 있는가?

교실수업에서 사용할 수 있는 포트폴리오는 다음과 같이 다섯 가지로 세분할 수 있다(Stiggins 외, 2005).

- **프로젝트 포트폴리오** : 프로젝트의 수행과정에서 학습자가 어떻게 실행하였는지를 입증할 수 있는 자료를 모음
- **성장 포트폴리오** : 학습목표나 성취기준의 달성 과정을 입증하는 것으로 학생과 교사가 협의하여 여러 시점에서 자료의 수집 및 반성적 고찰을 실행하고 기록으로 남김
- **성취 포트폴리오** : 어느 한 특정시점에서 학습자들이 학습목표를 어떻게 성

---

[9] 포트폴리오는 교사와 학습자 간 면담, 학부모와의 평가 및 상담 자료 등으로 활용할 수 있다(Popham, 1995). 다시 말해서, 학생들이 자신의 결과물을 모으는 작업도 중요하지만, 교사와 학생 간 평가의 기준을 협의하는 과정이나 필요한 경우 교사와 학부모가 함께 평가하는 과정도 중요하게 고려해야 한다.

취하였는지를 보는 것으로 학습자들이 가장 잘 수행한 증거를 수집하고 비교하며 성찰함
- **능력 포트폴리오** : 전시목적으로 학습자들이 가장 잘 한 것을 모아서 전시함으로써 한 분야에 학습자들이 능력을 갖추었음을 입증함
- **자부심 포트폴리오** : 학습자들이 스스로 자부심을 느끼는 기록물이나 작품들을 모아서 학습자들이 그 자료를 선택한 근거나 상황을 설명함

위와 같이 다섯 가지로 나누었지만, 프로젝트 간에는 서로 밀접하게 연관되어 실행될 수 있다. 예컨대, 프로젝트 수행 과정을 입증하기 위해 자료를 모으고, 그것을 평가하는 방식은 여러 개의 프로젝트를 차시별로 순차적으로 수행하기 때문에 성장 여부를 평가할 수 있고, 동시에 한 특정 시점에서 어떻게 성취하였는지를 평가할 수도 있다(김진석, 2018c). 이러한 과정 속에서 학습자들은 스스로 자부심을 느끼기도 하고 자기 효능감도 가질 수 있을 것이다. 프로젝트 포트폴리오는 4장에서 제시한 프로젝트 중심 나선형 수행평가와 연관하여 실행할 수 있다. 다시 말해서, 프로젝트를 수행하면서 학습자들 간 협력하여 문제를 해결하는 과정들을 자료로 차곡차곡 모아서 그들이 실행한 학습과정을 입증한다.

> 학습자들은 포트폴리오 평가를 통해 스스로 자부심을 느끼고 자기 효능감도 가질 수 있다.

교사는 포트폴리오 평가를 실시하기 전에 우선 포트폴리오를 언제, 누가, 어떻게 실행할지를 'what-who-how' 틀[10]을 바탕으로 설계해야 한

---

10 'what-who-how'의 틀은 다음과 같다(U.S. Department of Education, 2017).
　　　　　　　　　[What]

다. 'what-who-how' 틀에서 학습자는 평가자와 협의하여 설정한 평가기준에 적합한 서류나 작품들을 모으고, 그들을 평가하고 성찰할 수 있어야 한다. 다시 말해서, 학습목표나 성취기준에서의 요구뿐만 아니라 학습자의 필요 및 요구를 바탕으로 평가기준을 설정하며, 증거물을 미리 선정하지 않고 교사와 학생의 협의를 거쳐 수집할 필요가 있다[11]. 예컨대, 'what-who-how' 틀을 바탕으로 작문 수업에서 구안할 수 있는 포트폴리오는 강의 프로젝트나 발표를 위해 준비한 간단한 보고서, 편지나 이메일, 창조적 글쓰기 등을 들 수 있다.

또한, 교사는 결과물들을 온라인으로 저장하고 관리하는 일련의 학습 과정인 e-포트폴리오를 통해 학생들에게 강한 학습 동기를 부여할 수

- 학습자들이 도달하였는지를 포트폴리오로 평가할 때, 학습자들의 서류나 작품들 중 어떤 부분을 평가할 것인가?
- 선정한 서류철들에 대한 학생들의 성찰도 포함할 것인가? 어떻게 그들을 통합할 것인가?
- 포트폴리오의 과제들은 관련된 기준이나 기능과 맞물려 있는가?
- 학습자들이 포트폴리오로 산물(artifact)을 선정한다면 어떤 조언을 할 것인가?

[Who]
- 학습자들은 자신의 포트폴리오에 대해 어떤 결정을 할 것인가?
- 학습자들은 포트폴리오의 목적 및 과정을 결정하거나 이해하는 전체의 과정에 참여할 것인가?

[How]
- 교사나 학습자들이 모든 과제물을 포트폴리오로 언제, 어떻게 만들 것인가?
- 쓰여진 절차나 조직화된 프로젝트를 어떻게 사용할 것인가?
- 학습자들이 그들의 프로젝트를 언제 그리고 어떻게 검토할 것이며, 그들의 작품을 모아서 포트폴리오를 만들 수 있도록 언제 그리고 어떻게 도와줄 것인가?
- 포트폴리오의 각각의 부분들을 어떻게 채점할 것인가? 포트폴리오 전체를 어떻게 평가할 것인가?
- 모든 학생들의 포트폴리오를 평가할 때, 포트폴리오 평가의 목적, 실행 계획, 채점 계획 등을 동일하게 적용하고 있는가?

11 포트폴리오 평가 계획을 위한 체크리스트에는 1) 학습목표가 분명한가? 2) 포트폴리오의 사용이 명확한가? 3) 재료를 지지하는 물리적 구조가 적절하며 쉽게 접근할 수 있는 것인가? 4) 내용을 선정하는 절차가 명확한가? 5) 내용의 본질이 목적에 부합한가? 6) 학생들의 자기 성찰 가이드라인과 질문이 명확한가? 7) 채점 준거가 마련되어 있는가? 등을 포함할 필요가 있다 (McMillan, 2014).

도 있다. 다시 말해서, 테크놀로지가 기하급수적으로 발달하고 있으므로, 교사는 그것을 활용하여 자료를 쉽게 저장하고 관리할 수 있을 뿐만 아니라 채점하고 분석하며, 그 결과를 바탕으로 학습자들에게 그들의 역량이나 성장 정도 등을 제공할 수 있다. 또한, 학습자는 평가 자료를 통해 자신의 강점, 약점 등을 파악하고, 학습목표를 달성할 수 있는 다양한 전략들을 마련할 수 있다. 한국학술정보원(2021)에서는 학생이 활동하면서 작성한 게시글 및 과제를 수집하여 제공하는 기능인 위두랑을 통해 학생들은 희망하는 게시물이나 과제, 기간 등을 정하여 작성할 수 있으며, 이미지, 파일, 링크 자료, 설문조사 결과 등을 포함하여 생성할 수 있다.

싱가포르의 캔버라 초등학교에서는 e-포트폴리오를 통해 학생별 학습 수행 데이터를 수집(collect)하고, 수집된 자료를 반영(reflect)하여 학습자가 자기 주도적으로 학습을 설계(organize)하도록 한다(김진숙, 2016). 또한, 이러한 자료들을 학생, 교사, 학부모들에게 피드백으로 제공(feedback)하여 학습 체제를 개선(revise)하고 종합적으로 성취도를 평가(assess)할 수 있다.

AI의 발달은 교실수업에서 학습을 위한 평가를 내실있게 실행할 수 있도록 하고 있다. 상호작용이 가능한 로봇을 활용하여 학습자들을 평가하고 그 결과를 피드백하면, 학습자들은 잠재 능력을 더욱 함양할 수 있는 기회를 갖게 될 것이다(김진석, 2018a). 교사는 학습자들의 역량이 어느 정도 성장하였는지를 쉽게 진단하여 피드백을 줄 수 있기 때문이다. 아울러, AR(augmented reality), VR(virtual reality), 두 개를 혼합한 형태로 실세계와 가상세계와 상호작용을 활성화하여 학습자들이 체화 학습(embodied learning) (김진숙, 2016)을 할 수 있도록 수업을 운영하고 평가할 필요가 있다. 개인의 물리적, 생물학적 데이터를 수집하는 웨어러블 센서와 움직임을 추적하는 시각 시스템, 그리고 기울어짐과 동작에 반응하는 모바일 기기 등을 활용한다면, 학습자들에게 학습하면서 정의적으로 수업에 몰입할 수 있는 환경을 제공할 수 있기 때문이다.

이렇게 테크놀로지를 활용하면, 교실수업활동 연계 평가를 체계적이고 효과적으로 실시할 수 있다(김진석, 2018c). 상호작용이 가능한 로봇을 보조교사로 사용하면(Robot Assisted Language Learning: RALL), 기본적인 정보뿐만 아니라 상호작용을 활발하게 하는 데에 도움을 받을 수 있어서 학습자들은 수업에 보다 능동적으로 참여할 수 있을 것이다. RALL은 모둠별, 짝별 활동 시, 교사 대신 정보를 학습자에게 빠르게 제공할 수도 있다. 따라서 RALL은 교사와 학생 간, 학생들 간 상호작용을 활성화하는 데에 한계가 있는 우리나라와 같은 다인수 학급에서 효과적으로 교수-학습을 구현할 수 있고 수업과 연계한 평가를 실시하는 데에 도움이 될 수 있을 것이다(김진석, 2018c).

핵심개념
- 규준 참조 평가(norm-referenced evaluation)
- 준거 참조 평가(criterion-referenced evaluation)
- 성장 참조 평가(growth-referenced evaluation)
- 협동적 의미협상(cooperative negotiation of meaning)
- 거시적 스캐폴딩
- 미시적 스캐폴딩
- 대안평가(alternative assessment)
- 관찰 점검표(observation checklist)
- e-포트폴리오

제9장   연습문제

1. 핵심역량을 함양하기 위해 교실수업과 연계하여 제대로 평가할 수 있는 AI시스템을 구축해야 한다. 이런 측면에서, 시대적·사회적 변인, 학습자 변인, 교사 변인 등을 바탕으로 AI시스템 기반 교실평가의 방향을 제시하시오.

2. 교사는 학습자들의 현 수준과 도달해야할 수준 사이의 간극인 ZPD를 고려하여 목표를 달성할 수 있도록 스캐폴딩을 계획하고 구현할 필요가 있다. 스캐폴딩 전략을 거시적, 미시적으로 세분하고 역동적 평가와 관련지어 설명하시오.

3. William과 Thompson(2007)은 형성평가의 실행을 위해 Lesh 외(2003)의 3차원 과정을 바탕으로 평가의 주체자인 교사, 학생, 동료 학생들이 행해야 할 핵심전략을 제시하였다. 그 핵심전략들을 주체자별로 분류하고 예를 들어 기술하시오.

4. 포트폴리오는 과정평가, 실제성, 통합 및 학습자 중심, 학습자의 자가진단 및 성찰, 동기화, 쓰기 수행능력 증진 등의 특성(Burner, 2014)이 있다. 특성들 중 학습자의 자가진단 및 성찰에 대해 설명한 후, 학습자의 자율성, 성찰, 책무성에 초점을 두고 'what-who-how' 틀을 설계하시오.

참고문헌

강미애, 이천복. (1998). 고등학교 생물Ⅰ 교과서에 수록되어 있는 실험·관찰 방법의 적합성 조사. *경성대학교 논문집, 19*(2), 565-578.

강성우. (2006). 학습을 위한 초등영어 교실평가. 고경석. (편). *초등영어교육의 이론과 실제*(465-494).

강성우. (2011). 초등영어교육에서의 역동적 평가의 적용. *현대영어교육, 12*(2), 74-99.

강용혁. (2006). *고등학교 영어 교과서의 연계성 분석 연구*. 한국교원대학교 석사학위논문.

강이철. (2004). Vygotsky의 중재전략을 반영한 수업사상별 비계활용 방안. *한국교육공학회, 20*(3), 21-51.

강치원. (2013). *토론의 힘*. 느낌이 있는 책.

강현석, 이지은. (2016). *이해중심 교육과정을 위한 백워드 설계의 이론과 실천: 교실혁명*. 학지사.

강현석, 주동범, 김창호. (2004). *선택중심교육과정의 이론과 실제*. 학지사.

고경석, 김정렬, 김진석, 김진완, 김해동, 류호열, 정숙경. (2008). *중등학교 영어과 교사 자격 기준 개발과 평가 영역 상세화 및 평가도구 개발 연구*. 한국교육과정평가원

고영희. (2001). *수준별 과제 수행을 통한 초등학교 영어 듣기 수업에 관한 연구*. 한국교원대학교 석사학위논문.

고은옥. (2025). *해외 언어사회화 경험이 있는 한국인 초등영어학습자의 문화정체성 탐구*. 서울교육대학교 박사학위논문.

고정민. (2008). 교수방법과 TETE 수업을 중심으로 살펴본 중학교 영어교육, *외국어교육, 15*(1), 383-407.

곽순란. (2009). *문화 간 의사소통 능력 평가도구 개발 : 고등학교 1학년을 중심으로*. 한국교원대학교 석사학위논문.

곽현석, 강옥려, 김경성. (2016). 역동적 평가의 연구동향 분석. *한국초등교육, 27*(2), 1-18.

교육과학부. (2011). *영어과 교육과정*. 교육과학기술부 고시 제2011-361호[별책 14].

교육부. (1992). *고등학교 영어과 교육과정 해설*. 대한교과서 주식회사.

교육부. (1997). *제7차 교육과정 중학교 영어교과 교육과정 해설*. 대한교과서.

교육부. (2015). *2015개정 영어과 교육과정*. 교육부 고시 제2015-74호.

교육부. (2016a). *2016년 교육부 업무계획*. 교육부 배포자료(2016.1.28.).

교육부. (2016b). *학교생활기록 작성 및 관리지침*. 교육부 배포자료(2016. 4. 5.).

교육부. (2020a). 인공지능 교육 길라잡이.

교육부. (2020b). 인공지능시대 교육정책방향과 핵심과제/대한민국의 미래 교육이 나아가야 할 길.

교육부. (2022). *2022 개정 초중등학교 교육과정*. 교육부 고시 제 2022-33호.

국동식, 김학만. (2004). 초·중·고 과학교육과정 중 기상학 내용의 개념 연계성 분석. 충북대학교 과학교육연구소 논총, *20*(1), 9-27.

권민정. (2015). 동료 지도 기반 중학 영문법 플립러닝 수업 사례 및 참여 학습자의 태도 변화에 관한 연구. 석사학위논문. 한국외국어대학교.

권인숙. (2001). *한국, 일본, 중국 중학교 영어 교과서의 코퍼스 언어학적 어휘 비교 분석*. 숭실대학교 박사학위논문.

권인숙. (2004). 한국 중학교 6차 및 7차 교육과정 영어 교과서의 코퍼스 언어학적 어휘 비교 분석. *Foreign Languages Education, 11*(1), 211-252.

김경자, 온정덕. (2014). *이해중심 교육과정; 백워드 설계*. 교육아카데미.

김경자. (1996). 현행 교육과정의 적절성 평가 연구 : 유치원, 초등학교, 중학교의 제6차 교육과정 문서를 중심으로. 초등교육연구, *10*, 37-61.

김경철, 홍정선. (2004). 유치원과 초등학교 연계방안 모색. 초등교과교육연구, *4*, 111-124.

김경희 (2004). 국가수준 학업성취도평가의 결과분석 및 보고. 한국교육과정평가원 웹진 4호.

김난주. (1994). 중학교 학습자의 영어 청취력에 미치는 요인분석 연구. 이화여자대학교 석사학위논문.

김대현, 김석우. (1999). *교육과정 및 교육평가*. 학지사.

김대현, 김석우. (2005). *교육과정 및 교육평가(개정판)*. 학지사.

김덕기, 안병규, 오윤자, 김영규. (1999). 공통영어 수행능력 절대평가기준 제안 : 표현 기능을 중심으로. 영어교육, *54*(2), 175-200.

김덕기, 안병규. (1992). 중등학교 영어과 수행능력 평가방법 및 도구 개발. 한국교원대학교.

김덕기. (1999). 영어과 수행평가 이론과 실제. 교과교육 학술세미나 자료집: 수행평가의 이론 및 현장 적용 사례. 한국교원대학교 학술대회 발표논문.

김도남, 박혜영, 임해미, 배주경. (2014). *교과별 수행평가방법 개선 방안—국어, 수학, 영어 교과 중심으로*. 한국교육과정평가원

김명숙, 노국향, 박정, 부재율, 양길석. (1998). *국가수준 교육성취도 평가 방안 연구*. 한국교육과정평가원 RRE 98-8.

김명숙, 황혜정, 이명희, 최승현, 강윤선, 박선미, 김재춘, 박정, 설현수. (2001). *국가 수준 교육성취도 평가 연구 Ⅱ: 사회·수학 영역 예비 문항 개발 및 현장 적용 연구*. 서울: 한국교육평가원 연구보고 RRE 99-9-1.

김민식, 이가희. (2017). 디지털 플랫폼과 인공지능(AI)의 이해. *정보통신정책, 29*(18), 1-19.

김성권. (1989). *교육과정과 평가*. 서울 : 형설출판사.

김성숙, 김경희. (2004). *외국의 학업성취도평가 사례 및 활용*. 한국교육과정 평가원 연구자료 ORM 2004-9.

김성숙, 김희경, 서민희, 성태제. (2015). 교수·학습자 하나되는 형성평가. 학지사.

김성숙, 김희경, 서민희, 성태제. (2015). *교수-학습과 하나되는 형성평가*. 학지사.

김성식. (2003). 초등학교 영어 교과서의 언어재료 선정과 조직. 정영국(편). 영어교재론 연구. 한국문화사.

김성훈, 김신영, 김재철, 반재천, 백순근, 서민원. (2010). *예비교사를 위한 교육평가*. 학지사.

김소영. (2001). *초등학교 영어교과서 어휘분석을 통한 어휘지도 방법*. 진주교육대학교 석사학위논문.

김수동, 이의갑. (2003). *영어수업에서 학생평가를 잘하려면*. 한국교육과정평가원.

김수천. (2004). 교육내용의 적정화 방안 : 도덕, 사회 교과를 중심으로. 한국교육과정평가원·한국교육과정학회. 교육내용의 적정화 방안 탐색. *2004학년도 학술 세미나 자료집*, 133-148.

김신영. (2015). 교실 내 학생평가의 운영 실태와 개선 방향. *교육과정평가연구, 18*(3), pp. 257-281.

김영미. (2001). 초등영어 심화·보충형 수준별 교육과정 운영방안 연구. *초등영어교육, 7*(1), 71-101.

김영민. (2006). 초등영어수업의 의사소통적 교사질문 전략 - 지도서 분석을 중심으로. *신영어영문학, 33*, 207-228.

김영숙. (2008). Questioning strategies for developing Christian intercultural speakers in EFL classrooms. *CR 13*, 213-238.

김영철. (2004). 제7차 초등영어 교육과정의 현황에 관한 연구 : 교사와 장학사 중심 설문조사를 통하여. 초등영어교육, *10*(1), 5-41.

김영태. (1997). *학습자 중심의 영어 청해 지도 모형 연구개발*. 한국교원대학교 박사학위 논문.

김왕근. (2000). 사회과 교육과정 및 교과서 내용의 적정화에 관한 연구. *시민교육연구, 31*, 41-82.

김재춘, 변효종. (2002). 제7차 중학교 교과서 교육내용의 적정화 실태 분석. *교육과정평가연구, 5*(1), 21-34.

김재춘. (1997). 교과 교육과정 내용의 적정화 방향. *제7차 교과 교육과정 개발의 쟁점*. 교육부·한국교육개발원, 3-22.

김재춘. (1997). 교과 교육내용의 적정화 방향. *교육부·한국교육개발원. 제7차 교육과정 지침 상세화 워크숍 자료*.

김재춘. (2003). 국가 교육과정 개정 담론의 비교 분석(Ⅰ) : 제4차에서 제7차에 걸친 '교육내용의 적정화' 담론을 중심으로. 한국교육과정학회. *교육과정연구, 21*(2), 105-122.

김재춘. (2004). 교육내용의 적정화 : 쟁점과 방향, 교육내용의 적정화 방안 탐색. *2004학년도 학술 세미나 자료집*. 한국교육과정평가원.

김정임. (1985). *교육과정의 적합성에 대한 이론적 접근*. 이화여자대학교 대학원 석사학위논문.

김정환, 권향순. (2010). 구성주의적 평가관에 따른 역동적 평가의 원리와 적용 방안. *교육평가연구, 23*(3), 547-567.

김정환, 권향순. (2010). 구성주의적 평가관에 따른 역동적 평가의 원리와 적용 방안. *교육평가연구, 23*(3), 547-567.

김주훈, 이주섭, 최승현, 강대현, 곽영순, 유정애, 양종모, 최원윤, 김영애 (2002). 학교 교육 내실화 방안 연구. 한국교육과정평가원.

김진규 (2002). *교육과정과 평가*. 동문사.

김진석. (2002). "Basic deliberation on possibility of English level test in Korea" in the 2002 international conference on applicability of English level test to Korea in Korea Institute of Curriculum and Evaluation. KICE. 111-128.

김진석. (2003). 사건 간 시간 해석능력 신장 방안 연구. *외국어교육, 10(2)*, 183-203.

김진석. (2004). 네덜란드의 학업성취도평가. *한국교육과정평가원 웹진 3호*.

김진석. (2005a). 영어텍스트에서의 사건 간 시간해석. *언어, 30* (1), 73-94.

김진석. (2005b). 외국의 학업 성취도 평가의 사례와 국내의 평가개선 방향. *영어교과교육, 4*(2), 57-72.

김진석. (2007). 영어과 교육과정 및 교재개발에서의 연계성 기준. *영어교육 19*(2), 215-133.

김진석. (2008). 다문화를 고려한 영어과교육과정의 방향. *언어 33*(4). 611-628.

김진석. (2009a). *영어과교육과정 및 평가*. 한국문화사.

김진석. (2009b). 영어수업에서의 극화활동 구현의 필요성 및 방향. *언어 34*(4), 873-893.

김진석 (2010). 초등영어교육과정에서의 문화관련 성취기준 및 소재목록 설정 방안 연구. *한국초등교육, 21*(1), 191-208.

김진석. (2011a). 학습자 중심 교육과정의 방향. *2010년 서울중등영어교과교육연구회 동계직무연수 자료집*.

김진석. (2011b). 초등영어 교실에 적합한 과제의 설계. *초등영어교육학회 소식지 6월호*.

김진석. (2011c). *초등영어교육과정의 이해와 적용*. 한국문화사.

김진석. (2013a). *담화분석과 영어교육*. 한국문화사.

김진석. (2013b). 2009개정 영어과 공통 교육과정에서의 학년군들 간 종적 및 횡적 연계성 분석. *언어과학, 20*(2), 103-122.

김진석. (2013c). 초등영어 교실담화에서의 학습자의 상호작용능력 향상 방안. *언어, 38*(4), 875-893.

김진석. (2014). 초등학교 문화(다문화) 교육의 방향. *2014한국초등영어교육학회소식지 겨울호*.

김진석. (2015a). *문화 간 의사소통 능력과 다문화교육*. 한국문화사.

김진석. (2015b). 영어로 진행하는 초등영어수업 평가 요소에 관한 연구 : 상호작용을 중심으로. *초등영어교육, 21*(4). 223-245.

김진석. (2015c). 초등영어 교실담화에서의 질문 유형 분석 및 구성의 방향. *한국초등교육, 26*(1), 21-37.

김진석. (2015d). 초등영어 교실수업에서 그림과 그래픽 조직자를 활용한 시제와 상 지도 방법. *한국초등교육, 26*(4), 369-392.

김진석. (2016a). *초등영어과교육과정의 이해와 적용*(3판). 한국문화사.

김진석. (2016b). *영어과 교육과정 및 평가*(2판). 한국문화사.

김진석. (2016c). 초등영어수업에서의 문화 간 의사소통 능력 평가 틀과 평가도구 개발 방향 연구. *초등영어교육, 22*(2), 187-214.

김진석. (2017a). 문화 간 의사소통 능력 함양을 위한 플립러닝 기반 초등영어 문화수업 모형 연구. *한국초등교육, 28*(1). 111-122.

김진석. (2017b). Direction of designing lesson plans based on conditions for language learning. *초등영어교육, 23*(3). 99-119.

김진석. (2018a). English education based on Neuro-linguistics of the fourth industrial revolution. 2018 Winter Workshop. *The Korean Association of Linguistic Science*, 11-18.

김진석. (2018b). Teaching-learning and Assessing Method in the fourth industrial revolution. *2018 Global and Cultural Studies Education Winter Seminar*. Seoul National University of Education. 11-18.

김진석. (2018c). *영어과 교육과정 기반 교육평가의 이해*. 한국문화사.

김진석. (2018d). 세계시민으로서의 의사소통능력 함양 방안. *세계시민으로 지구적 상상하기*.

김진석. (2019a). *Multicultural literacy for English language learners*. 한국문화사.

김진석. (2019b). On developing English national curriculum and assessing methods aligned with teaching focused on a weather chart for improving learners' digital literacy. *에너지기후변화교육, 9*(1), 65-77.

김진석. (2019c). On developing assessing methods aligned with teaching-learning activities for improving English language learners' digital literacy. 2019 *Applied Research International Conference on Education, Literature & Language (ARICELL)*. King's College.

김진석. (2019d). Designing unit and syllabus for improving primary English language learners' digital literacy, *한국초등교육, 30*(3), 101-115.

김진석. (2019e). Artificial intelligence-based digital literacy's goals and contents for primary English language learners: Focused on climate change and sustainability. *에너지기후변화교육, 9*(3), 261-279.

김진석. (2019f). 초등영어학습자를 위한 세계시민교육의 방향. *한국초등영어교육학회 하계 워크숍*. 한국초등영어교육학회.

김진석. (2020a). Artificial intelligence-based components and instructional goals for improving primary English language learners' global digital citizenship. *The Journal of Korea Elementary Education 31*(2), 151-167.

김진석. (2020b). On developing and implementing Dialogflow API Chatbot for improving primary English language learners' communicative competence. The 2020 SNUE Seminar on Artificial Intelligence and Primary Education, 87-97. Seoul National University of Education.

김진석. (2020c). 인공지능 리터러시 기반 초·중등교육의 내용과 교수·학습 방안 탐구. 한국초등교육, 32(3),19-35.

김진석. (2021a). 초등영어교실에서의 위험 리터러시 기반 교수·학습 및 평가 방향: 기후위기를 중심으로 *에너지기후변화교육, 11*(3), 297~310.

김진석. (2021b). Improving Primary Pre-teachers' Instructional Design Ability Focused on Cultural Intelligence, 글로벌교육연구, 13(4), pp.145-166.

김진석. (2022a). Investigation of Improving Pre-service Teachers' Competence for Formative Assessment Aligned with Primary English Classroom Activities. 한국영어평가학회, 17(1), 115-129.

김진석. (2022b). *문화지능 기반 글로벌시민교육*. 한국문화사.

김진석. (2023a). *초등영어과 교육과정의 이해와 적용*(개정 4판). 한국문화사.

김진석. (2023b). Direction of Improving Pre-service Teachers' Competence of Designing Primary English Lesson Plan: Focused on Scaffolding Based on Dynamic Assessment. 영어평가, 18(1), 119-139.

김진석. (2023c). *AI 도구를 활용한 문제해결형 프로젝트 중심 학습*. 서울교육대학교. 2022학년도 인공지능융합교육 및 교재 개발.

김진석. (2024a). 2022개정 초등영어교육과정 내용 체계의 적합성 평가. 영어평가, 19(1), 55-74.

김진석. (2024b). *상호작용 의미화용론*. 한국문화사.

김진석. (2025). *AI시대에서의 리터러시 이론과 실제*. 연구재단 저술출판지원사업 연차보고서.

김진석, 김용명, 백인환, 이정민, 임정신, 이천우, 정양순. (2009). *중·고등학교 영어회화 편성운영방안연구*. 한국교육과정평가원.

김진석, 박지숙, 홍선호, 노철현, 조경선, 정연현, 강훈식, 이삭. (2020, 2021, 2022). 초등학습자를 위한 다양성 기반 창의성 발현 프로그램 연구. 서울교육대학교 2022년도 교내 정책연구과제.

김진석, 이용운. (2015). *하이파이브 C 특성화 사업*. 서울교육대학교.

김진석, 장은숙. (2015). 문화 간 화자를 위한 공동체 역량 기반 초등 영어과 교육과정의 내용 및 교수-학습 방법의 방향. *글로벌교육연구*, 7(4), 55-78.

김진석, 장은숙. (2017a). 초등영어수업에서 백워드 설계 모형 기반 자기평가 구성의 방향. *한국초등교육*, 28(3), 61-77.

김진석, 장은숙. (2017b). 문화 간 화자를 위한 수업 연계 역동적 평가 방향. *글로벌교육연구*, 9(4), 35-64.

김진석, 장은숙. (2020). 인공지능 기반 디지털 리터러시와 세계시민교육의 방향. 김영순 외(2020). *다문화 사회와 리터러시 이해*, 박이정.

김진석, 장은숙 역. (2021). *위험교육(risk education) 이론 탐구와 교육의 방향*. 학교안전공제중앙회.

김진석, 장은숙. (2023a). AI를 활용한 다문화 리터러시 교재 개발의 방향. *2023한국리터러시학회 가을학술대회*.

김진석, 장은숙. (2023b).초등영어 교육과정 및 수업에서 문화 간 화자를 위한 문화다양성교육의 방향. *글로벌교육연구*, 15(4), 49~76.

김진석, 장은숙. (2024). 위험 리터러시 기반 안전 및 건강 관련 초등영어 교재 구성의 방향. *리터러시연구*, 15(1), 377-408.

김진석, 장은숙. (2024). 영어학습자의 글로벌 디지털 시민성 함양을 위한 디지털스토리텔링의 방향. *글로벌교육연구*, 16(3), 107~137.

김진석, 장은숙. (2024). *글로벌 시대 문화다양성 이해*. 한국문화사.

김진석, 장은숙, 고은옥, 이순화, 전재호, 고은수, 박상아, 변혜진, 성나연, 안진승, 윤소영, 이은지, 이은학, 임태훈, 정자연, 정지영. (2021). *인공지능 리터러시의 이해와 실제*. 한국문화사.

김진석, 장은숙, 전재호. (2020). On Dialogflow chatbot API-based dynamic assessment aligned with primary English classroom activities. *영어평가*, 15(1), 147-162.

김진숙. (2006). 교육과정의 연계성 탐구. *교육과정연구*, 24(4). 83-108.

김진숙. (2016). *기술이 영향을 미칠 교육의 변화 트랜드*. KERIS 미래교육 포럼. 한국교육학술정보원.

김창아. (2020). 다문화 대안학교 학생의 다중적 다층양식 리터러시. 김영순 외(2020). *다*

문화 사회와 리터러시의 이해. 박이정.

김혜련, 김영미, 장향진. (2008). 영어과 수업 컨설팅 초등영어 문화교육. 교육과학사.

김혜련, 이완기, 부경순. (2001). 초등영어 수준별 교육과정의 운영과 평가 방안 연구. 초등영어교육, 7(1), 43-70.

김혜리. (2011). 초등영어 읽기 쓰기 지도. 교육과학사.

김희경, 한정아, 최숙기, 김부미. (2012). 인지진단모형을 적용한 학업성취 프로파일 분석 및 결과보고 방안. 한국교육과정평가원.

김희경, 박종임, 정연준, 박상욱, 김창환, 이채희, 최재화. (2014). 맞춤형 교육 지원을 위한 형성평가 체제 도입(Ⅰ). 한국교육과정평가원.

남호엽. (2016). 글로벌 교육의 내용과 방법. 학지사.

노경희. (2007). 초등영어 습득론. 한국문화사.

노영희. (2005). 유치원과 초등학교 1학년의 문어 교육 연계를 위한 교사의 교수 실천 반응도 비교. 유아교육학논집, 9(3), 57-83.

노현수. (2001). 초등학교 영어교과서의 문화내용 분석. 공주교육대학교 석사학위논문.

류현수. (2006). 초등학교 영어교육과 연계성을 고려한 중학교 1학년 영어수업 절차 연구. 한국교원대학교 석사학위논문.

문수백. (2003). 연구방법의 실제. 학지사.

문용린 외 (2012). 창의·인성교육 활성화 방안 연구. 창의재단.

문화일보 (2002. 2. 5). 기초 학력 배양 국가가 책임져라.

박민애, 손원숙. (2016). 학습을 위한 평가 척도(AFL-Q)의 타당화. 교육평가연구, 29(1), 101-121.

박상아. (2021). Teachable machine을 활용한 과학과 수업의 실제. 김진석 외. (2021). 인공지능 리터러시의 이해와 실제. 한국문화사. 193-208.

박순경, 강창동, 김경희, 이광우, 이미숙. (2003). 초·중등학교 교육과정 평가 연구 (Ⅲ) (연구보고 RRC 2003-2). 한국교육과정평가원.

박순경, 조덕주, 채선희, 정윤경. (1999). 교육과정·평가 국제비교 연구(Ⅰ)(연구개발 RRC 99-6-1). 한국교육과정평가원.

박순경, 허경철, 이화진, 소경희. (2001). 제7차 교육과정의 성공적 정착을 위한 지원 요구 조사(연구보고 CRC 2001-5-1). 한국교육과정평가원.

박약우, 박기화, 신역옥. (2003). 교과 교차적 초등영어 교재 개발 연구. 외국어교육, 10(2), 45-83.

박약우, 박기화, 최진황, 이소영. (2001). 초·중등영어교육의 연계방안 연구. 초등영어교육, 7(1), 5-42.

박약우. (1996). 초등영어 교육의 효과적인 교수 방법 연구 – 활동중심 교수법-. 초등영어교육, 2, 67-95.

박영석. (2009). 초등학교 사회수업에서 교사의 형성평가 실행에 관한 연구. 시민교육연구, 41(4), 51-79.

박영예. (2003). 초등학교에서의 7차 영어과 수준별 교육과정 운영에 대한 분석. 영어교육, 58(2), 37-64.

박유신. (2001). 초등영어 문화교육의 개선방향. 서울교육대학교 석사학위논문.

박인건. (2003). *제7차 교육과정에 따른 5학년 도덕 교과서 교육내용 적정화 및 외형체제 분석*. 영남대학교 석사학위청구논문.

박일수. (2014). 이해중심 교육과정 통합의 가능성 모색 : 백워드 설계 모형을 중심으로. 통합교육과정연구, 8(2), 1-23.

박정, 김신영, 한경혜, 소경희, 채선희, 김경희 (2002). 국민 기초교육에 대한 국가 수준 성취기준 설정 및 평가 방안 연구. 한국교육과정평가원.

박정, 이진주. (2015). 학생 자기평가에 대한 초등교사의 인식과 실제. 학습자중심교과교육연구. 15(11), 601-620.

박정. (2014). 형성평가와 교사교육, 교육평가연구 27(4), 987~1007.

배두본. (1997). 영어 교재론 개관: 이론과 개발. 한국문화사.

백순근. (1999). *수행평가의 이론과 실제*. 한국교육과정평가원.

변창진 외 (1996). *교육평가*. 학지사.

부경순, 이완기, 이정원, 최연희. (2003). 수업관찰과 면담을 통해 살펴본 초중등 영어교육의 연계성에 대한 연구. 영어교육, 58(2), 3-36.

서예은. (2015). Flipped learning을 활용한 협동학습이 영어 성취도와 수업만족도에 미치는 영향. 석사학위논문. 인하대학교.

서울대학교 교육연구소. (1995). *교육학용어사전*. 하우.

서지영 외. (2010). *창의력 계발 및 인성 함양을 위한 수행평가 활성화 방안 연구*. 교육과학기술부.

설현수 (2004). 학업성취도평가 결과의 활용. 한국교육과정평가원 웹진 3호.

성춘자. (2001). *제7차 교육과정하의 초등영어 CD-ROM 타이틀 및 인터넷 활용 모델 개발에 관한 연구*. 동덕여자대학교 석사학위논문.

성태제 (2002). *타당도와 신뢰도*. 학지사.

성태제, 시기자. (2010). *연구방법론*. 학지사.

소경희. (2004). 교육내용의 적정화 방안 : 체육, 음악, 미술, 실과를 중심으로. 한국교육과정평가원·한국교육과정학회. 교육내용의 적정화 방안 탐색. *2004학년도 학술 세미나 자료집*, 158-176.

신동일. (2003). 문화 간 의사소통과 수행평가의 새로운 이해 : 질적 연구 논리와 개념에 서부터. *Foreign Languages Education, 10*(2), 131-154.

안현모. (2001). *제7차 교육과정에 준거한 초등학교 영어과 학습자용 CD-ROM의 활용 양상에 관한 연구. 지각양식이 CD-ROM 학습에 미치는 효과를 중심으로*. 한국교원대학교 석사학위논문.

양미경. (2004). '교육내용의 적정화 : 국어, 영어 교과를 중심으로'에 대한 토론. 한국교육과정평가원·한국교육과정학회. 교육내용의 적정화 방안 탐색. *2004학년도 학술 세미나 자료집*, 90-95.

원진숙, 권순희, 전은주, 김정우, 김진석, 김유범, 심상민, 김윤주, 이세연, 손주한, 이인주, 문수연. (2013). *2012 한국어(KSL) 교육과정 개발연구*. 교육과학기술부.

유네스코 아시아태평양 국제이해교육원. (2014). *글로벌시민교육*. 한림.

유선종. (2011). *고등학교 영미문화 평가도구 모형개발*. 한국교원대학교 석사학위논문.

윤서인. (2017). *백워드 설계 기반 초등학교 영어과 단원 개발 및 적용*. 서울교육대학교 석사학위논문.

윤여범. (2008). *초등영어 발음 교육론*. 한국문화사.

이경섭. (1984). 학습의 내용 및 경험의 선정과 조직. 이경섭·이홍우·김순택 (편저). *교육과정*. 교육과학사.

이경섭. (1999). *교육과정 쟁점 연구*. 교육과학사.

이광우, 민용성, 전제철, 김미영, 김혜진. (2008). *미래 한국인의 핵심역량 증진을 위한 초중학교 교육과정 비전 연구*. 한국교육과정평가원 연구보고 RRC 2008-7-1.

이근호, 곽영순, 이승미, 최정순. (2012). *미래 사회 대비 핵심역량 함양을 위한 국가교육과정 구상*. 한국교육과정평가원 연구보고 RRC 2012-4.

이동연. (2020). 디지털 미디어 플랫폼의 부상과 문화다양성. *문화다양성협약 국내 이행을 위한 논의: 유튜브에서 AI까지, 21세기 한국에서의 문화다양성*. 문화체육관광부.

이길영. (2001). 영어교사 및 영어 학습에 대한 초등학생과 중학생의 인식비교 : 초등영어교육과 연계된 중등영어교육을 위하여. *Foreign Languages Education, 8*(2),

101-132.

이길영. (2002 a). 영어교사 및 영어 학습에 대한 초등학생과 중학생의 인식 비교 : 초등영어교육과 연계된 중등영어교육을 위하여. *Foreign Languages Education, 8*(2), 101-132.

이길영. (2002 b). 초등영어교육을 경험한 학생의 중학교 영어 학습 태도. 영어교육, *57*(2), 343-363.

이돈희, 곽병선, 구자억, 김재춘, 박순경, 신동로, 유균상, 유한구, 이범홍, 이찬희, 최석진, 홍후조. (1996). *교육과정 2000 연구 개발 초·중등학교 교육과정 체제 구조안*(연구보고 CR 96-30). 한국교육개발원.

이돈희. (2004). 교육내용의 적정화, 왜, 무엇을, 어떻게?. 한국교육과정평가원·한국교육과정학회. 교육내용의 적정화 방안 탐색. *2004학년도 학술 세미나 자료집*, 10-17.

이병천, 김진석. (2011). 영어로 진행하는 영어수업의 평가 요소에 관한 연구. 초등영어교육, *17*(1). 한국초등영어교육학회.

이병천. (2012). 2009 개정 교육과정에 따른 초등 영어과 교육과정의 이해. *2012년 한국초등영어교육학회소식지 6월호*.

이상수, 강정찬, 황주연. (2006). 효과적인 비계설정을 위한 수업설계모형. *교육정보미디어연구, 20*(3), 21-51.

이성뢰. (2002). *제7차 초등영어 교과서 분석 : 대화 예문 중심으로*.. 대구교육대학교 석사학위논문.

이성희. (2001). 영어교재 평가 모형 연구. *Foreign Languages Education, 8*(2), 195-221.

이세진. (2014). *초등영어에서 문화 간 의사소통 능력과 문화민감성에 미치는 문화기반 교수-학습의 효과*. 서울교육대학교 석사학위논문.

이수정, 이승미, 최정순, 유금복, 김선희, 조현영, 오수정, 방은희. (2021). 역량 함양을 위한 교과별 주제 중심 교육과정 구성 방안 연구. 한국교육과정평가원 연구보고 CRC 2022-9.

이완기. (2003). *영어 평가방법론*. 문진미디어.

이완기. (2007). *영어평가방법론*. 문진미디어.

이완기. (2009). *초등영어교육론*. JY Books.

이완기. (2012a). 영어평가방법론(개정 3판). 문진미디어.

이완기. (2012b). 초등영어 평가의 내용 및 방법. 이재희. (편). *초등영어 교육과 평가*

(17-62). 한국문화사.

이완기. (2015). 선택형 평가의 재조명. *서울교육대학교 교육전문대학원 오리엔테이션 자료집.*

이완기. (2017). 2015 개정 교육과정과 초등영어 역량중심 평가. *2017 KAPEE 여름 워크숍 자료집.* 15-20.

이완기, 김복현, 박한준, 심규남, 김정원, 조정지, 조평준, 박미성, 박유신, 이윤희, 김영소, 김윤아, 이건해, 최애진, 이재근. (1999). 초등 영어 현장 연구. *초등영어교육, 5*(2), 225-270.

이완기, 김진석, 장은숙. (2012). *문화속의 영어, 영어속의 문화.* 한국문화사.

이완기, 최연희, 부경순, 이정원. (2001). 중학교 1학년 영어교육에 나타난 초등영어 교육의 효과 검증 : 교사 설문 조사를 중심으로. *Foreign Languages Education, 10*(2), 25-44.

이완기, 최연희, 부경순, 이정원. (2001). 중학교 1학년 영어교육에 나타난 초등영어교육의 효과. *영어교육, 56*(4), 211-242.

이의갑, 김진석, 이병천. (2009). 말하기·쓰기 능력 신장을 위한 국가영어능력평가시험 개발 방안. *2009 KICE 이슈페이퍼.* 한국교육과정평가원.

이의갑, 이양락, 진경애, 박순경, 정영근. (2004). *영어과 교육내용 적정성 분석 및 평가.* 한국교육과정평가원.

이의갑, 임찬빈, 김진석, 이윤, 장경숙, 김미경, 이문복, 최진황. (2005). *영어과 교육과정 개정안(시안) 개발 연구.* 한국교육과정평가원.

이의갑, 임찬빈, 진경애, 김진석, 이윤, 장경숙, 김미경, 최진황. (2004). *영어과 교육과정 실태 분석 및 개선 방향 연구.* 서울: 한국교육과정평가원 연구보고 RRC 2004-1-12.

이인호, 이상일, 김승현, 이정우, 서민철, 조윤동, 이광상, 김현경, 동효관, 배주경, 김성혜, 권경필, 이규호, 정기문 (2015). *2015년 국가수준 학업성취도평가 출제 연구.* 한국교육과정평가원.

이은지. (2021). Arkinator, Entry를 활용한 실과·국어과·사회과 주제 통합 수업의 실제. 김진석 외. (2021). *인공지능 리터러시의 이해와 실제.* 한국문화사. 305-334.

이재기. (2004). *일본의 학업성취도평가.* 한국교육과정평가원 웹진 4호.

이재희. (1998). 수준별 교육과정을 적용하기 위한 초등영어교재 구성 방안. *초등영어교육, 4*(2). 181-207.

이재희. (2012). 초등영어 수행평가. 이재희. (편). *초등영어 교육과 평가*(239-272). 한국문화사.

이정경. (2012). *초등영어 학습자의 자발적 발화를 고려한 과업의 구안·적용 방안*. 서울교육대학교 석사학위논문.

이정옥. (2008). *토론의 전략*. 문학과 지성사.

이정우, 구남욱, 이인화. (2016). *핵심역량 신장을 위한 교실수업에서의 학생 평가 방안: 의사소통 역량과 공동체 역량을 중심으로*. 한국교육과정평가원.

이정원, 최연희, 부경순, 이완기. (2003). 중학교 영어교육의 실태 분석을 통한 초등영어교육의 효과 검증 : 교사 설문 조사 분석을 중심으로. *Foreign Languages Education, 10*(2), 25-44.

이종승. (2001). *델파이 방법*. 교육과학사.

이진숙. (2015). *백워드 설계 2.0 모형에 기반을 둔 국어과 단원 개발과 적용*. 부산대학교 석사학위논문.

이찬현. (2001). *초등학교 영어교과서에 선정된 신어휘에 관한 연구*. 공주대학교 석사학위논문.

이효은. (2001). *초등학교 영어교과서 내용 분석 : 제7차 교육과정을 중심으로*. 한양대학교 석사학위논문.

임은진, 황은희, 박정수, 조경철. (2015). *자유학기제 평가, 어떻게 하나요?* 교육부.

임유나. (2022). 교육과정 개발과 실행에서 개념적 접근의 교육적 의의와 과제. *교육학연구, 60*(2), 31-61.

임찬빈 외. (2004). *수업평가기준 개발 연구(Ⅰ): 일반 및 교과(영어, 도덕, 체육) 기준 상세화*. 한국교육과정평가원.

임찬빈 외. (2005). *수업평가기준 개발 연구(Ⅱ): 일반 및 교과(영어, 도덕, 체육) 기준 상세화*. 한국교육과정평가원.

임찬빈, 김진석. (2003). *영어과 교육목표 및 내용체계 연구(Ⅱ)*.(연구보고 RRC 2003-9). 한국교육과정평가원.

임찬빈, 이경민 (2001). *2001년도 국가수준 교육성취도 평가 연구(영어)*. 한국교육과정평가원.

임찬빈, 이윤 (2002). *2002년 국가수준 학업성취도평가 연구(I)*. 한국교육과정평가원.

임찬빈, 전애리. (2002). *영어과 교육목표 및 내용체계 연구(I)* (연구보고 RRC 2002-8). 한국교육과정평가원.

장소영, 임유나, 한진호, 안서헌. (2022). 2015 개정 교육과정과 IB PYP의 총론적 연계·

비교. *학습자중심교과교육연구, 22*(4), 39-60.
장은숙. (2016). 초등영어교실에서의 학습자의 상호작용능력 및 창의성 신장을 위한 발문 전략 연구. *초등영어교육, 22*(3), 165-185.
장은영. (2020). *다문화 리터러시와 생산적 권력*. 박이정
장은영, 이지영, 이정아, 장인철, 안계명, 김혜경, 양선훈, 허선민, 서영미, 김은영. (2019). *리터러시와 권력*. 힐러리 쟁크스. (2010). *Literacy and Power*. Tylor & Francis.
전경희. (2016). 수행평가 확대 실시에 따른 주요 쟁점과 과제. *2016 KEDI이슈페이퍼*. 한국교육과정평가원.
전성수, 양동일. (2014). *질문하는 공부법 하브루타*. 라이온북스.
전영주. (2011). 연구자로서의 교사를 위한 COLT 활용 의사소통중심 영어수업 관찰. *한국영어영문학, 11*(3), 649-676.
전지혜. (2013). *초등영어수업에서의 문화 간 의사소통 능력 평가도구 개발*. 서울교육대학교 석사학위논문.
전재호. (2021). Padlet, chatbot, grammarly, 검색 엔진을 활용한 영어과 수업의 실제. 김진석 외. (2021). *인공지능 리터러시의 이해와 실제*. 한국문화사. 105-122.
정구향, 채선희, 김경희, 김재철, 손원숙, 이재기, 민병곤, 김정호, 박선미, 이봉주, 조영미, 이미경, 정은영, 임찬빈, 김진석 (2003). *2002년 국가수준 교육성취도 평가 연구- 총론 -*. 한국교육과정평가원. RRE 2003-16-1.
정문성. (2013). *토의 토론 수업방법 56*. 교육과학사.
정자연. (2021). Musia, HumOn, Google Doodles Music을 활용한 음악과 수업의 실제. 김진석 외. (2021). *인공지능 리터러시의 이해와 실제*. 한국문화사. 193-208.
정지영 (2021). Entry를 활용한 도덕·실과 통합 프로젝트 수업의 실제. 김진석 외. (2021). *인공지능 리터러시의 이해와 실제*. 한국문화사. 193-208.
정창교. (1999). 초등학교 영어교육의 현장 실태 조사 및 개선 방안 연구. *초등영어교육, 5*(2), 273-289.
조경숙. (2003). *초등영어 읽기 쓰기 교육*. 한국문화사.
조난심, 양종모, 유정애, 정미경, 장연자. (2001). *학교교육 내실화 방안 연구 (I) : 학교교육과정과 수업의 운영을 중심으로* (연구보고 RRC 2001-10). 한국교육과정평가원.
조연순, 성진숙, 이혜주. (2008). *창의성 교육: 창의적 문제해결력 계발과 교육방법*. 이화여자대학교출판부.
진경애 외. (2017). 영어과 수업-평가 연계 모형 및 과정평가. 고등학교 수업-평가 연계 방

안 세미나 자료집. 한국교육과정평가원.

진경애, 김진석, McNamara, T., Brown, A. (2002). *중등 영어 교수 능력 진단 프로그램 개발 연구*. 한국교육과정평가원.

진경애. (2000). *중·고등학교 학생들의 영어 기초학력 평가연구*. 한국교육과정평가원.

채선희, 양명희, 이재기, 이봉주, 김도남, 김윤희, 김명숙, 이규민, 김경성, 이재승, 이주섭, 심영택, 강문봉 (2003). *2002학년도 초등학교 3학년 국가수준 기초학력진단평가 결과보고서*. 한국교육과정평가원.

채선희. (1998). 교육평가학의 새로운 학문적 정립을 위한 제안. *한국교육평가학회 창립 15주년 기념 학술세미나 발표논문집*, 51-81.

최석진, 김경희, 양명희, 이명희, 윤재옥, 장지영, 정구향, 이재기, 강대현, 나귀수, 이봉주, 정은영, 임찬빈, 이윤 (2002). *2002년 국가수준 학업성취도평가 연구(Ⅰ) - 총론 -*. 한국교육과정평가원.

최연희, 이정원, 이완기, 부경순. (2003). 중학교 영어교육의 실태 분석을 통한 초등영어교육의 효과 검증 : 학생 설문 조사 분석을 중심으로. *초등영어교육*, 9(1), 131-165.

최연희. (1999). 영어 평가론. 김영숙 외, *영어과 교육론*(573-697). 한국문화사.

최연희. (2002). *영어과 수업 평가의 이론과 실제*. 한국문화사.

최원윤. (2002). *학교교육내실화 방안 연구 (Ⅱ) : 영어과 교육내실화 방안 연구*(연구보고 2002-4-8). 한국교육과정평가원.

최은선. (2004). *초등학교 6학년 교과서와 중학교 1학년 교과서 연계성 분석*. 한양대학교 석사학위논문.

최진황, 김영철, 배두본, 이완기, 이의갑, 이재근 (2000). *의사소통 중심의 생활영어수업모형 및 교실영어*. 한국교육과정평가원.

최진황, 박기화, 김은주, 정국진, 노시백. (1997). *제7차 외국어과 교육과정*. 대한교과서.

최진황, 박기화, 김은주. (1997). *제7차 영어과 교육과정 개발 연구*. 한국교육개발원.

최진황, 김진석, 이윤. (2002). *초등학교 영어과 교수·학습 방법 및 자료 개발 연구*. 한국교육과정평가원.

최진황, 이윤. (2002). *중학교 영어과 교수·학습 방법 및 자료 개발 연구 : 극화활동을 중심으로*. (연구보고 RRI 2003-6). 한국교육과정평가원.

최진황, 이윤. (2003). 초등교육과정의 현장 적용 실태 분석. *Foreign Languages Education*, 10(3), 35-97.

학지사. (2004). *교육평가용어사전*. 학지사.

한국교육과정평가원. (2001). *국가수준 학업성취도평가 체제(안) 구축을 위한 세미나*. 한국교육과정평가원.
한국교육과정평가원. (2002). *영어과 교육과정 해설서*. 한국교육과정평가원.
한국교육과정평가원. (2005). *대학수학능력시험 10년사*. 한국교육과정평가원.
한국교육과정평가원. (2005). *출제매뉴얼(외국어 영어)*. 한국교육과정평가원.
한국교육과정평가원. (2009). *국가 교육과정 관련 문서체제 개선 요구*. 한국교육과정평가원.
한국교육과정평가원. (2010). *초·중등학교 교과교육 내용의 적합성 재공 방안 연구*. 한국교육과정평가원.
한국교육과정평가원. (2015). *2015 영어과 교육과정 시안개발연구(Ⅱ)*. 한국교육과정평가원.
한국교육과정평가원. (2015). *2016학년도 대학수학능력시험 이렇게 준비하세요*. 한국교육과정평가원.
한국교육과정평가원. (2017). *중등학교 수행평가 정책 실행 모니터링 및 개선 방안 연구*. 한국교육과정평가원 RRE 2017-8.
한국교육과정평가원. (2017). *맞춤형 교육 지원을 위한 형성평가 체제 도입(Ⅳ) : 형성평가시스템 고도화 및 현장 적용*. 한국교육과정평가원 RRE 2017-5.
한국교육과정평가원. (2020). *핵심역량 평가를 위한 컴퓨터 기반 평가 시스템(KICE-eAssessment) 개발 연구(Ⅱ)*. 한국교육과정평가원 RRE 2020-8.
한국철학사상연구회. (1992). *철학 대사전*. 동녘.
한국학술정보원. (2024). *AI 디지털교과서 개발 가이드라인*. 한국학술정보원.
한명희, 곽병선, 김신복, 김재복, 허경철. (1991). *제6차 교육과정 개정을 위한 초·중등학교 교육과정의 체제 및 구조개선 연구*. 교육과정개정연구위원회.
한순미. (1997). 역동적 평가의 문제와 발전 방안. *교육평가연구, 10*(2), 53-79.
한승희. (2004). '교육내용의 적정화 : 쟁점과 방향'에 대한 토론. 한국교육과정평가원·한국교육과정학회. 교육내용의 적정화 방안 탐색. *2004학년도 학술 세미나 자료집*, 41-46.
한정원. (2001). 중학교 1학년 영어교과서의 비교 분석 및 평가. *영어교육, 56*(4), 329-347.
한정혜. (2005). *중학교와 고등학교 영어 교과서의 연계성 분석*. 한국교원대학교 석사학위논문.

한종임, 정혜영, 김영숙, 박시영. (2011). *핵심역량 중심의 영어 영역 창의 인성 교육 수업 모델 개발 연구보고서*. 한국과학창의재단.

허경철, 김왕근, 김홍원, 박경미, 최돈형. (1999). *학교교육과정과 교과서 편제 및 운영개선연구*. 한국교육과정평가원.

홍선주, 권점례, 김미경, 상경아, 안유민, 이상일, 장의선. (2014). *수행평가 지원 사이트 구축*. 한국교육과정평가원.

홍선호, 오지윤. (2025). *2022 개정 초등영어과 교육과정과 AI디지털교과서 활용 영어수업*. 2025 KATE SIG.

홍후조. (2004). 교육내용의 적정화 방안 : 국어, 영어 교과를 중심으로. 한국교육과정평가원·한국교육과정학회. 교육내용의 적정화 방안 탐색. *2004학년도 학술 세미나 자료집*, 48-81.

황규호. (1999). 초·중등 교육과정의 연계성 증진을 위한 검토 과제. *교육과정연구, 17*(1), 167-192.

황규호. (2004). 교육내용의 적정화 방안 : 수학, 과학 교과를 중심으로. 한국교육과정평가원·한국교육과정학회. 교육내용의 적정화 방안 탐색. *2004학년도 학술 세미나 자료집*, 97-121.

황정규, 서민원, 최종근, 김민성, 양명희, 김재철, 강태훈, 강태훈, 이대식, 김준엽, 신종호, 박인우, 김동일. (2011). *교육평가의 이해*. 학지사.

Abdel-Hack, E. M., and Helwa, H. S. A. A. 2014. Using digital storytelling and weblogs instruction to enhance EFL narrative writing and critical thinking skills among EFL majors at faculty of education. *International Research Journal 5*(1). 8–41.

Alderson, J. C., Clapham, C. M., & Wall, D. M. (1995). *Language test construction and evaluation*. Cambridge University Press.

Adler, N. (1995). Competitive frontiers: Cross-cultural management and the 21st century. *International Journal of Intercultural Relations, 12*, 183-204.

Ahmadian, M. and Pashangzadeh, A. 2013. A study of the effect of using narratives on Iranian EFL learners' reading comprehension ability. *International Journal of Applied Linguistics and English Literature 2*(3). 153-162.

Alderfer, C. (1969). An empirical test of a new theory of human needs.

Organizational Behavior and Human Performance, 4, 142-175. https://doi.org/10.1016/00305073(69)90004-X.

Alemi, M., Meghdari, A., & Haeri, N. S. (2017). Young EFL learners' attitude towards RALL: An observational study focusing on motivation, anxiety, and interaction. In *International conference on social robotics* 252–261. Springer.

Allen, J.P.B, Frohlich, M. & Spada, N. (1984). The communicative orientation of language teaching: An observation scheme. In Handscombe, J., Orem, R., & Taylor, B. P. (eds.), *On TESOL 83: The Question of Control*, Washington, D. C. : TESOL.

Allen, P., Bailystock, E., Cummings, J., Mougen, R., & Swain, M. (1982). *The development of bilingual proficiency: Interim report on the first year of research*. Unpublished manuscript. Ontario Institute for Studies in Eucation, Toronto. ED 301.

Allen, V. F. (1999). *Techniques in teaching vocabulary*. Oxford University Press.

American Council for the Teaching of Foreign Languages.(1985). *ACTFL Proficiency Guidelines*. [On-line]. Available from http ://www.sil.org.

Andujar, A. (2020). Mobile-mediated dynamic assessment: A new perspective for second language development. *ReCALL, 32*(2), 178-194.

Anderson, A. & Lynch, T. (1988). *Listening*. Oxford University Press.

Anderson, L. W. & Krathwohl, D. R. (2001). *A taxonomy for learning, teaching, and assessing: A revision of Bloom's taxonomy of educational objectives*. Longman.

Angoff, W. B. (1971). Norms, scales, and equivalent scores. In R. L. Thorndike (Ed.). *Educational measurement*(2nd Ed.). American Council on Education.

Antaki, C. (2008). Formulations in psychotherapy. In A. Peräkylä, C. Antaki, S. Vehviläinen, & I. Leudar (Eds.), *Conversation analysis and psychotherapy*(pp. 107–123). CUP.

Anton, M. (2009). Dynamic assessment of advanced second language learners. *Foreign Language Annals, 42*(3). 576-598.

Arendt, H.(1989). *Lectures on Kant's political philosophy*. University of Chicago Press.

Argondizzo, C. (1992). *Children in action*. Prentice Hall.

Armbruster, B. B., Osborn, J. H., & Davidson, A. L. (1985). Readability formulas may be dangerous to your textbooks. *Educational Leadership, 42*, 18-20.

Armstrong, T. (1994, 2009). *Multiple intelligence in the classroom*. Association for Supervision and Curriculum Development.

Asher, J. (1972). Children's first language as a model for second language and learning, *Modern Language Journal, 42*(3), 57-81.

Asher, J. (1977). *Learning another language through actions: The complete teacher's guidebook*. Sky Oaks Productions.

Assinder, W.(1991). Peer teaching, peer learning: one model, *ELT Journal 45*(3), 218-29.

Bachman, L. F. (1991). *Fundamental considerations in language testing*. Oxford University Press.

Bachman, L. F., & Palmer, A. S. (1996). *Language testing in practice: Designing and developing useful language tests*. Oxford University Press.

Bailey, D., Southam, A., & Costley, J. (2020). Digital storytelling with chatbots: Mapping L2 participation and perception patterns. DOI: 10.1108/ITSE-08-2020-0170.

Baranovskaja, I. & Skorupa, P. 2011. Some aspects of culture teaching in foreign language and classes: Cultural scripts and small talk. *Santalka, 19*(2). 119-131. available at: http://dx.doi.org/10.3846/cpe.2011.13.

Barnes, D. (1969). Language in the second language classroom. In D. Barnes, J. Britton, & H. Rosen (Eds.), *Language, the learner and the school*. 11-77.

Beane (1993). *A middle school curriculum: From rhetoric to reality* (2nd ed.). National Middle School Association.

Beaumont, M., & Chang, K. S. (2005). *Challenging traditional and communicative polarities in the South Korean classroom*. Paper presented at *the 38th LATEFL Conference*.

Bender, W. N. (2012). *Project-based learning: Differentiating instruction for the 21st century*. Corwin.

Benett, M. (1993). Intercultural communication in a multi-cultural society. *TESOL*

Matters, 6(2), 1-15.

Bennett, C. I. (2007). *Comprehensive multi-cultural education: Theory and practice* (6th ed.). Pearson.

Bennett, R. E. (2011). Formative assessment: A critical review. *Assessment in Education, 18*(1), 5-25.

Bergmann, J. & Sams, A. (2014). *Flipped learning: Gateway to student engagement.* International Society for Technology in Education.

Bentley, K. (2010). *The TKT course CLIL module.* Cambridge University Press.

Bhawuk, D. P. S., & Brislin, R. (1992). The measurement of intercultural sensitivity using the concepts of individualism and collectivism. *Intercultural Journal of Intercultural Relations, 16*, 413-436.

Black, D. & William, D. (1998a). Assessment and classroom learning. *Assessment in Education, 5*, 7-71.

Black, D. & William, D. (1998b). Inside the black box : Raising standards through classroom assessment. *Phi Delta Kappan, 80*, 139-148.

Bley-Vroman. R. (1988). The fundamental character of foreign language learning. In W. Rutherford & Sharwood Smith(Eds.), *Grammar and second language learning: A book of readings.* Newbury House.

Bloom, B. S. (1956). *Taxonomy of educational objectives: The classification of educational goals.* Mckay.

Blumenfeld, P. C., Soloway, E., & Marx, R. W. (1991). *Motivating project-based learning: Sustaining the doing, supporting the learning.* Educational Psychologist,

Bonner, S. M. (2012). Validity in classroom assesment : Purposes, properties, and principles. In J. H. McMillan (Ed.). *Sage handbook of research on classroom assesment*(pp. 87-106). Sage.

Boud, D. (1995). *Enhancing learning through self-assessment.* Routledge Falmer.

Breen, M. P., & Littlejohn, A. (2000). *Classroom decision-making: Negotiation and process syllabuses in practice.* Cambridge University Press.

Briggs, R. (1990). *The snowman.* Random House.

Brindley, G. P. (1998). Describing language development? In L. F. Bachman & A.

D. Cohen (Eds.), *Interface between second language acquisition and language testing research* (pp. 112-140). Cambridge University Press.

Brookhart, S. (2007). Expanding views about formative classroom assessment: A review of literature. In H. H. McMillan (ed.). *Formative classroom assessment: Theory into practice* (pp. 43-620). Teachers College Press.

Brooks, N. (1964). *Language and language learning.* Harcourt Brace Jovanovich.

Brooks, N. (1975). *The analysis of foreign and familiar cultures.* In Lafayette (ed.) 1975.

Brown, G. & Yule, G. (1983). *Teaching the spoken language.* Cambridge University Press.

Brown, G. T. & Harris, L. R. (2013). Student self-assessment. In J. McMillan(Ed.), *The Sage handbook of research on classroom assessment*(pp. 367-393). Corwin.

Brown, H. D. (1994). *Principles of Language Learning and Teaching.* Prentice Hall Regents.

Brown, H. D. (1994). *Teaching by principles: An interactive approach to language pedagogy.* Prentice Hall Inc.

Brown, H. D. (2000, 2006). *Principles of language learning and teaching*(4th). Pearson Company.

Brown, H. D. (2004). *Language assessment.* Longman.

Brown, H. D. & Lee, H. K. (2015). *Principles of language learning and teaching.* Pearson Company.

Brown, J. D. (2002). Do cloze tests work? or, is it just an illusion? *Second Language Studies, 21*(1), 79-125.

Brutt-Griffler, J. (1998). Conceptual questions in English as a word language: Taking up an issue. *World Englishes* 17(3), 381-392.

Butler-Pascoe, M. E. & Wiburg, K. M. (2007). *Technology and teaching English language learners.* Prentice-Hall.

Burner, T. (2014). The potential formative benefits of portfolio assessment in second and foreign language writing contexts: A review of the literature. *Studies in Educational Evaluation, 43*, 139-149.

Burston, J. (2014). MALL: The pedagogical challenges. *Computer Assisted*

Language Learning, 27(4). 344-357.

Bygate, M. (1987). *Speaking*. Oxford University Press.

Byram, M. & Fleming, M. (Eds.) (1998). *Language learning in intercultural perspective: Approaches through drama and ethnography*. Cambridge University Press.

Byram, M. (1997). *Teaching and assessing intercultural communicative competence*. Multilingual Matters.

Byrne, D. (1977, 1993). *Teaching oral English*(New ed.). Longman.

Byrne, D. (1988). *Teaching writing skills*. Longman.

Caine, G. & Caine, R. (1994). *Making connections: Teaching and the human brain*. Addison-Wesley.

Calkins, L. (1994). *The art of teaching writing*. Heinemann.

Camboune, B. (1979). How important is theory to the reading teacher? *Australian Journal of Reading 2*, 91-125.

Cameron, L. (2001). *Teaching languages to young learners*. Cambridge University Press.

Campione, J. C. (1989). Assisted assessment: A taxonomy of approaches and an outline of strengths and weakness. *Journal of Learning Disabilities, 22*, 151-165.

Canale, M. & Swain, M. (1980). Theoretical bases of communicative approaches to second language teaching and testing. *Applied Linguistics 1*, 1-47.

Candlin, C. & Murphy, D. (1987). *Language learning tasks*. Prentice Hall International.

Carroll, S. E. (1999). Putting "input" in its proper place. *Second Language Research, 15*, 337-388.

Carsten, R. (1993). Conjunction, explanation and relevance. *Lingua, 90*, 78-105.

Carte, R. (1997). *Vocabulary: Applied linguistic perspectives*. Routledge.

Cervantes, R., & Gainer, G. (1992). The effects of syntactic simplification and repetition on listening comprehension. *TESOL Quarterly, 26*(4), 767-770.

Changer, J. & Harrison, A. (1992). *Story-telling activities kit*. The Center for Applied Research in Education.

Chapman, C. & King, R. (2012). *Differentiated assessment strategies: One too doesn't fit all(2nd ed.).* Corwin. 조영남, 나종식 (역). 2016. *맞춤형 수준별·개별화 평가 전략*, 파주시: 아카데미 프레스.

Chastain, K. (1976). Teaching culture. In K. Chastain, *Developing second language skills: Theory to practice* (pp. 132-152). Rand-McNally.

Chaudron, C. (1983). Simplification of input : Topic reinstatements and their effects on L2 Learners' recognition and recall. *TESOL Quarterly, 17*, 437-458.

Chen, G, M., & Starosta, W. J. (2003). *Ferment in the intercultural field.* Sage.

Chomsky, N. (1965). *Aspects of the theory of syntax.* The MIT Press.

Christian, B. & Griffiths, T. (2016). *Algorithms to live by: The computer science of human decisions.* Henry Holt and Company.

Christison, M. A. (1997). Teaching and Learning Languages through Multiple intelligence. *TESOL Journal, 6*(1), 10-14.

Cito (1997). *Netherlands national institute for educational measurement.*

Citogroep (2002). *CITO product samples.*

Clark, H. H. & Clark, E. (1977). *Psychology and language: An introduction to psycholinguistics.* Harcourt Brace.

Clemen, G. (1997). The concept of hedging: origins, approaches and definitions, in R. Markkanen & H. Schröder, (eds.), *Hedging and discourse.* Walter de Gruyter.

Clipson-Boyles, S. B. (1998). *Drama in primary English teaching.* Falmer Press.

Connell, D. (2005). *Brain-based strategies to reach every learner.* Scholastic Inc. 정종진, 임청환, 성용구 (역). 2008. *뇌 기반 교수-학습 전략.* 학지사.

Cooper, J. (1993). *Literacy: Helping children construct meaning.* Houghton Miffin Co.

Cooper, R. (1986). Tense and discourse location in situation semantics. *Linguistic Philosophy, 9*, 1-44.

Cope, B., & Kalantzis, M. (2000). *Multiliteracies: Literacy learning and the design of social futures.* Psychology Press.

Cranston, J. W. (1995). *Transformations through drama.* Jenfred Press.

Cronbach, L. J. (1963). *Evaluation for course development.* Teachers College Record.

Cross, D. (1995). *A practical handbook of language teaching*. Phoenix ELT.

Cummins, J. (2000). *Language, Power, and Pedagogy. Bilingual Children in the Crossfire*. Multilingual Matters.

Curran, C. A. (1976). *Counseling-learning in second languages*. Counselling-Learning Institutes.

Curtain, H., & Pesola, C. (1994). *Language and children: Making the match*. Longman.

Dack, H., & Merlin-Knoblich, C. (2019). Improving Classroom Guidance Curriculum With *Understanding by Design*. *The Professional Counselor, 9*(2), 80 – 99. doi:10.15241/hd.9.2.80.

Dale, E., & Chall, J. S. (1948). A formula for predicting readability. *Educational Research Bulletin. 27*, 11-20, 37-54.

Dana, T., & Boynton, T. (2011). *Inquiry : A district wide approach to staff and student learning*. Corwin.

de Vuyst, J. (1985). The present perfect in Dutch and English. *Journal of Semantics, 4*, 137-63.

Deardoff, D, K. (2006). Identification and assessment of intercultural competence as a student outcome of internationalization. *Journal of Studies in International Education, 10*(3), 241-266.

DeCapua, A. & Wintergerst, A. C. (2004). *Crossing culture in the language classroom*. University of Michigan.

Declerck, R. (1991). *Tense in English: Its structure and use in discourse*. Routledge.

Deppermann, A. (2011). The Study of Formulations as a Key to an Interactional Semantics. *Human Studies, 34*, 115 – 128.

Diller, K. (1978). *The language teaching controversy*. Newbury House.

Dormehl, L. (2013). *The apple revolution: The real story of how Steve jobs and the crazy ones took over the world*. Virgin Books. 노승영 역. (2014). 만물의 공식. 반니.

Douglas, D. (2000). *Assessing language for specific purposes*. Cambridge University Press.

Dowty, D. R. (1986). The effects of aspectual class on the temporal structure of discourse semantics or pragmatics. *Linguistic Philosophy, 9*, 45-79.

Drew, P. (2003). Comparative analysis of talk-in-interaction in different institutional settings. In P. Glenn, C. LeBaron, & J. Mandelbaum (Eds.), *Studies in language and social interaction* (pp. 293-308). Erlbaum.

Dry, H. (1983). The movement of narrative time. *Journal of Literary, 12*, 121-145.

Dulay, H., & Burt, M. (1974). A new perspective on the creative construction process in child second language acquisition. *Language Learning, 24*, 253-278.

Dunnett. S. C., Dubin, F., & Lezberg, A. (1981). English language teaching from an intercultural perspective. In G. Althen (Ed.), *Learning across cultures* (pp. 57-69). National Association for Student Affairs.

Eccles, J. S., & Wigfield, A. (2002). Motivational beliefs, values, and goals. *Annual Review of Psychology, 53*, 109-132. https://doi.org/10.1146/annurev.psych.53.100901.135153.

Elliott, J. (2000). Dynamic assessment in educational context : Purpose and promise. In C. Lidz & J. Elliott (Eds.), *Dynamic assessment: Prevailing models and applications* (pp. 713-740). JAI Elsevier Science.

Ellis, G. & Brewster, J. (1991). *The storytelling handbook for primary teachers.* Penguin Books.

Ellis, R. (1991). *Second language acquisition and language pedagogy.* Multilingual Matters.

Ellis, R. (2003). *Task-based language learning and teaching.* Oxford University Press.

Ellis, G. & Brewster, J. (1991). *The storytelling handbook for primary teachers.* Penguin Books.

Ellis, R., Y. Tanaka, & A. Yamazaki. (1994). Classroom interaction, comprehension and the acquisition of word meanings. *Language Learning 44*, 449-491.

Erbe, T., Ban R., & Castaneda, M. (2009). *Teaching English language learners through technology.* Routledge.

Erickson, H. L. (1995). *Stirring the head, heart, and soul: Redefining curriculum and instruction.* Corwin.

Estaire, S & Zanon, J. (1994). *Planning classwork: A task based approach.*

Macmillan Education.

Fadel, C. & Trilling, B. (2009). *21st century skills: Learning for life in our times.* http://21stcenturyskillsbook.com.

Fantini, A. E. (1997). *New ways in teaching culture.* Teachers of English to Speakers of Other Language.

Fantini, A. E. (2012a). Language: An essential component of intercultural communicative competence. In J. Jackson. (ed.), *The Roultledge handbook of language and intercultural communication* (263-278). Routledge.

Fantini, A. E. (2012b). Multiple strategies for assessing intercultural communicative competence. In J. Jackson(ed.), *The Routledge handbook of language and intercultural communication* (pp. 390-405). Routledge.

Fantini, A., & Tirmizi, A. (2006). *Exploring and assessing intercultural competence.* World Learning Publications, 1. Retrieved July 7, 2012, from http ://digitalcollections.sit.edu/cgi/viewcontent.cgi?article=1001&context=worldlearning _publications

Feuerstein, R., Rand, Y., & Hoffman, M. B. (1979). *The dynamic assessment of retarded performers.* University Park Press.

Feuerstein, R., Rand, Y., Hoffman, M. B., Egozi, M., & Shachar-Segev, N. M. (1991). Intervention programs for retarded performance : Goal, means, and expected outcomes. In Dol & Jones(Ed.), *Educational values and cognitive instruction : Implication for reform.* Erbaum.

Finnochiaro, M. & Brumfit, M. (1983). *The functional-notional approach: From theory to practice.* Oxford University Press.

Finnochiaro, M. (1964). *English as a second language: From theory to practice.* Simon & Schuster.

Finocchiaro, M. & Bonomo, M. (1973). *The foreign language learner.* Regents Publishing.

Fisher, C. F., & King, R. M. (1995). *Authentic assessment: A guide to implementation.* Corwin.

Flanders, N. A. (1970). *Analysing teacher behavior.* Addison-Wesley.

Fleming, M. and Stevens, D. (2004). *English teaching in the secondary school.*

David Fulton Publishers.

Fogarty, R. (1991). *How to integrate the curricula.* Skylight.

Foreign Service Institute. (2004). *Interagency language roundtable.* [On-line]. Available from http ://www.govtilr.org.

Fotos, S.(1994). Integrating grammar instruction and communicative language use through grammar consciousness-raising tasks. *TESOL Quarterly, 25,* 605-628.

Fromkin, V., Rodman, R., & Hyams, N. (1985). *An Introduction to Language.* 박재양 (역). 1987. *언어란 무엇인가?* 시인사.

Fry, E. (1977b). Fry's readability graph: Clarification, validity, and extension to level 17. *Journal of Reading 21,* 242-252.

Fry, E. B. (1968). A readability formula that saves time. *Journal of Reading, 11,* 513-516.

Fry, E. B. (1977a). *Elementary reading instruction.* McGraw-Hill.

Fryer, L. K., & Carpenter, R. (2006) Emerging technologies. Bots as language learning tools. *Language Learning & Technology, 10*(3), 8-13.

Fu, J. S., Yang, S. H., & Yeh, H. C. (2022). Exploring the impacts of digital storytelling on English as a foreign language learners' speaking competence, *Journal of Research on Technology in Education, 54*(5). 679-694, DOI: 10.1080/15391523.2021.1911008

Fulcher, G. (1987). Test of oral performance: The need for data-based criteria. *ELT Journal 41*(4), 45-85.

Fulcher, G. (2003). *Testing second language speaking.* Pearson.

Gabby, D., & Moravesik, J. (1980). Verbs, event, and the flow of time. In Rohrer, C. (ed.), *Time, tense and quantifiers* (pp. 59-83). Niemeyer.

Gardner, H. (1993). *Multiple intelligence: The theory in practice.* Basic Books.

Gaskins, I. W., Ehri, L.C., O'Hara, & Donnely, K. (1997). Procedures for word learning: Making discoveries about words. *The Reading Teacher, 50,* 312-327.

Gebhard, J. G. (1982). Some suggestions for the EFL conversation class. *Forum, 20,* 14-16.

Gerngross, G. & Puchta, H. (1996). *Do and understand: 50 action stories for young learners.* Longman.

Givon, T. (1993). *English grammar*. John Benjamins Publishing Company.

Glaser, R. (1963). Instructional technology and the measurement of learning outcomes. *American Psychologist, 18*, 519-521.

Goodman, K. (1981). Reading: A psycholinguistic guessing game. In H. Singer & R. Ruddell (eds.), *Theoretical models and processes of reading*. International Reading Association.

Goodman, K. (1986). *What's whole in whole language*. Heinemann.

Goodman, K. S. (1967). Reading: A psycholinguistic guessing game. *Journal of the Reading Specialist 6*, 126-135.

Gottlieb, M., Cranley, M. E., & Cammilleri, A. (2007). *World-class instructional design and assessment*. 2007 Board of Regents of the University of Wisconsin System.

Grabe, W. & Stoller, F. L.(2002). *Teaching and researching reading*. Penguin.

Graddol, D. (1997). *The future of English*. The British Council.

Graddol, D. (2006). *English next*. British Council.

Green. M. F. (2012). *Measuring and assessing internationalization*. NAFSA: Association of International Educators

Greenstein, L. (2012). Beyond the core: Assessing authentic 21st century skills. *Principal Leadership, 13*(4), 36-42.

Grice, M. P. (1975, 1989). Logic and conversation. In P. Cole & J. L. Morgan (eds.), *Syntax and semantics, 3: Speech acts* (pp. 242-280). Academic Press.

Gronlund, N. E. (1988). *How to construct achievement test*. Macmillan.

Grundy, P. (2008) *Doing pragmatics*(3rd ed). Hudder Education.

Hass, L. & Tussey, J. (2021). *Connecting disciplinary literacy and digital storytelling in K-12 education*. IGI Global.

Hadley, A. O. (1993). *Teaching language in context*. Heinle & Heinle.

Hall, E. T. (1959, 1966). *The Silent Language*. Fawcett.

Hall, E. T. (1976, 1983). *Beyond Culture*. Doubleday.

Halliwell, S. (1992). *Teaching English in the primary classroom*. Longman.

Hammer, M. R., Bennett, M,. J., & Wiseman, R. (2003). Measuring intercultural sensitivity: The intercultural development inventory. *International Journal of*

Intercultural Relations, 27, 421-443.

Harmer, J. (1991). *The practice of English language teaching*. Longman.

Harmer, J. (2003). *How to teach English*. Longman.

Harris, P. H. (1969). *Testing English as second language*. McGraw-Hill Education.

Hass, P. M. & Hird, J. A. (2013). *Global Issue*. 조한승·고영일 역(2014). 글로벌 이슈. 시그마 프레스.

Hatav, G. (1993). The aspect system in English: An attempt at unified analysis. *Linguistics, 31*, 89-117.

Haynes, J. (2007). *Getting started with English language learners*. Association for Supervision and Curriculum Development.

Hava, K. (2019). Exploring the role of digital storytelling in student motivation and satisfaction in EFL education. *Computer Assisted Language Learning,* 1-20, DOI:10.1080/09588221.2019.1650071

Heathcote, D. (1984). *Collected writing on education drama*. Hutchinson.

Hedge, T. (1988). *Writing*. Oxford University Press.

Heritage, J., & Watson, D. R. (1979). Formulations as conversational objects. In G. Psathas (Ed.), *Everyday language* (pp. 123–162). Irvington.

Heritage, M. (2007). Formative assessment: What do teachers need to know and do? *Phi Delta Kappan, 89*(2), 140-145.

Herman, J. L., Aschbacher, P. R., & Winters, L. (1992). *A practical guide to alternative assessment*. ASCD Publishers.

Hess, N. (2001). *Teaching large multi-level classes*. Cambridge University Press.

Hess, N. (2001). *Teaching large multilevel classes*. Cambridge University Press.

Hills, J. B. (2012). *Questioning techniques: A study of instructional practice*. University of Pennsylvania.

Hinkel, E. (2005). *Culture in second language teaching and learning*. Cambridge University Press.

Hinrichs, E. (1986). Temporal anaphora in discourse of English. *Linguistic Philosophy, 9*, 168-203.

Holden, S. (1981). *Drama in English teaching*. Longman.

Holmes, W., Bialik, M., & Fadel, C. (2019). *Artificial intelligence in education:*

Promised and implications for teaching and learning. Center for Curriculum Redesign.

Hosp, R. (2010) *Linking assessment and instruction : Teacher preparation and professional development.* National Comprehensive Center for Teacher Quality.

Huang, H. T. D. (2023). Examining the effect of digital storytelling on English speaking proficiency, willingness to communicate, and group cohesion. *TESOL Quarterly, 57*(1), 242-269.

Hudelson, S. (1984). *Kan yu ret an rayt en ingles : Children become literate in English as a second language.* TESOL Quarterly, *18*, 221-238.

Hudelson, S. (1989). *Write on: Children writing in ESL.* Prentice Hall Regents.

Hughes, A. (1989, 1996). *Testing for language teachers.* Cambridge University Press.

Hughes, A. (2002). *Testing for language teachers (2nd Ed.).* Cambridge University Press.

Hwang, W.Y., Shadievb, R. Hsuc, J. L., Hsua, G. L. & Lin, Y. C. (2014). Effects of storytelling to facilitate EFL speaking using web-based multimedia system, *Computer Assisted Language Learning, 29*(2), 214-241. http://dx.doi.org/10.108 0/09588221.2014.927367.

Hyland, K. (2003). *Second language writing.* Cambridge University Press.

Hymes, D. (1972). *Foundations of Socio-linguistics.* University of Pennsylvania Press

IBO (2012a). Developing a transdisciplinary programme of inquiry. Retrieved from http://makingthepyphappenintheclassroom.weebly.com/ uploads/5/0/6/5/50659507/developing_a_transdisciplinary_programme_of_ inquiry.pdf.(검색일: 2024. 04. 05.)

IBO (2012b). The IB Primary Years Programme. Retrieved from https:// www.ibo.org/globalassets/publications/become-an-ib-school/ibpyp_en.pdf.(검색일: 2024. 04. 05.)

IBO. (2018a). *Arts scope and sequence.*

IBO (2018b). *Developing a programme of inquiry.*

IBO (2018c). *Language scope and sequence.*

IBO (2018d). *Learning and teaching.*

IBO (2018e). *Mathematics scope and sequence.*

IBO (2018f). *Personal, social and physical education scope and sequence.*

IBO (2018g). *Programme standards and practices.*

IBO (2018h). *Science scope and sequence.*

IBO (2018i). *Social studies scope and sequence.*

Intercultural Competence Assessment Project (INCA). *Manuals.* Retrieved April 4, 2012, from http ://www.incaproject.org/manuals.htm.

Jackson, P. W. (1990). Life in classrooms. Holt, Rinehart, and Winston.

Jacobs, H. H. (1989). *Interdisciplinary curriculum: Design and implementation.* Association of Supervision and Curriculum Development.

Jacobson, W., Schleicher, D., & Maureen, B. (1999). Portfolio assessment of intercultural competence. *International Journal of Intercultural Relations, 23*(3), 467-492.

Jane, M. (2001). Brain-compatible Learning. *Green Teacher, 64,* 7-12.

Gee, J. P. (2015). *Discourse analysis: Theory and method.* Routledge.

Jensen, E. (1998). *Brain-Based Learning.* Turning Point Publishing.

Johnson, R. K. (1989). *The second language curriculum.* Cambridge University Press.

Johnson, J. (2003). Children, robotics, and education. *Artificial Life and Robotics, 7*(12). 16−21. doi:10.1007/BF02480880.

Jones, H. (2012). *Improving classroom effectiveness.* Rowman & Littlefield Education.

Kachru, B. B. (1985). Standards, codification and sociolinguistic realism: The English language in the outer circle. In R. Quirk & H. G. Widdowson (Eds.), *English in the world: Teaching and learning the language and literatures,* 11-30. Cambridge University Press.

Kagan. G. (1999). *Thinking questions.* Retrieved August 7, 2016, from the World Wide Web: http:/kagan.nz/product/smart-card-thinking-questions/.

Kaku, M. (2014). *The future of the mind.* 박병철 (역). (2015). *마음의 미래.* 김영사.

Kang, J. Y. (2005). Written narratives as an index of L2 competence in Korean EFL learners. *Journal of Second Language Writing, 14*(4). 259-279

Kang, J., & Yi, Y. (2023). Beyond ChatGPT: Multimodal generative AI for L2 writers. *Journal of Second Language Writing, 62*, 101070.

Karttunen, L. and Peters, S. (1979). Conventional implicature. In Oh, C. K. and Dineen, D. A. (eds.), *Syntax and Semantics, 11*. Academic Press.

Katz, L. G. & Chard, S. C. (1989). *Engaging children's minds : The project approach*. Ablex.

Keenan, E. L. (1971). Two kinds of presupposition in natural language. In Fillmore, C. J. & Langendoen, D. T. (eds.), *Studies in linguistic semantics*. Holt, Rinehart & Winston.

Kephart, N. (1971). *The slow learner in the classroom*. Merrill Publishing.

Kessler, G. (2016). Technology standards for language teacher preparation, In Farr, F., & Murray, L. (Eds.). *The Routledge handbook of language learning and technology* (pp.57-70). Routledge.

Kessler, G. (2018). Technology and the future of language teaching. *Foreign Language Annals, 51*, 205-218.

Kilbane, C. R. & Milman, N. B. (2014). *Teaching models: Designing instruction for 21st century learners*. Pearson.

Kilbane, C. R. & Milman, N. B. (2014). *Teaching models: Designing instruction for 21st century learners*. Pearson.

Kim, J. S. (2020a). On developing and implementing Dialogflow API Chatbot for improving primary English language learners' communicative competence. *The 2020 SNUE Seminar on Artificial Intelligence and Primary Education*. Seoul National University of Education. 87-97

Kim, J. S. (2020b). Artificial intelligence-based components and instructional goals for improving primary English language learners' global digital citizenship. *The Journal of Korea Elementary Education, 31*(2), 151-167.

Kim, J. S. (2020c). Artificial intelligence literacy's big ideas and achievement standards for primary English language learners. *The Journal of Korea Elementary Education. 31*(supplement). 147-165.

Kim, J. S. (2022). *Global citizenship education based on cultural intelligence*. Han

Guk Publishing Company.

Kim, J. S. (2023a). *Theory and practice of primary English curriculum*. Han Guk Publishing Company.

Kim, J. S. (2023b). AI literacy-based global digital citizenship education: Theory and practice. *2023 SNUE AI Teaching and Learning Materials*.

Kim, J. S. (2024). Teaching and assessing methods for fostering learners' global digital citizenship. *2024 SNUE AI Teaching and Learning Materials*.

Kim, S. H., & Choi, I. C. (2013). Developing a communicative task for Korean English language learners using two different types of visual modes on computer-based tests. Paper presented at *e-Learning Korea conference*, Seoul, South Korea. Retrieved from http://www.elearningkorea.org/kor/conference/speaker.asp.

Kim, J. S. & Jang, E. S. (2020a). Artificial intelligence literacy-based teaching conditions and model for improving primary English language learners' global digital citizenship. *Global Studies Education 12*(3). 169-198 http://dx.doi.org/10.19037/agse.

Kim, J. S. & Jang, E. S. (2020b). AI literacy-based storytelling method for fostering primary English language learners' creativity. *The Journal of Korea Elementary Education 32*. Supplement, 113-128 April 2021 DOI http://dx.doi.org/10.20972/Kjee.32.S.202104.S113.

Kim, J. S., & Jang, E. S. (2024). *Understanding cultural diversity in the global era*. Han Guk Publishing Company.

Kim, J. S., Jang, E. S., Koh, E. O, Lee, S. W. & Jeon, J. H. (2020). *Theory and practice of AI literacy*. Han Guk Publishing Company.

Kim, J. S., Jang, E. S., & Jeon, J. H. (2020). On dialogflow chatbot API-based dynamic assessment aligned with English classroom activities. *English Language Assessment, 15*(1). 147-162.

Kim, S. H. (2014). Developing autonomous learning for oral proficiency using digital storytelling, *Language Learning & Technology 18*(2). 20-35. http://llt.msu.edu/issues/june2014/action1.pdf

Kim, Y. (2010). Scaffolding through questions in upper elementary ELL learning.

Literacy Teaching and Learning, 15(1), 109-137.

Kingston, N. & Nash, B. (2011). Formative assessment: A meta analysis and a call for research. *Educational measurement: Issues and practice, 30*(4), 28-37.

Kluckohn, F. & F. L. Strodbeck. (1961). *Variations in value orientations.* Greenwood Press.

Koehler, M. & Mishra, P. (2009). What is technological pedagogical content knowledge? *Society for Information Technology & Teacher Education, 9*(1), 1528-5804.

Koester, J., & Olebe, M. (1988). The behavioral assessment scale for intercultural communication effectiveness. *International Journal of Intercultural Relations, 12*, 233-246.

Kolen, M. J., & Brennan, R. L. (1995). *Test equating: Methods and practice. Pringer-Verlag.*

Kovalik, S. J. (1993). *The model integrated thematic instruction*(3th ed.). Discovery Press.

Kramsch, C. (1986, 1998). *Language and culture.* Oxford University Press.

Krashen, S. & Terrell, T. (1983). *The natural approach: Language acquisition in the classroom.* Alemany Press.

Krashen, S. (1983). *Newmark's ignorance hypothesis and current second language acquisition theory.* In Gass & Selinker 1983.

Krashen, S. (1983). *Principles and practice in second language acquisition.* Pergamon Press.

Krathwohl, D. R. (2002). *A taxonomy for learning, teaching, and assessing: A revision of Bloom's taxonomy of educational objectives.* Longman.

Lane, S. (2010). *Performance assessment: The state of the art*(SCOPE Students Assessment Series). Stanford University, Stanford Center for Opportunity Policy in Education.

Lane, S., & Stone, C. (2006). *Performance assessment.* In R. L. Brennan (Ed.), *Educational measurement* (pp. 387-431). Praeger Publishers.

Lankshear, C. & Knobel, M. (2011). *New literacies: Everyday practices & social learning.* McGraw-Hill Education.

Larsen-Freeman, D. (2000). *Techniques and principles in language teaching*. Oxford University Press.

Larzar, I. (2008). *Developing and assessing intercultural communicative competence*. Council of Europe Publishing.

Lascarides, A. & Asher. N. (1991). Discourse relations and defeasible knowledge. In *Proceedings of the 29th Annual Meeting of the Association for Computational Linguistics*(pp. 131-150). Cambridge University Press

Lascarides, A. & Oberlander. J. (1993). Temporal coherence and defeasible knowledge. *Theoretical Linguistics, 19*(1), 47-89.

Leech, G. & Svartvik, J. (1975). *A communicative grammar of English*. Longman.

Leech, G. & Svartvik, J. (2002). *A communicative grammar of English(2nd)*. Longman.

Lesh, R., Hoover, M., Hole, B., Kelly, A. E. & Post, T. (2003). Principles for developing thought revealing activities for students and teachers. In R. Lesh & H. M. Doerr (Eds.), *Beyond constructivism : Models and modeling perspectives on mathematics problem solving, learning, and teaching*. Lawrence Erlbaum Associates.

Leung, C. (2007). Dynamic assessment : Assessment for and as teaching. *Language Assessment Quarterly, 4*(3), 257-278.

Levelt, W. J. M. (1989). *Speaking: From intention to articulation*. The MIT Press.

Levin, C. G. (2002). Education privatization: Causes, consequences and planning implication. *Organizational Behavior and Human Decision Processes, 88* (1), 411-429.

Levine, C. G. (2002). *Identity formation, agency, and culture: A social psychological synthesis*. Erlbaum Associates Publishers.

Lidz, C. S. (1997). Dynamic assessment : Psycho-educational assessment with cultural sensitivity. *Journal of Social Distress and the Homeless, 6*(2), 95-121.

Loftus, E. (1976). Leading questions and the eyewitness report. *Cognitive Psychology, 7*, 560-72.

Long, D., & Magerko, B. (2020). What is AI literacy? Competencies and design considerations. *Proceedings of the 2020 CHI Conference on Human Factors in*

Computing Systems, 1‑16, https://doi.org/10.1145/3313831.3376727

Long, M. (1989). Task, group, and task-group interactions. *University of Hawaii Working Papers in ESL 8*(1-26).

Long, M. & Porter, P. A. (1985). Group work, interlanguage talk, and second language acquisition. *TESOL Quarterly, 19*, 207-228.

Long, M. H. & Robinson, P. (1998). *Focus on form: Theory, research, and practice*. In Doughty & Williams 1998.

Long, M. H. & Sato, C. J. (1983). Classroom foreign talk discourse: Forms and functions of teacher's questions. In H. W. Seliger & M. H. Long (Eds.), *Classroom oriented research in second language acquisition*. Newbury House Publishers. 268-86.

Longstreet, W.S., & Shane, H. G. (1993). *Curriculum for a new millenium*. Allyn and Bacon.

Lovitt, T. C., Horton, S. V., & Bergerud, O. (1987). Matching students with textbooks : An alternative to readability formulas and standardized tests. *British Columbia Journal of Social Education, 11*(1), 49-55.

Machado de Almeida Mattos, A. (2000). A Vygotskian approach to evaluation in foreign language learning contexts. *ELT Journal, 54*, 335-345.

Madaus, G. F. & Kellaghan, T. (1993). Testing as a mechanism of public policy: A brief history and description. *Measurement and Evaluation in Counseling and Development, 26*(1), 6-10.

Madsen, H. S. (1983). *Techniques in testing*. Oxford University Press.

Markee, N. (2008). Toward a learning behavior tracking methodology for CA-for-SLA. *Applied Linguistics. 29*, 404-427.

Marshall, H. W. & DeCapua, A. (2013). *Making the transition to classroom success: Culturally responsive teaching for struggling language learners*. University of Michigan Press.

Marzano, R. (2010). *Formative assessment and standards-based grading*. Marzano Research Laboratory.

Maslow, A. (1954). *Motivation and personality*. Harper & Row. Reprinted in 1970.

Massey, D. (1994). *Space, place and gender*. University of Minnesota Press

Maxwell, R., & Meister, M. (1993). *Teaching English middle and secondary schools.* MacMillan.

McCarthy, M. J. (2003). Talking back: 'Small' interactional response tokens in everyday conversation. *Research on Language in Social Interaction, 36*(1), 33–63.

Merryfield, M. M. & White, C. S. (1996). Issue-centered global education, in Evans, R. W. & Saxe, D. W. (Ed.), 1996, *Handbook on Teaching Social Issues*, NCSS Publications.

McCallum, A. (2012). *Creativity and learning in secondary English: Teaching for a creative classroom.* Routledge.

McCarthy, M. (2001). *Vocabulary.* Oxford University Press.

McCawley, J. (1971). Tense and its relation to participants. *Language, 46*, 141-187.

McClelland, D. C. (1953) *The Achievement Motive.* Appleton-Century-Crofts. http://dx.doi.org/10.1037/11144-000.

McKay, P. (2006). *Assessing young language learners.* Cambridge University Press.

McMillan, J. H. (2014). *Classroom assessment : Principles and practice for effective instruction.* SAGE. 손원숙 외. (역). 교실평가의 원리와 실제. 서울: 교육과학사.

McNaughton, J. & Leyland, . (1990). The shifting focus of maternal tutoring across different difficulty levels on a problem-solving task. *Developmental Psychology, 8*(2), 147-155.

McNamara, T. (2000). *Language testing.* Oxford University Press.

McNeil, J. (1995). *Curriculum: The teacher's initiative.* Prentice-Hall

McTighe, J., & Wiggins, G. (2004). *Understanding by design: Professional development workbook.* Association for Supervision and Curriculum Development.

Miller, S. (2005). The characteristics of young and adult dyslexic' readers on reading and reading rated cognitive tasks as compared to normal reader. *Dylexia, 11*, 132-151.

Minick, N. (1987). Implications of Vygotsky's theories for dynamic assessment. In C. Lidz (Ed.), *Dynamic assessment* (pp. 116-140). Guilford Press.

Ministry of Education, Culture, Sports, Science, and Technology. (1998). *National *curriculum standards reform for kindergarten, elementary school, lower and upper secondary school and schools for the visually disabled, the hearing impaired and the otherwise disables* (Synopsis of the report). [On-line]. Available from http ://www.mext.go.jp

Ministry of Education, Culture, Sports, Science, and Technology. (2003). *The course of study for foreign languages*. [On-line]. Available from http ://www.mext.go.jp

Mishra, P., & Koehler, M. J. (2006). Technological pedagogical content knowledge: A framework for teacher knowledge. *Teachers College Record, 108*(6), 1017-1054. https://doi.org/10.1111/j.1467-9620.2006.00684.

Mittwoch, A. (1988). Aspects of English: On the interaction of perfect, progressive and durational phrases. *Linguistic Philosophy, 11*, 87-108.

Murphy, R. F. (2019). *Artificial intelligence applications to support K-12 teachers and teaching*. The RAND corporation.

Nagy, W. E. (1988). *Teaching vocabulary to improve reading comprehension*. ERIC Clearinghouse on Reading and Communication Skills and the National Council of Teachers of English.

Nation, I.S.P. (2001). *Learning vocabulary in another language*. Cambridge University Press.

Nation, I. S. P., & Macalister, J. (2010). *Language Curriculum Design*. Routledge.

Nguyen, T. H., Hwang, W. Y., Pham, X. L, & Pham, T. (2020). Self-experienced storytelling in an authentic context to facilitate EFL writing, *Computer Assisted Language Learning* DOI: 10.1080/09588221.2020.1744665.

The New London Group(1996). A pedagogy of multiliteracies: Designing social futures. *Harvard Educational Review. 66*(1), 60-93.

Nitko, A. J. & Brookhart, S. M. (2007). *Educational assessment of student* (5th ed.). Pearson Merril Prentice Hall.

Nitko, A. J. (1980). Distinguishing the many varieties of criterion-referenced tests. *Review of educational research, 50*, 461-485.

North Carolina State Dept. of Public Instruction. (1999). *Assessment, articulation, and accountability : A foreign language project*. Raleigh.

Nunan, D. (1988, 1989, 1996, 2004). *The learner-centered curriculum*. Cambridge University Press.

Nunan, D. (1992). *Research methods in language learning*. Cambridge University Press.

Nuttal, C. (1996). *Designing tasks for the communicative classroom*. Heinemann.

OECD. (2018). *The future of education and skills: Education 2030*. Retrieved September 7, 2021, from http://www.oecd.org/education/2030-project/contact/E2030_Position_Paper_(05.04.2018).pdf.

OECD. (2019). *OECD future of education and skills 2030: OECD learning compass 2030*. Retrieved September7,2021,from https://www.oecd.org/education/2030-project/ontact/OECD_Learning_Compass_2030c_Concept_Note_Series.pdf.

O'Keeffe. A., Clancy. B., & Adolphs. S. (2011). *Introducing pragmatics in use*. Routledge.

O'Malley, J. M., & Valdez Pierce, L. (1996). *Authentic assessment for English language learners*. Addison-Wesley Publishing.

Olsen, C. L., & Kroeger, K. R. (2001). Global competency and intercultural sensitivity. *Journal of Studies in International Education, 5*(2), 116-137.

Oosterhof, A. (1994, 2001). *Classroom applications of educational measurement*. Pearson.

Owens, R. E. (2001). *Language development: An introduction*(5th ed.). Allyn & Bacon.

Oxfam. (2013). *Annual Report 2013*. Retrieved September 7, 2021, from https://www.oxpamamerican.org.

Oxfam. (2015). *Education for Global Citizenship: A Guide for Schools*. Oxfam GB.

Padget, S. (2012). Bystanders are the key to stopping bullying. *Journal of Educational Research, 1*, 33-41.

Parsons, T. (1989). *Events in the semantics of English*. The MIT Press.

Partee, B. H. (1984). Nominal and temporal anahpora. *Linguistic Philosophy, 7*, 107-150.

Pat-El, R. J., Tillema, H., Segers, M., & Vedder, P. (2013). Validation of assessment for learning questionnaires for teachers and students. *British Journal of Educational Psychology, 83*, 98-113.

Paulston, C. B. & Bruder, M. N. (1976). *Teaching English as a second language: Techniques and procedures*. Windrop Publishers.

Paulston, C. B. (1974). Linguistic and communicative competence. *TESOL Quarterly, 8*(347-362).

Pawley, A. & Syder, F. (1983). Two puzzles for linguistic theory: Native-like selection and native-like fluency. In Richards, J. & Schmidt, R. (eds.), *Language and communication*. Longman.

Pence, K. & Justice, L. M. (2008). *Language development from theory to practice*. Pearson Education.

Penuel, W. R. (1999). Observing classroom processes in project-based learning using multimedia: A tool for evaluators. *The Secretary's Conference on Educational Technology-1999*.

Perie, M., Marion, S. M., & Gong, B. (2009). Moving toward a comprehensive assessment system : A framework for considering interim assessments. *Educational Measurement : Issues and Practice, 28*(3), 5-13.

Pesola, C. (1991). Culture in the elementary foreign language classroom. *Foreign Language Annals, 24*, 331-346.

Peterson, P. W. (1991). A synthesis for interactive listening, in M. Celce-Murcia (ed.). *Teaching English as a second or foreign language*(2nd ed.). Heinle & Heinle Publication.

Phillipson, R. (1992). *Linguistic imperialism*. Oxford University Press.

Piaget, J. (1923). *The language and thought of the child*. Kegan Paul.

Pienemann, M. (1984). Learnability and syllabus construction. In Hyltenstam, K. & Pienemann, M. (eds.), *Modelling and assessing second language acquisition*. Multilingual Matters.

Pinter, A. (2006). *Teaching young language learners*. Oxford University Press.

Poehner, M. E. (2008). *Dynamic assessment : A Vygotskian approach to understanding and promoting L2 development*. Springer.

Poehner, M. E. & Lantolf, J. P. (2005). Dynamic assessment in the language classroom. *Language Teaching Research, 9*, 233-265.

Popham, W. J. (1995). *Classroom assessment: What teachers need to know.* Ally & Bacon.

Popham, W. J. (2003). *Test better, teach better: The instructional role of assessment.* The Association for Supervision and Curriculum Development. 김성훈 외(역). 2012. 수업중심 교육평가. 학지사.

Posner, G. J. (1998). Models of curriculum planning. In L. E. Beyder & M. W. Apple(Eds.). *The curriculum.* SUNY Press.

Prabhu, N. S. (1987). *Second language pedagogy.* Oxford University Press.

Prator, C. H. & B.W. Robinett. (1972). *Manual of American English pronunciation.* Holt, Rinehart, & Winston.

Priego, S., and Liaw, M.-L. (2017). Understanding different levels of group functionality: Activity systems analysis of an intercultural tele-collaborative multilingual digital storytelling project. *Computer Assisted Language Learning 30*(5). 368–389. https://doi.org/10.1080/09588221.2017.1306567.

Prince, A. & Smolensky, P. (1993). *Optimality theory: Constraint interaction in generative grammar.* Rutgers University Center for Cognitive Science Technical Report 2.

Prugger, V. J., & Rogers, T. B. (1994). Cross-cultural sensitivity training; Methods and assessments. *International Journal of Intercultural Relations, 18*(3), 369-387.

Psomos, P., and Kordaki, M. 2012. Pedagogical analysis of educational digital storytelling environments of the last five years. *Procedia - Social and Behavioral Sciences 46*. 1213–1218. doi:10.1016/j.sbspro.2012.05.277

Puentedura, R. (2006). *Transformation, technology, and education* [Blog post]. Retrieved from http://hippasus.com/resources/tte.

Pyo, K. H. (2010). Dynamic assessment of speaking abilities at the university setting. *Foreign Language Education, 17*(3), 1-24.

Raimes, A. (1983). Tradition and revolution in ESL teaching. *TESOL Quarterly 17*(535-552).

Read, C. (2007). *500 activities for the primary classroom.* Macmillan Books for

Teachers.

Reid, J. M. (1995). *Learning styles in the ESL/EFL classroom*. Heinle & Heinle.

Ribble, M. (2008, 2011). *Digital citizenship in schools*. International Society for Technology in Education.

Richards, J. C. & Lockhart, C. (1996). *Reflective teaching in second language classrooms*. Cambridge University Press.

Richards, J. C., & Rodgers, T. S. (2008). *Approaches and methods language teaching*. Cambridge University Press.

Richards, J. C. (1983). Listening comprehension: Approach, design, procedure. *TESOL Quarterly, 17*(2). 219-239.

Richards, J. C. (2001, 2014). *Curriculum development in language teaching*. Cambridge University Press.

Richards, J. C., & Rodgers, T. S. (1986). *Approaches and methods language teaching*. Cambridge University Press.

Rivers, W. M. (1968). Listening comprehension. *Modern Language Journal 50*(4), 196-204.

Rivers, W. M. (1981). *Teaching foreign language skills*(2nd ed.). Chicago University Press.

Rost, M. & Kumai, N. (1992). *First steps in listening*. Lingual House.

Rost, M. (1994). *Introducing listening*. Longman.

Rost, M. (2002). *Teaching and researching listening*. Penguin.

Rothstein, D. & Santana, L. (2011). *Make just one change: Teach students to ask their own questions*. Harvard University Press.

Rothstein, D. & Simms, J. (2014, 2017). *Questioning sequences in the classroom*. Marzano Research Laboratory.

Ruben, B. D. (1976). Assessing communication competency for intercultural adaptation. *Group and Organization Studies, 1*, 334-354.

Rutherford, W. & Sharwood, S, M. (1985). Consciousness-raising and universal grammar. *Applied Linguistics, 11*, 129-158.

Rymes, B. (2009). *Classroom discourse analysis: A tool for critical reflection*. Hampton Press.

Sadler, D. R. (1989). Formative assessment and the design of instructional systems. *Instructional Science, 54*, 60-79.

Sainsbury, M. (1996). *Tracking significant achievement in primary English*. Hodder.

Sanders, J. R. (1992). *Evaluating school programs: An educator's guide*. Corwin.

Sarbar, H. (1989). *Curriculum: Perspective, paradigm, and possibility*. Macmillan Publishing.

Savignon, S. (1972). Teaching for communicative competence: A research report. *Audiovidual Language Journal, 10*(3), 153-62.

Savin-Baden, C. J. M. (2000). Problem-based learning in higher education: Untold stories. *Higher Education 42*, 139–140

SCAA. (1995). *An introduction to the revised national curriculum*. Corwin.

Scarino, A. (2010). Assessing intercultural capability in learning languages : A renewed understanding of language, culture, learning, and the nature of assessment. *The Modern Language Journal, 94*(4), 324-329.

Schegloff, E. A. (1972). Notes on a conversational practice: Formulating place. D. Sudnow (ed). *Studies in Social Interaction*. Free Press.

Schneider, E. & Ganschow, L. (2000). Dynamic assessment and instructional strategies for learners who struggle to learn a foreign language. *Dyslexia, 6*, 72-82.

Schulz, R, A. (2007). The challenge of assessing cultural understanding in the context of foreign language teaching. *Foreign Language Annals, 40*(1), 9-26.

Schwab, K. (2016). *The fourth industrial revolution*. World Economic Forum. 송경진 (역). (2016). *클라우스 슈밥의 제4차 산업혁명. 새로운 현재*.

Scott, W. A. & Ytreberg, H. G. (1993). *Teaching English to children*. Longman.

Scriven, M. (1967). The methodology of education. In R. W. Tyler, R. Gagne, & M. Scriven(Eds.). Perspectives on Curricular Evaluation. *AERA Monograph Series on Curriculum Evaluation, 1*, 39-83. Rand McNally.

Seeyle, H. D. (1984). *Teaching culture: Strategies for foreign language teachers*. National Textbook.

Sercu, L. (2004). Assessing intercultural competence : A framework for systematic test development in foreign language education and beyond. *Intercultural*

Education, 15(1), 73-89.

Sercu, L. (2004). Assessing intercultural competence: A framework for systematic test development in foreign language education and beyond. *Intercultural Education, 15*(1), 73-89.

Seward, B. H.(1972). Teaching cursive writing to EFL students. *English Language Teaching, 14*(2), 35-54.

Shettel, J. & Bower, K. (2013). Infusing technology into the balanced literacy classroom. *The Journal of Balanced Literacy Research and Instruction, 1*(2), http://digitalcommons.lsu.edu/jblri/vol1/iss2.

Silberstein, S. (1994). *Techniques and resources in teaching reading.* Oxford University Press.

Sinclair, J. M. (Ed.). (2000). *Collins Cobuild learner's dictionary: Helping learners with real English.* Harper Collins Publishers.

Singapore Ministry of Education. (1991). *English language syllabus*(Primary). Singapore Ministry of Education.

Singapore Ministry of Education. (1991). *English language syllabus*(Secondary). Singapore Ministry of Education.

Sinicrope, C., Norris, J., & Watanabe, Y. (2007). Understanding and assessing intercultural competence : A summary of theory, research, and practice(Technical report from the foreign language program evaluation project). *Second Language Studies, 26*(1), 1-58.

Skehan, P. (1996). *A cognitive approach to language learning.* Oxford University Press.

Skinner, B. F. (1957). *Verbal behavior.* Appleton Century Crofts.

Smith, C. (1982). Aspect and aspectual choice. *Texas Linguistic Forum, 19*, 79-101.

Smith, D. L. & Ragan, T. J. (2005). A framework for instructional strategy design. In D. L. Smith & T. J. Ragan(Eds.), *Interactional Design*(3rd ed., 127-150). Wiley & Sons.

Smith, F. (1971). *Psycholinguistics and reading.* Holt, Rinehart and Winston.

Smith, F. (1978). *Understanding reading: A psycholinguistic analysis of reading and learning to read*(2nd ed.). Holt, Rinehart and Winston.

Smith, K. (2005). *Assessment of teaching in the ERA of standards: What is left of teacher autonomy*: IATEFL.

Spada, N., & Frohlich, M. (1995). *COLT observation scheme*. National Centre for English Language Teaching and Research, Macquarie University.

Sperber, D. & Wilson, D. (1995). *Relevance: Communication and cognition*. Blackwell.

Sperber, D. & Wilson, D. (2006). Relevance theory. In Horn, L. & Ward, G. (eds.), *The handbook of pragmatics*. Blackwell.

Spohrer, J. (2013). Rebuilding evolution: A service science perspective. *Proceedings of the 50th Hawaii International Conference on System Sciences*. Hawaii.

Stake, R. E. (1967). The countenance of educational evaluation. *Teachers College Record, 68*, 105-142.

Stern, S. (1980). Drama in second language learning from a psycholinguistic perspective. *Language Learning, 30*, 77-100.

Stern, J., Lauriault, N., & Ferraro, K. (2018). *Tools for teaching conceptual understanding, elementary*. Corwin.

Sternberg, R. J. & Grigorenko, E. L. (2002). *Dynamic testing : The nature and measurement of learning potential*. Cambridge University Press.

Stiggins, R. J. (2001). *Student-involved classroom assessment*. Prentice Hall.

Stiggins, R., Arter, J., Chappuis, J., & Chappuis, S. (2005). *Classroom assessment for student learning : Doing it right using it well*. Assessment Training Institute.

Straffon, D. A. (2003). Assessing the intercultural sensitivity of high school students attending an international school. *International Journal of Intercultural Relations, 27*, 487-501.

Sun-Young, O. (2001). Two types of input modification and EFL reading comprehension : Simplification versus elaboration. *TESOL Quarterly, 35*(1), 69-93.

Thang, S. M., Lin, L. K., Mahmud, N., Ismail, K., & Zabidi, N. A. (2014). Technology integration in the form of digital storytelling: Mapping the concerns of four Malaysian ESL instructors. *Computer Assisted Language Learning, 27*(4), 311-329.

The New London Group. (1996). A pedagogy of multi-literacies: Designing social futures. *Harvard Educational Review, 66*(1), 60-92.

Tay, M. (1982). The uses, users, and features of English in Singapore. In J. B. Pride (ed.), *New Englishes*. Newbury House, 51-72.

Taylor, B. (1980). Adult language learning strategies and their pedagogical implications. In K. Croft(Ed.), *Reading in English as a second language* (pp. 144-152). Winthrop.

Temple, C., Nathan, R., & Burris, N. (1982). *The beginnings of writing*. Allyn & Bacon.

Tench, P. (1996). *The intonation systems of English*. Cassel.

Terrell, T. (1991). The role of grammar instruction in a communicative approach. *MLJ, 75*(1), 52-63.

The Stationery of Office. (1999). *The national curriculum*. Department of Education and Employment.

Thompson, G. (1997). Training teachers to ask questions. *ELT Journal, 51*(2), 99-105.

Thornbury, S. & Slade, D. (2006). *Conversation: From description to pedagogy*. Cambridge University Press.

Thornbury, S. (1999). *How to teach grammar*. Longman.

Thornbury, S. (2002). *How to teach vocabulary*. Longman.

Thornbury, S. (2005). *Beyond the sentence: Introducing discourse analysis*. Macmillan Books for Teachers.

Tiedt, P. L. & Tiedt, I. M. (2010). *Multicultural teaching: A handbook of activities, information, and resources*. Allyn & Bacon.

Ting-Toomey, S. (1999). *Communicating across cultures*. The Guilford Press.

Tomalin, B. & Stempleski, S. (1993). *Cultural awareness*. Oxford University Press.

Tomasello, M. (2003). *Constructing a language*. Harvard University Press.

Tomlinson, C. A. & Moon, T. R. (2013). *Assessment and student success in a differentiated classroom*. Alexandria.

Trelease, J. (1995). *The read-aloud handbook*. Penguin Books.

Trilling, B. & Fadel, C. (2009). *21st century skills: Learning for life in our times*.

Jossey-Bass.

Tyler, R. W. (1949). *Basic principles of curriculum and instruction.* The University of Chicago Press.

Tyler, R. W. (1949). *Basic principles of curriculum and instruction.* University of Chicago Press.

Tylor, E. B. (1974). *Primitive culture: Researches into the development of mythology, philosophy, religion, art, and custom.* Gordon Press. First published in 1871.

Tylor, S. (1973). *Cognitive anthropology.* Holt, Rinehart & Winston.

U.K. Assessment Reform Group. (2001). *Assessment for learning.* University of Cambridge.

UNESCO. (2009). *A review of LIFE, 2006-2009.* Literacy Initiative for Empowerment. (Principal author: U. Hanemann).

UNESCO. (2013). *Global citizenship education: An emerging perspective.* http://www.unesco.org/new/en/education/resources/online-materials/single-view/news/unescos_seoul_consultation_deepens_understanding_of_global_citizenship_education/#.UjxKSX-bFng

UNESCO (2013). *Draft outline of the framework for action on education post-2015.* UNESCO.

UNESCO. (2014). *Sustainable development goals.* UNESCO

UNESCO (2015). *Draft framework for action education 2030: Towards inclusive and equitable quality education and lifelong learning for all.* UNESCO.

UNESCO. (2019). *Artificial intelligence in education: Challenges and opportunities for sustainable development.* UNESCO.

U.S. Department of Education. (2017). *Assessment design toolkit.* Retrieved from https://www2.ed.gov/teachers/assess/resources/toolkit/index.html.

van Ek, J. A. (1975). *The threshold level in a European unit/credit system for modern language learning by adults: Systems development in adult language learning.* Council of Europe.

van Ek, J. A., & Trim, J. L. M. (2001). *Vantage.* Cambridge University Press.

Vroom, V. H. (1964). *Work and Motivation.* Wiley

Vygotsky, L. S. (1978). *Mind in society: The development of higher psychological processes.* Harvard University. (Edited by M. Cole, V. Iohn-Steiner, S. Scribner, & E. Souberman).

Vygotsky, S. (1962). *Thought and language.* The MIT Press.

Wallace, C. (1992). *Reading.* Oxford University Press.

Walsh, S. (2011). *Exploring classroom discourse: Language in action.* Routledge.

Weaver, G. (1986). Understanding and coping with cross-cultural adjustment address. In R. Page (ed.), *Cross-cultural orientations: New conceptualizations and applications.* University Press of America.

Weir, C. (1994). *Communicative language testing.* University of Exter.

Wessels, C. (1987). *Drama.* Oxford University Press.

White, R. V. (1988). *The ELT curriculum.* Blackwell Publishers Ltd.

Widdowson, H. (1989). *Teaching language as communication.* Oxford University Press.

Widdowson, H. G. (2007). *Discourse analysis.* Oxford University Press.

Wiggins, G. & McTighe, J. (1998). *Understanding by design.* Association for Supervision & Curriculum Development.

Wiggins, G. & McTighe, J. (2004). *Understanding by design : Professional development workbook.* Association for Supervision & Curriculum Development.

Wiggins, G. & McTighe, J. (2005). *Understanding by design*(2nd ed.). Association for Supervision & Curriculum Development.

Wiggins, G. & McTighe, J. (2008). Put understanding first. *Educational Leadership, 65*(8), pp. 36-41.

Wiggins, G. (2012). Seven keys to effective feedback. *Educational Leadership, 70*(1), 10-17.

Wijnstra, J. M. (1990). *Design of the Dutch national assessment programme in education.* Eindhoven University of Technology.

Wikipedia. (2017). *Backward design.* Retrieved July 7, 2017, from the World Wide Web : https ://en.wikipedia.org/wiki/Backward_design.

William, D. & Thompson, M. (2007). Integrating assessment with instruction : What will it take to make it work? In C. A. Dwyer (Ed.), *The future of assessment : Shaping teaching and learning*(pp. 53-82). Eelbaum.

William, D. (2011). *Embedded formative assessment*. Solution Tree Press.

Willis, J. (1996). *A framework for task-based language learning*. Longman.

Wingersky, M. S., Cook, L. L., & Eignor, D. R. (1987). *Specifying the characteristics of linking items used for item response theory item calibration*. Educational Testing Service.

Wu, J., & Chen, D.-T. (2020). A systematic review of educational digital storytelling. *Computers & Education, 147*, 103786. https://doi.org/10.1016/j.compedu.2019.103786.

Yang, Y.-T. C., Chen, Y.-C., & Hung, H.-T. (2020). Digital storytelling as an interdisciplinary project to improve students' English speaking and creative thinking. *Computer Assisted Language Learning, 9*(4), 1–23. https://doi.org/10.1080/09588221.2020.1750431.

Yano, Y., Long, M. H., & Ross, S. (1994). The effects of simplified and elaborated texts on foreign language reading comprehension. *Language Learning, 44*, 189-219.

Young, R. F. (2008). *Language and interaction: An advanced resource book*. Routledge.

Young, R. F. (2011). Interactional competence in language learning, teaching, and testing. In E. Hinkel (ed.), *Handbook of research in second language teaching and learning*, 2(pp. 426–443). Routledge.

Young, R. F. (2014). *What is interactional competence?* https://www.researchgate.net/publication/280720225. Accessed 12 March 2023.

부록

[부록 1] 학습자 유형

• Gardner(1993)의 다중이론

Gardner(1993)는 다중이론을 논리-수학 지능(logical-mathematical intelligence), 언어 지능(linguistic intelligence), 음악 지능(musical intelligence), 공간 지능(spatial intelligence), 신체-운동 감각 지능(bodily-kinesthetic intelligence), 대인관계 지능(interpersonal intelligence), 내적 능력 활용 지능(intrapersonal intelligence) 등으로 세분하였음. 이들의 특성을 살펴보면 다음과 같음(Cranston, 1995; 김진석, 2023).

〈표 1〉 다중지능의 특성

지능		특성
논리-수학지능	좌반구	• 수리적 논리적 사고 • 과학적 사고
언어 지능	좌반구	• 언어의 서로 다른 기능을 민감하게 파악하는 기능 • 언어분석력, 언어자료 이해능력, 은유이해능력
음악 지능	우반구	• 음악가에게서 발견되는 재능 • 리듬, 음높이, 음색을 만들고 감상하는 능력
공간 지능	우반구	• 시공간 세계를 지각하는 능력과 지각을 전환하는 능력
신체-운동 감각 지능	우반구	• 자신의 신체운동을 통제하고 물체를 솜씨 있게 다루는 능력
대인관계 지능	우반구	• 다른 사람의 기분, 기질, 동기, 욕구를 식별하고 적절하게 반응하는 능력

| 내적능력 활용지능 | 우반구 | • 자신의 감정을 잘 알고 다스리며, 자신의 느낌, 특기, 희망, 지능, 관심 등을 파악하는 능력 |

위의 표에서와 같이 좌반구는 논리, 수학, 과학, 언어 등의 기능을 담당하는 반면에 우반구는 음악, 미술, 공간, 무용, 사물의 지각 등과 같은 예술적이며 직관적인 기능을 담당함. 또한, 제시된 언어지능은 음악지능, 신체-운동 감각 지능, 대인관계 지능 등과 통합되어 있다고 말할 수 있음(Cranston, 1995). 이런 측면에서 언어지능은 의사소통과 관여되는 모든 면을 다 포함하는 것으로 간주할 수 있음

- Haynes(2007, p. 35-38)의 학습자 유형 분류

영어를 모국어가 아닌 제2외국어나 외국어로 배우는 학생들의 학습유형을 다음과 같이 시각적, 청각적, 촉각적(tactile), 운동감각적(kinesthetic) 유형으로 세분함

- 청각적 학습자 유형
  - 협력적 모둠 학습하기
  - 활동 결과에 대한 구두 평가하기
  - 구두 질문하기
  - 수업 자료에 대한 교사의 설명 경청하기
  - 구두 토론에 적극적으로 참여하기
- 시각적 학습자 유형
  - 컴퓨터 그래픽 활용하기
  - 지도, 그래프, 차트, 다이어그램 활용하기

- 포스터 그리기
- 그래픽 조직자 활용하기
- 그림이 있는 텍스트 사용하기
- 화이트모드에 수업의 핵심 포인트 제시하기

- 촉각적 학습자
  - 그림그리기와 라벨 붙이기
  - 내용 자료 쓰기
  - 보드 게임하기
  - 모형과 디오라마 만들기
  - 다이어그램이나 그림을 따라 구축하기
  - 수학 시간에 손으로 조작하기(예, 화폐 관련 수업에서 동전 사용)

- 운동 감각적 학습자
  - 전신을 사용하는 게임하기
  - 동작이 수반되는 노래나 움직이는 활동 참여하기
  - 제스처를 하면서 함께 읽기
  - 모형 만들기
  - 실험하기
  - 단막극 하기
  - 역할극하기

청각적 학습활동에서는 모둠별로 대본을 토론이나 논쟁을 통해 만든 후, 학생들끼리 짝을 지어 서로 가르쳐 주도록 하거나 구두로 발표하도록 할 수 있음. 물론, 초등학교 3, 4학년 영어학습자들에게는 큰소리로 읽도록 할 수 있으며, 아울러 파닉스에 초점을 둔 대본의 준비나 공연을 할 수도 있을 것임. 시각적 학습활동에서는 개념도, 그래픽 조직자, 그래프, 도표 등의 시각적 보조 자료를 적절하게 제공하면서 시각적 상상력을 가르치기도 하고, 아울러 연극과 관련된 내용의 영화나 뉴스를 보여주면서 대본을 준비하도록 할 수 있음. 운동감각적 학습활동에서는 학생들로 하여금 운동, 춤, 응원, 협동학습, 역할극 등을 하면서 극화활동을 수행하도록 함. 이렇게 함으로써 학생들은 새롭게 부여된 극화활동의 과제를 다양한 신체 움직임과 연관시켜서 수행할 수 있을 것임.

• 다중지능별 교과서의 활동

우반구의 음악지능, 공간지능, 신체-운동 감각 지능, 대인관계 지능 등을 중심으로 뇌 기반 활동이 수업시간에 어떻게 구현되는 지를 살펴보기 위해 교과서를 분석하였음(김진석, 2023). 여기서는 영어를 수업시간에 가르치고 있기 때문에 좌반구의 언어기능은 제외하였음. 다중지능에 따른 활동들은 다음과 같음.

〈표 2〉 다중지능별 교과서의 활동(김진석, 2023)

지능		교과서에서의 활동
공간지능	우반구	Look & listen, Listen & repeat
음악지능	우반구	Let's chant, Let's sing

신체-운동 감각 지능	우반구	Let's play, Let's write
대인관계 지능	우반구	Role-play

공간지능으로는 시공간 세계를 지각하는 능력과 지각을 전환하는 능력을 기르는 활동으로 'Look & listen, Listen & repeat' 등이 있고, 음악지능으로는 'Let's sing' 활동, 신체-운동 감각 지능으로는 'Let's play, Let's write' 활동, 대인관계지능으로는 'Role-play' 등이 있음(김진석, 2023). 그러나 이러한 구분은 관점에 따라서 다소 다를 수 있음. 역할놀이는 상대방의 역할 수행을 보거나 들어야 하므로 공간지능도 있고, 노래 등을 들으면서 어깨동무를 하거나 글을 쓸 수도 있어서 음악지능 뿐만 아니라 신체-운동 감각 지능과도 관련이 있는 경우를 들 수 있음. 여기서는 각 활동들이 지능들 중 좀 더 밀접한 연관이 있을 것으로 판단되는 것에 무게를 두어 분류하였음.

[부록 2] 과제 중심 수업

과제 중심 수업은 학습자 중심 접근방법의 이론적 원리라 할 수 있는 차별화와 상호 의존적인 학습자의 개념을 반영함. 과제(task)란 학습자들이 문제를 해결하기 위해 목표언어를 사용하여 의미협상(negotiation of meaning)을 하는 일련의 과정임(Candlin과 Murphy, 1987). 따라서, 과제중심 교수요목은 수업의 내용, 교수·학습 방법, 평가 등에 대해 학습자들 간 의견의 일치를 보는 것을 목표로 하는 절차적 협상(procedural negotiation)을 통해 달성될 수 있음(Ellis, 2003).

과제의 주제 내용(thematic content)을 선정할 때, 화제 친숙도(topic familiarity), 내적 흥미도(intrinsic interest), 화제 관련성(topic relevancy) 등이 고려됨. 학습자와 관련된 화제인 생일, 식습관, 신체의 활동 등은 학습자에게 친숙한 화제이어서 초기 학습자들에게 적합한 반면에 상상하는 추상적인 화제는 상급수준의 학습자들에게 적합함(이에 대한 구체적인 설명은 5장 참조). 이를 도식화하면 다음의 도표와 같음(김진석 외, 2009).

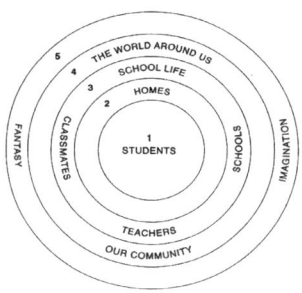

교수요목을 구성할 때 학습효과를 극대화하기 위해서는 학생들의 발달 단계에 맞도록 내용을 순서 지을 필요가 있음. 무엇보다도, 이러한 결정에는 과제의 복잡성(task complexity)이 고려되어야 함. 복잡성은 학습자에게 부과되는 기억, 추론, 다른 정보 처리 요구 등을 고려하여 분류함. 과제의 복잡성을 입력(input), 조건(condition), 과정(process), 결과(outcome)의 관점에서 좀 더 구체적으로 살펴보면, 입력과 관련된 요인들에는 학습자가 해독하는 형태인 매체(예, 그림, 글자 등), 학습자가 이해하는데 영향을 미치는 어휘 및 통사적 복잡성, 인지적 복잡성, 문맥 의존성 등이 있음. 조건과 관련된 요인에는 의미 협상에 영향을 주는 조건, 정확성과 복잡성을 더 신장시키는 대화인지 유창성을 더욱 신장시키는 혼잣말인지를 결정하는 담화모드 등이 있음. 과제를 수행하는 과정과

연관된 요인들로는 추론이 있고, 결과와 관련된 요인으로는 매체, 결과의 범위, 결과의 담화영역, 결과의 복잡성 등이 있음(김진석 외, 2009). 예를 들어, 학교 시간표(school timetable)라는 화제를 바탕으로 일반적 활동(general activity), 과제 선택(task option) 등을 다음 〈표 1〉과 같이 구성할 수 있음(김진석, 2011, 2016, 2023).

〈표 1〉 과제의 선행 순서화 및 특성 명세화(예시)

Topic	General activity	Task options
School timetables	1. Listing: constructing timetables from instructions 2. Comparing: examining timetables to identify the frequencies of lessons in different subjects 3. Problem solving: constructing timetables for teachers of particular subjects from given class timetables	• Input: pictorial/written tight structure • Conditions: shared information two—way optional information requirement convergent • Processes: explaining/reasoning dialogic • Outcomes: pictorial/written closed

위의 〈표 1〉에서와 같이 학교 시간표에 대한 활동으로 지시에 따라 시간표를 구성하는 목록화 활동을 먼저 구현한 후, 다른 과목의 수업시수를 확인하기 위해 시간표들을 비교 검토하는 비교 활동과 주어진 시간표에서 특정한 과목의 교사를 위한 시간표를 구축하는 문제해결 활동 등을 순차적으로 구성할 수 있음. 과제의 특성 명세화는 그림이나 글자 여부를 결정하는 입력의 사항, 공유된 정보, 양방향의 정보 교환, 정보의 수렴 여부 등을 결정하는 조건의 사항, 대화의 설명이나 추론 등을 결정하는 과정의 사항, 정해진 그림이나 글자 등을 요구하는 결과의 사항 등으로 명세화될 수 있음.

[부록 3] 수업 활동과 컴퓨터적 사고

세계의 중산층 기준을 분석하고 설정하는 활동을 통해 글로벌 시민의식과 컴퓨터적 사고을 함양할 수 있음(김진석, 2019).

〈표 1〉 세계의 중산층 기준 분석 및 설정하기(예시)

단계	교수-학습 활동	컴퓨터적 사고
조사하기 탐구하기	- [문제] 중산층 기준이 국가마다 다양하게 설정된 이유가 무엇일까? 새로운 중산층 기준을 어떻게 설정하면 좋을까? - [자료] The middle class is a class of people in the middle of a social hierarchy. The very definition of the term 'middle class' is highly political and vigorously contested by various schools of political and economic philosophy. Modern social theorists have defined and re-defined the term 'middle class' in order to serve their particular political ends. Source: https://en.wikipedia.org/wiki/Middle_class Individuals' values and morals may affect the behavior. To some people, certain values may be greater and importance compared to others. For instance, one may value more on family and the relationship compared to success, whereas one may put more value on a successful career and earning more money. Source: Decapua & Wintergerst (2004, p.17) - 그래픽 조직자를 활용하여 마인드맵이나 브레인스토밍하기 - 유튜브나 SNS를 활용하여 정보를 찾고 정보 속 패턴 찾기	자료 수집 자료 분석
사고하기	- 중산층 기준을 설정하기 위한 계획세우기 - 중산층 기준을 설정하기 위한 정보 분석하기 - 중산층 기준을 설정하기 위한 정보 조직화하기 예) 세계의 다양한 중산층 기준 분석 → 유사점과 차이점 비교 분석 → 각 국가의 중산층 기분에 대한 SWOT분석 및 포지셔닝 맵 구도화 → 조직화하기)	자료 표현

구현하기	- 동료 학습자와 중산층 기준 토의하기 - 중산층 기준 발표하기 - 중산층 기준 일반화하기 예) 세계 여러 나라들의 다양한 가치나 규범을 비교 분석한 것을 서로 발표하고 토의 · 토론하면서 모둠별로 중산층 기준 설정하기 → 모둠별로 중산층 기분의 우선순위를 정한 후, 새롭게 설정한 중산층 기준 발표하기	추상화 알고리즘
성찰하기	- 모둠별로 새롭게 설정한 중산층 기준 평가하기 - 모둠별 중산층 기준 수정 · 보완하기 - 개인별로 설정한 중산층 기준을 온라인으로 업로드 하기	평가 일반화

[부록 4] 내용 선정: 최적성 조건(김진석, 2018c)

　교육과정의 내용을 선정할 경우 어떤 내용이 반드시 필요하며 반드시 가르칠 내용인지를 결정하는 것은 쉽지 않음. 물론 일차적으로는 학습자의 요구, 행정적 · 재정적 상황 등을 고려해야 함. 또한, 언어의 본질, 언어의 사용, 언어의 학습, 언어의 가장 필수적인 요소나 단위 등이 고려되어야 함(Richards, 2001).

　우선, 영어교과의 특성을 고려하여 내용을 선정해야 함. 인지적, 정의적 요인을 고려하여 가르칠 만한 내용이 무엇인지, 가르쳐야 할 내용은 무엇인지, 가르칠 필요가 있는 내용은 무엇인지를 고려해야 함. 물론 학교 교육을 달성하고자하는 대부분의 교육 목표가 교육내용과 활동의 선정에 기본적인 방향을 제공해 주고 있음. 영어과 교육과정에서는 교육목표를 상호작용성, 실제성 등을 바탕으로 의사소통 능력을 기르는데 초점을 두고 있는 인지적 목표와 흥미도, 자신감, 올바른 가치관, 문화 인식 등 다양한 측면을 고려한 정의적 목표를 두고 있으므로, 이에 적합한 영어과의 학문적 특성이 반영되어야 함.

2022개정 영어과 공통 교육과정의 내용 체계는 '지식·이해', '과정·기능', '가치·태도'의 세 가지 범주로 구성하였음(교육부, 2022). 일반적으로, 목표 및 내용체계를 지식(knowledge), 기능(skill), 태도와 가치(attitudes & values)로 나누어 설정함.

〈표 1〉 이해(reception) 영역의 내용체계

범주		내용 요소	
핵심 아이디어		<ul><li>의사소통 목적과 상황에 맞게 배경지식을 활용하고 관점, 목적과 맥락을 파악함으로써 담화나 글을 이해하는 능력을 함양한다.</li><li>적절한 사고 과정 및 전략을 활용하여 담화나 글의 의미를 파악하고 분석한다.</li><li>담화나 글을 이해하는 활동은 협력적이고 포용적으로 화자나 필자의 의도를 이해하는 태도를 길러 준다.</li></ul>	
		초등 3-4학년군	초등 5-6학년군
지식 이해	언어	<ul><li>쉽고 간단한 단어, 어구, 문장의 소리, 철자, 강세, 리듬, 억양</li><li>[별표 2] 의사소통 기능과 예시문</li><li>[별표 3] 기본 어휘 관련 지침에 따른 학습 어휘 수 300단어 이내</li><li>[별표 4] 초등학교 권장 언어 형식</li><li>이야기나 서사 및 운문(동화, 그림책, 만화, 노래, 시 등)</li><li>친교나 사회적 목적의 담화와 글(대화, 편지, 이메일 등)</li><li>정보 전달·교환 목적의 담화와 글(표지판, 메모, 묘사, 안내 등)</li></ul>	<ul><li>간단한 단어, 어구, 문장의 강세, 리듬, 억양</li><li>[별표 2] 의사소통 기능과 예시문</li><li>[별표 3] 기본 어휘 관련 지침에 따른 학습 어휘 수 300단어 이내</li><li>[별표 4] 초등학교 권장 언어 형식</li><li>이야기나 서사 및 운문(동화, 그림책, 만화, 노래, 시, 일기 등)</li><li>친교나 사회적 목적의 담화와 글(대화, 편지, 초대장, 이메일 등)</li><li>정보 전달·교환 목적의 담화와 글(공지, 안내, 묘사, 설명, 광고 등)</li><li>의견 전달·교환이나 주장 목적의 담화와 글(포스터, 감상문 등)</li></ul>
	맥락	<ul><li>[별표 1] 소재</li><li>자기 주변 주제</li><li>간단한 의사소통 상황 및 목적</li><li>다양한 문화권에 속한 사람들의 비언어적 의사소통 방식</li></ul>	<ul><li>[별표 1] 소재</li><li>일상생활 주제</li><li>일상적인 의사소통 상황 및 목적</li><li>다양한 문화권에 속한 사람들의 언어적·비언어적 의사소통 방식</li></ul>

과정·기능		• 소리 식별하기 • 알파벳 대소문자 식별하기 • 강세, 리듬, 억양 식별하기 • 소리와 철자 관계 이해하며 소리 내어 읽기 • 의미 이해하기 • 주요 정보 파악하기 • 시각 단서 활용하여 의미 추측하기 • 다양한 매체로 표현된 담화나 문장을 듣거나 읽기	• 강세, 리듬, 억양 식별하기 • 강세, 리듬, 억양에 맞게 소리 내어 읽기 • 의미 이해하기 • 세부 정보 파악하기 • 중심 내용 파악하기 • 일이나 사건의 순서 파악하기 • 시각 단서 활용하여 듣거나 읽을 내용 예측하기 • 특정 정보를 찾아 듣거나 읽기 • 내용 확인하며 다시 듣거나 읽기 • 다양한 매체로 표현된 담화나 글을 듣거나 읽기
가치·태도		• 흥미와 자신감을 가지고 듣거나 읽으며 즐기는 태도 • 상대의 감정을 느끼고 공감하는 태도 • 다양한 문화와 의견을 존중하고 포용하는 태도	

〈표 2〉 표현(production) 영역의 내용체계

핵심 아이디어		• 의사소통 목적과 상황에 맞게 적절한 매체를 활용하여 자신의 감정이나 의견을 담화나 글로 표현하는 능력을 함양한다. • 적절한 사고 과정 및 전략을 활용하여 의미를 표현하거나 교환한다. • 담화나 글로 표현하는 활동은 다양한 문화와 관점에 대한 이해를 바탕으로 협력적이고 포용적으로 상호 소통하며 의미를 표현하거나 교환하는 태도를 길러 준다.	
범주		내용 요소	
		초등 3~4학년군	초등 5~6학년군
지식 이해	언어	• 쉽고 간단한 단어, 어구, 문장의 소리, 철자, 강세, 리듬, 억양 • [별표 2] 의사소통 기능과 예시문 • [별표 3] 기본 어휘 관련 지침에 따른 학습 어휘 수 300단어 이내 • [별표 4] 초등학교 권장 언어 형식 • 이야기나 서사 및 운문(동화, 그림책, 만화, 노래, 시 등) • 친교나 사회적 목적의 담화와 글(대화, 편지, 이메일 등) • 정보 전달·교환 목적의 담화와 글(표지판, 메모, 묘사, 안내 등)	• 간단한 단어, 어구, 문장의 강세, 리듬, 억양 • [별표 2] 의사소통 기능과 예시문 • [별표 3] 기본 어휘 관련 지침에 따른 학습 어휘 수 300단어 이내 • [별표 4] 초등학교 권장 언어 형식 • 이야기나 서사 및 운문(동화, 그림책, 만화, 노래, 시, 일기 등) • 친교나 사회적 목적의 담화와 글(대화, 편지, 초대장, 이메일 등) • 정보 전달·교환 목적의 담화와 글(공지, 안내, 묘사, 설명, 광고 등) • 의견 전달·교환이나 주장 목적의 담화와 글(포스터, 감상문 등)

맥락	• [별표 1] 소재 • 자기 주변 주제 • 간단한 의사소통 상황 및 목적 • 다양한 문화권에 속한 사람들의 비언어적 의사소통 방식	• [별표 1] 소재 • 일상생활 주제 • 일상적인 의사소통 상황 및 목적 • 다양한 문화권에 속한 사람들의 언어적·비언어적 의사소통 방식
과정·기능	• 강세, 리듬, 억양에 맞게 따라 말하기 • 알파벳 대소문자 쓰기 • 소리와 철자 관계 바탕으로 단어 쓰기 • 실물, 그림, 동작 등을 보고 말하거나 쓰기 • 인사 나누기 • 자기 소개하기 • 주변 사람이나 사물 묘사하기·행동 지시하기 • 감정 표현하기 • 주요 정보 묻거나 답하기 • 표정, 몸짓, 동작 수반하여 창의적으로 표현하기 • 적절한 매체 활용하여 창의적으로 표현하기 • 철자 점검하며 다시 쓰기	• 강세, 리듬, 억양에 맞게 말하기 • 실물, 그림, 동작 등을 보고 말하거나 쓰기 • 알파벳 대소문자와 문장 부호 바르게 사용하기 • 주변 사람 소개하기 • 주변 사람이나 사물 묘사하기·주변 장소나 위치, 행동 순서나 방법 설명하기 • 감정이나 의견, 경험이나 계획 기술하기 • 세부 정보 묻거나 답하기 • 예시문 참고하여 목적에 맞게 글쓰기 • 반복, 확인 등을 통해 대화 지속하기 • 브레인스토밍으로 아이디어 생성하기 • 다양한 매체 활용하여 창의적으로 표현하기 • 피드백 반영해 고쳐 쓰기
가치·태도	• 말하기와 쓰기에 대한 흥미와 자신감 • 대화 예절을 지키고 협력하며 의사소통 활동에 참여하는 태도	

영어교과의 특성은 목표 우세적 교육내용의 교과라 할 수 있음. 다시 말해서, 문학, 미술, 음악, 체육, 실과 등과 같이 학습한 결과로 획득된 어떤 수행적 능력을 중시하는 교과임. 따라서, 흥미와 관심을 가지고 학습한 언어지식(의사소통기능, 언어형식 등)을 바탕으로 자신감있게 상호작용할 수 있는 의사소통 능력을 신장해야 함.

이러한 특성을 인지적 특성, 정의적 특성, 실제성(authenticity), 상호작용성 등으로 세분할 수 있음. 인지적 특성은 기억, 이해, 추론 등과 같은 사고 작용을 통해 학습 내용을 획득해야 하는 지적 영역임. 초·중등 교실수업에서 가르칠 만한 내용, 가르쳐야 할 내용, 가르칠 필요가 있는 내용(의사소통기능, 언어형식, 어휘, 소재 등)이 무엇인지를 고려함. 정의적 특성은 협동성, 책임감, 준법성, 사회성, 자아개념, 흥미, 태도, 가치관 등을 고려하는 영역임. 학습자들이 흥미와 관심을 가지고 수업 활동에 참여하여 자신감을 갖도록 하는 교육내용이 무엇인지를 고려함.

실제성은 학습과업 또는 테스트 과업(learning or test tasks)의 특징과 실제 목표로 하고 있는 목표언어의 사용(target language use)의 특징들 간 일치하는 정도를 말함. 상호작용성은 학습자의 각 개인의 특성이 과업 수행에 관계되는 정도를 말함. 다시 말해, 주어진 과업을 수행하는데 학습자의 언어능력(배경지식, 전략적 능력, 정의적 스키마)을 쏟는 정도를 말함.

인지적 특성, 정의적 특성, 실제성(authenticity), 상호작용성 등의 제약들 간 조화(harmony)가 가능한 한 많이 이루어지는 최적의 내용을 선정해야 함. 다시 말해서, '손님을 받거나 다른 사람에게 지불하기(receiving visitors and paying money to others)' 또는 '감사하기, 감사 표현하기(expressing and acknowledging gratitude)'라는 의사소통 기능을 연습하도록 하기 위해 학습자들에 흥미있는 활동이라고 판단되는 '물건사기'를 실제 상황(상점에서 물건 보기-물건 선택하기-가격 흥정하기-가격 지불하기)의 대화 구조로 상호작용하게 한다면 최적의 내용이라고 할 수 있음.

말하기와 쓰기도 직접 평가하는 방향으로 추진되고 있는 최근 추세로 고려한다면 언어의 4기능이 균형 있게 선정될 필요가 있음. 또한, 의사소통의 각 영역을 선정할 때에도 '개인적 기능', '대인적 기능', '지식적 기능', '참조적 기능', '상상적 기능' 등의 기능이 반드시 포함되도록 해야 함. 아울러, 언어 4기능 간 통합성도 고려되어야 함. 일반적으로 듣기를 수동적 활동으로 간주하지만, 면대면(face-to-face)으로 대화를 하는 상황을 볼 때 쌍방향적인 활동이라고 할 수 있음.

교과 특성이나 언어 기능 간 형평성 및 균형성을 잘 갖추고 아울러 교육목표의 부합한다고 할지라도 개인적·사회적 요구에 적합하지 않는다면 교육내용으로 선정될 수 없을 것임. 우선, 학습자의 흥미·관심·요구 등을 반영하여 내용이 선정되었는지에 대해 점검해 볼 필요가 있음. 다시 말해서 내용을 선정할 때 학습자 중심 교육과정의 단계를 바탕으로 하였는지에 대한 기준을 면밀하게 살펴보아야 함. 이는 학습자의 경험이나 필요를 바탕으로 교사와 학생의 협의(Nunan, 1988)를 거쳐 내용, 교수-학습 활동, 교재 등을 선정하는 것을 의미함.

국가·사회·시대의 요구 및 변화를 반영하여 내용이 선정되었는가를 점검하는 것임. 미국, 영국, 독일, 프랑스 등의 교육과정에서는 국가·사회·시대의 요구 및 학습자의 요구를 민감하게 반영하고자 노력하고 있고, 특히 이러한 요구들을 고려하여 성격과 목표를 끊임없이 재조정하고, 그에 따라 '최적의 교육 내용을 선정'하고자 적극적으로 노력하고 있음(한국교육과정평가원, 2010).

따라서 제약의 서열을 개인적·사회적 요구, 교육과정의 부합성, 언어 기능 간 형평성 및 균형성, 영어 교과의 특성 순으로 다음과 같이 도식할 수 있음.

(1) 개인적·사회적 요구 ≫ 교육과정의 부합성 ≫ 언어 기능 간 형평성 ≫ 영어 교과의 특성

최상위의 제약인 '개인적·사회적 요구'는 '교육과정의 부합성, 언어 기

능 간 형평성 및 통합성, 영어 교과의 특성'을 지배함. 차상위의 제약인 '교육과정의 부합성'은 '언어 기능 간 형평성 및 통합성, 영어 교과의 특성'을 지배함. 교사가 영어교과의 특성을 바탕으로 단위학교의 교육과정을 디자인할 경우, 인지적 특성, 정의적 특성, 실제성(authenticity), 상호작용성 등의 제약을 준수하였다고 할지라도 상위의 제약들, 즉 개인적·사회적 요구, 교육과정의 부합성, 언어 기능 간 형평성 및 통합성 등을 준수하지 못하면 최적의 교육 내용이라고 말할 수 없음.

[부록 5] 자연식 교수법: 이해 가능한 입력(김진석, 2023)

Krashen과 Terrell(1983)이 제안한 자연적 교수법은 일상생활에서의 기본적인 의사소통 능력(basic personal communicative skill)을 향상시키는 것이 주요 목적임. 어린이가 모국어를 습득하는 과정에서 보이는 언어 습득 원리를 외국어 학습에 도입하였음. 구어적 측면에서는 목표어로 두세 사람과 대화에 참여하고, 다른 사람의 대화를 들을 수 있으며, 공공을 대상으로 하는 연설을 알아듣고, 라디오, TV, 음악, 영화 등을 알아듣는 수준인 반면에 문어적 측면은 동료에게 메모를 남기거나 읽을 수 있고, 공공 표지판, 일정한 문서 형식, 광고, 개인 서신을 읽거나, 재미로 다양한 읽을거리를 읽을 수 있는 정도임.

자연적 교수법은 개인의 의사소통 기능을 늘리기 위해 상황(situation), 기능(function), 화제(topic)를 중심으로 언어를 습득하게 함. 이런 면에서 볼 때, 자연적 교수법은 의사 소통중심 교수법과 일맥상통하는 바가 많음(최진황, 김진석, 이윤, 2002).

• 자연적 교수법의 다섯 가지 가설

첫째, 습득·학습가설(the acquisition and 1earning hypothesis): 제2언어 또는 외국어의 언어능력(competence)이 발달되는 데는 습득과 학습의 두 가지 방법이 있음. 습득은 어린이의 모국어 발달과 유사한 과정으로 언어에 대한 이해와 의사 전달을 위한 언어 사용을 통하여 자연스럽게 언어에 능숙해지는 무의식적인 과정을 지칭함. 반면에 학습은 하나의 언어에 대한 의식적인 규칙이 발달되는 과정으로 한 언어의 형태에 대한 명시적 지식과 이 지식을 입으로 표현하는 능력을 말함. 따라서, 학습이 일어나도록 하기 위해서는 형식적 교수가 필요하고 학습된 규칙들의 발달을 돕기 위해서는 오류의 수정이 필요함.

둘째, 모니터 가설(the monitor hypothesis): 우리가 제2언어 또는 외국어로 의사를 전달할 때 습득된 언어적 체계로 발화를 하게 되는데, 의식적인 학습은 이미 습득된 체계의 출력(output)을 점검하고 수정하는 감시자로서 작용할 수 있음. 성공적인 모니터 사용을 하기 위해서는 학습자가 학습된 규칙을 선택하고 적용할 수 있는 충분한 시간이 있어야 하고, 아울러 언어규칙을 정확하게 알아야 함.

셋째, 자연순서가설(the natural order hypothesis): 문법적 구조의 습득이 예측 가능한 순서로 진행된다고 하는 가설로 영어를 모국어로 습득할 경우 어떤 일정한 문법구조나 형태소들은 다른 것에 앞서서 습득되며, 제2언어 습득의 경우에도 비슷한 자연적 순서가 발견된다는 것임. 학습자가 범하는 오류는 자연스런 발달 과정의 표시이며, 습득되는 동안에는 학습자의 모국어가 그 어느 것이라 할지라도 비슷한 발달상의 오류가 학습자에게서 일어남.

넷째, 입력가설(the input hypothesis): 학습자가 한 언어에 대해 노출된 정도와 언어습득 사이의 관계를 설명하기 위한 가설로 학습자들이 가진 현재의 언어능력 수준(i)을 약간 넘는 입력(i+1)을 이해함으로써 언어를 잘 습득한다는 주장임. 즉, 습득자가 가진 언어 능력의 수준인 i단계에서 어떤 자연적 순서를 따라 i를 즉시 뒤따르는 i+1단계의 언어를 이해할 때 언어를 가장 잘 습득하게 됨. 또한 충분한 양의 이해 가능한 입력(comprehensible input)이 있을 경우 i+1은 자동적으로 제공됨. 이해 가능한 입력이란, 표현된 언어뿐 아니라 상황에 기초하여 학습자가 이해할 수 있는 입력을 지칭함. 화자가 언어로 전달한 내용을 청자가 이해할 때, 화자는 청자의 현재 언어능력 수준 주위에 해당하는 입력문을 많이 제공해야 청자가 학습자로서 보다 많은 양의 언어를 습득하게 됨.

다섯째, 정의적 여과가설(the affective filter hypothesis): 학습자의 정의적 상태 또는 태도가 습득에 필요한 입력을 자유로이 통과시키거나 방해하며, 또는 막아 버리는 조절 가능한 여과 기 역할을 함. 정의적 여과가 낮은 것이 바람직한데 그것은 필요한 입력을 보다 덜 방해하기 때문임. 제2언어습득과 관련된 정의적 변인과 태도변인에는 동기(motivation), 자신감(self-confidence), 불안(anxiety) 등이 있음. 이 가설에 따르면, 정의적 여과가 낮은 학습자는 더 많은 입력을 탐색하여 받아들이고 자신감을 갖고 상호작용하며, 자신들이 받은 입력에 대해 보다 더 수용적이라고 함. 불안감이 높은 학습자의 경우는 정의적 여과가 높고, 그로 인해 습득이 방해됨. 정의적 여과 가설의 입장에서 볼 때, 제2언어습득에 있어서 나이가 많은 습득자보다 어린이가 더 낮기 때문에 언어습득에 유리함을 알 수 있음(최진황, 김진석, 이윤, 2002).

[부록 6] 이야기 사고 패턴과 장기기억

• 이야기 사고 패턴 찾기(Read, 2007)

1) 교사가 칠판에 징검다리 돌들을 그리고 학생들은 공책에 징검다리 돌들을 따라 그린다. 교사는 학생들에게 각각의 징검다리 돌들이 이야기의 핵심 에피소드라고 설명한다.

2) 학생들은 짝을 지어 이야기의 핵심 에피소드들을 확인하고 각각의 징검다리 돌들에 핵심 에피소드들을 차례대로 적는다. 이 때 교사는 학생들에게 예시를 주어야 한다. (예 1. On the first stepping stone, the Kraken lived at the bottom of the sea.)

3) 학생들에게 이야기를 다시 들려주거나 이야기가 그려진 그림들을 나눠준다. 학생들은 짝과 함께 이야기들을 확인해보고 각각의 징검다리 돌들 위에 이야기들을 쓴다.

4) 학생들 전체와 함께 징검다리에 적힌 핵심 에피소드들을 서로 비교해 본다. 학생들이 발표한 내용을 확인하고 모두가 공감하는 답을 칠판의 징검다리 돌들에 쓴다(예 2. The Kraken swam to the surface 예 3. The Kraken looked like an island. 예 4. Some sailors rowed to the island. 예 5. The sailors had a party. 예 6. The sailors lit a big fire. 예 7. The Kraken threw the sailors into the sea. 예 8. The sailors drowned. 예 9. The Kraken disappeared.).

5) 어떤 징검다리 돌들이 이야기를 시작하는지(예 1), 갈등으로 이야기를 끌고 가는지(예 2~5), 갈등을 묘사하는지(예 6), 갈등으로 일어난 사건인지(예 7), 갈등의 결과인지(예 8~9) 확인해보도록 한다.

opening → events → conflict → events → resolution → ending

- 이야기 관점 및 역할 바꾸기

1) 편지쓰기

학생들은 이야기 등장인물의 입장에서 편지를 씀. 예를 들어, Baby Bear로부터 Goldilocks에게 집에 와서 함께 놀자는 초대 편지, Dear Zoo에서 동물원으로 동물들에 대해 묻는 편지 등을 쓸 수 있음.

2) 일기 쓰기

학생들은 등장인물의 관점에서 일기를 쓴다. 예를 들어, 전래동화 속 핸젤과 그래텔이 마녀의 집에 잡혀있을 때의 일기를 쓸 수 있음.

3) E-mail쓰기

학생들은 이야기 속 등장인물에게 e-mail을 보낼 수 있음. 빨간 모자의 늑대에게 그가 얼마나 나쁜지 또는 앞으로는 사람들을 잡아먹지 말라고 하는 email을 쓸 수 있음.

- AI디지털 앱을 활용한 이야기 재구성하기(김진석, 2023)

교사는 학습자들이 창의적 사고를 통해 스크래치 기반 다양한 활동을 코딩하도록 하고, 그것을 발표하도록 함으로써 학습자의 창의력을 향상시킬 수 있도록 지원할 필요가 있음(김진석, 2021).

위와 같이, 교사는 학습자들이 그들의 관점에 따라 코끼리의 일부를 선택하도록 하는 활동을 하기도 하고, 교사의 질문을 듣고 학습자들이 코끼리의 일부를 묘사하거나 추측하며, 빈칸을 채우는 활동을 구현할 수 있음. 아울러, 무슨 일이 일어나고 있는지 50개의 단어로 묘사하도록 하고, 기억력만으로 이야기를 다시 말 하도록 하며, 이야기의 시작이나 끝을 다시 말하도록 하는 활동을 구현할 수 있음.

[부록 7] 리터러시의 이해와 실제

□ 기초적 리터러시

리터러시는 읽기와 쓰기에 초점을 둔 기능 리터러시(functional literacy)에서 다문화 리터러시, 미디어 리터러시, 디지털 리터러시, 데이터 리터러시, 인공지능 리터러시 등으로 다양화되었고, 법 리터러시 등과 같은 특수 목적의 리터러시로 더욱 확장·심화되고 있음(김진석, 2019a:5-6). 이를 구도화하면 다음과 같음.

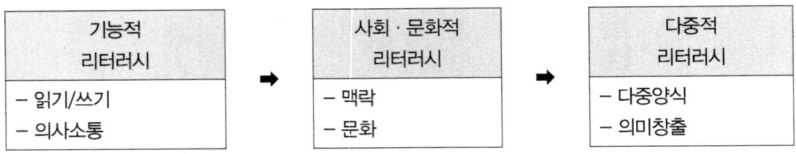

[그림 1] 리터러시의 확장·심화

전통적 리터러시는 읽기·쓰기의 기능을 말하는 것으로 텍스트를 읽거나 일기를 쓰는 것과 같은 협의의 리터러시임(Cameron, 2001:124). 이러한 기능 리터러시는 문어와 구어를 포괄하는 의사소통(Hymes, 1972:269; Richards & Rodgers, 2008:244)으로 확장되었음.

▫ 다문화 리터러시

뉴런던 그룹(1996), Banks(2003), Metiri Group(2003), Greenstein(2012) 등을 고려하여, 다문화 리터러시를 1) 다양한 문화적 배경을 가진 화자들의 다양한 가치와 관점을 인식하고 공감하는 능력, 2) 다문화 교육을 통해 지식과 기술을 습득하는 능력, 3) 다양한 문화적 배경을 가진 화자들과 협력하여 글로벌 이슈(예, 지구 온난화, 빈곤, 인종차별, 성차별, 전쟁 등)를 해결하기 위해 적극적으로 실행하는 능력으로 다음과 같이 구성될 수 있음(김진석, 2019).

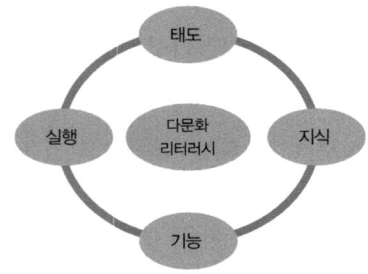

[그림 2] 다문화 리터러시의 구성요소(김진석, 2019)

위 그림에서 볼 수 있듯이, 다문화 리터러시는 태도, 지식, 기능, 실행력으로 구성되어 있음. 다문화 리터러시의 태도, 지식, 기능은 김진석(2015)의 문화 간 의사소통 역량(ICC)의 구성 요소를 포함하며, 글로벌 이슈를 인식하고 이해하는 요소도 포함함. 특히, 글로벌 문제 해결을 위한 실행 역량은 학습자가 개선해야 할 중요한 요소 중 하나라는 점에서 김진석(2015)의 문화 간 의사소통 역량(ICC)과 차별화됨(김진석 외, 2018).

◻ AI 리터러시

AI는 '개개인들이 소통하고 협력하여 문제를 해결하거나 과제를 완수할 수 있도록 인간의 인지와 유사하게 설계된 소프트웨어 알고리즘 및 테크닉'(김진석, 2019e:263)임. 최근, AI는 특정한 기능을 수행하기 위해 제작한 약한 AI를 넘어 '인간의 인지능력에 근접하고, 세상이 어떻게 작동하는지에 대한 상식적 이해를 보여주며, 새로운 문제를 해결하거나 새로운 과제를 수행할 수 있을 뿐만 아니라 선행지식이 거의 없거나 최근 발생한 문제에 대한 정보로 스스로 학습할 수 있는 이론적 체계를 갖춘 강한 AI'(Murphy, 2019:2-3)로 진화하고 있음.

인공지능 리터러시 교육의 내용은 교육의 목적을 바탕으로 구성되어야 함. 인공지능 리터러시 교육의 목적은 다음과 같이 설정할 수 있음(김진석 외, 2021).

- 태도: AI 및 에듀테크들을 비판적으로 이해·평가하며, 인공지능 기술을 능동적으로 탐구하고 활용하여 자신의 의견을 표현하는 태도를 갖춤
- 지식 및 기능: AI 및 에듀테크들과 소통·협력하여 창의적으로 과제를 완수

하며, 인공지능 기술을 활용하여 정보를 탐구·분석·분류·비판·평가하여 과제를 완수하거나 문제를 해결하는 지식과 기능을 함양함
- 실행력: AI 및 에듀테크들을 실생활에 능동적으로 전이시키며, 체득한 그들의 지식과 기능을 바탕으로 과제를 창의적으로 완수하거나 문제들을 해결하기 위해 행동하는 실행력을 갖춤

□ 위험 리터러시(김진석 외, 2024)

Shearn과 Weyman(2004), Shearn(2005), McWhirter와 Francis(2012), Shearn(2015), Nara와 Sata(2016), Nikiforidou(2017) 등에 의하면, 위험 리터러시는 사고 예측 및 판단능력, 의지결정력, 문제해결능력, 공동체 역량 등과 밀접하게 관련되어 있고, 위험을 인지하고 대응하는 능력이기 때문에, 시대적·사회적으로 함양해야 할 필수 불가결한 역량이라 주장함.

학습자 개개인이 위험에 능동적으로 대처하는 태도를 갖고, 지식 및 기능을 신장하며, 다가올 위험을 사전에 예측하고 판단하여 위험을 대처하는 실행력을 함양해야 함. 이를 구체적으로 제시하면 다음과 같음.

- 정의적 영역: 위험을 능동적으로 탐구하고 이해하며 대처하는 태도
- 인지적 영역: 위험을 인식하고 이해하며, 분석·예측·결정하는 지식 및 기능
- 심동적 영역: 신중하고 안전하게 행동하고, 위험을 판단하고 대처하는 실행력

정의적 영역은 학습자들이 위험을 탐구하는 동기유발을 일으키고, 위험을 능동적으로 이해하고 자신감을 갖고 대처하는 태도를 기르는 것임. 인지적 영역에서는 위험을 지각·이해·분석·예측·결정하는 지식 및

기능임. 기능에는 비판적 사고능력, 위험 커뮤니케이션, 위험 문제해결 능력, 위험 관리능력, 창의력, 협업능력, 미디어 리터러시, 데이터 리터러시 등이 있음. 심동적 영역은 위험을 정의적 영역과 인지적 영역과 연관하여 신중하게 판단하고 대처하는 실행력임. 이를 고려한 위험 리터러시 기반 수업(예시)은 다음과 같음.

〈표 1〉 위험 리터러시 기반 수업(예시) (이은지, 2021; 김진석 외, 2021)

학습 단계	학습요소	교수 · 학습 활동	시간 (분)	자료(자)및 유의점(유)
탐색 하기 (문제 제기)	전시 학습상기 동기 유발	⊙ AR/VR, 유튜브 등을 활용한 전동 킥보드로 인한 생활 속 위험 요인 상기 - 전동 킥보드로 인해 사고가 발생하는 문제 상황 제시 - 전동 킥보드를 안전하게 사용하는 방법을 떠올려 볼까요?	5	- AR/VR - 유튜브
	학습 문제 확인 학습 활동 안내	⊙ 학습문제 확인하기 - 전동 킥보드를 안전하게 사용하는 방법을 체험할 수 있다. ⊙ 학습활동 안내하기 〈활동1〉 횡단보도 건너기와 관련된 위험 사례 및 자료보기 〈활동2〉 안전하게 횡단보도를 활용하여 길을 건너는 방법 생각하기 〈활동3〉 횡단보도 건너기 체험하기		PBL(문제중심학습)의 문제 상황을 제시하여 학생 스스로 주어진 문제를 해결하도록 한다.

문제 생각 하기 (정보 조직· 분석) 실행 하기	활동1	〈활동1〉 전동 킥보드와 관련된 위험 사례 및 　　　　자료 보기 　- 전동 킥보드와 관련된 위험 사례 제시 　- 전동 킥보드와 관련된 위험 통계자료 제시 〈활동2〉 안전하게 전동 킥보드를 사용하는 　　　　방법 생각하기 　- 신호등이 있는 횡단보도에서 전동 킥보드 　　를 사용하는 방법 　- 신호등이 없는 횡단보도에서 전동 킥보드 　　를 사용하는 방법 　- 위험 상황 시나리오(3D 가상공간 체험) 　- 1차적 위험 관련 질적·양적 평가 〈활동3〉 안전하게 전동 킥보드 사용 체험하기 　⊙ 안전하게 전동 킥보드 사용 체험 (1) 　- 가시화된 위험과 잠재된 위험 체험하기	10	- 에듀테크 　(엔트리, 티처블 　머신, 챗봇 등) - 도로횡단 원칙 - 자기 평가지(카훗)
	활동1	- 잠재적 위험요소에 대한 안내 - 교사와 학생 간 토론 또는 학생들 간 토론 ⊙ 횡단보도 건너기 체험 (2) - 다양한 위험 시나리오 체험하기 - 제시된 상황에서 위험 요인 스스로 찾기 - 제시된 상황에서 위험 예측하기 - 제시된 상황에서 길을 건널 것인지 판단하기 - 안전하게 전동 킥보드 사용하기 - 전동 킥보드 사용 시 위험 상황 대처하기	10	- 에듀테크(엔트리, 　티처블 머신, 챗봇 등) - 도로횡단 원칙 - 자기 평가지 　(카훗)
성찰 하기 (평가 및 정리)	자기평가 차시예고	⊙ 자기 평가하기 - 2차적 위험 관련 평가하기 - 자기평가지를 작성하며 오늘 활동을 되돌 　아 봅시다. ⊙ 차시 예고하기	5	- 자기평가지 　(카훗)

[부록 8] 토론과 이해 가능한 출력(김진석, 2018c)

교사는 학습자의 수준에 적합한 화제를 정할 수도 있지만, 다음 활동에서와 같이 토론하고 싶은 화제를 모둠별로 예시자료에서 고르도록 하여 수업 참여도를 제고할 수 있음.

1. 전체 학생을 5인 1조로 구성한다.
2. 교사는 그 이유를 질문한다.
3. 선택한 화제에 대해 교사는 학생들에게 가능한 많은 문장은 말하도록 한다.
4. 화제에 대해 토론하고 조원들에게 들은 아이디어를 자신의 내용에 첨가한다.
5. 몇 개의 문장들로 글을 쓴다.
6. 완료된 글을 교실 벽에 붙여서 친구들이 읽을 수 있도록 한다.

예시 자료)

- Why have there always been wars?
- Why are some animals disappearing?
- Why are people having fewer children?
- Why do people need to study foreign languages?
- Why do so many people travel?
- Why do women live longer than men?
- Why do married men live longer the single men?
- Why do some people hate living in cities?
- Why do some people love living in cities?
- Why are some people vegetarians?
- Why isn't everyone a vegetarian?

자료: Hess(2001)

비록 토론 중심의 활동이지만, 교사는 학습자들이 모둠별로 토론한 결과를 간단하게 쓴 후 벽에 붙이거나 발표하도록 할 수 있음. 교사는 이러한 상호작용이나 의미협상의 과정을 관찰하면서 평가할 수 있을 것임. 또한, 다른 모둠의 학습자들과 공유하는 과정 속에서 학습자들 간 상호평가를 유도할 수도 있음.

토론하기를 통해 말하기를 평가한다면, 주제를 주고 모둠별로 토론하게 한 후, 교사는 모둠별 말하기 수행 능력을 관찰하여 평가하는 방식임. 이는 실제적인 의사소통 능력을 평가하는 방법으로 다음과 같은 능력을 평가할 수 있음(Brown, 2004).

- 화제 결정, 유지, 종결
- 시선끌기, 끼어들기, 발언권 갖기 및 통제
- 명료화하기, 질문하기, 환문하기
- 의미협상
- 화용적 효과를 위한 억양패턴
- 동작성, 눈 응시, 근접성, 몸짓언어
- 공손성, 정형성, 기타 사회언어적 요소

학습자의 의사소통 능력을 제대로 측정하려면, 개인내적 층위, 대인 간 층위, 점검층위, 맥락 층위 등 다양한 층위[1]들을 고려해야 함. 위의 요소들은 대인 간 층위에서 참여자들이 발화하고, 상호작용하고, 의미 협상해 나가는 일련의 과정에서 평가될 수 있음.

[1] 먼저 개인 내적 층위에서는 화자가 자신이 표현하고자 하는 의도를 형성하고, 언어를 계획하며, 발음을 형성한다. 대인 간 층위에서는 청자에게 자신의 의도를 발화하고 상황에 따라서는 의미를 협상하며 상호작용을 하게 된다. 점검 층위에서는 화자나 청자가 이러한 과정이 맥락 속에서 제대로 이루어지고 있는지를 점검한다(김진석, 2013a). 대화 참여자들 간 진행되는 상호작용은 매우 복잡하다고 할 수 있다. 화자는 의사소통에 관여되는 개인 내적 층위, 대인 간 층위, 점검 층위들을 바탕으로 발화해야 하기 때문이다. 이들 층위 중, 화자들 간 가장 중요한 층위는 대인 간 층위라 할 수 있다. 대인 간 층위에는 발화·화행 단계와 의미협상 단계가 있다. 발화·화행 단계는 화자의 의도를 발성기관을 통해 표출하는 발화단계와 발화가 행위를 수반한다는 수행적 측면의 화행(speech act)을 고려한다.

교사는 수업 활동 중에 학습자들이 화제를 정하고 유지하고, 종결하는 모습을 관찰하고, 대화를 하는 동안 화자들의 주의를 집중시키고 끼어들면서 발화하거나 발언권을 유지하고 통제하는 모습을 관찰하면서 평가할 수 있음.

또한, 학습자들이 자신의 말을 명료하게 하고, 질문을 하거나 환문을 하는 태도나 상호작용을 하면서 의미를 협상하는 모습을 관찰하고, 화자의 억양패턴, 비언어적 의사소통(동작성, 눈 응시, 근접성, 몸짓언어 등), 사회 언어적 요인들(공손성, 정형성) 등을 관찰하여 학습자의 의사소통 능력을 평가할 수도 있을 것임.

교사는 학생들이 토론을 할 때 서로 간 상호작용하는 모습을 보고 평가하기 때문에, 채점에 대한 평가 목표 및 평가기준을 구체적으로 설정해야 함(김진석, 2016a).

비록 토론 중심의 활동이지만, 교사는 학습자들이 모둠별로 토론한 결과를 간단하게 쓴 후 벽에 붙이거나 발표하도록 할 수 있음. 교사는 이러한 상호작용이나 의미협상의 과정을 관찰하면서 평가할 수 있을 것임.

교사는 수업 활동 중에 학습자들이 화제를 정하고 유지하고, 종결하는 모습을 관찰하고, 대화를 하는 동안 화자들의 주의를 집중시키고 끼어들면서 발화하거나 발언권을 유지하고 통제하는 모습을 관찰하면서 평가할 수 있음.

더욱이, 학습자들이 자신의 말을 명료하게 하고, 질문을 하거나 환문을 하는 태도나 상호작용을 하면서 의미를 협상하는 모습을 관찰하고, 화자의 억양패턴, 비언어적 의사소통(동작성, 눈 응시, 근접성, 몸짓언어 등), 사회 언어적 요인들(공손성, 정형성) 등을 관찰하여 학습자의 의사소통 능력을 평가할 수도 있을 것임.

[부록 9] 개인화와 이해 가능한 출력(김진석, 2018c)

교실수업은 먼저 수업에 흥미를 느끼고 활동에 참여하게 하는 동기화 단계를 구현한 후, 의사소통기능 및 언어형식을 집중적으로 연습하는 활성화 단계, 이미 알고 있는 의사소통기능 및 언어형식을 자신들이 겪은 경험과 관련지으면서 마음속에서 조직화하는 처리기(processing stage)에 해당되는 장기 기억화 단계를 거침.

마지막으로, 장기 기억된 의사소통기능 및 언어형식을 뇌로부터 근육의 직접적 운동으로 연결되는 신경회로를 통해 자신의 지각 속도, 인지속도, 발음 속도 등에 맞게 적절하게 표현할 수 있는 능력을 갖추는 개인화 단계로 진행됨. 예를 들어, 수업은 다음과 같이 단계별로 진행될 수 있음.

- 동기화단계: 선생님은 많은 사람들이 다양한 활동을 하고 있는 한여름 바닷가의 그림이나 사진을 보여주면서 이야기 한다. 학생들은 그림에 해당되는 어휘들이나 표현들을 듣고 반응을 보이거나 활동에 참여한다.

- 활성화단계: 짝 활동이나 모둠 활동을 통해 "What is she doing? She is listening to the radio." 등과 같은 표현을 하면서 진행형의 형태와 의미를 집중적으로 연습한다. 또한, 5개가 서로 다르게 그려져 있는 두 개의 바닷가 그림을 보면서 진행형을 사용하여 발견하도록 하는 정보차 활동을 하거나, 바닷가에서 했던 예전의 경험과 연관된 활동을 그려 본 후 친구에게 말해보도록 하는 활동을 통해 진행형을 내재화(internalization)한다.

- 개인화단계: 장기 기억된 진행형을 활용하여 바닷가의 그림을 묘사하는 활

동(picture telling)을 하거나 글을 써 보도록 하는 활동을 함으로써 학습자가 자신에 맞는 영어를 능동적으로 표현한다.

[부록 10] 연간 계획, 단원 계획 및 본시 계획(김진석, 2016a,b)

교수·학습 활동의 계획에는 수업활동을 연간계획, 단원계획, 본시계획 등이 세부적으로 제시되어야 함. 영어과 교육과정 해설서와 교사용 지도서가 이러한 계획에 가장 큰 도움을 줄 수 있음. 특히, 교사용 지도서에는 학년별, 학기별로 연간계획, 단원계획, 본시계획 등을 세분하여 주요 교수·학습의 방법 및 수업 계획안을 제시하고 있음(이병호 외, 2000; 김진석, 2023).

영어 학습을 통하여 핵심 역량을 함양함. 학생의 삶과 연계된 영어 의사소통 역량을 함양하기 위한 영어과의 세부 목표는 교육 전 과정을 통해 중점적으로 기르고자 하는 핵심역량을 반영하여 설정한 것임. 핵심역량은 다음과 같음(교육부, 2022).

- 자아정체성과 자신감을 가지고 자신의 삶과 진로를 스스로 설계하며 이에 필요한 기초 능력과 자질을 갖추어 자기 주도적으로 살아갈 수 있는 자기관리 역량
- 문제를 합리적으로 해결하기 위하여 다양한 영역의 지식과 정보를 깊이 있게 이해하고 비판적으로 탐구하며 활용할 수 있는 지식정보처리 역량
- 폭넓은 기초 지식을 바탕으로 다양한 전문 분야의 지식, 기술, 경험을 융합적으로 활용하여 새로운 것을 창출하는 창의적 사고 역량
- 인간에 대한 공감적 이해와 문화적 감수성을 바탕으로 삶의 의미와 가치를 성찰하고 향유하는 심미적 감성 역량
- 다른 사람의 관점을 존중하고 경청하는 가운데 자신의 생각과 감정을 효과적으로 표현하며 상호협력적인 관계에서 공동의 목적을 구현하는 협력적 소통 역량
- 지역·국가·세계 공동체의 구성원에게 요구되는 개방적·포용적 가치와 태도로 지속 가능한 인류 공동체 발전에 적극적이고 책임감 있게 참여하는 공동체 역량

위의 핵심역량을 고려하여 6개의 세부 목표를 다음과 같이 진술하고 있음(교육부, 2022).

① 일상생활 및 다양한 주제에 대하여 협력적 태도로 자신의 참여 목적과 상황에 맞게 영어로 의사소통한다.
② 영어에 대한 흥미와 관심을 바탕으로 스스로 영어 사용의 필요성을 파악하여 학습 목표를 세우고, 다양한 학습 전략을 사용하여 자기 주도적으로 영어 학습을 지속한다.
③ 지역·국가·세계 공동체의 구성원으로서 문화 정체성과 언어 및 문화적 다양성에 대한 이해를 바탕으로 공감, 배려와 관용 및 포용 능력을 갖추고 영어를 통해 공동체의 문제 해결에 적극적으로 참여한다.
④ 영어로 전달되는 다양한 분야의 지식, 기술, 경험 등을 융합적으로 활용하고 비판적으로 사고하여 자신의 생각을 창의적으로 표현한다.
⑤ 영어로 표현된 다양한 자료와 작품 등을 통해 인간에 대한 공감적 이해와 심미적 감수성을 기르고 이를 바탕으로 삶의 의미와 가치를 발견하고 향유한다.
⑥ 영어로 표현된 다양한 매체의 디지털 지식 정보를 자신의 목적에 맞게 검색, 수집, 이해, 분석, 평가 및 활용한다.

표현영역에서 읽기에 초점을 둔 본시계획의 경우, 연간계획과 단원계획의 성취기준을 반영하여, 초등학교 5학년 "The Very Hungry Caterpillar"를 읽기 전, 읽기 중, 읽기 후의 각 과정에 맞추어 다음과 같이 구성할 수 있음(이병호 외, 2000; 김진석, 2023).

〈표 1〉 읽기 수업계획안(예시)

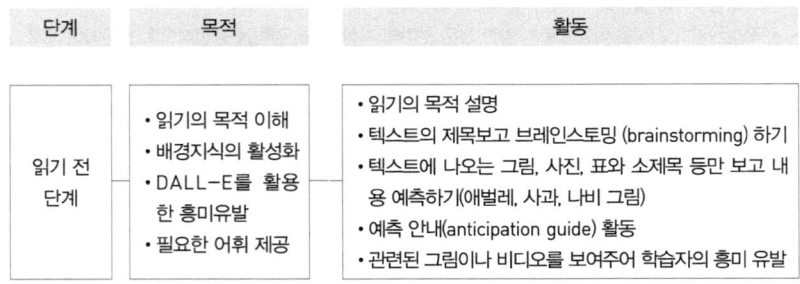

읽기 중 단계	• 선택된 중요한 개념에 초점을 두어 읽기 • 3단계에 걸친 읽기 내용의 이해 • 적극적으로 읽기에 참여하도록 유도 • AIED를 활용한 흥미유지	• 글의 구조를 도식화한 트리(tree) 완성하기 혹은 담화표지어(discourse markers) 찾기 • 선택적인 읽기 안내자료 제시(selective reading guide) • 사건이 일어난 순서 정하기 • 읽은 내용 요약하여 말하기 • 분류하기
읽기 후 단계	• 읽기 내용 확인 및 점검 • 정보의 조직화 • 정보의 응용 및 확장 • 어휘강화 • 다른 언어 기능과 통합	• 반응 안내(reaction guide) 활동 혹은 의미망(semantic map) 완성하기 – 그룹활동 • 읽기 중 단계에서 완성한 트리 확인하기 • 텍스트와 관련된 이야기 제공 • 읽은 내용에 관하여 자신의 의견을 말하기

읽기 전 단계에서는 이야기에서 나오는 그림들과 등장인물들을 보여 주면서 흥미를 유발시킴. 학습자가 가지고 있는 배경 지식을 활성화시키기 위한 활동으로는 "The Very Hungry Caterpillar"만 보고 연상되는 어휘나 이야기 등을 자유롭게 말해보도록 한다거나 이야기에 나오는 애벌레, 나비, 사과 등을 보고 내용을 예측하게 하는 활동을 할 수도 있음.

읽기 중 단계에서는 학습자들에게 읽기의 방향을 제공해 주는 것이 필요함. 교사는 이 단계에서 텍스트의 소제목을 질문 형태로 바꾼 선택적인 읽기 자료를 제공하여 주면 학습자들이 중요한 개념에 초점을 두어 읽도록 하는 데 도움이 됨.

읽기 후의 단계에서는 읽은 내용을 확인하고 텍스트에 나온 필요한 정보를 조직화하며 이를 확장할 수 있도록 지도함. 교사는 이 단계에서 읽기 전 단계에서 사용했던 '예측 안내(anticipation guide)' 활동 자료를 '읽은 후의 반응란'에 답을 하게 함으로써 다시 사용할 수 있음(이병호 외, 2000; 김진석, 2023).

[부록 11] 백워드 설계 모형의 기본 템플릿

〈표 1〉 백워드 설계 모형의 기본 템플릿(1쪽)

Step 1 – Desired Results
• *Established Goals : What should students know, understand, and be able to do as a result of the lesson? (Standards and other objectives as needed)*   — Talk about the temporal relationship.   — Ask and answer questions about the temporal relationship.   — Know about the temporal relationship all around World.   — Know why the temporal relationship are important in our daily life.
Step 2 – Assessment evidence
• *Performance task—What will students do to show what they have learned?*   — Talk about the similarities and differences on the temporal relationships among events across cultures   — Express learners' cultural shock they have experienced abroad based on beliefs, values, norms, and social customs.   — Share the most amusing and valuable events with all of classmates.
Step 3 – Learning Plan
• Learning Activities based on WHERETO   • W =   • H =   • E1 =   • R =   • E2 =   • T =   • O =

〈표 2〉 백워드 설계 모형의 기본 템플릿(2쪽)

제목 :	교과 :
주제 : 학년 :	설계자 :

Step 1 – Desired Results

- *Established Goals* :

• *Understandings*	• *Essential Questions*
• *Knowledge*	• *Function*

Step 2 – Assessment evidence

- Performance tasks

- Criterion

- Other Evidence

Step 3 – Learning Plan

- Learning Activities based on WHERETO

[부록 12] 백워드 설계 기반 평가계획 및 수업 계획

⟨표 1⟩ 백워드 설계 모형 기반 평가계획 및 수업 계획(김진석, 2018c)

	평가계획	수업 설계	
Understanding temporal order or temporal relationship among events →	[1차시] 시간순서 TF, Quiz, Self	1차시	
	[2차시] 시간순서 말하기 Observation, Self	2차시	Big Idea 실현 ↓ 발표하기
	[3차시] 사건 간 시간 관련성 이해 Quiz, Self	3차시	
	[4차시] 시간순서 쓰기 Project	4차시	
	…	…	

⟨표 2⟩ 수업설계(김진석, 2018c)

빅 아이디어		Understanding temporal order or temporal relationship among events
관련 단원		School Timetable
성취 기준	듣기	[6영01-03] 그림이나 도표에 대한 쉽고 간단한 말이나 대화를 듣고 세부 정보를 파악할 수 있다.
	말하기	[6영02-05] 간단한 그림이나 도표의 세부 정보에 대해 묻거나 답할 수 있다.
	읽기	[6영03-02] 그림이나 도표에 대한 쉽고 짧은 글을 읽고 세부 정보를 파악할 수 있다.
	쓰기	[6영04-04] 실물이나 그림을 보고 한두 문장으로 표현할 수 있다.

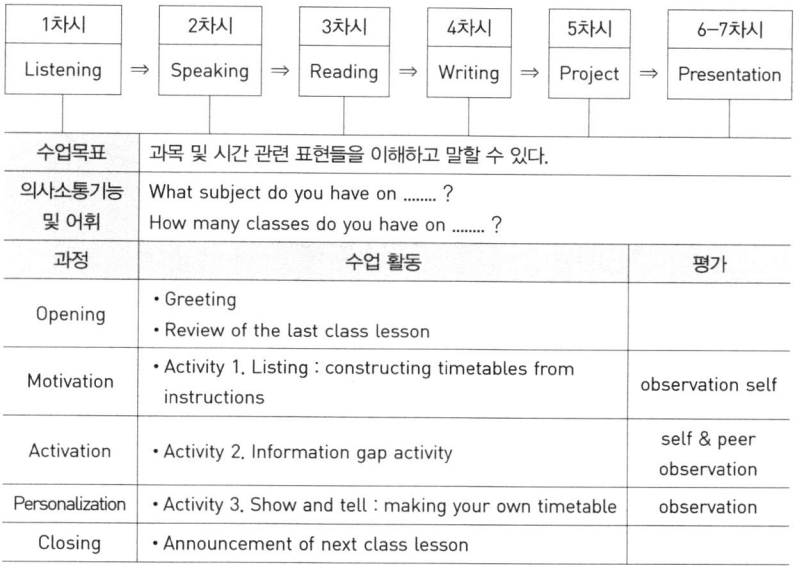

〈표 3〉 차시별 수업-평가 Design(김진석, 2018c)

과정	수업 활동	평가
Opening	• Greeting • Review of the last class lesson	
Motivation	• Activity 1. Listing : constructing timetables from instructions	observation self
Activation	• Activity 2. Information gap activity	self & peer observation
Personalization	• Activity 3. Show and tell : making your own timetable	observation
Closing	• Announcement of next class lesson	

수업목표: 과목 및 시간 관련 표현들을 이해하고 말할 수 있다.
의사소통기능 및 어휘: What subject do you have on .... ?
How many classes do you have on .... ?

[부록 13] 교수-학습 모형과 교수-학습 활동

• MAP 모형(김진석, 2023)

각 단계는 첫 번째 단계인 M에서 시작하지만 단계가 진행될수록 이전의 단계는 눈덩이처럼 점진적으로 축적되어 마지막 개인화 단계에서는 학습자의 경험을 바탕으로 다양한 문화의 시각에서 자신의 생각을 창의적으로 표현하는 단계로 발전하게 됨. 각 단계에는 인지적(cognitive) c, 정의적(affective) a, 심동적(psycho-motor) p가 고려되어 활동을 설계하고 구현함.

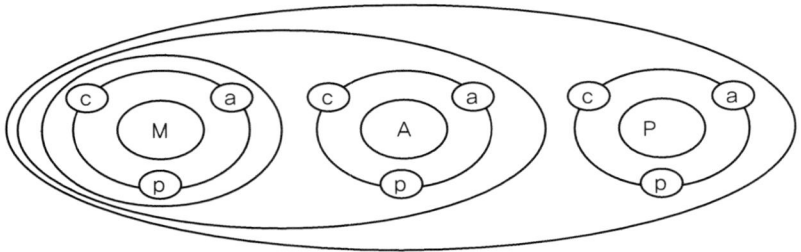

[그림 1] MAP 수업모형

위의 수업모형은 최근 교실수업에 많이 활용되고 있는 PPP (Presentation-Practice-Production) 모형의 문제점을 설명할 수 있음(김진석, 2013). PPP는 매 단원마다 새로운 의사소통기능과 언어형식을 연습해야 하는 우리나라와 같은 교실 상황에서 폭 넓게 사용하고 있는 모형임. PPP는 반복을 통해 응답을 자동화하고 아울러 연습이 완벽을 낳는다는 원리를 기반으로 하는 행동주의적 관점에서 파생된 것임(Willis, 1998, p. 134). 그래서, PPP모델을 기반으로 하는 교실수업은 다음과 같은 문제점을 안고 있음(Willis, 1998, p. 134-135).

- PPP모델은 하나의 항목에만 초점을 두고 있어서 학습자의 언어경험을 제약함
- 습관형성 중심의 연습에 의존함으로 인해, 학습자 스스로 언어에 대해 생각하면서 상황을 해결해 나가는 활동을 저해함
- 생성 단계의 목표는 종종 달성하지 못함
- 학습자들은 때때로 목표 형태를 전혀 사용하지 않고도 과제를 하거나 역할놀이를 가까스로 해냄
- 학습자들은 때때로 목표 형태를 과도하게 사용하여 자연스럽지 못한 대화

를 하는 경향이 있고, 학습자들은 의사소통에는 관심이 없을 수 있음
- 학습자들이 교실 내에서는 목표로 하는 언어형태들을 자신감있게 마스터했다고 생각하지만, 교실 밖에서나 이후의 수업에서는 그들을 전혀 사용하지 못하거나 부정확하게 사용함

학습자의 기계적 암기 위주의 연습을 지향하고 자신의 생각을 표현할 수 있는 실질적인 의사소통 능력을 함양하기 위해서는 PPP모델은 한계가 있다고 할 수 있음. 무엇보다도 학습자들이 이미 많은 언어형식과 의사소통 기능을 알고 있는 경우에는 PPP모델이 적절하지 못함. 이런 측면에서 동일한 종류의 제시단계는 불필요하다고 할 수 있음(Harmer, 2003).

초등학교 3, 4학년에서는 대체로 연습단계에 머무르는 경향이 있고, 5, 6학년에서는 생성단계의 활동들을 하는 경향이 있음. MAP와 PPP를 대응시켜 보면, M은 제시단계, A는 연습단계, P는 생성단계에 해당됨. 그러나 영어를 제대로 표현할 수 있는 의사소통의 단계가 되려고 한다면, 장기기억한 의사소통기능 및 언어형식을 제대로 표현할 수 있는 개별화 단계에 도달할 수 있도록 수업을 구현해야 함. 이런 측면에서 초보단계에서는 PPP모형이 적절할 수 있지만, 어느 정도 의사소통기능 및 언어형식을 알고 있는 5, 6학년군에서는 적절하지 않을 수도 있는 PPP의 문제를 MAP모형으로 설명할 수 있음. 다시 말해서, MAP모형은 장기 기억된 의사소통 기능 및 언어형식을 활용하여 자신의 생각을 말이나 글로 창의적으로 표현하는 기회를 가질 수 있음.

- 교수-학습 활동

MAP모형으로 과제 기반 교수-학습 모형을 설명할 수 있음. 예를 들

어, 바닷가 그림을 표현(picture telling)하는 일련의 절차들 중 활성화와 장기 기억화는 학습자들이 과제를 해결하는 과제 중심 교수법의 과제구현 단계와 유사함.

아울러 MAP모형은 의사소통교수법을 설명할 수 있음. 의사소통교수법에서는 두 개의 단계별 접근 방법이 있는데, 첫 번째 단계에서는 언어의 단위, 범주, 문법 등을 인지하고 이들에 관한 규칙을 내재화해야 하며, 이에 따라 문장을 구성하여 말을 하게 되는 단계이고, 두 번째 단계에서는 사회 관습적인 표현이나 대화를 익혀서 직접 그 목표어를 사용하는 지역에 들어가 실제 상황에서 의사소통을 할 수 있는 단계임. MAP 모형에서는 첫 번째 단계가 활성화 단계에, 두 번째 단계가 개별화 단계에 해당됨.

MAP 모형과 cap를 바탕으로 수업 활동을 설계할 수 있음. 예컨대, 동기화·언어입력 단계와 인지적(cognitive) c, 정의적(affective) a, 심동적(psycho-motor) p의 측면을 바탕으로 초등학교 수업 활동을 설계하면 다음과 같음.

Steps	Aspect	Activities
M	A	* Finding things of one's own interest looking at pictures and graphic organizers (receiving phenomenon)
M	C	* Present an item of language in a context or situation
M	P	* Reflex movements: Involuntary movements
A	A	* Participation in class activities and react to language learning (responding phenomenon)
A	C	* Schema activation: Link prior knowledge to new knowledge and create connection through controlled and guided practice.
A	P	* Basic fundamental movements: Skilled manipulation movements
P	A	* Internalize specified values and shows the ability to do tasks(valuing)
P	C	* Express their own thought using forms and functions already learned
P	P	* Skilled movements: The results of learning, resulting in efficiency in carrying complex tasks.

동기화 단계의 정의적 측면에서는 그림이나 그래픽 조직자를 통해 흥미를 느끼도록 하고, 인지적 측면에서는 맥락이나 상황 속에 언어의 항목을 제시하며, 심동적 측면에서는 수동적이지만 어느 정도 자발적으로 신체를 움직이도록 하는 활동을 구현할 수 있음.

활성화 단계의 정의적 측면에서는 교실수업에 참여하고 교사가 노출한 언어입력 정보에 반응을 보이고, 인지적 측면에서는 새로운 언어적 기능이나 언어형식을 통제적 연습이나 유도된 연습을 통해 기존의 알고 있는 지식에 연결(계열화, 조직화)시켜 장기 기억하도록 함.

심동적 측면에서는 학습한 언어적 기능이나 언어형식을 말 또는 글로 표현하거나 마임을 하기도 하는 활동들로 구성할 수 있음. 개인화 단계의 정의적 측면에서는 특별한 가치를 내면화하거나 과제를 수행할 수 있는 능력을 보여주고, 인지적 측면에서는 이미 배운 언어적 기능이나 언어형식을 활용하여 자신의 생각을 표현하며, 심동적 측면에서는 복잡한 과제를 효과적이고 익숙하게 수행할 수 있음.

교사는 이러한 일련의 모든 단계에 적절한 입력을 제공하고 학습자들은 각 단계에서 입력받은 정보를 적절하게 출력함. 이 과정에서 교사는 학습자들이 제대로 응답하였는지를 점검하게 됨. 예를 들어, 학습자가 동기화 단계에서 여름 바닷가의 그림을 묘사하는 교사의 문장이나 어휘를 듣고 학습자들이 교사의 지시에 따라 응답 (예, 듣고 색칠하기, 듣고 체크하기, 듣고 행동하기, 듣고 그림그리기 등) 하게 됨. 활성화 단계에서는 교사가 일반적으로 통제된 연습을 하도록 입력을 하기 때문에 "What are they doing? They are making a sandcastle." 등과 같은 표현이 나타날 것이고, 아울러 짝 활동을 통해 그림 간의 차이를 발견하는 과업을 달성하는 정도의 출력이 나타남. 개인화 단계에서는 그림을 보고 진행형뿐만 아니라 다른 언어형식도 사용하여 표현할 수 있는 출력 단계이기 때문에 다른 단계의 출력 양상보다 학습자에게 더 적합한 최적의 출력(optimal condition)이 될 수 있음. 단계별 예시자료는 다음과 같음

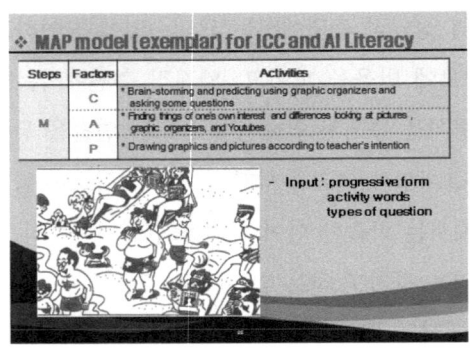

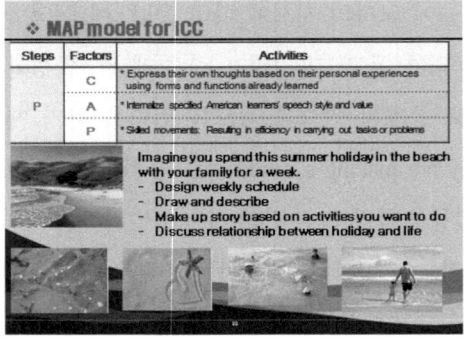

[부록 14] 초학문적 주제

초학문적 수업사례(대구광역시 교육청 "국제 바칼로레아 초등교육프로그램 현장 적용 연구", 2021)로, 5학년 "Where We are Place & Time"의 단원을 다음과 같이 사회, 음악, 미술, 국어를 융합하여 구성함.

〈표 1〉 초등학교 5학년 UOI 설계

초학문적 주제 (세부 주제)	Where We are in Place and Time - (인류의 발전, 탐험 및 이주)		
중심 아이디어	도전과 위기의 극복은 역사의 발전에 기여한다.		
핵심 개념	변화, 원인, 책임	관련 개념	이주, 전쟁, 인물, 선택, 위기 극복, 국가 성립, 국가 발전
탐구목록	· 국가의 성립과 발전 · 도전과 위기의 극복 과정 · 역사를 보는 우리의 자세		
학습 접근 방법 (ATL)	조사 기능, 의사소통 기능, 자기관리 기능		
학습자상	지식이 풍부한 사람, 도전하는 사람, 탐구하는 사람		
KNC 성취기준	[6사03-01] 고조선의 등장과 관련된 건국 이야기를 살펴보고, 고대 시기 나라의 발전에 기여한 인물(근초고왕, 광개토대왕, 김유신과 김춘추, 대조영 등)의 활동을 통하여 여러 나라가 성장하는 모습을 탐색한다. [6사03-03] 고려를 세우고 외침을 막는 데 힘쓴 인물(왕건, 서희, 강감찬 등)의 업적을 통하여 고려의 개창과 외침 극복 과정을 탐색한다. [6사03-06] 대표적인 유적지(행주산성, 남한산성 등)와 인물들(이순신과 권율, 김상헌과 최명길 등)의 활동을 통하여 임진왜란, 병자호란 등과 같은 국가적 위기의 극복 과정을 탐색한다. [6사04-04] 광복을 위하여 힘쓴 인물(이회영, 김구, 유관순, 신채호 등)의 활동을 파악하고, 나라를 되찾기 위한 노력을 소중히 여기는 태도를 기른다. [6국01-02] 의견을 제시하고 함께 조정하며 토의한다. [6국02-06] 자신의 읽기 습관을 점검하며 스스로 글을 찾아 읽는 태도를 지닌다. [6음01-05] 이야기의 장면이나 상황을 음악으로 표현한다. [6미01-05] 미술 활동에 타 교과의 내용, 방법 등을 활용할 수 있다.		

*해당 UOI에 포함된 성취기준 중 개념적 이해의 핵심이 되는 성취기준만 표기

Unit of Inquiry(UOI)는 다음과 같이 'Engage', 'Focus', 'Investigate', 'Organize', 'Generalize', 'Transfer' 로 구성되어 있음.

<표 2> Engage(발췌)

탐구 단계 (개념적 이해, 차시)	탐구 내용	자료 및 활동 모습
Engage (역사 속에는 인물과 사건이 존재한다.) (1-11/122)	◎ 1225년에 태어난 사람들의 삶에 관한 영상을 보고 느낀 점 나누기 - 인간의 삶 속에서 이주의 영향력 살펴보기 - 위기와 선택이 삶에 미치는 영향 탐색하기 ◎ Collaborative Planning - UOI map을 활용한 탐구 계획하기 - See, Think, Wonder을 통해 탐구목록 만들기 - 총괄평가 내용 토의하여 선정하기 - UOI 마지막에 시도하고 싶은 Action 선택하기 ◎ Guided reading 소개하기 - 역사 속 이주와 국가의 성립에 관한 도서 찾아 읽어보기 - [임진년의 봄](한 권 읽기), [남한산성], [첩자가 된 아이]	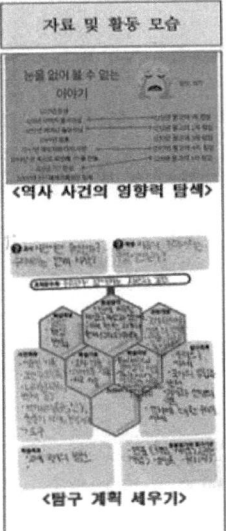 <역사 사건의 영향력 탐색> <탐구 계획 세우기>

<표 3> Focus(발췌)

	탐구 내용	자료 및 활동 모습
Focus (역사 속 상황은 변화하고 그 변화에는 이유가 있다.) (12-25/122)	◎ 고조선 건국 신화 속 상징 탐색하기 - 고조선의 건국 신화 속 여러 가지 상징들을 조사해보고 친구들에게 소개하기 - 고조선의 건국 신화 속 상징들이 의미하는 것이 무엇일지 역사 속 이야기들과 관련지어 토의하기 ◎ 삼국의 건국 신화와 이주 과정 조사하기 - 삼국의 건국 신화에 대해 조사하고 디자인 씽킹으로 표현하기 - 삼국의 건국과 이주 과정을 연결 지어 발표자료 만들기 - 삼국의 건국 신화와 이주 과정에 대해 친구들과 의견 나누기 ◎ 이주의 결과 조사하기 - 이주의 결과가 국가의 성립이 어떠한 연관성이 있는지 조사하기 - 국가의 성립과정에서 이주의 의미를 찾아 친구들과 모둠 토의해보기	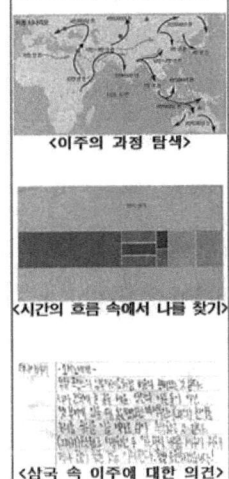 <이주의 과정 탐색> <시간의 흐름 속에서 나를 찾기> <삼국 속 이주에 대한 의견>

〈표 4〉 Investigate(발췌)

| Investigate
(역사 속
국가들은 성립과
발전을
반복한다.)
(26-49/122) | ◎ 삼국 전성기와 통일 과정의 이주 과정 조사하기
- 삼국의 전성기에 대해 조사하여 나라별 특징 찾아보기
- 삼국 전성기, 통일 과정에 나타난 이주의 과정을 조사하여 발표하기
- 삼국의 전성기와 이주의 과정을 다양한 방법으로 표현해보기(노래, 역할극, 신체표현 등)
- 삼국의 전성기와 관련된 영상 시청 또는 책을 읽고 학습한 내용과 관련지어 보기
◎ 전성기, 통일과 이주의 관련성 파악하기
- 나라별 전성기와 이주가 어떤 관련이 있는지 알아보기
- 통일 과정과 이주의 관련성 알아보기
- 이주의 특징과 이유에 대해 디자인씽킹으로 친구들과 생각 공유하기
- 나라별 전성기에 따른 이주가 역사적으로 어떤 의미가 있는지 탐구하여 보고서 제출하기
◎ 북방 민족의 이동과 전성기 조사하기
- 북방 민족의 이동과 전성기의 연관성 알아보기
- 북방 민족의 이동으로 인한 주변 나라들의 여러 가지 상황들을 살펴보기 | 
〈삼국의 전성기 사료 조사〉
〈사료를 바탕으로 전성기 재구성〉
〈거란의 이동에 따른 변화〉 |

〈표 5〉 Organize(발췌)

| Organize
(역사 속 국가는
위기를 경험하고
인물들은 이를
극복할 수 있다.)
(50-87/122) | ◎ 임진왜란의 주요 전투와 일본군의 이동 경로 맵핑하기
- 임진왜란의 주요 전투 파악하여 정리하기
- 임진왜란의 전투 중 한 장면을 선택하여 간단한 연극 기법으로 표현하기
- 임진왜란의 전투에 따른 일본군의 이동 경로 파악하기
- 임진왜란의 전투에 따른 일본군의 이동 경로를 맵핑하여 나타내기
- 친구들에게 맵핑한 결과를 소개하고 다른 모둠의 결과와 비교하며 의견 나누기 | 
〈인물의 선택과 전쟁의 관계〉
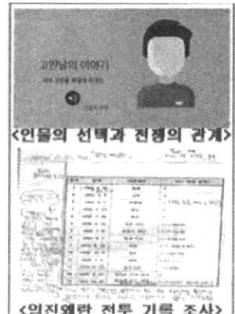
〈임진왜란 전투 기록 조사〉 |

〈표 6〉 Generalize(발췌)

| Generalize
(역사 속 국가는 위기를 경험하고 인물들은 그 위기에 도전한다.)
(88-102/122) | ◎ 조선 후기 인물의 삶을 사건에 따라 정리하기
- 조선 후기 인물에는 어떤 사람이 있는 알아보기
- 조선 후기 인물의 삶에 대해 조사하기
- 인물에 대해 조사한 내용을 바탕으로 인과 관계에 따라 삶 정리하기 | 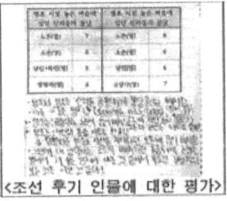
〈조선 후기 인물에 대한 평가〉 |

〈표 7〉 Transfer(발췌)

| Transfer
(도전과 위기의 극복은 역사의 발전에 기여한다.)
(103-122/122) | ◎ 우리나라의 역사 비유하는 노래 만들고 감상하기
- '한국을 빛낸 100명의 위인들' 노래 듣기
- 우리나라의 역사 중 주제를 한 가지씩 정하기
- 여러 가지 노래의 가사를 개사해 보기
- 여러 가지 방법으로 표현하며 노래 만들고 부르기
- 친구들의 노래를 듣고 칭찬 샤워하기 | 
〈나의 최애 역사 인물 선정〉 |

[부록 15] 다학문적 주제 수업의 사례

영어학습과 타 교과 간 통합은 다른 교과 간 통합과는 달리, 언어학습과 내용학습의 통합을 취하게 됨. 어느 쪽에 어느 비중을 두느냐에 따라 몰입(immersion)학습 모형, 내용중심(content-based) 학습, 주제 중심(theme-centered) 학습, 교과교차적(cross-curricular) 모형 등이 있을 수 있음.

영어과와 타 교과의 통합 방법으로는 ① 영어 수업 내용을 타 교과 수업내용의 기초 자료로 활용하기, ② 영어 학습에 타 교과에서 학습한 기법 적용시키기, ③ 영어 수업에 타 교과의 소재(topic) 도입하기, ④ 영어로만 타 교과를 가르치기 등을 들고 있음(박약우 외, 2003).

　AI를 활용한 타 교과 간 통합 시 활동 유형, 사고 유형, 학습자료, 언어요소 등을 구성하는데 있어서 어느 한 쪽에 치우치지 않도록 해야 함. 예를 들어, 애벌레를 주제로 <표 1>과 같이 통합활동을 구성할 수 있음(김진석, 2018c).

〈표 1〉 통합활동구성

주제	의사소통 기능	활동내용		
		영어	과학	미술
Cater-pillar	사실적 정보	• 이야기 읽고 발표하기 • 직소게임 • 분류하기 • 이야기 요약하여 발표하기	• 나비의 일생 변화표 만들기	• 애벌레 및 나비 그리기

위의 표에서 제시된 활동들을 교사의 필요에 따라서 가르칠 수 있도록 구성함. 교사는 영어영역의 수업이 끝나면 제시된 수업 모형을 고려하면서 자연영역, 미술영역 등의 수업으로 전환할 수 있도록 함. 물론, 상황에 따라서는 교사가 영역별로 나누어 수업하지 않고 영어영역과 미술영역을 동시에 지도할 수도 있음. 이렇게 운영하기 위해서는 여러 교과의 교과서와 지도서를 동시에 선택할 수 있도록 하고, 영어과의 [활동]구조와 타 교과의 연계현황을 [관련교과활동]란에서 볼 수 있도록 아키텍처를 설계해야 함.

[부록 16] 과제중심교수요목(김진석 외, 2009)

⟨표 1⟩ 과업 설계 구성 요소(Ellis, 2003, p. 21)

	Design feature	Description
1	Goal	The general purpose of the task, e.g. to practise the ability to describe objects concisely; to provide an opportunity for the use of relative clauses.
2	Input	The verbal or non-verbal information supplied by the task, e.g. pictures; a map; written text.
3	Conditions	The way in which the information is presented, e.g. split vs. shared information, or the way in which it is to be used, e.g. converging vs. diverging.
4	Procedures	The methodological procedures to be followed in performing the task, e.g. group vs. pair work; planning time vs. no planning time.
5	Predicted outcomes: Product	The 'product' that results from completing the task, e.g. a completed table; a route drawn in on a map; a list of differences between two pictures. The predicted product can be 'open', i.e. allow for several possibilities, or 'closed', i.e. allow for only one 'correct' solution.
	Process	The linguistic and cognitive processes the task is hypothesized to generate.

⟨표 2⟩ 과업중심 교수요목

```
┌─────────────────────────────────────────────┐
│              2022개정 교육과정                │
└─────────────────────────────────────────────┘
                      ↓

┌───────────────────────────┐  ┌───────────────────────────┐
│ Tasks/Activity Axis       │  │ Language Axis             │
│ Task/Activity/Exercise    │  │ Forms/Vocabularies        │
│  types                    │  │ Functions                 │
│ Themes/Topics/Situations  │  │                           │
└───────────────────────────┘  └───────────────────────────┘
```

┌───┐
│   Criteria for Selecting, Grading, Sequencing _____ │
│   ↓   │
│   Correspondence of the Hierarchies of Tasks   │
│   to the Levels of Language Abilities   │
└───┘

┌───┐
│   Task-based Syllabus   │
│   Task 1. ─────────────── Task n   │
│   Activity 1. ─────────── Activity m   │
│   Situation 1. ────────── Situation y   │
└───┘

┌───┐
│   Teaching Materials-Task Workplans   │
│   task workplan 1. ─────────── task workplan n   │
│   (pedagogic task 1. ──────── pedagogic task z)   │
│   lesson plan 1. ──────────── lesson plan m   │
│   worksheet 1. ────────────── worksheet y   │
└───┘

〈표 3〉 수업지도안(고등학교)

Procedure		Activity		Materials	Time
		Teacher	Students		
Introduction	Warming-up	• Small talk • Reviews previous lesson	• Answer to the questions		7'
	Review & Motivation	• Lets the students look at the pictures and brainstorm on the topic.	• Talk about the pictures • Brainstorm on the topic	Pictures	
	Confirmation of Objectives	• Has the students watch video clip and explain what they are going to learn today.	• Watch the video clip	Video Clip	
Development	Present Today's Activities	• Lets the students do dictogloss activity and share ideas with partners about the topic.	• Follow the procedure	PPT	3'
	Listening Activity (Dictogloss)	• Has the students listen to a story related to the topic and restructure it in their own words.	• Take notes • Restructure the news story	Audio Clip, Handout	10'
	Speaking Activity (Role-Play)	• Lets the students make dialogs and do a role-play to make a video.	• Do a role-play in groups	Handouts	15'
	Speaking Activity (Presentation)	• Gets the students present in groups on what they practiced in front of the class.	• Present in front of class		10'
Consolidation	Review of today's lesson	• Reviews some points of today's issue and important words	• Answers to the questions		5'
	Guiding next lesson	• Previews on the next lesson			

[부록 17] 상호작용(김진석, 2013)이 활발한 교수법(김진석, 2023)

• 전신반응교수법(Total Physical Response)

전신반응교수법에서는 이해기능이 표현기능보다 먼저 개발되며, 듣기는 다른 기능보다 전이가 잘 된다는 이해 중심 접근법을 기반으로 한다(Larsen-Freeman, 2000).

전신반응교수법의 특성을 정리하면 다음과 같다(Larsen-Freeman, 2000).

1) 목표언어의 의미는 신체활동을 통해 전달된다(Meaning in the target language can be conveyed through actions).
   예) Open the window. Close the door. Stand up. Pick up the book. Give it to John.
2) 학습자의 목표언어 이해는 말하기보다 먼저 발달한다(The students' understanding of the target language should be developed before speaking.).
3) 학습자들은 성취감을 느끼는 것이 중요하다. 성취감을 느끼거나 걱정이 적어지면 학습이 촉진된다(It is important that students feel successful. Feeling of success and low anxiety facilitate learning.).
4) 학습자들은 자신이 말할 준비가 되었을 때 말하기를 시도한다(Students will begin to speak when they are ready.).
5) 학습자의 오류는 가능한 참견한다는 인상을 주지 않는 방법으로 수정한다(Correction should be carried out in an unobtrusive manner.). 초기단계는 말할 때 오류가 나타나기 때문에 학습자의 수준이 어느 정도 유창하게 되면 세부적인 오류를 수정한다(Students are expected to make errors when

they first begin speaking. Work on the fine details of the learning should be postponed until students have become somewhat proficient.).

Asher는 모든 문법 특성들을 명령문을 통해 의사소통할 수 있다고 주장한다. 학습자들이 어느 정도 목표언어에 익숙하게 되면, 과거시제의 형태를 다음과 같이 도입할 수 있다.

- T: Ingrid, walk to the blackboard.
  (Ingrid gets up and walks to the blackboard.)
- T: Class, if Ingrid walked to the blackboard, stand up.
  (The class stands up.)
- T: Ingrid, write your name on the blackboard.
  (Ingrid writes her name on the blackboard.)
- T: Class, if Ingrid wrote her name on the blackboard, sit down.
  (The class sits down.)

또한 "Point to the door, walk to the door, and touch the door."와 같이 연속된 행동을 명령(action sequence)함으로써 아동들은 좀 더 깊이 있게 이해하면서 행동으로 반응하게 된다. 나아가 다음과 같이 긴 명령문을 연습할 수도 있다.

Take out a pen.
Take out a piece of paper.
Write a letter. (imaginary)

Fold the letter.

Put in an envelope.

Seal the envelope.

Write the address on the envelope.

Put a stamp on the envelope.

Mail the letter.

이러한 일련의 명령문을 통해 언어를 음운, 단어, 문장 등으로 분석하여 학습하지 않고 통째로 학습한다. 이런 측면에서 명령문은 개개의 낱말로 주어질 것이 아니라 뭉치 말(chunk)로 제시하여 이를 자동화하게 한다. 일반적으로 TPR 수업은 전시에 학습한 명령문을 복습하고(Review Command), 본 수업에서 배울 명령문을 연습(Command)한 후, 새로운 명령문을 학습하는 발전(Novel Command)단계의 형태로 수업을 진행한다.

• 암시적 교수법(Suggestopedia)

암시적 교수법은 선천적 능력 이상의 잠재력을 가지고 있는 학습자에게 학습한 내용을 최대한 장기기억 하도록 하기 위해서는 무엇보다도 긴장이 없는 편안한 마음 상태를 유지할 필요가 있음을 강조한다(Larsen-Freeman, 2000).

학습자가 단어를 암기하고 문형연습을 통해 말하는 습관을 형성하는 청각-구두식 교수법과 달리, 정서적으로 안정감을 갖고 유의미한 언어자료를 경험함으로써 의사소통에 자신감을 가질 수 있도록 하는 것이다. 이 교수법의 특성은 다음과 같다.

1) 학습자들은 편안한 의자에 앉아 긴장을 푼 상태에서 고전음악을 들으면서 수업활동에 참여한다(A significant proportion of activity was carried on with classical music in the background, and with students sitting in soft, comfortable seats in relaxed states of consciousness).
2) 권위있는 교사는 학습자들로 하여금 편안한 학습상태가 되도록 진행하며, 이런 환경을 통해 학습자들은 학습 내용을 암시받게 된다(Students were encouraged to be as 'childlike' as possible, yielding all authority to the teacher. Students thus became 'suggestible'.).
3) 부분적으로 의사소통 수업을 진행하는데 활용될 수 있다(Certain aspects of suggestopedia can be adapted in communicative classroom.).
4) 학습자들이 음악 등을 통해 편안한 마음을 가지게 됨으로써 자신감을 얻을 수 있다(A relaxed and unanxious mind, achieved through music and/or any other means, will often help a learner to build confidence.).
5) 역할극이나 드라마 등을 구현하는 교실수업에서 유의미한 상호작용을 이끄는데 도움을 줄 수 있다(Role playing, drama, and other activities may be very helpful techniques to stimulate meaningful interaction in the classroom.). (Brown, 2000).

이런 특성들을 반영하여 수업을 진행하게 되면 우리 뇌의 알파 파장이 증가되어 많은 학습 자료를 수용할 수 있게 된다. 일반적으로 안락한 의자가 준비되어 있지 않는 우리나라 교실 상황에서 수업을 구현하는데 어려움이 있음에도 불구하고, 부드러운 바로크 음악이 나오는 중에 학습내용을 기억창고에 채워나가는 인간의 초능력 학습이 가능할 수 있다는 점을 결코 간과할 수는 없다. 따라서 부분적으로 교실수업에 활용할 수 있는 가능성을 고려해 봄직하다.

- **침묵식 교수법(Silent Way)**

　침묵식 교수법에서 교사는 교실수업에서 자기 발견 학습이 가능하도록 활동을 제공하여 자극을 주는 역할만을 수행하고 가능한 침묵을 유지하는 반면에, 학습자는 스스로 문제를 해결하도록 함으로써 독립적이고 자율적인 문제 해결자가 되도록 한다(Larsen-Freeman, 2000).

　침묵식 교수법의 특징을 다음과 같이 요약할 수 있다(Richards & Rodgers, 1986).

1) 학습자가 학습한 내용을 암기하거나 반복하기 보다는 발견하거나 창조하도록 한다면 학습이 촉진된다(Learning is facilitated if the learner discovers or creates rather than remembers and repeats what is to be learned.).
2) 학습은 사물이 수반(중재)될 때 촉진된다(Learning is facilitated by accompanying (mediating) physical objects.).
3) 학습할 자료를 포함하는 문제를 해결함으로써 학습이 촉진된다(Learning is facilitated by problem solving involving the material to be learned.).

교실수업에서는 소리와 의미를 연결시켜주는 것을 보여주기 위해, 채색막대(colored cuisenaire rods)나 음색표(sound-colored chart) 등의 교수자료를 활용한다. 채색막대는 학습자가 배운 내용을 회상할 때, 연상 작용을 촉진하는 중재자 기능을 한다. 시작단계에서는 채색막대로 색깔이나 숫자를 가르치다가 점점 더 복잡한 구문을 가르친다. 채색막대로 단어나 문법구조를 대신하기도 하고, 아울러 막대들의 배열을 바꾸어 어순의 변화를 연습할 수도 있다.

교사가 직접 알려주면 쉽게 학습할 수 있는 개념을 학습자가 많은 시간을 투입하여 스스로 발견하도록 하는 방법으로 인해 오랜 시간이 허비될 수 있다는 단점이 있다. 그럼에도 교사가 학습자에게 발견학습이 가능한 활동을 제공하고, 학습자가 스스로 문제를 해결하는 자기 주도적 수업이 가능하도록 한다는 점에서 다양한 학습 상황에 적용하는 방안을 고려해 볼 필요가 있다.

• 의사소통 중심 교수법(Communicative Language Teaching)

의사소통 중심 교수법에서는 1) 교수요목을 설계할 때 언어의 기능(function)을 중심으로 이루어져야 하고, 2) 교사는 목표언어로 의사소통할 수 있는 능력을 갖도록 훈련받아야 하며, 3) 교재는 의미·기능 교수요목에 따라 구성되어야 한다고 한다(Savignon, 1972; Paulston, 1974; Canale & Swain, 1980; Larsen-Freeman, 2000).

의사소통 중심법의 특성은 다음과 같다(Finnochiaro & Brumfit, 1983).

1) 의미가 가장 중요하다(Meaning is paramount.).
2) 언어 학습은 실제로 의사소통하는 방법을 배우는 것이다(Language learning is learning to learn.).
3) 언어의 문맥은 기본적인 전제이다(Contextualization is a basic premise.).
4) 외국어를 처음 배우는 초보 단계부터 의사소통을 하도록 할 수 있으며, 학습자가 원한다면 첫날부터 읽기와 쓰기를 할 수 있다(Attempts to communicate may be encouraged from the very beginning. Reading and writing can start from the first day, if desired.).
5) 교사는 학습자들이 의사소통을 잘 할 수 있도록 돕는 촉진자, 요구 분석가,

상담자, 모둠 운영자이다(The teacher is facilitator, needs analyst, counselor, and group process manager.).

6) 유창성과 용인 가능한 언어가 궁극적인 목적이고, 정확성은 추상적으로 판단되는 것이 아니라 문맥 속에서 판단된다(Fluency and acceptable language is the primary goal: accuracy is judged not in the abstract but in context.).

7) 교사는 학습자들이 동기유발이 되면서 언어 학습 활동을 하도록 한다(Teachers help learners in any way that motivates them to work with the language.).

8) 짝 활동이나 모둠활동을 통해 학습자들 간 상호작용이 잘 일어날 수 있도록 계획한다(Students are expected to interact with other people through pair and group work.).

의사소통 능력을 신장하기 위한 교실수업의 첫 번째 단계에서는 기계적인 연습(mechanical drill), 유의적 연습(meaningful drill), 의사소통 연습(communicative drill)으로 언어를 연습한다. 기계적인 연습 단계에서는 기계적인 반복이나 문답, 대치 연습, 문장의 확장, 완성, 변형 등의 연습을 하는데, 학생의 답은 완전히 통제되고 맞는 답은 하나뿐이다. 유의적인 연습 단계에서는 교사가 학생의 답을 통제하기는 하되, 답은 하나 이상이 가능하며, 구조나 문장의 의미를 이해하지 않고는 답할 수 없다. 의사소통 연습 단계에서는 학생이 자신이 말하고 싶은 것들을 선택하여 대답하나, 교사가 구조 사용에 대해 어느 정도 통제를 한다. 두 번째 단계에서는 실제 의사소통을 할 수 있도록 하는 것으로, 사회 관습적인 표현이나 대화를 익히고, 직접 목표언어를 사용하는 지역에 들어가 실제 상황에서 의사소통을 하며 셋째, 문제해결(problem solving) 활동을 연습하도록 하고 넷째, 일정한 상황에 맞는 역할놀이(role play) 등을 설계할 수 있다(Paulston와 Bruder, 1976).

　실제 수업에서는 의사소통 교수법의 원리를 적용한 다양한 방법들이 고안되어 사용되고 있다. 의사 소통중심 교수법의 원리에 입각한 활동들에서 반드시 고려되어야 할 것은 첫째, 정보의 차(information gap)가 있어야 하며 둘째, 여러 표현 중에서 선택할 수 있어야 하며 셋째, 대화하는 사람으로부터 피드백(feedback)이 있어야 한다는 점이다. 의사소통 중심 교수법에서 주로 사용되는 활동에는 첫째, 과제 중심형으로 차트 완성하기, 직소 등이 있고 둘째, 기능적 의사소통 활동으로 정보차 활동, 이야기 만들기 등이 있으며 셋째, 사회적 담화 중심형으로 대화, 토론, 역할극, 시뮬레이션, 토의 등이 있다(최진황, 김진석, 이윤, 2002).

- 총체적 언어 접근법(Whole Language Approach)

　총체적 언어 교수법은 문자의 해독(decoding)에 초점을 두어 문법, 어휘, 낱말 인식(word recognition), 음철법(phonics) 등의 요소를 개별적으로 가르치지 않고, 언어 처리과정의 4가지 기능인 듣기, 말하기, 읽기, 쓰기를 결합하여 총체적이고 종합적으로 가르친다(Larsen-Freeman, 2000).

　총체적 언어 학습법은 다음과 같은 특징이 있다(Goodman, 1986).

1) 총체적 언어 학습은 총체적 상황에서 학습자들이 총체적으로 학습하도록 언어를 구성한다(Whole language learning builds around whole learners learning whole language in whole situations.).
2) 실제적인 말과 문해의 상황에서, 언어 자체가 아니라 의미에 초점을 둔다 (The focus is on meaning and not on language itself, in authentic speech and

literacy events.).
3) 학습자들은 자신의 목적을 달성하기 위해 두려움 없이 다양한 표현을 할 수 있도록 격려한다(Learners are encouraged to take risks and invited to use language, in all its varieties, for their own purposes.).
4) 총체적 언어 교실 수업에서 구두언어와 문자언어의 기능은 적절하고 장려된다(In a whole language classroom, all the varied functions of oral and written language are appropriate and encouraged.).
5) 총체적 언어 접근법의 관점은 개개 학생들을 존경하며 교사는 물론 학생들도 인격체로서 존경받는 일이다(Whole language learning assumes respect for language for the learner, and for the teacher.).

총체적 교수법은 사실적이고 실제적인 언어(예, 친구에게 편지를 직접 써 보내는 과업)를 바탕으로 의미를 창조하여 전달하는 것을 목적으로 하기 때문에, 언어는 개인적이고 사회적이다. 학습 활동으로는 개인별, 소집단별 읽기와 쓰기, 일기 쓰기, 포트폴리오 쓰기, 토의 작문, 학습자가 만든 책, 이야기 쓰기 등이다. 총체적 언어 접근법에서는 특정한 교재를 사용하지 않고, 활동도 미리 정해진 것이 없으며, 학습자의 관심과 자신의 학습 목표에 적합한 과업을 수행한다. 이런 측면에서 이 교수법은 의미 중심과 학생 중심이다(최진황, 김진석, 이윤, 2002).

- 소집단 중심교수법(Community Language Learning)

소집단 학습상황에서 상담자(counselor)인 교사는 목표어로 번역하는 방법을 상담 학습법에 가미하여 학생과 감정이입 관계를 형성하게 함으로써 의사소통을 원활하게 이루어지도록 한다(Larsen-Freeman, 2000).

이 교수법의 특징은 다음과 같다.

1) 일정한 교육과정이나 교재가 없이 학습자들이 만들어 나가는 교육과정이다.
2) 학습자의 흥미를 유발하기 위해 학습자 스스로 자신이 공부하고 싶은 내용을 묻고, 필요한 교재 내용을 구성할 수 있다.
3) 공감대 형성을 통한 자유 수업 방식을 채택한다.
4) 인지적 측면과 정의적 측면을 모두 고려한 전인적인 외국어 학습 방법이다.

소집단중심교수법의 수업을 살펴보면, 학습자가 표현하고 싶은 말을 모국어로 말을 하면, 교사는 이를 목표어로 번역하고, 학습자는 그 표현들을 반복하여 말하는 과정으로 진행된다. 물론, 학습자들이 목표어를 구글이나 파파고 등의 번역기를 활용하여 번역할 수 있다. 구체적으로 살펴보면 1) 학습자가 공부하게 될 주제를 소집단별로 스스로 정하도록 하고, 2) 학생들이 대화를 할 때 교사는 개입하지 않으며, 3) 학생들이 모국어로 표현하는 말을 교사는 목표어의 개념단위(chunk)로 번역하거나 파파고를 활용하여 번역하고, 4) 학생들은 목표어로 된 표현들을 따라하고, 5) 모든 대화가 종료된 후, 교사와 학생 또는 학생들 간 느낀 점을 서로 말하면서 상호 공감의 분위기가 형성되어 자유로운 감정의 표현이 가능하며, 6) 교사는 태블릿 PC나 휴대폰에 녹음된 목표어의 표현들을 학생들과 함께 들으면서 모국어로 바꾸어 보도록 하고, 7) 교사는 수업 중 사용된 주요한 표현들을 골라 강조하면서 함께 연습한다(김진석, 2023).

[부록 18] 교사와 학생 간, 학생들 간 상호작용(김진석, 2013)

교실에서는 교사와 학생 간, 학생들 간의 상호작용에 초점을 두고 있음. 교실수업에서 교사는 언어의 사용을 통제하고 언어적 목표와 교육적 목표 간의 조화를 통해 학습자들이 수업에 더 적극적으로 참여하게 하여 학습한 언어를 재형성하고 명료하게 할 수 있도록 수업을 진행함(Walsh, 2011). 이런 측면에서, 스캐폴딩, 직접 수정, 내용 피드백, 확장된 대기시간, 참조형 및 전시형 질문, 명료성, 확장된 학습자의 발화기회, 교사 반복 발화 및 끼어들기, 확장된 교사의 발화기회, 학습자의 발화 완료, 형식 초점 피드백, 확인 점검 등의 측면에서 교사와 학생 간, 학생들 간 상호작용이 효과적으로 일어나고 있는지를 분석할 필요가 있음. 다음과 같은 예시문 (1)을 상호작용 체크리스트나 상호작용 요인들을 중심으로 분석할 수 있음.

(1) 교사와 학생 간, 학생들 간 상호작용(예시 1)

   T: ok does anyone agree with his statement?

   2 L: (2) erm I am agree with=

   3 T: =agree be careful with the verb to agree there you as well Ensa that it's we! agree it's not to

   4 be agree it's to agree! Ok=

   5 L: [oh I agree]

   5 L: ((3))

   6 T: I agree with you but not I AM agree with you the verb is to agree ok so ((3)) to agree with

7 (writing on board) is the preposition that follows it I so it's agree with you I disagree with

8 you...ok em Silvie can you em what were you going to say?

9 L2: I agree with you because em when when we talk about something em for example you

10 saw a ((2)) on TV=

(2) 상호작용 체크리스트

영역	상호작용 분석 기준	정도성				
스캐폴딩	서로 다른 말로 바꾸거나 덧붙였는가?	⑤	④	③	②	①
	서로 말을 잘 할 수 있도록 힌트를 주었는가?	⑤	④	③	②	①
내용 피드백	서로 말한 메시지의 의도에 피드백을 주었는가?	⑤	④	③	②	①
반응 대기 시간 할당	서로 말할 때까지 충분하게 기다려 주었는가?	⑤	④	③	②	①
질문유형	서로 어떤 대답을 할지 모르는 질문을 하였는가?	⑤	④	③	②	①
	서로 이미 했던 질문을 반복하였는가?	⑤	④	③	②	①
	서로 친구의 응답을 알고 질문하였는가?	⑤	④	③	②	①
명료성	서로 말을 분명하게 다시 말하도록 요구하였는가?	⑤	④	③	②	①
단순화	서로 천천히 말하거나 쉬운 어휘나 짧은 문장을 사용하여 말하였는가?	⑤	④	③	②	①
학습자 반복 발화	서로 했던 말을 반복하여 발화하였는가?	⑤	④	③	②	①
	서로 친구의 발화를 반복하여 말하였는가?	⑤	④	③	②	①
동료 발화 중단	서로 친구의 말을 중단시켰는가?	⑤	④	③	②	①
형식 초점 피드백	서로 사용한 단어나 구문에 관해 피드백을 하였는가?	⑤	④	③	②	①

확인 점검 및 평가	했던 말을 서로 제대로 이해했는지 물었는가?	⑤	④	③	②	①
제스처 및 태도	서로 말할 때 제스처나 태도가 적절했는가?	⑤	④	③	②	①

- 교사와 학생 간, 학생들 간 상호작용(예시 2)

(3) 1 L4: the good news is my sister who live in Korea send eh …

2 T: SENT=

3 L4: =sent sent credit card to me=

4 T: =ooh very good news …

5 L4: but bad news [is]

6 T: [the bad] news is …

7 L4: I don't know password …

8 LL: /password/password/ (2)

9 L1: pin number=

10 T: =pin number

11 L4: what?=

12 T: =pin number pin number=

13 LL: =/ahh pin number/pen number/=

14 T: =pin PIN not pen pin=

15 LL =/pin/pin number/p-i-n/=

16 L1: =I always forgot my pin number

17 L: =ah pin number

18 T: =I don't know my pin number.

19 L5: ((2)) she can phone you on mobile phone=

20 T: =she can …

21 L5: she can say [you]

22 T: [she can] …

23 L5: she can tell your pin number …

24 T: yeah she can [tell you your pin number]

25 L5: [she can tell you] this pin number by phone …

26 L4: but I can't eh ring her because eh the time eh=

27 T: =the time difference?=

28 L4: =time difference=

29 L5: =you can count your time for example look what what's the difference time with your

30 country how many hours? (3)

31 L: eight hours=

32 L5: =eight hours ok you can phone early in the morning it will be evening in your

33 country=

34 L4: =if I go to home if ((5)) if I call her Korea it's eh [midnight]

35 L: [midnight]…

36 L5: ok you can phone in the morning ((3))=

37 L4: =yeah at [eight]

38 L5: [at eight] o'clock at nine o'clock you can call=

39 L6: =in Japan same=

40 T: =it's the same eight hours?=

41 L6: =yeah=

42 L4: =I'm very busy=

43 L5: =what you are busy it's eh just reason you [((5))]

44 L4: [((4))]=

45 T: =for god's sake give him a break (laughter)

(Walsh, 2011)

위의 담화에서 교사는 학습자들이 담화에 참여하여 학습의 기회를 제고할 수 있도록 교사 언어를 사용하고 있음. 담화에 나타난 몇 가지 특성을 다음과 같이 직접 오류 수정(direct error correction), 내용 피드백(content feedback), 확인하기(checking for confirmation), 확장된 대기시간(extended wait-time), 스캐폴딩(scaffolding)으로 나누어 분석함(Walsh, 2011).

- 직접 오류 수정

학습자의 오류를 직접적으로 수정하는 것은 학습하는데 걸리는 시간을 최소화할 수 있는 것으로 교사가 대화의 흐름을 차단하는 시간을 최소화할 수 있다. 오류를 직접적으로 수정한 부분은 2, 6, 10, 14이다.

- 내용 피드백

교사의 수업 목적은 유창성을 신장하는 것이기 때문에 교사는 목적에 적합하게 담화를 유지하고 있다. 대화들 중 내용의 피드백은 학습자들의 발화에 자연스럽게 반응을 보이는 피드백인 4, 유머를 사용하여 피드백을 주고 있는 45에서 볼 수 있다.

- 확인하기

교사는 수업시간에 학습자들의 발화를 끊임없이 확인하고 점검할 필요가 있다. 위의 대화에서 발화의 의미를 확인하고 발화의 의도를 분명하게 하려는 부분은 40이다.

- 확장된 대기시간

대화에서 순서교대의 구조는 담화의 현저한 특징 중의 하나다. 담화가 진행되면서 교사는 대화를 지켜보기도 하고 청자들에게 발언권을 넘겨주기도 한다. 28에서 44까지의 발화를 살펴보면, 학습자들은 순서교대를 지속적으로 해 나가고 있고 교사의 개입 없이 성공적으로 화제를 진행하고 있다. 질문에 답이 나올 때 까지 교사가 기다리는 시간은 응답의 회수가 많아질 뿐만 아니라 더 복잡하고 심도있는 대답을 유도하기도 하고 학습자간 상호작용이 더욱 증가할 기회를 줄 수 있다.

- 스캐폴딩

영어를 외국어로 배우는 학습자들 간 의사소통에서 단절을 흔히 볼 수 있다. 학습자들이 자신이 말하고자 하는 의도에 적합한 단어나 구를 생각하지 못하거나 적절한 의사소통의 전략을 갖추지 못하기 때문이다. 교사는 이러한 단절을 바꾸기 위해서 대화의 중간에 개입하거나 적절한 단어나 구를 학습자에게 제시할 필요가 있다. 스캐폴딩은 자녀가 성장 시기에 맞게 적절한 단어를 찾도록 도움을 주는 부모의 역할과 같이 수업시간에 교사가 학습자들 간 대화의 중간에 개입하여 더 자연스럽고 완전하게 대화가 이루어지도록 학습자를 돕는 기능을 한다. 예를 들어, 10, 12, 18, 24는 자연스러운 대화가 될 수 있도록 교사가 중간에 개입하여 말을 이어가도록 하는 스캐폴딩을 하고 있다. 특히, 24의 "yeah she can [tell you your pin number]"는 직전에 발화한 "she can tell your pin number …"의 비문법적인 문장을 스캐폴딩하여 "she can [tell you your pin number]"와 같이 제대로 말할 수 있도록 하고 있다. 이와 같이 스캐폴딩은 학습자의 오류를 수정하는 것 이상의 기능을 한다.

담화의 특성을 직접 오류 수정, 내용 피드백, 확인하기, 확장된 대기시간, 스캐폴딩 등으로 나누어 분석하였음. 교사와 학습자 간 상호작용의 문제점을 다양한 측면에서 분석하고 진단하여, 그 결과를 기반으로 상호작용을 향상시킬 수 있는 수업 계획을 수립할 필요가 있음.

[부록 19] 문제 해결 학습

〈표 1〉 편견 관련 문제 해결 수업 활동(김진석 외, 2024)

과정	교수·학습 활동
문제 인식 하기	① 스테레오 타입과 관련한 문제제시 및 문제 파악 ② 스테레오 타입과 편견과 관련한 사례 조사하기 ③ 스테레오 타입 및 편견에 관하여 브레인스토밍하기
문제 파악 하기	* 그림, 유튜브, AR, VR 등을 통해 스테레오 타입 및 편견과 관련한 사례 공감하기 * 스테레오 타입 및 편견에 대한 그림이나 동영상 준비하기

문제 해결 하기	① 학습자들은 문화적 배경이 다른 사람들의 삶에 대해 미리 생각하기
	② 스테레오 타입의 문장을 네 개 또는 다섯 개 정도 목록화하기
	  예) 프랑스 사람들은 로맨틱하다.
	    영국 사람들은 위선적이다.
	    독일 사람들은 거만하다.
	    이탈리아 사람들은 겁쟁이다.
	    스페인 사람들은 게으르다. (Utley, 2004)
	③ 모둠별로 스테레오 타입의 상황이 적대적인 말→회피→차별→선제적 공격→근절로 이어질 수 있음을 토론하기
	④ 스테레오 타입이 편견의 씨앗이 될 수 있음을 인식하고 반편견의 방안을 모색하고 표현하기
	⑤ 반편견의 방안을 실생활에 실천하는 방안 발표하기
	* 수업 활동에 능동적으로 참여하여 상대방의 의견을 존중하고 공감하기

성찰 하기	① 학습목표를 달성했는지를 점검하고 반편견을 모색하는 방안을 완성하여 제출하기 ② 반편견을 위해 실생활에 실천하는 영상 또는 자료 업로드하기

〈표 2〉차이와 차별 관련 문제 해결 수업 활동(김진석 외, 2024)

과정	교수·학습 활동
문제 인식 하기	① 문화가 다른 학생들의 일상생활에서 차이점 파악하기 ② 벤다이어그램으로 공통점과 차이점 조사하기
문제 파악 하기	③ 문화가 다른 사람들 간 느끼는 여러 가지 감정 확인하기 * 돌발적 사건(critical incidents)이나 문화 충격 등의 그림이나 동영상 준비하기
문제 해결 하기	① 문화가 다른 사람들의 피부색, 얼굴표정, 제스처 등에 대해 미리 생각하기 ② 나와 다른 인종, 피부색, 국적 등을 생각하면서 느껴지는 감정을 표현하도록 함 ③ Quick Draw, DALL-e, 미드저니 등을 활용하여 나와 다른 인종, 피부색, 국적의 사람들의 그림을 그린 후 짝별로 서로 보여주면서 다양한 문화적 배경의 사람들이 갖는 감정을 표현하도록 함 ④ 모둠별로 우리나라 사람들의 감정 표현 방식을 토론하고 발표하도록 함
성찰 하기	① 학습목표를 달성했는지를 점검하고 문화 간 차이가 차별로 이어지지 않도록 하는 방안 제안하기 ② 제안한 방안을 실생활에 실천하는 영상 또는 자료 업로드하기

[부록 20] 질문 중심 수업 활동(김진석, 2012)

폐쇄형 질문은 수업시간에 학습한 사실, 개념들을 이해했는지를 묻거나, 장기 기억된 정보를 명료하게 하는 Long & Sato(1983)의 확인형 질문(echoic question)에 대응될 수 있음(김진석, 2018c). 이 유형의 질문에는 "Did you understand?"와 같이 대부분 긍정적 대답을 전제로 하는 이해점검(comprehension check)이라 할 수 있음. 아울러 좀 더 개방적 형태의 응답을 필요로 하는 명료화 요구(clarification request)와 확인 점검(confirmation check) 등이 있음. 확인형 질문은 교사가 학습자들의 응답을 이미 알고 있는 상황에서 질문을 하고 있으므로 흔히 전시형 질문(display question)으로 분류됨. 예를 들어, 전시형 질문은 다음 (1)과 같음.

(1) T: Okay. I'm going to ask you. (looking at the map) Ah, how can I, how

can I get to the library?

S: Mm.... Go straight two blocks.

T: And then?

S: And turn right...turn right at the corner.

T: Uhm, is it at the corner?

S: No, it's...uh, it's between the fire station and restaurant.

T: Ah, here. So I put here. (김진석, 2015c)

Brown(1994)은 Bloom(1956)이 제시한 교육목표 분류학을 바탕으로 질문을 다음과 같이 유형화하였음.

지식	How many hours are in a day? What is the title of the story?	
이해	Was the main character a girl? Does anyone know what this word means?	
적용	How does this apply to...? Would you like to come to my barbeque party?	
추론	Where does the story go next? What is your opinion about...?	
분석	Is this word important? Is this word in the category? How could you break down...?	
종합	How could you combine/put together...? What could you make using...?	
평가	What reasons might explain...? Did you think that this story was well designed? Why?	

위와 같이, 질문을 독립된 정보를 회상하는 것을 요구하는 지식형(knowledge), 학습자가 정보들 간의 관계를 알 것을 요구하는 이해형

(comprehension), 학습자가 한 상황에서 학습한 정보를 다른 상황에 적용할 수 있도록 하는 적용형(application), 글이나 말에서 직접 진술되지 않은 것을 끌어내는 추론형(inference), 학습자가 대규모 현상을 부분으로 나누어 검토함으로써 그 현상을 이해(김대현, 김석우, 1999)할 수 있도록 요구하는 분석형(analysis), 내용의 각 요소들을 모아서 새로운 전체를 만들어 내도록 요구하는 종합형(synthesis), 학습자가 규준에 비추어서 판단하도록 요구하는 평가형(evaluation)으로 분류함.

영어수업에서 질문 유형을 전시형과 참조형으로 나누고, 각각을 수렴형과 확산형으로 세분하여 다음과 같이 질문을 형성하고 구현할 수 있음(장은숙, 2016).

질문 유형				유형 예시
전시형	하위 수렴형(지식)			How many hours are in a day? What is the title of the story?
	상위 수렴형(이해)			Was the main character a girl? Does anyone know what this word means?
참조형	하위 확산형	추론	텍스트 내용	How does this apply to...?
			개인의 정보나 의견	Would you like to come to my barbeque party?
		분석	텍스트 내용	Where does the story go next?
			개인의 정보나 의견	What is your opinion about...?
	상위 확산형	종합	텍스트 내용	Is this word important? Is this word in the category?
			개인의 정보나 의견	How could you break down...?
		평가	텍스트 내용	How could you combine/put together...?
			개인의 정보나 의견	What could you make using...?

[부록 21] 영어교실에서의 창의성과 질문(김진석 외, 2012)

사고의 확장에 해당되는 평가 문항 유형은 시각자료 표현하기(expressing a visual material), 자기 생각 표현하기(expressing opinion), 지시 및 명령 표현하기(expressing instruction and command), 실용적 글쓰기(functional writing) 등을 들 수 있음. 시각자료 표현하기는 제시된 다양한 종류의 시각자료의 내용을 가능한 한 자세하게 영어로 표현할 수 있는지를, 자기 생각 표현하기는 제시된 상황이나 주제에 대해 자신의 생각을 표현할 수 있는지를, 지시 및 명령 표현하기는 음식 조리법과 같이 순서가 있는 일을 차례대로 영어로 표현할 수 있는지를, 실용적 글쓰기는 초대, 감사, 축하 등의 주어진 상황과 목적에 부합하는 이메일이나 편지를 작성할 수 있는지를 측정함.

사고의 수렴에 해당되는 평가 문항 유형은 세부내용 표현하기(describing details), 그림을 보고 표현하기(describing with a picture), 요약하여 표현하기(summarizing and describing) 등을 들 수 있음. 세부내용 표현하기는 일상생활에서 나타나는 다양한 모습이 담긴 장면에 대한 정보를 듣거나 읽고 자신의 말로 표현할 수 있는지를, 그림을 보고 표현하기는 제시된 그림을 표한한 글을 읽고 자신의 말로 표현할 수 있는지를, 요약하여 표현하기는 텍스트 자료를 읽고 그 글을 영어로 요약하여 표현할 수 있는지를 측정함.

문제해결력에 해당되는 평가 문항 유형은 자기 의견 주장하기(argument), 문제해결하기(problem solving) 등을 들 수 있음. 자기 의견 주장하기는 일상생활에 관해 자신의 생각을 이유와 함께 간단히 표현함으로써 문제를 구조화하여 정확히 파악할 수 있는 능력이 있는지를, 문제

해결하기는 일상생활에 관한 문제 상황을 이유와 함께 해결해 나가는 일련의 과정을 자신의 말로 표현하게 함으로써 적절한 해결책을 결정하고 문제해결의 결과를 분석하고 평가할 수 있는지를 측정함.

정보를 암기하거나 순서짓고, 사물이나 개념을 정의하고, 이해 여부를 점검하는 LOTS와 달리, HOTS는 추론기능이나 토론 능력을 신장하고 창의적 사고를 계발하며 작품을 평가하고 일어난 일에 가설을 세우는 활동을 구현함(김진석 외, 2012). 다음 그림을 보면서 LOTS기능의 질문에서 HOTS기능의 질문으로 수업을 진행할 수 있음(Bentley, 2010: 22-23; 김진석 외, 2012).

A. List six different fruits you can see.
B. Find something which isn't fruit and isn't a vegetable.
C. Put the food different groups.
D. Can you grow food like this in your country? Why? Why not?
E. Create a recipe from some of the food in the picture.

위 그림에 해당되는 활동들을 보면, 하위사고기능을 요구하는 나열하기에서 시작하여 발견하기, 분류하기, 추론하기, 창의적 활동 등의 상위사고기능의 활동을 할 수 있음. 질문을 활용하여 자기 주도적 학습을 구현함. 글쓰기, 그리기, 만들기, 토론·발표, 관찰·실험, 연구과제, 시나리오·프로젝트 중심 학습, 체험활동·토론 학습, 협력 학습 등을 통해 제한적 언어자료를 바탕으로 자기의 생각을 말로 표현하고 글로 쓸 수 있는 기회를 줄 수 있음.

[부록 22] 영어교실에서의 질문 분석과 유형(김진석, 2015)

초등 영어교실수업을 분석한 결과, 기능 및 내용별 분류에서는 하위 수렴형이 50.6%로 가장 많았고, 상위 수렴형 39.5%, 확산형 중 적용형 질문이 9.9% 순으로 나타났음. 그러나 확산형 중 추론형, 분석형, 종합형, 평가형의 질문은 없었음. 예를 들어, H교사가 사용한 질문의 유형은 다음과 같음.

(1) (a) T: I'll give you a much easier clue. Snack party. Can you spell the snack?
S: s-n-a-c-k
T: Snack! Does everyone know the spell?
Ss: Yes.
T: I'm going to have a snack party.

(b) T: Make invitation card, right. Good job. Today, using the sample, we are going to write our own invitation card. First, to practice key expression we will play matching card game. And then, we will write our own invitation card for your party. And last, we will pick today's party king. Are you ready to be the party king?
Ss: Yes.
T: Good job. Then first, then let's study the key expression.

(c) T: Does anyone have, does anyone have other ideas?

S: Would you like to come to my barbeque party?

T: Barbeque party. Good.

위의 질문들 중 ⓐ는 학생들이 초대카드를 쓸 수 있도록 학습한 철자를 회상하여 응답하는 지식형 질문이고, ⓑ는 예시문을 참고하여 초대카드를 쓸 수 있도록 하는 일련의 절차를 제대로 이해하였는지를 묻는 이해형 질문이며, ⓒ는 생일이나 다른 파티에 대해 학습한 상황을 바비큐 파티라는 새로운 상황에 적용해 보는 확산형 질문임.

수업 분석 결과를 바탕으로 질문 구성의 방향은 다음과 같음. 첫째, L1, L2, H교사의 수업에 사용된 질문에서 wh-의문문을 사용한 질문이 예/아니오 질문 보다 적게 사용되었음. 이는 초등 영어교실수업에서 교사는 짧은 대답을 유도하여 수업에 참여하도록 요구하는 폐쇄적 질문(Thompson, 1997)이 많다는 것을 의미함. 물론, 세 개의 수업 모두 점차 학습자가 더 많은 정보를 제시하도록 하는 개방형 질문(Thompson, 1997)을 이어가도록 구성하고 있지만, 6학년 학습자의 인지수준을 고려하면 많이 부족함. 따라서, 교사는 수업시간에 학습자들의 인지수준을 고려하여 질문을 구성해야 함.

초등 학습자는 어휘, 문장의 길이, 언어형식 등의 제한된 언어수준이지만 초등학교 3,4학년은 구체적 조작기에 해당되므로 학습자들이 논리적 조작이 발달한 단계이고, 초등학교 5,6학년은 형식적 조작기에 해당되므로 학습자들이 가설을 설정하고 논리적으로 문제를 해결할 수 있는 단계에 있음. 구체적 조작기, 형식적 조작기의 특징을 정리하면 다음 그림과 같음.

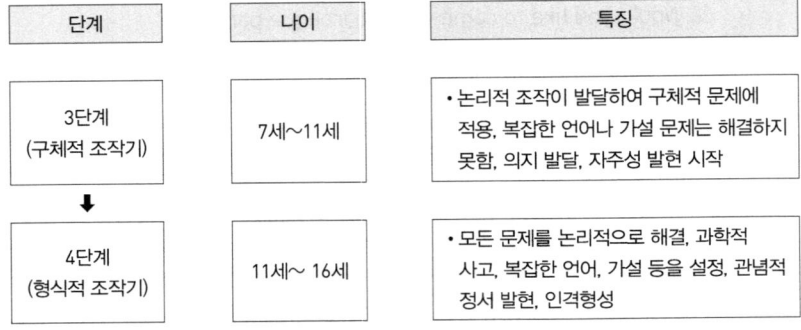

[그림 1] Piaget의 발달단계

학습자들은 언어발달의 초기 단계인 감각 운동기부터 언어가 발달하고 문제를 해결하기 시작하는 전조작기, 논리적 조작이 발달하여 구체적 문제에 적용해 보는 구체적 조작기를 거쳐 모든 문제를 논리적으로 해결하는 과학적 사고의 시기인 형식적 조작기에 이르게 됨(김진석, 2009). 이러한 단계를 고려하여 5,6학년군에서는 수렴형 질문을 점차 줄이고 확산형 질문을 점진적으로 늘려야 함. 학습자들의 인지수준에 맞는 질문을 통해 학습 동기화가 제대로 유발되도록 해야하고 수업 참여도가 제고되어야 하기 때문임.

둘째, 기능 및 내용별 분류에서는 적용형 질문 중 텍스트의 내용을 기반으로 하는 질문에 비해 개별화 질문이 적게 사용되었음. 개별화 질문이 교실 담화에서 학습자의 참여도를 제고할 수 있다는 측면에서 질문의 구성 시 개별화 질문을 고려한 수업 설계가 요구됨. 또한, 확산형 중 추론형, 분석형, 종합형, 평가형의 질문도 점진적으로 증가시킬 필요가 있음. 전시형 질문으로 이해 여부 점검하는 질문은 날짜, 이름, 수, 용어 등과 같은 지식을 회상하는 질문이지만, 이해력은 사실이나 의견들을 회상하는 수준을 넘어서 그들을 구조화하여 이해할 수 있는 능력이라 할 수 있음. 그러나 교실수업에서 전시형 질문은 상호작용을 실질적으로 신장하는 데 한계가 있음. 예를 들어, 교실수업에서 IRF(initiate, response, feedback)와 같은 담화구조로 학습자들과 상호작용하는 경우, 교사가 질문을 하면 학습자가 응답을 하고, 그 응답을 듣고 교사가 피드백을 주는 대화 패턴임. 이러한 대화에서는 교사는 이미 답을 알고 있으면서 학습자가 제대로 이해했는지를 확인하기 위해 전시형 질문을 하고 있다고 할 수 있음. 그러나 학습자가 교실수업에서 상호작용할 수 있는 능력을 제대로 신장하기 위해서는 참조형 질문을 계획할 필요가 있음. 학습자의 흥미 유지, 수업 참여도나 상호작용능력 제고는 교사의 질문에 달려 있기 때문임. 이런 측면에서 교사는 의사소통적 상호작용을 증진하기 위해 교사의 질문이 어떠해야 하는지, 현재의 영어과 수업에서 교사의 질문형태는 어떠한지, 유의미한 언어사용이 이루어지기 위한 의사소통적 교사 질문 전략이 무엇이지를 설계(김영민, 2006)해야 함. 따라서, 교사는 전시형 뿐만 아니라 참조형 질문도 사용하여 학습자의 수업 동기화 및 수업 참여도를 제고할 필요가 있음. 다시 말해서, 학습자의 수준에 맞는 확산적, 개방적 발문을 학습 단계에 맞춰 순차적으로 제시하여 학습자의 수업 참여를 증진시키고, 동시에 창의적이고 논리적인 사고 능력을 향상하는 방안을 모색(한종임 외, 2011)해야 함.

   셋째, 수업절차별 분석에서는 L1, L2, H교사의 수업 모두 전개 단계에서 질문이 가장 많이 사용되었음. 전개 단계에서 수업 시간이 가장 많이 배분에서 있어서 질문이 가장 많이 사용되었다고 판단됨. 그러나, L1 교사는 도입 단계에서, L2와 H교사는 결말 부분에서 질문이 너무 적게 사용되었다는 점에서 질문 사용의 비율을 적절하게 구성하는 방안을 고려할 필요가 있음. 교수-학습 과정에서 교사의 발문은 학습 의식을 고취시키고 학습자가 지식을 탐구하고 발견, 습득할 수 있도록 안내하는 역할(조연순 외, 2008)을 하기 때문임.

또한, 전개단계에서는 교실수업에서 흔히 사용하는 PPP(Presentation-Practice-Production) 모형의 단계를 고려하여 수렴형 질문에서 점차 확산형 질문으로 자신의 생각을 표현할 수 있는 상호작용이 이루어질 필요가 있음. 대부분의 초등영어 교실수업에서는 전개단계에 의사소통기능 및 언어형식을 연습하고 있지만 연습단계에 머무르는 경향이 있기 때문임. 교사는 그래픽 조직자(graphic organizer)를 활용하여 다음과 같이 PPP 기반 질문들을 구성함으로써 교사와 학생 간, 학생들 간 상호작용이 역동적으로 일어날 수 있도록 해야 함.

〈표 1〉 PPP 기반 질문의 유형

단계	질문 유형
제시(Presentation)	하위 수렴형(지식, 이해)
연습(Practice)	하위 수렴형(지식, 이해), 하위 확산형(적용)
생성(Production)	하위 확산형(적용, 추론, 분석), 상위 확산형(종합, 평가)

위 표를 바탕으로 KWL차트를 활용하여 수업을 할 경우, 교사는 학습자가 박쥐의 정보에 대해 알고 있는 지를 묻는 하위 수렴형 질문으로 학습자의 스키마를 진단하고(Do bats fly at night?, What do they eat?), 학습자들에게 좀 더 심화할 수 있는 질문(Why are people afraid of them?, How do you get a bat out of your house?)을 사용하여 학습자의 적용, 추론, 분석 능력을 함양하며, 최종적으로는 서로 논의된 지식들을 기반으로 알게 된 새로운 지식을 종합, 평가해 보는 일련의 과정을 고려할 수 있음.

[부록 23] 디지털 스토리텔링(김진석, 2021; 김진석 외, 2021; 김진석, 2023)

"The Snowman"의 이야기책을 바탕으로 디지털 스토리텔링을 설계·구현할 수 있음. 이 이야기는 눈사람을 만들기를 좋아하는 James에 대한 재미있는 이야기임. 어느 날 밤 눈사람이 살아 돌아 와서 소년과 눈사람이 친구가 되는 이야기로, 활동을 구현하는 데는 쉽지만 언어 수준에서는 어려운 문장구조와 어휘로 되어 있어서 아이들이 이야기를 이해하는 데에 어려움을 느낄 수 있음.

> In the morning James woke to see snow falling. He ran into the garden as fast as he could and he started to make a snowman. He gave him a scarf and a hat, a tangerine for a nose, and lumps of coal for his buttons and his eyes. What a wonderful snowman, he was! James could not go to sleep because he was thinking about him. In the middle of the night he crept down to see the snowman again. Then suddenly ... the snowman moved ! "Come in," said James. "But you must be very quiet." The snowman was amazed by everything he saw. They even went into James's mother and father's bedroom. And the snowman dressed up in their clothes. Suddenly, the snowman took James by the hand and ran out of the house, across the snow, and up, up, into the air. They were flying! James and the snowman flew for miles through the cold, moonlight air. Then they landed gently on the snow, home safe in the garden. James gave the snowman a hug and said good night. In the morning he was woke up by bright sunlight shining on his face. He must see the snowman again. James ran out of his room, down the stairs, across the living room, past his mother and father, and into the garden.
>
> 자료출처: Briggs(1990)

"The Snowman"은 날씨, 계절, 크리스마스 등과 연관될 수 있는 이야기이기 때문에 "November, December, January, February" 등의 단어들이 소개될 수도 있음. "The Snowman"의 개념, 4기능과 어휘·발음 등에 대한 지도계획은 다음과 같음(김진석, 2023).

Lesson Planning Sheet

Date   11.20.99
Class   5-11
Length of lesson   40 minutes
Materials   The Snowman

Author and illustrator	Raymond Briggs
Concepts	Colors, size and shape, time, cause and effect Telling the time Weather and seasons Festivals in other countries Making Christmas cards
Listening & speaking	Listening for detail via instructions Expressing likes and dislikes Asking for information Yes/No and wh-questions
Writing	Labelling pictures/diagrams
Key vocabulary	Part of the body, the weather, clothes, colors, numbers, rooms in a house, furniture, toys
Pronunciation	Falling intonation Rising intonation
Technology	DALL-E

"The Snowman"에서는 색깔, 신체의 모양과 크기, 시간, 인과 관계 등의 개념을 바탕으로 좋아하거나 싫어함을 표현하는 의사소통기능이나 예/아니오 의문문이나 wh-의문문으로 정보를 묻고 답하는 언어형식을 활용하여 듣기와 말하기를, 그림이나 도표에 라벨을 붙이면서 쓰기를, 신체, 날씨, 옷, 색깔, 수, 방, 가구, 장난감 등의 어휘를, 상승조인지 하강조인지에 대한 발음을 지도하는 계획을 구성할 수 있음.

위의 수업계획안을 바탕으로 "The Snowman"의 8차시 수업들 중 1차시 수업으로 구성한 수업계획은 다음과 같음.

Time of Stage	Activity	Materials
5 minutes	warm-up and review of work covered last lesson	
10 minutes	*Presentation:* Show pupils cover of The Snowman to remind them of the story. Read the story emphasizing part of the body. Repeat these lines and stop. Check comprehension asking a pupil to point to your own eyes.	Cover of book
10 minutes	*Controlled practice* • Action game: Call out parts of the body at random and children respond by drawing them. • Picture choice using DALL-E: Children choose parts of the body and clothes according to dictations of teachers (TPR). • Listen & draw using DALL-E: Children draw parts of the body and clothes according to dictations of teachers.	Work-sheets
10 minutes	*Production:* using DALL-E: Children make their own snow man or snow woman and describe it(Information gap activity) using DALL-E.	Work-sheets
5 minutes	Review work covered in lesson. Distribute homework.	

The Snowman의 이야기를 바탕으로 수업계획 및 등장인물에 대한 좀 더 상세한 질문들은 다음과 같이 구성될 수 있음(Flemming과 Stevens, 2004).

Setting	Where does your story take place?
Characters	Who are your main characters? Why are they at a particular place? • Give your character a name. • Explain where they are in some detail, using place names, street names, etc.
	• What exactly are they doing? Write down the date and day this is happening. • What is the weather like? • What sort of mood are they in? • What are they thinking about? • Write down three things they can see, smell, feel, hear. • Write down one detail of their appearance, item of clothing, etc. • What are they going to do next?
Plot	Where are your characters at the beginning of the story? What are they doing there? Are there any minor characters who play a part in the story? Who are they and what role do they play? What happens and why?

또한, 아들이 어머니에게 꽃을 드리는 이야기인 "The Roses"를 기반으로, 다음과 같이 디지털 스토리텔링 수업을 설계하고 구현할 수 있음(김진석, 2021).

Stage			Activity	Materials
Surveying			• Surveying stories presented for achieving the purpose in the suggesting system like NetFlix	
Thinking			• Organizing the mainstream of the stories • Brainstorming or completing graphic organizer	
Acting			• warm-up and review of work covered last lesson	
	M		*Presentation:* Show learners cover of Giving Flowers to *Mom* to remind them of the story. Read the story emphasizing sprite's movement. Repeat these lines and stop.	Cover of book

	A		*Controlled practice*
			a) Filling in the blank
			  • Guessing and answering
			b) Personalization
			  • Inserting yourself into a story
			c) Completing the story
			  • Completing the beginning or ending of a story
				Work-sheets

	P		*Production* • Telling from the perspective of a different character • Making learners' own story and describing it.	Work-sheets
			Review work covered in lesson. Distribute homework.	
Reflecting			• Checking and revising learners' own story • Handing in the stories finalized	

교사는 "The Roses"와 관련된 다섯 가지 핵심 단어를 제시하고, 학습자들은 PPT 사진을 보면서 교사의 지시에 따라 받아쓰기를 반복함. 또한, 교사는 수업을 빈칸 채우기, 개인화, 스토리 완성, 다른 캐릭터의 관점에서 말하기, 학습자만의 이야기 만들기 등의 다양한 활동으로 구성할 수 있음.

교사는 다음과 같은 장면을 보면서 학습자가 빈칸을 채우거나 이야기를 완성하도록 하며, 다른 인물의 관점에서 말하도록 하고, 학습자 자신의 이야기를 만들 수 있도록 수업을 구현할 수 있음(김진석, 2021).

(1) "The Roses"의 주요 장면(예시)

위 활동은 다른 캐릭터의 관점에서 상상력이나 호기심을 갖고 창의적으로 자신의 이야기를 만들도록 하고, 또한 이야기의 시작이나 끝을 완성하는 기회를 줌으로써 학습자들이 수업 활동에 능동적으로 참여하는 동기부여가 될 수 있음. 무엇보다도, 학습자들은 상상력으로 자신만의 이야기를 창의적으로 표현할 수 있는 기회를 갖게 되고, 자기 주도적인 개별학습을 가능하게 함.

[부록 24] 디지털 스토리텔링 기반 글로벌시민교육(김진석, 2021; 김진석 외, 2021; 김진석, 2022; 김진석 외, 2024)

문화다양성을 인식할 수 있는 여러 나라의 전래동화나 이야기를 선정하여 글로벌시민의식을 함양할 수 있음. 예를 들어, 인도의 "Six Blind Men and the Elephant"을 통해, 인도 사람들의 가치, 규준, 신념, 사회적 관습을 인식할 수 있음. 수업에서는 "Six Blind Men and the Elephant"을 각색하여 이야기를 창의적으로 개발하여 발표하도록 하는 활동을 구현할 수 있음.

이를 스크래치로 코딩하여 스토리텔링을 하도록 한다면 컴퓨터적 사고가 함양될 수 있을 것임. 이런 측면에서 "Six Blind Men and the Elephant"를 스크래치 기반으로 수업을 설계하면 다음과 같음(김진석, 2021).

〈표 1〉 "Six Blind Men and the Elephant"의 실러버스 설계(예시)

Stage	Activity	Materials
Searching	Surveying stories presented for achieving the purpose in the suggesting system like NetFlix.	
Thinking	Show learners cover of *Six Blind Men and the Elephant* to remind them of the story. Looking for YouTube and thinking about the mainstream of the story.	

A c t i n g	M	• Understanding the story through AR/VR experience • *Presentation:* Show learners cover of *Six Blind Men and the Elephant* to remind them of the story. Read the story emphasizing sprite's movement. Repeat these lines and stop.	Cover of book

	A	*Controlled practice*
		a) Picture choice: Learners choose parts of the elephant according to directions of teachers (TPR).
		b) Picture describing: Learners describe parts of the elephant according to questions of teachers.
		c) Guessing and filling in the blank
		d) Summary focused on plot
		  • Describing what is happening in fifty words
		e) Retelling
		  • Retelling a story from memory alone
		  • Retelling the beginning or ending of a story
			Work-sheets

	P	*Production* • Telling from the perspective of a different character • Making learners' own story and describing it.	Work-sheets
Reflecting		Review work covered in lesson. • Homework: writing a new version of the story • Checking and revising learners' own story • Handing in the stories finalized	

〈Six Blind Men and the Elephant〉
There are six blind men and an elephant. The first blind man approaches the elephant. He touches the elephant's side. "It's like a wall." The second blind man approaches the elephant. He touches the elephant's tusk. "It's like a spear." The third touches the elephant's trunk. "It's like a snake." The fourth touches the elephant's knee. "It's like _____." The fifth touches the elephant's ear. "It's like _____." Finally, the sixth touches the elephant's tail. "It's like _____." Now let us make a story about "The Men and the Lion."

교사는 학습자가 표지를 보면서 무엇에 관한 이야기인지, 스토리에 중요한 내용이 무엇인지 등의 질문을 통해 창의적 사고와 표현 능력을 함양할 수 있도록 수업을 구현할 수 있음. 수업은 그림 선택, 그림 설명, 추측과 빈칸 채우기, 줄거리 요약, 사건 설명, 이야기 다시 말하기 등 다양한 활동들로 구성되어 있음(김진석, 2021).

교사는 학습자들이 창의적 사고를 통해 스크래치 기반 다양한 활동을 코딩하도록 하고, 그것을 발표하도록 함으로써 학습자의 창의력을 향상시킬 수 있도록 지원할 필요가 있음(김진석, 2021).

(1) "Six Blind Men and the Elephant"의 주요 장면(예시)

위의 슬라이드에서와 같이, 교사는 학습자들이 그들의 관점에 따라 코끼리의 일부를 선택하도록 하는 활동을 하기도 하고, 교사의 질문을 듣고 학습자들이 코끼리의 일부를 묘사하거나 추측하며, 빈칸을 채우는 활동을 구현할 수 있음. 아울러, 무슨 일이 일어나고 있는지 50개의 단어로 묘사하도록 하고, 기억력만으로 이야기를 다시 말하도록 하며, 이야기의 시작이나 끝을 다시 말하도록 하는 활동을 구현할 수 있음.

[부록 25] 모니터링과 스캐폴딩

[Monitoring]

1. I encourage my students to reflect upon how they can improve their assignments.
2. After a test, I discuss the answers given with each student.
3. While working on their assignments, I ask my students how they think they are doing.
4. I involve my students in thinking about how they want to learn at school.
5. I give my students the opportunity to decide on their learning objectives.
6. I ask my students to indicate what went well and what went badly concerning their assignments.
7. I encourage students to reflect upon their learning processes and how to improve their learning.
8. I inform my students on their strong points concerning learning.
9. I inform my students on their weak points concerning learning.
10. I encourage my students to improve on their learning processes.
11. I give students guidance and assistance in their learning.
12. I discuss assignments with my students to help them understand the content better.
13. I discuss with my students the progress they have made.

14. After an assessment, I inform my students on how to improve their weak points.
15. I discuss with my students how to utilize their strengths to improve on their assignment.
16. Together with my students, I consider ways on how to improve on their weak points.

[Scaffolding]
1. I adjust my instruction whenever I notice that my students do not understand a topic.
2. I provide my students with guidance to help them gain understanding of the content taught.
3. During my class, students are given the opportunity to show what they have learned.
4. I ask questions in a way my students understand.
5. By asking questions during class, I help my students gain understanding of the content taught.
6. I am open to student contribution in my class.
7. I allow my students to ask each other questions during class.
8. I ensure that my students know what areas they need to work on in order to improve their results.
9. I give my students opportunities to ask questions.
10. My students know what the evaluation criteria for their work are.

11. I ensure that my students know what they can learn from their assignments.
12. I can recognize when my students reach their learning goals

(Source:https://www.researchgate.net/publication/235390056_Validation_of_Assessment_for_Learning _Questionnaires_for_teachers_and_students [accessed Jan 21 2025].)

[부록 26] 역동적 평가(김진석, 2017b; 김진석, 2018c)

영어교실에서 역동적 평가(DA)는 학생들이 무엇을 얼마만큼 배웠나를 측정하는 것뿐만 아니라 학생들의 영어능력이 어떻게 발달하고 있고, 어떻게 이를 촉진할 수 있는지를 통찰할 수 있도록 함(강성우, 2011: 87). 예를 들어, 초등 6학년을 대상으로 상황을 나타내는 그림과 함께 질문을 하거나 설명을 하면 이에 적절하게 발화를 하는 형식의 말하기 평가(강성우, 2011: 87-88)를 실시할 수 있음. 다시 말해서, 교사는 학생들에게 제공할 도움을 선험적으로 미리 정하지 않고, 학생들이 주어진 과제에 대해 발화를 하면, 교사는 목표 표현과 비교해서 부족한 점을 보완해서 수행할 수 있도록 중재를 제공함. 구문 오류가 있다면, 학생들에게 목표 표현을 직접 제공하지 않고 간접적으로 도움을 주어 학생들이 스스로 수정하도록 함.

DA는 중재가 매우 중요한 요소임. 중·고등학교 교실수업에서 교사의 중재는 학습자들의 의사소통 능력을 함양하는 기제이기 때문임(김진석 외, 2017b). 처음에는 문화 간 화자들은 명시적 또는 암묵적으로 제시하는 교사의 통제적 도움(스캐폴딩, 오류수정 등)으로 목표언어 표현의 방식을 학습하지만 점진적으로 자신의 인지 능력이나 발화 속도 등에 맞게 자신의 생각을 스스로 표현할 수 있는 능력을 갖추도록 지도함. 다음은 그림을 묘사하는 활동에서 교사가 학생의 관사 사용의 오류를 수정하는 상황임.

(1) S1 : I can see two women sitting next to each other. One woman has a long, straight hair, and is reading some paper..

T : One woman has a long, straight hair? It doesn't sound right..

S1 : (thinking a moment and putting on a smile) [Are you saying that the noun doesn't need an article?]

T : Right.

S1 : [Let me try again.] Two women are sitting next to the man. One woman who has pretty long, straight hair, and is reading paper, and the other woman with kinda short hair is looking at the man.

(Pyo, 2010)

위의 예문에서 교사는 관사의 사용이 언어적 오류임을 "One woman has a long, straight hair? It doesn't sound right."로 표현하였고, 학생은 자신의 언어적 오류를 인식하고 확인한 후 표현을 수정하여 그림을 묘사하고 있음.

또한, 초등학교의 경우, '과거 일에 대해 묻고 답하기' 활동을 수업시간에 구현한다면, 교사의 중재를 통해 학생들이 과거시제를 제대로 학습하도록 다음과 같이 상호작용할 수 있음(김진석 외, 2017b).

(2) T : (할아버지, 할머니를 만나는 그림을 보여주며) What did you do yesterday?

S2 : Yesterday? I visit my grandparents.

T : (기타를 연주하는 그림을 보여주며) What did you do yesterday?

S2 : I'm playing the guitar.

T : What?

S2 : I'm playing the guitar.

T : (할아버지, 할머니를 만나는 그림을 다시 보여주며) What did you do yesterday?

S2 : I am visit my grandparents.

T : OK. What did you do .. YESTERDAY? What did you do .. yesterday?

S2 : I visited my grandparents.

T : What did you do yesterday?

S2 : I played the guitar. (강성우, 2011)

그림이나 그래픽 조직자[2]를 활용하여, 과거시제의 의미를 이해하고 그에 적합한 형태소를 사용하는 방법을 효과적으로 지도할 수 있음. 위의 활동에서 교사는 그림을 반복하여 제시하여 과거시제의 의미를 생각할 시

---

[2] 영어 학습자(English language learner)들은 시각적 매체를 통해 언어적 정보를 쉽게 체득할 수 있기 때문에 컴퓨터 그래픽, 지도, 그래프, 차트, 다이어그램, 포스터, 그래픽 조직자, 그림 속의 텍스트 등을 통해 쓰여 진 지시문을 탐구하고 해독하는 것에 흥미를 가진다(Haynes, 2007). 이런 측면에서, 수업 시간에 시각적 자료들을 활용하여 학습자들이 영어에 흥미와 동기 부여가 될 수 있는 수업 설계가 고려되어야 한다(김진석, 2015d).
시각 자료들 중 그래픽 조직자란 듣거나 읽었던 핵심 정보를 쉽게 조직하고 기억할 수 있도록 돕는 시각적인 매개체이기 때문에 학습자는 그래픽 조직자를 구성하면서 적극적으로 학습에 참여하고 효과적으로 정보를 구축(Vygotsky, 1962)할 수 있다. 교실수업에서 흔히 사용하고 있는 그래픽 조직자에는 단어 망, 묘사, 사실과 의견, 흐름 차트, 관찰 차트, 이야기 지도, 문제해결, 타임라인, 벤다이어그램, KWL차트, 거미줄 차트 등이 있다(김진석, 2015d).

간을 주었고, 아울러 명시적 시간부사(explicit temporal adverb)를 강조하면서 과거시제의 형태소를 사용할 수 있도록 중재하고 있음. 대부분의 활동에서 교사는 목표언어로 중재하지만, 필요에 따라서는 모국어로 명료하게 설명할 수도 있음.

　마지막으로, 문화 간 화자의 문화 인식을 제고하고 문화 지식을 함양하기 위해 교사는 문화 동화자(culture assimilator) 등과 같은 활동(김진석, 2016)을 활용하여 다음과 같이 중재할 수 있음.

(3) T : Your American friend blew his nose during dinner. How do you feel?
S : I feel terrible.
T : If you feel like blowing your nose during dinner, what would you do in the American friend's dinner party?
S : Say, "Excuse me," and go to the toilet to blow my nose.
T : (유튜브의 영상을 보여주며) Most of Americans usually say, "Excuse me," and blow his nose.
S : Really? That's the difference among cultures.

교사는 유튜브를 활용하여 학습자들이 문화 간의 차이를 인식하도록 도움을 주고, 문화 간의 차이를 짧게 설명함으로써 문화의 지식을 체득하도록 하였음. 수업 중에 교사는 문화 간 화자들의 의사소통 능력을 점진적으로 향상시킬 수 있도록 다양한 학습 자료를 수준별로 활용해야 함(김진석 외, 2017b).

[부록 27] 관찰평가표와 자기평가표(김진석 외, 2009; 김진석, 2017a; 김진석, 2018c)

• 관찰평가표

Weir(2005)에 의하면, 말하기의 능력을 발음, 문법, 어휘, 적절성(appropriateness), 유창성(fluency) 등의 영역으로 구분하여 각 영역에 대해서 각각의 점수를 주고, 다시 각 부분점수를 합하여 총점을 부여하는 방식임. 이 경우, 채점자는 수험자 응답을 토대로 각 영역의 척도 기술(scale description)에 따라 해당 영역에 각각의 점수를 부여함. 분석적 채점의 가장 전형적인 예로 Weir(2005)가 개발한 TEEP(Test in English for Educational Purposes)의 말하기 채점을 들 수 있음(김진석 외, 2009).

〈표 1〉 TEEP 말하기 채점 척도(Weir, 2005)

Appropriateness
0 Unable to function in the spoken language.
1 Able to operate only in a very limited capacity : responses characterized by sociocultural inappropriateness.
2 Signs of developing attempt at response to role, setting, etc., but misunderstandings may occasionally arise through inappropriateness, particularly of sociocultural convention.
3 Almost no errors in the sociocultural conventions of language; errors not significant enough to be likely to cause social misunderstandings.

Adequacy of vocabulary for purpose
0 Vocabulary inadequate even for the most basic parts of the intended communication.
1 Vocabulary limited to that necessary to express simple elementary needs; inadequacy of vocabulary restricts topics of interaction to the most basic; perhaps frequent lexical inaccuracies and/or excessive repetition.
2 Some misunderstandings may arise through lexical inadequacy or inaccuracy; hesitation and circumlocution are frequent, though there are signs of a developing active vocabulary.
3 Almost no inadequacies or inaccuracies in vocabulary for the task. Only rare circumlocution.

Intelligibility
0 Severe and constant rhythm, intonation and pronunciation problems cause almost complete unintelligibility.
1 Strong interference from L1 in rhythm, intonation and pronunciation; understanding is difficult, and achieved often only after frequent repetition.
2 Rhythm, intonation and pronunciation require concentrated listening, but only occasional misunderstanding is caused or repetition required.
3 Articulation is reasonably comprehensible to native speakers; there may be a marked 'foreign accent' but almost no misunderstanding is caused and repetition required only infrequently.

Fluency
0 Utterances halting, fragmentary and incoherent.
1 Utterances hesitant and often incomplete except in a few stock remarks and responses. Sentences are, for the most part, disjointed and restricted in length.
2 Signs of developing attempts at using cohesive devices, especially conjunctions. Utterances may still be hesitant, but are gaining in coherence, speed and length.
3 Utterances, whilst occasionally hesitant, are characterized by an evenness and flow hindered, very occasionally, by groping, rephrasing and circumlocutions. Inter-sentential connectors are used effectively as fillers.

Relevance and adequacy of content
0 Response irrelevant to the task set; totally inadequate response.
1 Response of limited relevance to the task set; possibly major gaps and/or pointless repetition.
2 Response for the most part relevant to the task set, though there may be some gaps or redundancy.
3 Response and adequate response to the task set.

위의 표에서 보는 바와 같이, Weir(2005)는 말하기 채점기준으로 말하기 수행의 적절성(appropriateness), 어휘선택의 적절성(adequacy of vocabulary for purpose), 문법적 정확성(grammatical accuracy), 명료성(intelligibility), 유창성(fluency), 내용의 관련성 및 적절성(relevancy and adequacy of content)과 같은 6개 영역을 설정하였고, 각 영역마다 0부터

3까지 4개의 점수로 등급화 했음. 분석적 채점척도의 장점은 무엇보다도 학습자의 말하기 능력 전반에 대한 프로파일링을 할 수 있어 학습자들의 강점과 약점을 쉽게 파악할 수 있음.

- 자기평가표

자기평가의 가장 일반적인 형태는 "발표나 면담, 질문지 조사" 등의 방법이 있음(이완기, 2012: 51). 자기평가에 포함될 내용은 "학습 태도에 관한 것(학습 준비물, 수업 흥미도, 영어에 대한 자신감, 계속 노력여부 등), 학습 활동에 관한 것(수업내용 이해도, 학습과제 이행도, 수업 중 발화정도 등)" 임(이완기, 2012: 51-52).

〈표 2〉 학습자를 위한 자기평가지

평가영역		점수 4	3	2	1	
학습 태도	학습 준비(물)	매우 준비를 잘했다	준비를 잘 한 편이다	준비를 못한 편이다	전혀 준비를 못했다	
	수업 흥미도	매우 재미 있었다.	재미있는 편이다.	재미없는 편이다.	전혀 재미 없었다.	
	영어에 대한 자신감	매우 자신이 있다.	자신 있는 편이다.	자신 없는 편이다.	전혀 자신이 없다.	
	계속 노력 여부	매우 열심히 하겠다.	좀 더 열심히 하겠다.	대충 하겠다.	전혀 안 하겠다.	
학습 활동	수업내용 이해도	전부 이해 했다.	거의 이해한 편이다.	이해 못한 편이다.	전혀 이해 못했다.	
	학습과제 이행도	끝까지 전부 완성했다	대부분 완성했다	완성 못한 것이 더 많다.	완성한 것이 거의 없다.	
	수업중 발화정도	매 수업시간 발화 했다.	대부분 발화했다.	가끔 발화했다.	전혀 발화 하지 못했다.	

* 해당란에 ○표 하세요.

[부록 28] 상호작용이 활발한 수업 활동과 과제

[3학년 1학기] 상호작용이 활발한 학습활동(김진석, 2023)

※ 제시한 활동들은 주로 Hess(2001), Read(2007), 최진황, 김진석, 이윤(2002), 김진석(2015a,b,c,d; 2016a,b; 2019a,b,c; 2022a,b,c,d; 2023a,b; 2024a,b)을 수정·보완한 것이다.

인지단계(Piaget의 구체적 조작기 단계)에 적합한 활동들을 설계해야 한다.

| 구체적 조작기 | 7세~11세 | • 논리적 조작이 발달하여 구체적 문제에 적용, 복잡한 언어나 가설 문제는 해결하지 못함, 의지 발달, 자주성 발현 시작 |

- 이해·표현 태동단계: 초기 영어 학습자는 언어를 습득하고 있지만 아직 말을 하지 않는 침묵기(silent period)다. 학생들은 주로 기계적 연습(mechanical drill)을 통해 교사가 말하는 것을 듣고 반복하고 흉내 낼 뿐, 실제로 표현하고 있지는 않다. 시청각, 제스처, 움직임 등 여러 가지 유형의 정보에 반응을 보이면서 이해 여부를 앵무새처럼 보여주고 흉내 낸다. 함께 읽기와 전신반응교수법(Total Physical Response: TPR)은 이 단계에서 적합하다(Haynes, 2007).

- 교육과정: 이 시기에 학습자들은 다음과 같이 쉽고 간단한 말을 듣고 행동하는 활동을 할 수 있고, 쉽고 간단한 글을 듣거나 읽으면서 단어나 구로 쓰는 활동들을 구현할 수 있다.
  - 듣고 식별하기

- 듣고 소리 내어 읽기
- 강세, 리듬, 억양 듣고 말하기
- 알파벳 대소문자 구별하여 쓰기
- 그림/동작 등을 보고 쉽고 간단한 단어나 어구로 말하거나 쓰기

1. 듣고 행동하기(Listen & Do)

Asher(1977)는 유아들이 말하기에 앞서 상대방의 말을 듣고 신체적 반응을 하는 어느 정도의 기간이 있다는 점을 착안하여 전신반응교수법을 창시하였다. 이 교수법은 이해기능이 표현기능보다 먼저 개발되고 아울러 듣기가 다른 기능보다 전이가 잘 된다는 이해 중심 접근법을 기반으로 하고 있다. 또한, 어린이들은 좌뇌에서의 언어 처리 과정보다 우뇌에서의 신체기능이 먼저 일어난다는 뇌 기반 학습법도 고려한 것이다(김진석, 2023).

외국어를 배울 때에는 모국어를 배우는 것과 같이 듣기를 통해 충분하게 이해하는 기간이 지난 이후에 자연스럽게 표현기능을 익힌다고 보았다. 다시 말해서, 어린이들은 복잡한 명령을 듣고 스스로 말할 수 있는 능력을 갖출 때까지는 듣는 것에만 집중한다. 따라서, 목표언어를 지도할 때는 일정한 침묵기(silent period)를 거친 후 자연스럽게 발화가 일어난다는 점을 고려하여, 학습자들에게 발화를 강요하지 않는다.

전신반응교수법에서는 다음과 같은 활동(Byrne, 1977; Peterson, 1991; Larsen-Freeman, 2000)으로 교사와 학생 간 상호작용할 수 있다.

- 문장의 억양 구별하기
  - 들은 문장이 상승조인지 하강조인지 표시하기

– 음, 강세, 억양 패턴 등을 식별하기

예) 두 개의 발화를 듣고 같은 지 다른지 응답하기

- 음소 구별하기
  - 같거나 다른 최소 대립어 등과 같은 한 쌍의 단어를 듣고 구별하기
  - 최소 대립어를 듣고 같은지 다른지를 표시하기

  예) 교사 : Listen to some pairs of words. Raise your hand if the first sounds of each pair are the same. If they are different, do not raise your hand.

  e.g.) stay/steak, laid/laid, bit/bet, met/met, bear/pear

  학생 : (학생들은 교사의 지시에 따라 반응을 보인다.)

- 형태론적인 어미를 구별하기 위해 선택적으로 듣기
  - 일련의 문장을 듣고 어미가 –ed나 –ing로 끝나면 "예"를, 그렇지 않으면 "아니오"를 표시하기

- 단어 식별하기
  - 단어를 듣고 해당하는 그림과 연결하기

초등학교 3학년 1학기 초 수업에서 듣고 색칠하기(Listen and color), 듣고 고르기(Listen and choose) 등의 연습을 통해 소리의 음운적 특성에 자연스럽게 익숙하도록 함으로써 학습자들이 소리를 식별하도록 지도한다(Brown, 1994). 이런 측면에서, 듣고 행동으로 표현하기, 듣고 그리거나 색칠하기, 듣고 맞는 그림이나 내용 고르기, 듣고 특정 단어나 정보 찾

기, 듣고 참과 거짓 구별하기, 듣고 바른 순서대로 정리하기 등의 활동을 구현할 수 있다. 교실활동 중에 교사는 초기단계는 말할 때 오류가 나타나기 때문에 학습자의 수준이 어느 정도 유창하게 되면 세부적인 오류를 수정한다. 교사가 지시하면 학생들이 그에 적합하게 행동하는 교사 주도의 수업 활동이다. 엄밀하게 말하면, 교사가 정해진 수업 계획에 바탕으로 지시하고, 학습자들은 수동적으로 수업 활동에 참여하는 일방향 수업 과정이라 할 수 있다.

또한 이 활동은 언어지능과 신체-감각 운동지능을 동시에 발달하도록 하기 때문에 수업시간에 배운 언어표현들을 오랫동안 기억하도록 한다(김진석, 2016a).

- 행동하기(Do the actions)
  학생들은 교사의 지시문(Walk! Jump! Run! Skip! Hop!)을 듣고 행동으로 표현한다.
- 물건 보여주기(Show me)
  교사가 말하는 물건의 이름(Show me your book! Show me your pencil!)을 듣고, 학습자들은 손으로 물건을 가리키거나 직접 물건을 들어 보인다.

- 사진 찍기(Take a photo)
  학생들이 카메라를 가지고 있다고 상상하게 한 후, 교사가 교실의 벽에 있는 그림이나 다양한 학습 도구들을 말하면(Take a photo of the TV!), 그것을 사진 찍는 시늉을 한다.

낱말 수준에서 학습자들이 강세에 익숙하도록 지도하는 방법으로 '강세에 맞추어 박수치기(clap the stress)' 활동을 다음과 같은 절차로 구현할 수 있다(Read, 2007).

- 강세에 맞추어 박수치기(clap the stress)
1. 연습하고 싶은 강세 패턴에 따라 칠판에 두 세트의 원을 그린다.
   예) Ooo oOo
2. 각각의 원에 따라 강세가 들어간 음절에서는 크게, 그렇지 않은 음절에서는 약하게 박수(혹은 타악기)를 친다.
3. 하나의 음절 이상의 단어는 서로 다른 강세가 있고 제대로 된 강세에 따라 발음하면 듣는 사람이 더 쉽게 이해할 수 있음을 설명한다.
4. 연습하고 싶은 강세 패턴에 맞는 단어를 제시하면(예, Ooo elephant, oOo banana), 박수치기를 하면서 단어를 말해보도록 한다.
5. 일련의 단어들을 설명한 후 강세 패턴에 맞춰 박수치기를 하도록 한다.예) telephone, tomato, hamburger, Saturday, December, computer, cinema, grandfather
6. 두 그룹으로 나누어 다양한 단어들을 이용해 활동을 반복한다.
7. 마지막으로, 단어들을 공책에 쓰고 강세를 표시해보도록 한다.

2. 추측하기(guessing)
'추측하기' 활동을 통해 해당 단어를 동작으로 표현해 보고 다른 학습자가 맞히게 하는 활동을 다음과 같은 절차로 할 수 있다(Halliwell, 1992).

- 추측하기 활동

1. 각 모둠을 4인 1조로 구성한다.
2. 한 아이가 뒤집혀 놓은 카드의 묶음에서 한 카드를 택한다. 이 때 어떤 카드를 택했는지를 다른 아이들은 볼 수 없도록 한다. 선택한 단어를 동작으로 표현할 수도 있다.
3. 다음과 같은 질문을 하면서 추측게임을 시작한다.

    T: Is it raining?

    S1: No!

    T: Is the sun shining?

    S1: No!

    T: (to the rest of class): Guess!

    S2: Is it snowing?

4. 추측한 것이 맞으면, 다른 아이가 카드를 선택하고, 전체의 과정이 다시 시작된다.

'추측하기' 활동은 학습자들이 수업에 집중할 수 있도록 하기 때문에 수업 참여도를 높일 수 있는 활동이다. 학습자들이 흥미를 느낄 수 있는 어휘나 표현들로 카드를 구성하면 더욱 학습 동기 유발이 될 수 있을 것이다.

3. 들으면서 읽기(Listen & Read) (김진석, 2018c)

알파벳과 연관된 음(sound)에 대한 지식은 단어를 식별하도록 한다. 알파벳과 소리 간 관계나 알파벳 자·모음 간 결합된 부분을 발음하는 규칙에 대한 지식인 음철법(phonics)을 고려한 단어의 인식 단계를 다음의 그림에서와 같이 단계적으로 제시할 수 있다.

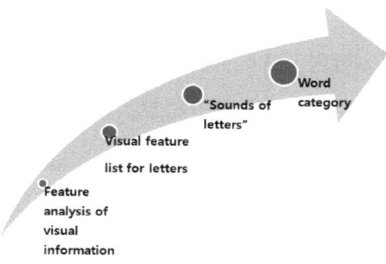

〈그림 1〉 단어 인식 단계

위의 그림에서와 같이, 단어를 인식하는 일차적 단계에서는 가시적 정보(visual information)의 자질들을 분석하고 문자의 가시적 자질들의 목록을 인식한 후, 문자들의 음(sound)들을 바탕으로 단어를 인식하게 된다(Smith, 1978). 예를 들어, 'cat'이라는 단어를 읽는다는 것은 글자 자체를 읽는 것은 물론이고 궁극적으로는 'cat'에 담긴 의미를 파악하는 것이다. 초등학교 영어수업에서도 단순히 음철법을 이용하여 단어를 읽는 것에 그치는 것이 아니라 의미를 이해하도록 하는 것이다.

음철법을 활용하여 문자해독을 실시할 때는 알파벳 순서대로 하는 것보다는 소리와 철자의 일대일 대응이 잘 이루어지는 자음(/p/, /b/, /m/, /t/)부터 시작해서 불규칙 자음(c, g, y, w), 혼성자음(bl, gr, sw, spl), 이중자음(ch, sh, ph, th) 등의 순서로 지도한다. 모음의 경우는 단모음(a, e, i, o, u), 장모음, 복모음(oi, oy, au, ou, ow), 이중모음(oa, ee, ea, ai, ay) 등의 순서로 지도한다. 아울러, 음철법을 통해, 어두자음군 (bl-, br-, cl-, cr- 등), 어말자음군 (-ck, -sk 등), 글자 두 개가 모여서 소리 하나를 내는 어중자음군 (ch, sh, th, wh 등)의 소리 패턴 규칙을 지도한다.

또한, 초기 학습자에게는 각운(rhyme)을 활용하여 음철법을 지도하는 것도 효과적이다. 예를 들어, 동일한 각운을 이루는 'cat/bat/mat'을 활용하여 c, b, m의 철자와 소리 간 관계를 알면서 읽도록 하는 활동을 할 수 있다. 각운을 지도하려고 할 때는, 교사는 빈도수가 높은 각운(ay, at, ow, ing, in, an, est, ed, ink 등)을 파악하고, 그들을 중심으로 음철법을 지도해야 한다(김혜리, 2011). 예를 들어, '-ay', '-ake'와 같은 각운을 중심으로 이미 익힌 다양한 자음만 추가한 'bay, day, hay, May, pay, ray, say, way', 'bake, cake, fake, lake, make' 등과 같은 단어들을 세트로 구성하여 제시한다면, 학습자들이 부담 없이 많은 단어를 읽을 수 있게 될 것이다.

소리와 철자 간의 대응관계가 익숙해지면, 단어나 구(phrase)가 적힌 플래시 카드(예, a book, my book, the blackboard)를 활용하여 아이들에게 이미 친숙한 일상의 단어들을 보여주면서 따라하도록 지도한다. 이 단계에서의 수업활동으로는 단어와 그림을 대응시키기, 카드에 있는 사물을 가리키기, Teddy가 가방에서 어떤 카드를 꺼내었는지를 추측하기 등과 같은 다양한 인식게임(recognition game)을 할 수 있다(Scott와 Ytreberg, 1993).

[3-4학년군] 상호작용이 활발한 학습활동(김진석, 2023)

※ 제시한 활동들은 주로 Hess(2001), Read(2007), 최진황, 김진석, 이윤(2002), 김진석(2015a,b,c,d; 2016a,b; 2019a,b,c; 2022a,b,c,d; 2023a,b; 2024a,b)을 수정·보완한 것이다.

인지단계(Piaget의 구체적 조작기 단계)에 적합한 활동들을 설계해야 한다.

| 구체적 조작기 | 7세~11세 | • 논리적 조작이 발달하여 구체적 문제에 적용, 복잡한 언어나 가설 문제는 해결하지 못함, 의지 발달, 자주성 발현 시작 |

이해·표현 초기단계: 초기 영어 학습자는 주로 기계적 연습(mechanical drill), 유의미한 연습(meaningful drill), 의사소통 연습(communicative drill) 등을 통해 보통 한 단어나 두세 단어로 말할 수 있고 짧은 말뭉치(chunk)를 정확히 사용하지는 못할지라도 암기하여 사용할 수 있다. 주요 특성으로 '그림책과 실물을 사용한 이해와 표현, 시청각 자료를 통한 어휘 구축, 예측 가능한 텍스트 이해, 정보 수정, 예/아니오 질문과 한 두 단어 응답, 그래픽 조직자, 차트 및 그래프 자료 등을 활용한 표현' 등이 있다. TPR, 분류하기가 이 단계에서 적합하다.

- 교육과정
- 듣고 의미이해하기
- 듣고 주요 정보 파악하기
- 담화나 문장 듣거나 읽기
- 읽고 말하거나 보고 쓰기
- 주요 정보를 듣고 말하기
- 행동이나 지시 등을 말하거나 보고 쓰기

- 단어 식별하기
    - 일기예보를 듣고 제공된 단어 중에서 들은 단어 고르기
    - 시간이 포함된 문장을 듣고 해당하는 시간 고르기
    - 광고를 들은 후, 물건의 가격을 골라 듣고 가격표에 가격 표시하기

− 자동 응답기의 녹음을 듣고 전화건 사람, 전화번호, 시간, 전화 내용 등을 차트에 적기

- 물건 가져오기(Bring me) (김진석, 2016a)

쉽고 친숙한 교실의 물건, 장난감, 그림카드를 늘어놓은 후, 교사가 말하는 물건의 이름을 듣고 가져오게 한다.

   예) Bring me the red crayon, please!

      Bring me the blue car, please!

      Bring me the green book, please!

- 알맞은 장소에 물건 놓기(Put it here) (김진석, 2016a)

교실의 친숙한 물건 중 하나를 지정한 후, 교사의 말을 듣고 알맞은 장소에 놓아보게 한다.

예) Put your crayon on our book!

      Put your crayon under the desk!

      Put your book on the chair!

      Put your pencil on the desk!

- 리듬에 맞춰 춤을 추어 봐요(Read, 2007)

1. 규칙적으로 지시문을 바꾸거나 추가할 수 있다(예, Hands in the air. One, two! Touch your nose. One, two! Bend to the left. One, two! Bend to the right. One, two! Turn around. One, two! And sit down. One, two!) 그러나 처음 등장하는 지시문에 대해서는 교사의 시범이 함께 제시되어야 한다.
2. 시작하기 전에 책상과 의자를 교실 한쪽으로 치워둔다.

3. "Put your elbow to your right knee!" 와 같은 조금 더 복잡한 지시문을 들려줌으로써 활동의 수준을 높인다. 또는 지시문을 빠르게 말하여 들려주거나 교사가 시범을 보이지 않는 방법을 사용하여 수준을 높일 수 있다.

- 친구알기(Hess, 2001)

1. 전체 학생을 10인 1조로 구성한다.
2. 학생들의 이름과 좋아하는 사물이나 사람의 이름을 말하도록 한다.

예) I am Ali and I love ice-cream.
　　　I am Irma and I love my dog.
　　　I am Keiko and I love New York.

3. 학생들은 누가 무엇을 좋아하는지를 기억하고 그들이 아는 바를 말한다.

- 차트 완성하기(Read, 2007)

1. 칠판 아래쪽에 선을 그리고, 그 날 활동에서 사용하려고 하는 운동의 수만큼 칸을 나눈다.
2. 각 칸에 운동의 이름을 쓰거나 상징물을 그려서 표시한다.
　(예: basketball, football, tennis, karate, judo, swimming)
3. 세로선을 긋고 맨 왼쪽에, 아래에서부터 위로 숫자를 쓴다(누적되는 학생 수를 파악하기 편하도록).
4. 학생들에게 bar chart의 칸 크기에 맞는 종이를 미리 준비하여 나누어 주고 자기 이름을 크게 쓰도록 한다. 이 때 종이 색을 보색 대비로 하면 눈에 잘 띄는 차트를 만들 수 있다.
5. 학생들이 돌아가면서 자신이 좋아하는 것을 말하고(예: My favorite sport is swimming.) 앞으로 나와서 bar chart의 해당 칸에 자기 이름을 적은 종이

를 붙이도록 한다.

6. 모든 학생들이 자기 이름을 붙이고 나면 반 학생들이 어떤 운동을 좋아하는지를 한 눈에 볼 수 있는 chart가 완성된다. 이 완성된 차트를 가지고 반 학생들이 좋아하는 운동에 대해 이야기하는 활동을 한다. (예: What's the class's favorite sport? Who likes karate? How many girls/boys like judo?)

5						
4						
3		Maria				
2	I Isabel	David				
1	David	Alex	Jessica			
	basketball	football	tennis	karate	judo	swimming

⑦ 후속활동으로 차트에 관해 문장을 쓰거나 완성해보도록 할 수 있다(예: In our class, the favorite sport is…, …girls/boys like…).

• 읽기 보드게임

1. 전체 학생을 4인 1조로 구성한다.
2. 각 조를 두 팀으로 나눈 후, 읽기 보드를 한 장씩 나누어준다.
3. 팀의 순서를 정한 후, 첫 번째 팀부터 주사위를 던진다.
4. 나온 수가 홀수이면 한 칸, 짝수이면 두 칸을 옮긴 후 문장을 읽는다.
5. 먼저 도착하는 팀이 이긴다.

〈영어 예문〉

I'm hungry. It's time for lunch. I'm thirsty. Can I have some sandwiches? Can I have some water? Can I have some milk? Sorry, I don't have any. Sorry, I don't have pizza. Sure. Here you are. Let's try that. Can I have some? Can I have some hamburgers? Can I have some chicken?

읽기 보드게임

주사위를 굴려 홀수가 나오면 한 칸, 짝수가 나오면 두 칸 이동한 후, 해당 칸에 있는 문장을 읽어보세요.

← OUT	18 Can I have some chicken?	17 Back three steps.	16 Can I have some hamburgers?	15 Can I have some?	14 Let's try that.	
					13 Back two steps.	
7 Sure. Here you are.	8 Sorry, I don't have it.	9 Sorry, I don't have pizza.	10 Sorry, I don't have any.	11 Can I have some juice?	12 Can I have some milk?	
6 I'm hungry.						
5 Can I have some water?	4 Can I have some sandwiches?	3 I'm thirsty.	2 It's time for lunch.	1 I'm hungry.	← START	

• 정보 전이

그림을 말로 묘사하기, 그림을 비교하면서 그림 간의 유사점 및 차이점을 말하기, 그림을 바탕으로 이야기 만들기 등과 같이 학습자가 제시된 그림이나 상황에 대한 정보를 바탕으로 제대로 말할 수 있도록 함.

(자료출처: Rost와 Kumai, 1992)

그림에 있는 아이들을 가리키며, "What are they doing? What is he/she doing?" 등의 질문을 듣고 학생들이 응답하도록 한다. 이와 같이, 그림을 통해 간단한 단어나 문법(예, 진행형)을 평가할 수 있고 교사가 질문을 하여 그림에 대한 답을 유도할 수 있다. 그러나 교사의 질문에 대한 독백 형식의 대화를 나눌 수 있는 것이어서 실질적인 대화의 상황을 반영하지 못하는 단점이 있다.

• 보여주고 말하기(Show & Tell)

학습자들이 좋아하는 물건을 보여주면서 말하는 활동(show & tell)을 구현할 수 있다. 예를 들어, 여행에서 산 소품이나 다소 특이한 사물 등을 동료들에게 보여주면서 간단한 문장으로 묘사하는 'show & tell' 활동을 구현할 수 있다.

예) show & tell(김진석, 2016a)
① 학생들에게 여행에서 산 소품이나 다소 특이한 사물을 가져오도록 한다.

② 가져 온 사물을 모둠별로 쉽고 간단한 문장으로 묘사한다.

   예) I bought this pen in San Francisco last year. In the pen, I can see the picture of the golden bridge. At night, I see the twinkle of the golden bridge.

③ 모둠별로 자신이 가져온 사물들을 묘사한다.
④ 모둠별로 다른 친구의 사물을 한두 문장으로 묘사하도록 한다.

- 분류하기(classification)

복사하고 분류하기(Copy and classify)

① 아이들에게 알고 있는 음식에 관한 단어를 말하게 하고, 칠판에 그것을 쓰도록 한다. 예) egg, tomato, hamburger, chicken, sausage, cheese, apple, banana, lettuce, ham, pear, orange.
② 칠판에 선을 그려 두 개의 세로 단을 만들고, 그 위에 제목을 적는다.
   예) 'Food from animals' / 'Food from trees or plants' at the top of each one
③ 아이들에게 칠판에 적힌 제목을 노트에 따라 적게 하고, 칠판에 적혀 있는 모든 음식에 관한 단어를 노트의 올바른 곳에 따라 적게 한다.
④ 아이들이 적은 답을 먼저 둘씩 짝을 지어 확인하고, 그 뒤 반 전체가 함께 확인한다.

Food from animals	Food from trees or plants	Words
		egg
		tomato
		hamburger
		chicken
		...

[5–6학년군] 상호작용이 활발한 학습활동(김진석, 2023)

※ 제시한 활동들은 주로 Hess(2001), Read(2007), 최진황, 김진석, 이윤(2002), 김진석(2015a,b,c,d; 2016a,b; 2019a,b,c; 2022a,b,c,d; 2023a,b;

2024a,b)을 수정·보완한 것이다.

인지단계(Piaget의 형식적 조작기 단계)에 적합한 활동들을 설계해야 한다.

형식적 조작기	11세~16세	• 모든 문제를 논리적으로 해결, 과학적 사고, 복잡한 언어, 가설 등을 설정, 관념적 정서 발현, 인격형성

- 이해·표현 기초 단계: 영어 학습자는 주로 의사소통 연습(communicative drill)을 통해 간단한 문구나 짧은 문장으로 의사소통이 가능하며 동료들과 짧은 대화를 시작하는 단계다. 또한, 차트 및 그래프 자료 등의 도움으로 수업시간에 쉬운 이야기, 시 등을 읽고 이해하고 표현할 수 있다. 주요 특성으로 '단순화된 내용의 이야기나 시 등 이해하기, 간단하게 수정한 내용의 텍스트 읽기, 주요 어휘와 개념 이해하고 표현하기, 어휘들을 사용하여 그래픽 조직자 완성하기, 차트 및 그래프에 대한 질문 이해하고 표현하기, 단어와 그에 해당하는 정의들 찾기, 따라 읽기, 함께 읽기, 동료 읽기, 수수께끼를 쓰고 그림그리기, 개인적인 경험을 바탕으로 짧은 이야기 작성하기, 대화 일지 쓰기, 공원 등의 지도를 설명하거나 그림들 간 유사점 및 차이점 묘사' 등이 있다.

- 교육과정
  - 세부정보파악하기
  - 중심 내용파악하기
  - 일이나 사건의 순서파악
  - 소개하기/묘사하기
  - 설명하기

- 묻고 답하기
- 예시문을 참고하여 목적에 맞게 글쓰기

• 그림이나 도표에 담긴 세부 정보 파악

(Stephens, 1998)

1) 위의 그림을 설명하기 전에 사람들이 하고 있는 동작을 아래의 보기에서 골라 빈 칸에 넣는 활동을 구현할 수 있다.

〈보기〉 fishing, padding, rowing, windsurfing, reading, sunbathing, playing volleyball, making sandcastles.

2) 학습자들에게 다음과 같은 질문을 하여 말하기 촉진

(a) What is the lady under the umbrella doing?
(b) Who is the boy burying in the sand?
(c) What is the boy buying?
(d) What are the people in the sea doing?
(e) Where are the children paddling?

3) 그림을 표현할 수 있는 어휘의 의미를 파악한 학습자들에게 위의 그림을 보면서 그림을 묘사한다(Holly and her family are on holiday. The weather is wonderful. Her mother is sitting in a chair and she is reading her book. Her little brother and sister are making sandcastles.).

• 그림 묘사하기(Picture description)
동작이나 그림을 보고 한 문장 이상으로 표현하는 활동을 통해 학습자의 발화를 촉진한다. 예를 들어, 조별활동으로 다음과 같은 그림을 보면서 한 사람씩 돌아가면서 한두 문장으로 말할 수 있도록 계획할 수 있다.

Stephens(1998)

조원들이 돌아가면서 그림에 있는 동작들을 영어로 말할 수 있도록 한다. 어휘나 구문이 생각나지 않으면 친구들의 도움을 받아 함께 그림 묘사하기 활동을 다음과 같이 수행한다.

예) 지현: The pig is sitting on top of the postbox. It is wearing glasses and reading a newspaper.

수호: The man has the umbrella. He is wearing a lady's hat.

영미: There are a lot of people in the bank. They are dancing.

수빈: A cow is standing at the bus stop. It is wearing shoes.

민수: The woman is walking on the street. She is wearing her coat the wrong way.

미희: People are buying fish in the shoe shop. One woman is pointing to a fish.

영수: There is a plane going along the pavement.

• AI를 활용한 그림 묘사하기(Picture description)

그림 묘사하기 활동을 통해 유창성을 함양할 수 있도록 지도한다. 초등학습자들은 상상력이 풍부하고 말하기를 좋아하는 특성이 있다. 이런 점을 고려하여 상상하여 그림을 그린 후 친구에게 자신의 그림을 묘사하도록 하는 활동을 지도한다. 예를 들어 공원 그림을 그린 후 친구에게 묘사하는 활동을 다음과 같이 구현할 수 있다.

예) 그림을 그린 후 친구에게 말해 봅시다! (Read, 2007)
 ① 공원에서 볼 수 있는 것들을 발표하게 하고 칠판에 적는다.
 ② 노트에 10x15센티미터 크기의 프레임 2개씩을 그리도록 한다.
 ③ 칠판에서 6가지를 선택한 다음, 파트너가 볼 수 없도록 주의하며 왼쪽 프레임에 그리도록 한다. 이때, 5분정도의 시간제한을 두도록 한다.
 ④ 다 그렸으면 2명씩 짝을 짓는다.
 ⑤ 한 사람이 자신이 그린 그림을 짝에게 설명해주면 다른 사람은 그 설명을 듣고 짝이 그린 그림을 생각하여 오른쪽 빈 프레임에 그려 넣는다.

⑥ 학생들이 어려워할 수 있으므로 교사는 칠판에 그림을 그리고 한 학생을 지목하여 그림에 대하여 설명하고, 학생은 설명에 따라서 그림을 그리는 활동을 시범적으로 보여준다. 예) T: There's a tree on the left. Two boys are playing football near the tree. On the right there's a pond. There's a boat on the pond. A child is flying a kite above the pond.
⑦ 그림을 완성한 후 서로 그린 그림을 비교하게 하고 비슷한 점과 다른 점을 발견하고 조언해준다. 예) We've both got flowers in our pictures./ In my picture, there aren't any boys.

교실수업에서 학습자들이 상상하여 그림을 그리고 묘사하기(picture description) 활동(김진석, 2016a)을 하면서 DALL.E를 이용하면 수업 참여도가 높아지고 창의적 표현들을 내실있게 할 수 있을 것이다. 교사가 칠판에 그림을 그리고 한 학생을 지목하여 그림에 대하여 설명하고, 학생은 설명에 따라서 그림을 그리는 활동을 시범적으로 보여줄 경우에도 DALL.E를 이용하여 의도하는 그림을 다양하게 제시할 수 있을 것이다.

• 일이나 순서파악하기

예1) 교사가 'off the school'의 상황을 구두로 설명한 후 왼쪽에 있는 그림과 오른쪽에 있는 글자와 연결하는 활동을 통해 사건이 일어난 순서를 연습할 수 있다.

1) Run to the bus stop.
2) Turn off the alarm clock.
3) Put on your jeans and your shirt.
4) Get your school bag.
5) Look at your feet.
6) Get out of bed.
7) You've got your slippers on.
8) Have a glass of milk.
9) Shout, "Oh no!"

Gerngross & Puchta(1996)

위의 그림을 보면서 동작을 다양한 제스처와 목소리로 묘사하되, 각 동작의 다음에는 어떤 상황이 나타날 지를 예측하게 하도록 한다. 물론 이야기를 시작하기 전에 여기에 사용되는 주요 어휘를 그림과 함께 안내하여 듣는 데 어려움을 느끼지 않도록 한다. 그림과 오른쪽의 문장 간을 연결하는 활동에서는 조별이나 짝별 협력학습으로 과제를 수행하도록 하여 정의적 여과를 낮춘다.

예 2) 순서 배열과 표 완성하기
1. 다음을 모둠별로 돌아가면서 읽어 본다.

Vanessa gets up at half past seven. She has a shower and cleans her teeth and then she has breakfast at eight o'clock. Vanessa goes to school with her father at half past eight. She has lunch at half past twelve and she goes home on the bus at quarter to four. After school Vanessa does her homework and watches TV. She has dinner at seven o'clock with her mother and father. She goes to bed at half past nine.

2. 이야기를 문장별로 오려서 섞어 넣은 봉투를 조별로 나누어 준다.
3. 읽은 이야기를 바탕으로 문장을 순서대로 배열한다.
4. 시간대별 Vanessa의 일과표를 완성하시오.

name	get up	have breakfast	go to school	have lunch	go home	have dinner	go to bed
Vanessa	7:30						

수업시간에 학습자들이 쉽고 간단한 말이나 대화를 듣거나 읽고 사건이 일어난 순서를 파악할 수 있도록 한다. 그림이나 만화 등을 이용하여 사건이 일어난 순서에 따라 연결 및 배열하기, 일이 일어난 순서대로 번호쓰기 등의 활동을 활용한다(한국교육과정평가원, 2015). 일의 순서 파악은 일련의 과업들을 통해 연습할 필요가 있다. 예를 들어, 들은 자료를 바탕으로 일어난 순서를 다양한 방법으로 그리거나 제시하는 '열거하기(listing)', 들은 내용을 논리적인 순서에 의해 꿰어 맞추거나 분류하는 '순서 맞추기 및 분류하기(ordering & sorting)' 등이 있다.

예 3) 하루 일과에 대한 간단한 대화를 듣고 하루 일과표나 시간표 만들기
일의 순서를 제대로 파악하기 위해서는 'now, then, after, yesterday, tomorrow, later, ago' 등과 같은 명시적 시간부사(explicit temporal adverb), 단순시제(현재, 과거, 미래), 진행형 등에 대한 이해뿐만 아니라 문장 간의 시간 관련성 및 시간 개념이 정립되어야 한다. 이를 위해서 초등학교에서는 문장 간의 선호관계가 분명하게 드러나는 문장들로 구성된 짧은 이야기를 들려주고 문장 간의 시간 순서를 이해하도록 하는 활동을 구현할 수 있다.

> **마임을 하면서 순서 맞춰보세요!**
>
> ① 아이들에게 흥미있는 어떤 사건을 만든다. 교사가 사건들을 학생들에게 말하면, 학생들은 몸짓으로 응답한다. e.g.) One day it's very cold. You put on your coat, your gloves and your hat. You get your bicycle and you ride to the park. Suddenly you see a friend. You're very happy and you wave to your friend. You get off your bike. You put your bike on the grass and you and your friend play football together. You run, you kick the ball and yes, you score a goal! Now you're very tired and very hot. You buy an enormous ice cream. Mmm, it's delicious! Suddenly you look at your watch. It's time to go home! You pick up your bicycle and wave goodbye to your friend. You ride your bicycle home.
> ② 반복하여 이야기 한다. 이 때, 적절하게 마임을 하되 학생들이 끼어들어 말할 수 있도록 공간을 남겨둔다.
> 예) T: One day it's very (mimes shivering) ... Ss: cold!
> ③ 마임들 중 중요한 정보를 그림 카드로 만들어, 그들을 섞어놓으면, 모둠별로 이야기의 순서를 생각하면서 카드를 배열한다.
> ④ 순서 배열이 완료된 조는 이야기의 순서를 생각하면서 마임을 한다.

• 소개하기

간단한 '문장' 단위로 주변의 사물들을 소개하거나 묘사하는 성취기준이다. 예를 들어, 다음과 같이 방을 소개하거나 묘사하는 활동을 설계할 수 있고, 자신, 가족, 친구, 연예인 등의 생김새, 옷차림, 성격에 대해 표현하는 활동을 구현할 수 있다.

내 방 구경하세요!

1. 교사는 방과 관련된 가구의 이름을 칠판의 한 쪽 면에 제시한다. 예, bed, table, desk, chair, lamp, wardrobe, chest of drawers, mirror, shelves, bedside table, notice board
2. 준비해 온 공부방의 사진을 파트너에게 보여주면서 간단하게 말한다.
3. 역할을 바꾸어 파트너가 자신의 공부방을 말하거나 쓴다.
4. 두 공부방의 차이를 비교하여 말하거나 쓰도록 한다.
   예) My wardrobe is opposite the window but Peter's wardrobe is next to the desk.

누구의 사진일까요?

① 학생들에게 아기 때의 사진을 미리 가져오도록 준비시킨다.
② 학생들이 가져온 사진에 숫자를 매기고 교실 주변 벽에 붙인다.
③ 학생들이 둘씩 짝을 짓게 한다.
④ 학생들의 노트에 리스트에 있는 숫자를 적도록 한다.
⑤ 교실을 둘러보면서 어떤 사진이 누구의 사진인지 알아내도록 한다.
   예) I think it's .../ Me too!/ No, I think it's...
⑥ 자리로 돌아가서 짝과 각 사진이 누구의 사진일지 의논하도록 하되 왜 그렇게 생각하는지 근거를 들어서 이유를 말하도록 한다. eg She's got big eyes.
⑦ 누구의 사진인지 알아냈으면 사진을 주인에게 돌려주도록 한다.
⑧ 학생들이 사진을 들고 사진 속 자신에 대한 이야기를 한두 개 문장 정도 하도록 한다(예, In this photo I'm two years old. I've got my favorite teddy bear.). 학생들이 어렸을 적에 어땠는지 물어보면(예, What were you like when you were younger?), 학생들은 대답한다(예, I was fat./ I had curly hair./ I liked milk./ I used to cry a lot./ My favorite toy was a yellow duck.).
⑨ 짝과 함께 자신이 어렸을 적에 대한 이야기를 5개 이상 해보도록 한다.
⑩ 다시 자기 자리로 돌아와서 반 전체 혹은 짝에 대해 써보도록 한다.

여기서는 가족이나 친구 등의 주변 사람과 좋아하는 사물과 같은 친숙한 대상에 관하여 한두 문장의 길이로 묘사하는 수준을 말한다. 여행에서 산 소품이나 다소 특이한 사물 등을 동료들에게 보여주면서 간단한 문장으로 표현하는 'Show & Describe' 활동을 구현할 수 있다.

> **Show & Describe**
>
> ① 학생들에게 여행에서 산 소품이나 다소 특이한 사물을 가져오도록 한다.
> ② 가져 온 사물을 모둠별로 쉽고 간단한 문장으로 묘사한다.
>   예) I bought this pen in San Francisco last year. In the pen, I can see the picture of the golden bridge. At night, I see the twinkle of the golden bridge.
> ③ 모둠별로 자신이 가져온 사물들을 묘사한다.
> ④ 모둠별로 다른 친구의 사물을 한두 문장으로 묘사하도록 한다.

- 설명하기

주변의 장소를 찾아가는 방법이나 위치, 일상생활에서 이루어지는 활동을 위한 일련의 행동 순서나 방법에 대하여 두세 문장으로 말하거나 쓰는 것을 의미한다. 이때 문장과 문장을 이어 주는 말(and, but 등)이나 순서를 나타내는 말(first, second 등)을 적절하게 활용할 수 있다. 학습활동으로는, 이야기에 등장한 인물, 사건이 발생한 장소나 시간, 대강의 줄거리 등을 파악하는 활동이나 이야기를 읽고 문장을 순서대로 배열하는 활동을 할 수 있다.

> **읽고 빈 칸 문장 채우기**
>
> ① 준비해 온 격자를 칠판에 그린 후, 학생들도 똑같이 그리도록 한다.
> ② 교사는 다음의 이야기를 한두 번 정도 직접 글을 읽어준다.
>   Vanessa gets up at half past seven. She has a shower and cleans her teeth and then she has breakfast at eight o'clock. Vanessa goes to school with her father at half past eight. She has lunch at half past twelve and she goes home on the bus at quarter to four. After school Vanessa does her homework and watches TV. She has dinner at seven o'clock with her mother and father. She goes to bed at half past nine.

③ 학생들은 이야기를 모둠별로 돌아가면서 읽거나 다 함께 소리 내어 읽도록 한다.
④ 격자 안에 시간을 기록하도록 한다.

	7:30	8:30	19:00	21:00
Vanessa	She gets up.			
Jack				
Martha				

⑤ 짝 끼리 답을 비교하고 확인한다.

- 정보 차 활동(information gap activity)

정보 차 활동을 통한 정보 차 메우기 유형은 짝 활동에서 각기 다른 정보를 가진 두 명의 피험자가 의사소통기능 및 언어형식을 활용하여 서로 간 질문-응답을 통해 정보를 교환하여 부족한 정보를 메우도록 하는 것이다. 서로 간 정보를 교환하지 않으면 주어진 과제를 해결할 수 없기 때문에 학습자들 간 실제적인 상호작용 능력을 측정할 수 있고, 말하기 수업에 자연스럽게 활용될 수 있어 긍정적인 세환 효과(washback effect)를 거둘 수 있다.

Long(1989), Fotos(1994) 등에 따르면 언어형식을 지도할 때 적합한 과제는 우선 양방향 협상을 통해 의미를 교환할 수 있는 기회를 많이 제공해 주는 것이라고 한다(김진석, 2023). 예를 들어, 대화 참여자들에게 불충분한 정보를 제공하여 대화자들 간 상호 협상을 통해 문제를 해결하도록 하는 정보 차 활동(information gap activity)은 양방향 협상과제에 적합한 활동이다. 또한 문제를 해결하는데 명확한 기준이 제공되어 있는 폐쇄형 과제나 그룹 간 합의를 도출할 필요가 있는 수렴형 과제(convergent task)가 수업활동에 적합하다고 한다. 학생들은 다음과 같이 각각 다른 그림을 보고, 한 학생이 'In the middle of my picture, a man is eating an icecream. How about your picture?'라는 질문에, 다른 학생은 'In my picture, he is eating a hamburger. That's the difference.'로 답하는 모습들을 보면서 문법지식을 평가한다.

A

B

자료출처: Rost와 Kumai(1992)

이미 학습한 진행형을 활용하여 그림에 맞는 표현을 하거나 상대방에게 질문을 하기도 하고, 아울러 질문과 응답을 통해 그림 A와 그림 B간의 정보 차이를 모두 찾아내어 구체적으로 쓰 보도록 하는 활동을 보면서 의문문의 구조, 진행형 및 전치사의 형태 및 의미 등에 대한 문법지식을 평가할 수 있다. 이는 문법항목이나 문법의 구성성분 등을 나누지 않고 한꺼번에 측정하는 통합평가(integrative test)이다.

• 묻고 답하기

친구의 일과표 작성하기

1. 교사는 학생들에게 다음과 같은 자료를 제시한다(Let me give you a circle).
2. 원을 그림과 같이 여러 부분으로 나누고 각 부분에 이름이나 그림을 붙인다(Divide the circle into parts and label each part.)

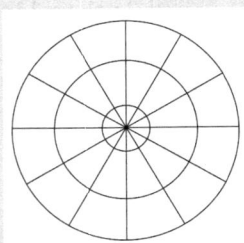

3. 'What time do you usually … ?'와 같은 질문을 활용하여 일과표를 구체적으로 그린다
   (Fill the other parts with things your partner usually do during the day, by using expressions such as, "What time do you usually … ?").

예) What time do you usually get up?   I get up at 7 o'clock.
What time do you wash your face?   I wash my face at 7:30.
What time do you have breakfast?   I have breakfast at 8 o'clock.
What time do you go to school?   I go to school at 8:20.
What time do you get home?   I get home at 3:10.
What time do you do your homework?   I do my homework at 5 o'clock.
What time do you go to bed?   I go to bed at 9 : 30.

4. 파트너가 시간을 더 잘 활용할 수 있는 방법에 대해 충고한다(Give advice on how your partner can manage his time better.).
5. 완성된 일과표를 친구에게 전달한다(Give the time chart to your partner.)
6. 역할을 바꾸어 절차를 반복한다(Change the roles and the procedure is repeated.)

시장놀이

1. 2개조로 나눈다(I'll divide your class into two groups.)
2. 물건에 가격표를 붙인다(Attach a price tag on your stuff.)
3. 책상에 물건을 배치한다(Display your things on your desk.)
4. 물건을 파는 조와 물건을 사는 조를 정한다(One team is a seller, and the other is a customer.)
5. 역할을 바꾸어 물건을 사고판다(Switch the roles.)
6. 활동이 빨리 끝나면, 활동지의 대화를 영어로 쓰게 한다(If you're finished quickly, you can write the dialog in English.)

〈예문〉
S1 : May I help you?
S2 : Yes, please. How much is it?
S1 : It's 700 won.
S2 : I'll take it. (1000원짜리를 내면서) Here you are.
S1 : (300원을 거슬러주면서) Here's your change. Thank you.

- 예시문을 참고하여 목적에 맞게 글쓰기

학습자들이 예시문을 보면서 그대로 혹은 응용하여 실제 초대, 감사, 축하의 글을 써 볼 수 있는 단계이며, 학습자들의 생활과 밀접한 연관이 있는 초대, 감사, 축하의 내용을 영어로 써 보게 함으로써 영어로 글 쓰는 것에 흥미를 붙일 수 있는 단계이다(한국교육과정평가원, 2015). 다시 말해서, 예시문을 참고하여 일상생활에서 흔히 쓰는 감사 카드, 생일 초대 카드, 축하카드 등의 글을 짧게 쓰는 데에 있다. 교사가 학습자들이 참고할 수 있는 수준의 예시문을 미리 보여 주면 학생들은 제시된 양식에 맞춰 카드를 써 보도록 한다. 비록 초기 단계이지만 문장들 간의 응집성이나 일관성의 중요성을 무의식적으로 알 수 있도록 지도한다. 학습 활동으로는 생일 카드 만들기, 파티 초대 글쓰기, 축하카드나 응원카드 쓰기, 스승의 날, 어버이날, 크리스마스 등 특별 행사에 맞는 카드를 만들어 영어로 쓰기 등이 가능하다.

초대장 만들기

1. 전체 학생을 2인 1조로 구성한다.
2. 뒷면의 A형, B형의 지도가 그려진 활동지는 조별로 한 장 씩, 색 도화지는 모든 학생에게 한 장 씩 나누어준다.

3. 조별로 한 사람은 A형, 다른 사람은 B형을 선택한다.
4. 서로의 지도를 보면서 학교 가는 길을 안내한다.
S1 : Where's your school?
S2 : (A형으로) Go straight and turn left at the
　　　park/church/bank/supermarket.
5. 대화가 끝나면, 책 표지를 만든 후, 자신의 지도를 초대장 안쪽에 붙인다.
6. 지도에서 건물 하나를 골라 동그라미 한 후, 그 건물을 지나 학교 가는 길 안내문을 작성한다.
S2 : (bank에 동그라미를 하고) Go straight and turn left at the bank.
7. 초대장이 완성되면, 짝과 초대장을 바꾸어 읽는다.

〈영어 예문〉
Go straight and turn right at the school/supermarket.
Turn left at the park.
Go straight and turn left at the park/bus stop.
Turn right at the hospital.

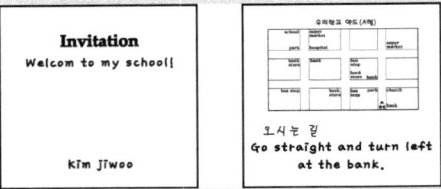

- 친구와 A형, B형을 나누어 가진 후, 자신의 지도를 초대장에 붙여 초대장을 만드세요.

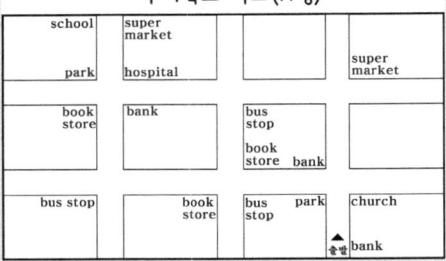

〈이런 표현을 사용할 수 있어요〉
♠ Go straight and turn left at the park/church/bank/supermarket.
♠ Turn right at the bus stop/bank/bookstore/hospital/park.

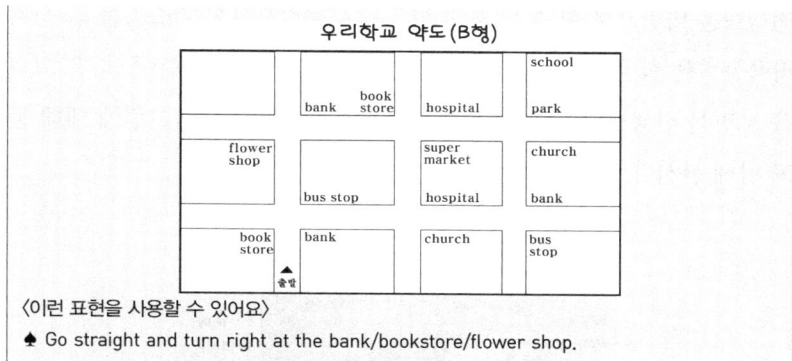

- 그래픽 조직자를 활용한 시제지도(2015d)

시각 자료들 중 그래픽 조직자란 듣거나 읽었던 핵심 정보를 쉽게 조직하고 기억할 수 있도록 돕는 시각적인 매개체이기 때문에 학습자는 그래픽 조직자를 구성하면서 적극적으로 학습에 참여하고 효과적으로 정보를 구축(Vygotsky, 1962)할 수 있다. 교실수업에서 흔히 사용하고 있는 그래픽 조직자에는 단어 망, 묘사, 사실과 의견, 흐름 차트, 관찰 차트, 이야기 지도, 문제해결, 타임라인, 벤다이어그램, KWL차트, 거미줄 차트 등이 있다(김진석, 2015b).

그래픽 조직자는 학습을 통한 시각화 과정으로 학습에 있어 매우 중요한 도구가 될 수 있다(Farris & Downey, 2005). 또한, 협력학습을 통해 학생 간, 학생과 교사 간의 상호 교류가 활발해지도록 도와주는 매우 효과적인 도구이다(Bromley, Devitis & Modlo, 1995). 학습자들은 수업시간에 그래픽 조직자를 활용해 시제나 진행형을 학습함으로써 그들의 기능, 의미, 형식 등을 쉽게 이해하고 구도화하여 효과적으로 기억할 수 있을 것이다. 또한, 모둠이나 짝별 수업 활동 시 그래픽 조직자를 통해 시제나 진행형을 바탕으로 한 형식 초점 활동을 구현함으로써 학습자들 간 상호작용능력을 함양할 수 있을 것이다(김진석, 2015b). 예를 들어, 다음 그림을 보면서 선생님의 말을 듣고 이름과 모습을 연결한 후, 그림에 대해 묻고 답해 봅시다.

(자료출처: Rost와 Kumai, 1992)

사건들 간의 시간관계와 연관하여 현재시제를 지도하는 방법을 살펴보자. 교실수업에서 다음과 같이 'What time do you usually … ?'와 같은 질문과 응답을 하면서 일과표를 그린 후, 아침에 일어나서 저녁에 잠들기까지 일어났던 일련의 사건들을 말하도록 한다(김진석, 2013).

(1) (a) What time do you usually get up?   I get up at 7.
　　　What time do you have breakfast?   I have breakfast at 8.
　　　What time do you do your homework? I do my homework at 5.

(b)
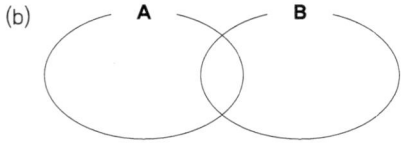

(c)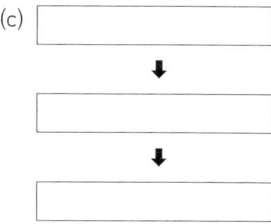

　위의 활동은 교사와 학생 간 할 수도 있지만, 짝과 같이 질문과 응답을 하면서 (1b)와 같이 벤 다이어그램을 활용하여 유사점과 차이점을 비교하면서 습관에 대해 칭찬이나 충고를 할 수 있을 것이다. 또한 (1c)와 같이 하루의 일과를 시간대별로 목록화하여 시간관계를 이해하도록 할 수 있다. 유사하게 그림이나 만화 등을 보면서 아침에 일어나서 학교에 가기까지의 여러 가지 일들을 차례대로 이야기하는 활동을 구현할 수도 있다.

(2) (a)

(07:00)　　　(　)　　　(　)　　　(　)

(b)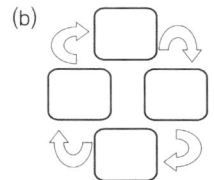

(2a)의 그림에 해당되는 시간을 쓰게 한 후, 짝에게 "What time do you usually get up? I get up at 7 o'clock."등과 같은 질문에 응답하도록 할 수 있다. 또한, (2a)의 활동을 (2b)와 같이 구도화 한 후 간단하게 공란을 영어로 써보도록 할 수 있다.

또한, 5, 6학년군 학습자들에게는 다음과 같은 문장들을 듣고, 표를 완성하도록 하는 활동을 통해 사건 간 시간관계를 이해하도록 할 수 있다.

(3) (a) Minsu gets up at 8:00 every morning weekends. He has English on Monday, Wendesday, and Friday at ten o'clock. She has History on Tuesdays and Thursdays at two o'clock. He takes Math on Monday from two o'clock to four o'clock. He plays the violin on weekends at four o'clock. He eats lunch at twelve o'clock every day except Saturday and Sunday.

(b)

	Mon	Tue	Wed	Thur	Fri	Weekends
8:00						
10:00						
12:00						
2:00						
4:00						
6:00						

들은 내용을 바탕으로 표를 완성한 후, (3b)와 같이 '민수의 일주일 활동표'라는 상위의 개념 밑에 하위 개념에 해당하는 활동들을 요일별로 분류하도록 하여 시간관계와 시제 간의 관련성을 학습할 수 있도록 할 수

있다. 아울러 (3)에서 학습자들이 근원적 시간 연산자를 파악하도록 하고, 그 연산자와 시제 간의 관련성을 이해하도록 지도한다.

찾아보기

ㄱ–ㅎ

ㄱ

개인화(personalization)__161
거시 텍스트의 구조(macro-structure)__253
경험 말하기(sharing personal experience)__194
과업 수행의 과정(performing process)__189
과정적 교수요목(procedural syllabus)__191
과제기반 학습(task-based learning: TBL)__321
과제 중심 수업__39
관점의식__185
관점의식(perspective consciousness)__18, 23
관찰 점검표(observation checklist)__318, 323
교사관찰(teacher observation)__315
국제 바칼로레아(International Baccalaureate: IB)__24, 170
규칙 지배된 기호 기반(code-based)도구__199
그림을 그리고 묘사(picture description)__116
극화활동__94
근접발달영역(zone of proximal development: ZPD)__213, 296
근접성(proxemics)__201
글로벌 시민의식__265
글로벌 이슈__182
글로벌 정의: 공평한 분배__186
긍정적 피드백(positive feedback)__101
기초·기능 리터러시(functional literacy)__109
김진석, 2012__234
김진석, 2013__203
김진석, 2015__130
김진석, 2018c__291, 302, 322
김진석, 2022__81, 231
김진석, 2023__97
김진석, 2024__254, 296
김진석 외, 2021__36

ㄴ

뉴런(neuron)__103

ㄷ

다학문적 주제__180
대안평가(alternative assessment)__316
대인 공간(interpersonal space)__199
동영상 편집 프로그램__269
디지털 시민의식__265
디지털 프로슈머(prosumer)__21

ㄹ

로봇 보조 언어 학습(Robot Assisted Language Learning: RALL)__267

ㅁ

명료화 요구(clarification request)__232
모바일 보조 언어 학습(Mobile Assisted Language Learning: MALL)__267

문제 기반 학습 모형__229
문제 중심 학습__38
문제해결형 프로젝트__158
문화 간 의사소통능력(intercultural
　　　communicative competence)__263
문화다양성 교육__80
문화지능(cultural intelligence)__263

ㅂ

박민애 외, 2016__301
박정, 2014__290
백워드 설계 기반 차시별 수업__144
백워드 설계 모형__75
백워드 설계(backward design)__138, 150
변혁적 역량(transformative
　　　competencies)__25
분류하기(classification)__94
빅 아이디어__75, 78, 298

ㅅ

상상력/시각화 능력(imagination/
　　　visualization)__242
상위사고기능(higher order thinking skill:
　　　HOTS)__235
상호 유창성(confluence)__202
상호작용분석범주(Flanders Interaction
　　　Analysis Categories: FIAC)__211
상호 주관성(inter-subjectivity)__209
상황 최소화 활동(Minimal
　　　situation)__280
성장 참조 평가(growth-referenced
　　　evaluation)__287
세환하는 효과(washback)__169
세환효과(washback effect)__219
수렴적 질문(display question)__58
수업 가능성(teachability)__135

순서교대(turn-taking)__101
스키마 활성화(schema activation)__152
스토리 봇__268
스토리텔링__94
스토리텔링 알고리즘__254
시냅스(synapse) 활성화__103
심화 통합단계__141

ㅇ

안타고니즘(antagonism)__252
알고리즘적 자아__20
양방향 의사소통 방식(two-way
　　　communication mode)__189
언어 설계(linguistic design)__107
역동적 평가(dynamic assessment:
　　　DA)__303
의미양식(mode of meaning)__110
의미표상양식(semantic representation
　　　mode)__200
의미협상(negotiation of meaning)__39
의사소통적 의도(communicative
　　　intention)__200
이상수, 강정찬, 황주연, 2006__298
이수정 외, 2019__76
이원적 담화값(binary discourse
　　　values)__210
이의갑 외, 2004__84
이재희, 2012__322
이해 가능한 입력(comprehensible
　　　input)__91
이해 가능한 출력(comprehensible
　　　input)__91
인접쌍(adjacency pair)__210, 233
일화 기록법(anecdotal record)__318
일화(anecdotal assessment)__315
임유나, 2022__74

ㅈ

장기기억(long-term memory)__102
전시형 질문(display question)__232
전시형(display) 질문__220
전이 표지(transition marker)__95
절차적 협상(procedural negotiation)__39, 173, 187
정보망 잇기(chunking)__94, 103
정보차 활동(information gap activities)__189
정신적 참여(mental engagement)__99
정의적 여과(affective filter)__158, 230
조연순 외, 2017__230
주관성(subjectivity)__18
주제 중심 수업__39
준거 참조 평가(criterion-referenced evaluation)__287
지속가능한 발전 목표__174
질문 형성 기술(Question Formulation Technique__218
질문 형성 테크닉(Question Formulation Technique: QFT)__245

ㅊ

참조형(referential)__220
창의성 사이클(Padget, 2013)__239
초기 활용단계__141
초학문적 교육과정__64
촉각성(haptics)__201
총괄적 피드백(summative feedback)__157
최숙영, 2015__67

ㅌ

탐구 모형__229
테크놀로지를 활용한 교실 상호작용 시스템(classroom interaction system through technology: CIST)__43, 92, 163

ㅍ

평가 리터러시(assessment literacy)__69
포지셔닝 맵(positioning map)__130
포트폴리오 중심 수업__38
프로젝트 중심 수업__38
프로젝트 중심 학습(project-based learning: PBL)__35
플립러닝 기반 문제 해결형 프로젝트__160
플립러닝(flipped learning)__163
필수 활용단계__141

ㅎ

하위사고기능(lower order thinking skill: LOTS)__235
학생 상호작용 자기평가지__220
학생 상호작용 체크리스트__219
학습 가능성(learnability)__135
학습 결과에 대한 평가(assessment of learning: AOL)__289
학습 성장 과정(progress)__308
학습에 접근하는 방식(Approaches to Learning: ATL)__174
학습으로서의 평가(assessment as learning: AAL)__285
학습을 위한 평가(assessment for learning: AFL)__285, 288
학습자 중심 교육과정__60
학습 잠재력 평가도구(learning potential assessment device: LPAD)__305
학제간성(interdisciplinarity)__29
한국교육학술정보원, 2024__57, 288

한국학술정보원, 2024__126, 137
한순미, 2008__304
할루시네이션(hallucination)__21
협동적 의미협상(cooperative negotiation of meaning)__296
협력학습 모형__229
협상된 실러버스(negotiated syllabus)__62

형성적 피드백(formative feedback)__157
형식 초점(focus on form) 피드백__210, 217, 219
확산적 질문(referential question)__58
확인점검(confirmation check)__232
휴먼 알고리즘적 자아(algorithmic self)__21

A-Z

A
ADDIE 모형__128
AFL(Assessment for Learning)__154
Ahmadian & Pashangzadeh, 2013__268
AI 디지털 스토리텔링__255
AI튜터링 시스템(intelligent tutoring system: ITS)__43
AIDT__57, 61, 288
AIDT(AI Digital Textbook)__41
Anton, 2009__304
ARG, 2002__154
Armstrong, 2009__33

B
Bailey 외, 2020__268
Bender, 2012__155, 186
Bennett, 2011__311
Bentley, 2010__235
Blumenfeld 외, 1991__231
Breen & Littlejohn, 2000__168
Brown 외, 2015__57

C
CELLS형 학습자__28
Christian 외, 2016__17, 18
COLT(Communicative Orientation to Language Teaching)__211
Connell, 2005__93
Cope & Kalentzis, 2000__111
Cranston, 1995__277
Cummins, 2000__199

D
Dack & Merlin-Knoblich, 2019__138
Deppermann, 2011__107
Dormehl, 2014__21
Drake, 2012__71

E
Ellis, 2003__39, 173
Erbe, Ban, & Castaneda, 2009__59, 60
Erickson, 2017__76

F
Fadel & Thrilling, 2015__73
Fleischman, 1990__253
Forgarty, 1991__64, 176
Fryer & Carpenter, 2006__163
Fu 외, 2022__274

G

Gardner(1993)의 다중이론__31
Gee, 2015__255
Green, 2012__155, 161, 322

H

Haas & Hird, 2013__182, 231
Hills, 2012__236
Holmes 외, 2019__24, 72
Homo CELLS형 학습자__27
Huang, 2022__256
Hwang 외, 2014__269, 274
Hyland, 2003__326

I

IBO, 2018d__73, 74
IB PYP(primary years programme)__170
IRF(Initiation-Response-
    Feedback)__233

J

Johnson, 2003__267
Jones, 2012__34, 105

K

Kagan, 1999__244
Kessler, 2018__52
Kilbane & Milman, 2014__128, 132, 231
Krathwohl, 2002__45
Krathwool, 2002__50
Kress, 2000__111

L

Lesh 외, 2003__290
Leung, 2007__303
Levin, 2001__230

Long & Magerko, 2020__152

M

Markee, 2008__203
Marzano, 2010__309
McCarthy, 2005__202
McMillan, 2014__70, 137, 145, 149, 294
McMIllan, 2014__289
McTighe & Wiggins, 2004__74
Merryfield & White, 1996__19
Metiri Group, 2003__108
Mishra & Koehler, 2006__68
Murphy, 2019__17, 45

N

Nation 외, 2010__56, 62, 63
National Institute for Digital Learning, 2020__231
New London Group, 1996__201
Nitko & Brookhart, 2007__155, 317
Nunan, 1988__60

O

OECD, 2018__49, 50
OECD, 2019__78
OECD 교육 2030__28
Oxfam, 2015__263, 264

P

Pat-El 외, 2013__301
Pence & Justice, 2008__201
Programme of Inquiry: POI__66
Puentedura, 2013__140
PYP(primary years programme__66

Q

QFT__218

R

Richards, 2001__79, 126, 137
Richards, 2014__87
Richards & Rodgers, 2008__109
Robot Assisted Language Learning:
　　RALL__332
Rothstein & Santana, 2011__218
Rothstein & Santana, 2017__239

S

Savin-Baden, 2000__230
Shettel & Bower, 2013__139
Spohrer, 2013__29
SWOT__130

T

TCAT(Technology, Content,
　　Assessment, & Teaching-learning)
　　지식__70
Thang 외, 2014__256
The New London Group, 1996__255

Toontastic__269
Touretsky, 2019__93
TPACK(Technological Pedagogical
　　Content Knowledge)__68
Trilling & Fadel, 2009__40, 155, 322

U

UK Assessment Reform
　　Group(ARG)__291
Unit of Inquiry: UOI__66

W

Walsh, 2011__95, 202, 211
Wiggins & McTighe, 2004__75
William & Thompson, 2007__314
Wu & Chen, 2020__251

Y

Yang 외, 2022__256
Young, 2008__153
Young, 2011__205

AI시대 교실수업

1판 1쇄 발행 2025년 4월 2일

지 은 이 | 김진석
펴 낸 이 | 김진수
펴 낸 곳 | 한국문화사
등   록 | 제1994-9호
주   소 | 서울시 성동구 아차산로49, 404호(성수동1가, 서울숲코오롱디지털타워3차)
전   화 | 02-464-7708
팩   스 | 02-499-0846
이 메 일 | hkm7708@daum.net
홈페이지 | http://hph.co.kr

ISBN 979-11-6919-308-5 93370

· 이 책의 내용은 저작권법에 따라 보호받고 있습니다.
· 잘못된 책은 구매처에서 바꾸어 드립니다.
· 책값은 뒤표지에 있습니다.

오류를 발견하셨다면 이메일이나 홈페이지를 통해 제보해주세요.
소중한 의견을 모아 더 좋은 책을 만들겠습니다.